Joachim HAAS
Danielle TANC

Französischer Wortschatz

Lernwörterbuch

- ■ 140 Wortfelder
- ■ 5445 Stichwörter
- ■ 2670 Beispielsätze
- ■ 270 Redewendungen

Verlag Moritz Diesterweg
Frankfurt

ISBN 3-425-06735-4

© 1996 Verlag Moritz Diesterweg GmbH & Co., Frankfurt am Main.
Alle Rechte vorbehalten. Das Werk und seine Teile sind urheberrechtlich geschützt.
Jede Verwertung in anderen als den gesetzlich zugelassenen Fällen bedarf deshalb
der vorherigen schriftlichen Einwilligung des Verlags.

Umschlaggestaltung: Reckels und Schneider-Reckels, Wiesbaden
Gesamtherstellung: Druckhaus Kaufmann, Lahr

Inhalt

Kapitel 1
1.1 Der Mensch. 1– 2
1.2 Die Körperteile. 2– 6
1.3 Die fünf Sinne 6– 9
1.4 Der Verstand, der Geist, die Seele 10–12
1.5 Die Gefühle. 13–15

Kapitel 2
2.1 Die Person 16–18
2.2 Die äußere Erscheinung 18–19
2.3 Der Charakter, das Temperament. 20–23
2.4 Die Intelligenz, die Bildung 23–26
2.5 Die zwischenmenschlichen Beziehungen 26–29
2.6 Die Lebensauffassung 29–33
2.7 Die Entwicklung der Person. 33–36

Kapitel 3
3.1 Der einzelne und die Gesellschaft 37–39
3.2 Die Rolle der Frau in der Gesellschaft. 39–41
3.3 Die Demographie 41–42

Kapitel 4
4.1 Die Familie 43–46
4.2 Die Krankheit, die Gesundheit. 46–50
4.3 Der Arzt, das Krankenhaus. 50–52
4.4 Der Tod, die Beerdigung 52–54

Kapitel 5
5.1 Die Körperpflege 55–57
5.2 Die Kleidung 57–61
5.3 Der Schmuck. 61–62

Kapitel 6
6.1 Das Haus, die Wohnung 63–67
6.2 Der Haushalt. 67–70
6.3 Die Elektrotechnik im Haus 70–72
6.4 Werkzeuge, Reparaturen 72–74
6.5 Baustoffe, Baumaschinen. 74–75

Kapitel 7
7.1 Einkaufen. 76–79
7.2 Kochen 79–82
7.3 Die Ernährung, das Essen 82–87
7.4 Im Restaurant 87–89

Kapitel 8
8.1	Freundschaft, Bekanntschaft	90– 92
8.2	Lachen, Scherzen, Spotten	92– 94
8.3	Ferien, Reisen	94– 99
8.4	Feste, Feierlichkeiten	99–102

Kapitel 9
9.1	Schreiben	103–104
9.2	Briefe schreiben, die Post	104–107
9.3	Telefonieren, Faxen	107–109

Kapitel 10
10.1	Freizeit, Hobbies	110–111
10.2	Die Gartenarbeit	112–113
10.3	Fotografieren, Filmen	113–114
10.4	Der Sport	115–118

Kapitel 11
11.1	Die Stadt	119–122
11.2	Der Straßenverkehr	122–123
11.3	Die öffentlichen Verkehrsmittel	124–125
11.4	Die Straßenverkehrsordnung	125–126
11.5	Der Verkehrsunfall	126

Kapitel 12
12.1	Das Fahrrad, das Motorrad	127–128
12.2	Das Auto	128–132
12.3	Die Eisenbahn	132–134
12.4	Das Flugzeug	134–135
12.5	Das Schiff	136–137

Kapitel 13
13.1	Die Zahlen	138–140
13.2	Geometrische Begriffe	141–142
13.3	Maße	142–143
13.4	Das Gewicht	143–144
13.5	Die Statistik	144–145

Kapitel 14
14.1	Das Wetter	146–150
14.2	Die Zeit	150–151
14.3	Die Uhrzeit	151–153
14.4	Das Datum	154
14.5	Das Jahr, der Monat, die Woche, der Tag	154–158
14.6	Die Astronomie	158–159

Kapitel 15
15.1	Die Tiere	160–164
15.2	Die Pflanzen	165–166
15.3	Die Stoffe	167–169
15.4	Die Farben	169–170

Kapitel 16
16.1	Geographie	171–175
16.2	Geschichte	175–179
16.3	Umweltprobleme	180–182
16.4	Natur- und Umweltschutz	182–183

Kapitel 17
17.1	Die Schule	184–189
17.2	Die Universität	189–190
17.3	Die Wissenschaft, die Technik	190–193

Kapitel 18
18.1	Die Ausbildung, die Fortbildung	194–195
18.2	Der Beruf, die Arbeit	195–198
18.3	Die Gewerkschaften	199–200
18.4	Soziale Sicherheit, Versicherungen	200–201

Kapitel 19
19.1	Das Geschäftsleben	202–205
19.2	Die Wirtschaft	205–206
19.3	Der Handel	207–208
19.4	Die Industrie	208–210
19.5	Die Landwirtschaft	210–213
19.6	Die Energie	213–214

Kapitel 20
20.1	Das Geld	215–218
20.2	Die Währung	218–219
20.3	Die Steuern	219–220

Kapitel 21
21.1	Die Massenmedien	221
21.2	Der Rundfunk, das Fernsehen	221–223
21.3	Die Presse	223–227
21.4	Die Werbung	227–229

Kapitel 22
22.1	Die Kunst	230–232
22.2	Die Musik	232–235

22.3	Die Literatur	235–237
22.4	Das Theater	237–238
22.5	Das Kino	239–241

Kapitel 23
23.1	Die Religion, die Kirche, die Mythologie	242–245
23.2	Die Philosophie	245–247
23.3	Die Wahrheit, die Gewißheit, die Lüge, der Irrtum	247–248
23.4	Die Wirklichkeit, der Schein, die Möglichkeit	249–250
23.5	Die Magie, das Geheimnis	251–252
23.6	Die Astrologie	252–253

Kapitel 24
24.1	Der Staat, die Regierung	254–257
24.2	Die Verfassung, die Menschenrechte	257–258
24.3	Die Politik, die Parteien	259–260
24.4	Die Wahlen	260–261
24.5	Demonstrieren	262
24.6	Die Waffen, das Militär	263–264
24.7	Der Krieg	265–267

Kapitel 25
25.1	Das Recht, das Gesetz	268–271
25.2	Die Polizei	271–273
25.3	Das Verbrechen	273–275
25.4	Der Rassismus, die Verfolgung von Minderheiten	276–278
25.5	Das Rauchen, der Alkohol, die Drogen	278–280

Kapitel 26
26.1	Die Verfassung der V. Republik	281–282
26.2	Paris	282–283
26.3	Die französische Provinz und die Politik der Dezentralisierung	284–285
26.4	Die französische Sprache und die Frankophonie	286–287
26.5	Die deutsch-französischen Beziehungen	287–291
26.6	Die Europäische Union	291–293
26.7	Die Dritte Welt	293–294

Kapitel 27
27.1	Die Sprache	295–298
27.2	Die Interpretation von Texten	298–303
27.3	Seine Meinung sagen, argumentieren	303–307
27.4	Texte gliedern	307–308
27.5	Räumlich zuordnen	308–309
27.6	Zeitlich einordnen	309–311
27.7	Sich auf jdn./etw. beziehen	311–312
27.8	Vergleichen	312–313

27.9	In einen Zusammenhang stellen	313–314
27.10	Unterstreichen, hervorheben	314
27.11	Eine Erklärung hinzufügen	314–315
27.12	Zeigen, zum Ausdruck bringen	315–316
27.13	Die Ursache, der Grund	316–317
27.14	Die Folge	318
27.15	Die Absicht, das Ziel, der Zweck	318–319
27.16	Die Ähnlichkeit, der Unterschied, der Gegensatz	319–321
27.17	Die Einschränkung, das Zugeständnis	322
27.18	Die Bedingung, die Voraussetzung	323
27.19	Mittels, mit Hilfe von	323

Alphabetisches Inhaltsverzeichnis 325
Alphabetisches Verzeichnis der Stichwörter 328

Vorwort

Der FRANZÖSISCHE WORTSCHATZ umfaßt 5 445 Stichwörter, 2 670 Beispielsätze, 340 Wortverbindungen unterhalb der Satzebene und 270 Redewendungen bzw. Sprichwörter. Dieses Sprachmaterial ist in 140 Wortfeldern angeordnet. Die einzelnen Wortfelder sind entsprechend ihrer gedanklichen Zusammengehörigkeit in 27 Kapitel zusammengefaßt. Aufgrund der vielfältigen Themen der Wortfelder, der aktuellen und allgemeingültigen Inhalte der Beispielsätze, der hohen Frequenz der Wörter und des mittleren Sprachniveaus ist der FRANZÖSISCHE WORTSCHATZ für alle geeignet, die ihre Kenntnisse in der französischen Sprache auffrischen, festigen und erweitern wollen. Das Buch richtet sich insbesondere an Schüler bzw. erwachsene Lerner, die die Arbeit mit dem Lehrbuch im engeren Sinne beendet haben, und an Studenten, die die französische Sprache studieren. Es wird ihnen als Lernwörterbuch neben der Grammatik und den herkömmlichen Lexika von großem Nutzen sein bei der Beschäftigung mit didaktisch wenig oder gar nicht aufbereiteten Texten, beim Verfassen eigener Texte, bei der Vorbereitung auf Klassenarbeiten, Klausuren, Prüfungen, aber auch auf Reisen in Frankreich und bei der Begegnung mit frankophonen Personen.

Zu den Themen

Die Themen decken inhaltlich jene Bereiche ab, die durch die gemeinsamen Empfehlungen und Beschlüsse der Kultusminister von 1977 und 1980 als verbindliche Lernziele für den Französischunterricht an Gymnasien festgelegt wurden. Diese Inhalte finden sich seither in allen Lehrbüchern und Prüfungstexten wieder. Im FRANZÖSISCHEN WORTSCHATZ umfassen sie:
– Situationen des Alltags
– Zwischenmenschliche Beziehungen
– Die zivilisatorische und kulturelle Umwelt des Menschen
– Landeskundliche und politische Aspekte Frankreichs
– Sprachliche Strukturen zum korrekten mündlichen und schriftlichen Ausdruck (Kapitel 27).

Zu den Wortfeldern

Die einzelnen Wortfelder sind so konkret und lebensnah wie möglich gestaltet. In ihrer Gesamtheit stellen sie Lebensbereiche dar, in denen der Mensch sich in der Welt verwirklicht. Sie enthalten, wo immer das möglich ist, die persönlichen Erfahrungen des Menschen. Durch den Verzicht auf die Eingliederung der Wortfelder in ein stringentes Gedankengebäude hat das einzelne Wortfeld eine große Selbständigkeit und inhaltliche Geschlossenheit. Prägnanz und Übersichtlichkeit werden auch dadurch erreicht, daß bei sehr umfangreichen Themen Teilaspekte herausgelöst und als selbständige Wortfelder behandelt werden. So wird zum Beispiel das Thema „Verkehr" in 9 Wortfeldern dargestellt: „Der Straßenverkehr", „Die öffentlichen Verkehrsmittel", „Der Verkehrsunfall", „Die Straßenverkehrsordnung", „Das Fahrrad",

Vorwort

„Das Auto", „Die Eisenbahn", „Das Flugzeug", „Das Schiff". Abstraktere Wortfelder wie „Die Kunst", „Die Sprache" orientieren sich an den Inhalten der Allgemeinbildung. Einige Wortfelder – sie sind in Kapitel 26 zusammengefaßt – betreffen landeskundliche Themen, die von Schülern der Oberstufe und von Studenten beherrscht werden müssen, z. B. „Die Verfassung der V. Republik", „Paris", „Die Europäische Union", „Die deutsch-französischen Beziehungen".

Zu den Stichwörtern

Alle Stichwörter sind fettgedruckt. Das entscheidende Kriterium für die Auswahl der Stichwörter ist ihre Nähe zu dem jeweiligen Thema. Daher wurden zunächst nur jene Wörter in die Wortfelder aufgenommen, die für das Thema eine zentrale Bedeutung haben. Begriffe, die nur am Rande eine Rolle spielen, wurden nicht berücksichtigt. Zentrale Stichwörter sind aber immer Mittelpunkt eines sprachlichen Gravitationsfeldes. Sie ziehen andere Wörter an, mit denen zusammen sie häufig gebraucht werden und mit denen sie mehr oder weniger stabile Verbindungen eingehen. Diese Wörter erscheinen – je nach Bedeutung für das Wortfeld – daher auch als Stichwörter, oder sie finden sich in den Beispielsätzen wieder. Ein Beispiel möge dies verdeutlichen:
Im Wortfeld „Die Gefühle" sind zentrale Stichwörter: *le sentiment, l'émotion*. Diese werden nun häufig zusammen mit Verben wie *manifester, refouler, dissimuler, cacher* gebraucht, die in diesem Wortfeld daher auch als Stichwörter erscheinen. Boten sich mehrere Wörter gleicher oder ähnlicher Bedeutung als Stichwörter an, wurde dem gebräuchlicheren Wort der Vorzug gegeben. Dieses Auswahlverfahren stellt sicher, daß die Wortfelder nicht ausufern und jedes Stichwort in einer für den Lerner einsichtigen Beziehung zum Thema steht. Es entstanden somit homogene Wortfelder von hohem praktischem Wert. Jedes Wortfeld deckt ein Thema knapp, aber sprachlich ausreichend ab, und der Lerner wird in der Lage sein, sich kompetent zu diesem Thema zu äußern.

Die einzelnen Stichwörter müssen für den Lerner **anwendbar** sein, d. h. er muß mit ihnen korrekte Sätze bzw. Texte bilden können. Dazu werden ihm zusätzliche Angaben an die Hand gegeben. Zum Beispiel:
– In vielen Fällen wird ein Stichwort nicht als Einzelwort, sondern als Kollokation, d. h. zusammen mit den grammatischen, lexikalischen Angaben, die für seinen Gebrauch unerläßlich sind, aufgeführt.
 Beispiel: *aller ... en vacances / à la montagne / à la mer / au bord de la mer / au bord de la Méditerranée / à l'Océan (atlantique) / à la campagne / à l'étranger / sur les bords de la Loire / en Bretagne / dans le Midi / sur la Côte d'Azur / à Paris* (8.3).
 Solche Kollokationen finden sich an vielen Stellen.
– In jedem Wortfeld steht eine ausreichende Anzahl von Verben zur Verfügung, die es ermöglicht, mit den Substantiven, Adjektiven usw. Sätze zu bilden. Damit wird einer Nominalisierung des Wortschatzes entgegengewirkt.
– Bei den Verben werden schwirige oder vom Deutschen abweichende Konstruktionen angegeben.

Vorwort

Beispiele: *s'abonner à qc.* – etw. abonnieren (21.3) / *apprendre qc. à qn.* – jdn. in etw. unterrichten (17.1) / *féliciter qn. pour qc.* – jdm. zu etw. gratulieren (8.4).
– Substantive werden zusammen mit dem Artikel und ggf. unregelmäßigen Pluralformen aufgeführt, Adjektive in der männlichen und weiblichen Form, ggf. mit ihren unregelmäßigen Formen.
Siehe dazu auch weiter unten die Ausführungen zur syntaktischen und kommunikativen Funktion der Beispielsätze.

Stichwörter in einem Lernwörterbuch müssen **memorierbar** sein, d. h. man muß sie auswendig lernen können. Das menschliche Gedächtnis ist aber so angelegt, daß es Wörter umso leichter aufnimmt, je dichter das Beziehungsgeflecht ist, in das sie eingebettet sind. Isolierte Wörter haben kaum eine Chance, langfristig ins Gedächtnis eingespeichert zu werden. Stichwörter sind aber ihrem Wesen nach isoliert. Es müssen also Strategien angewandt werden, um die Stichwörter in Bedeutungszusammenhänge zu integrieren, sie aus ihrer inhaltlichen, lexikalischen und syntaktischen Isoliertheit herauszunehmen und damit memorierbar zu machen. Im einzelnen wurde dazu folgendes unternommen:
– Es wurde auf jegliche alphabetische Anordnung der Stichwörter verzichtet. Als rein formales Ordnungsprinzip zerstört das Alphabet jede Bedeutungsstruktur und wirkt der Memorierbarkeit diametral entgegen.
– Auf die inhaltliche Kohärenz der Wortfelder wurde größte Sorgfalt verwendet. Jedes Wort ist konstituierendes Element der semantischen Einheit, die das Wortfeld darstellt. Es hat dort seinen unverzichtbaren Platz. Liest man fortlaufend die Stichwörter eines Wortfeldes, dann erkennt man leicht, wie eng sie inhaltlich zusammengehören.
– Die Stichwörter wurden – wann immer möglich – nach ihrer lexikalischen Zusammengehörigkeit gruppiert. Solche Gruppierungen sind zum Beispiel: Die Wortfamilie, die Wortklasse, Synonyme (Wörter gleicher Bedeutung), Antonyme (Wörter gegensätzlicher Bedeutung), Kollokationen (gängige Wortverbindungen).
– Weitere Kriterien zur Strukturierung des Wortschatzes sind: Vom Abstrakten zum Konkreten / Vom Allgemeinen zum Speziellen / Vom Anfang zum Ende / Stufen einer Entwicklung / Natürlicher Zeitablauf / Verlauf eines Vorgangs usw.
Siehe dazu auch weiter unten die Ausführungen zur inhaltlichen Funktion der Beispielsätze.

Zu den Beispielsätzen

Das menschliche Gehirn speichert den Inhalt von Sätzen, nicht aber deren syntaktische Form. Geben wir eine Nachricht weiter, dann tun wir das für gewöhnlich nicht wortwörtlich, sondern formulieren sie mit unseren eigenen Worten neu. Unser Gehirn hält für unseren Sprachgebrauch also nicht ganze Sätze zur Verfügung, sondern nur das für die Formulierung von Sätzen notwendige Sprachmaterial. Dennoch werden im FRANZÖSISCHEN WORTSCHATZ knapp die Hälfte aller Stichwörter von einem Beispielsatz begleitet, in vielen Fällen auch von zwei oder mehreren Sätzen. Obwohl die Beispielsätze – von ganz wenigen Ausnahmen abgesehen – nicht zum Auswendiglernen gedacht sind wie die Stichwörter und Kollokationen, sind sie für

Vorwort

den Aufbau und den Erwerb eines aktiven Wortschatzes wichtig. Sie haben vielfältige Funktionen, insbesondere in den Bereichen **Inhalt, Syntax, Lexik** und **Kommunikation**.

Inhaltlich besteht die Aufgabe der Beispielsätze darin, das Thema des Wortfeldes zu verdichten, zu veranschaulichen, in der Vorstellung des Lerners zu aktualisieren. Ihre Lektüre soll eigene Erfahrungen zum Thema ins Gedächtnis zurückrufen, Interesse wecken, Kenntnisse erweitern. Nur wenn die Beispielsätze dies leisten, werden die Stichwörter aus der Unverbindlichkeit ihrer linearen Auflistung befreit und Teil eines lebendigen, gedanklichen und emotionalen Beziehungsgeflechts. Aus abstrakten Begriffen werden Wörter mit konkreter Bedeutung, die zu lernen es sich lohnt.

Damit die Beispielsätze diesen Zweck erfüllen, wurde bei ihrer Zusammenstellung und Formulierung auf folgendes geachtet:
- Alle Beispielsätze beziehen sich inhaltlich auf das jeweilige Thema. Zu den Redewendungen und Sprichwörtern siehe Seite XIV.
- Die Inhalte der einzelnen Sätze werden nicht als unverbindliche Behauptung präsentiert, sondern aus didaktischen Gründen als
  - exemplarische (Alltags-)Situation, die jeder kennt, vielleicht schon erlebt hat
    Beispiele: *Je crois qu'il va falloir que j'aille consulter un médecin.* (4.3) / *Je prends ce stylo. Pouvez-vous me faire un paquet-cadeau, s'il vous plaît?* (7.1)
  - allgemeine Lebenserfahrung
    Beispiele: *Les conflits de générations sont inévitables.* (4.1) / *De nombreuses femmes ne se contentent plus aujourd'hui du rôle de femme au foyer.* (3.2)
  - Kern einer möglichen Geschichte
    Beispiele: *Il faut que nous atteignions notre but avant la tombée de la nuit.* (14.5) / *Depuis mon enfance, je fais toujours le même rêve.* (23.4)
  - Information zur Geschichte, Zivilisationskunde, Geographie usw.
    Beispiele: *La période de 1958 à 1969 a été marquée par la personnalité du général de Gaulle.* (16.2) / *Nous avons une chaîne qui diffuse regulièrement des cours de mathématique et d'anglais.* (21.2) / *La Seine se jette dans la Manche.* (16.1)
  - Argument zur Diskussion über aktuelle Probleme
    Beispiele: *L'inégalité sociale se traduit entre autres par la faible représentation des femmes dans la politique.* (3.2) / *Nous pouvons remédier à cet abus en utilisant du papier recyclé.* (16.4)
  - typisches menschliches Verhalten
    Beispiele: *Elle a une attitude arrogante envers ses collègues.* (2.5) / *Les enfants oublient volontiers de se laver les dents avant d'aller au lit.* (5.1)
  - Frage zur Person
    Beispiele: *Quelles sont ses capacités intellectuelles?* (2.4) / *Quels sont les mobiles de ses actes?* (2.6)
  - Definition eines schwierigen Begriffs
    Beispiele: *La démographie est une science qui étudie les structures de la population.* (3.3) / *On entend par «francophonie» tout ce qui touche à la langue et à la culture françaises en France et dans les pays où se parle le français.* (26.4)

- Redewendung oder Sprichwort
  Beispiele: *C'est un homme qui est à cheval sur les principes.* (2.6) / *Au bout de trois semaines, j'étais tout à fait dans le bain.* (5.1)

Auf **syntaktischer** Ebene haben die Beispielsätze die Aufgabe zu zeigen, wie das Wort sich im Satz verhält, nach welchen grammatischen Regeln es sich mit den anderen Satzgliedern verbindet. Bei der Formulierung wurde deshalb immer darauf geachtet, daß der Beispielsatz auch tatsächlich ein Maximum an syntaktischer Information für den deutschen Lerner enthält. In diesem Zusammenhang kommt den **Verben,** da sie in der Regel das tragende Element einer Satzkonstruktion sind, eine besondere Bedeutung zu, und sie werden deshalb immer[1] von einem Beispielsatz begleitet bzw. in einer syntaktischen Verbindung unterhalb der Satzebene aufgeführt. **Substantive** werden sehr häufig nicht in den syntaktisch einfachen Fällen des Nominativs oder Akkusativs gebraucht, sondern in präpositionalen Verbindungen.
Beispiele: Stichwort: *le petit déjeuner*, Beispielsatz: *Au petit déjeuner, il y avait du café au lait et des croissants.* (7.3) / Stichwort: *la retraite*, Beispielsatz: *Elle part l'an prochain à la retraite.* (18.2)

Sämtliche Beispielsätze sind ins Deutsche übersetzt. Trotz aller Bemühungen um wörtliche Übereinstimmung von französischem und deutschem Beispielsatz treten die **Gegensätze zwischen französischer und deutscher Syntax** durchgehend klar zutage. Ein bewußter Vergleich der beiden kontrastierenden Versionen – z. B. im Verlauf einer Rückübersetzung vom Deutschen ins Französische – bedeutet kognitives Lernen und wird dem Lerner Erkenntnisse über die französische Syntax vermitteln, die ihn befähigen, seine Vokabeln korrekt anzuwenden. Einige Beispiele mögen diesen divergierenden Sprachgebrauch veranschaulichen:

Französisch: Betonte Satzglieder am Ende eines Satzes	**Deutsch: Betonte Satzglieder am Anfang eines Satzes.**
Les problèmes sociaux ont augmenté avec la surpopulation. (3.1)	Mit der Übervölkerung haben die sozialen Probleme zugenommen.
Les bureaux de la Trésorerie sont fermés le lundi. (20.3)	Montags ist das Finanzamt geschlossen.
Französisch: Demonstrativbegleiter	**Deutsch: Bestimmter Artikel**
Ce pain a un goût amer/doux/acide/salé. (1.3)	Das Brot schmeckt bitter/süß/sauer/salzig.
Französisch: Reflexive Konstruktion	**Deutsch: Passivsatz**
Les montres suisses se vendent dans le monde entier. (19.3)	Schweizer Uhren werden auf der ganzen Welt verkauft.
... dans les pays où se parle le français. (26.4)	... in den Ländern, in denen Französisch gesprochen wird ...

---

[1] Eine Ausnahme bilden fünf Verben (Seite 41). Die entsprechenden Beispielsätze sind hier aus Gründen der Aufzählung in nominalisierter Form aufgeführt.

> **Französisch: Passé composé**
> Cette dispute a marqué la fin de notre amitié. (8.1)
> Nous avons dû faire un compte-rendu de notre sortie. (17.1)
>
> **Deutsch: Präteritum**
> Dieser Streit bedeutete das Ende unserer Freundschaft.
> Wir mußten einen Bericht über unseren Ausflug schreiben.
>
> **Französisch: Futur**
> Le contrôle des papiers aura lieu à bord du bateau. (12.5)
> Le repas sera prêt dans dix minutes. (6.2)
>
> **Deutsch: Präsens**
> Die Paßkontrolle findet an Bord des Schiffes statt.
> Das Essen ist in zehn Minuten fertig.

Im Bereich der **Lexik** geben die Beispielsätze Aufschluß darüber, mit welchen Wörtern das Stichwort sich gerne verbindet. Diese Wortverbindungen sind von unterschiedlicher Festigkeit. Sie reichen von lockeren Zusammenstellungen bis zu neuen lexikalischen Begriffen. Viele dieser Kollokationen haben die gleiche Wertigkeit wie die Stichwörter. So werden zum Beispiel im Wortfeld „Die Familie" als Stichwörter aufgeführt: *la famille, familial* und *avoir de la famille*. Diese Wortfamilie kann leicht durch Kollokationen aus den Beispielsätzen ergänzt werden. Dort findet man: *une famille nombreuse, la vie de famille, au sein d'une famille unie, en famille, fonder une famille, quitter la famille*. Solche Beispiele gibt es durchgehend.

Im Hinblick auf die **Kommunikationsfähigkeit** wurden nicht nur die Stichwörter ausgewählt und die Themen der Wortfelder zusammengestellt, sondern auch die Beispielsätze formuliert. Sie transportieren kommunikative Strukturen in Form von Halbdialogen, ausformulierten Dialogen und festen Wendungen. Als Halbdialoge können alle jene Sätze aufgefaßt werden, die als Subjekt die kommunikativen Pronomen *je, tu* usw. oder Substantive mit den Begleitern *mon, ton* usw. haben, außerdem Sätze, die in der Befehlsform abgefaßt sind.
Beispiele: *J'aimerais bien faire le tour du monde.* (8.3) / *Notre lave-vaisselle est en panne.* (6.4) / *Ne prends pas au sérieux ce qu'il dit! C'est un plaisantin (un blagueur).* (8.2)
Ausformulierte Dialoge finden sich vor allem in Wortfeldern, die Alltagssituationen zum Thema haben.
Beispiele: *– Es-tu prête, Jeannine? – Oui, tout de suite, je n'ai plus qu'à me coiffer (me peigner).* (5.1) / *– Nous avons réservé une table. – A quel nom, s'il vous plaît? – Au nom de Marceau.* (7.4)
Formelhafte, von der Konvention festgelegte Wendungen werden dort aufgeführt, wo sie fester Bestandteil kommunikativen Verhaltens sind, z. B. in den Wortfeldern „Feste, Feierlichkeiten" (8.4), „Briefe schreiben, die Post" (9.2), „Telefonieren, Faxen" (9.3).

Zu den Redewendungen und Sprichwörtern

Eine besondere Kategorie von Beispielsätzen stellen die Redewendungen und Sprichwörter dar. Sie widersetzen sich größtenteils einer Systematisierung, deren

Grundlage die semantische Übereinstimmung von Stichwort und Thema eines Wortfeldes ist. So werden sie zwar durch das Stichwort dem jeweiligen Wortfeld zugeordnet, ihr Inhalt entspricht jedoch meistens nicht dem Thema des Wortfeldes. Gerade die Diskrepanz zwischen konkreter Wortbedeutung und Inhalt der Redewendung macht den Reiz dieser Beispielsätze aus. Sie lassen etwas ahnen von der unverbrauchten kreativen Kraft der Sprache, die überraschende, gewagte Sprachbilder produziert, ohne sich um linguistische Kategorien zu kümmern. Die Redewendungen und Sprichwörter stecken voller Witz und Lebensweisheit. Sie werden sicher dem Lerner Vergnügen bereiten, seine Phantasie anregen, ihn bei seiner Arbeit beflügeln.

Zum Sprachniveau

Insgesamt ist der FRANZÖSISCHE WORTSCHATZ registerneutral; er gehört einer mittleren Sprachschicht an, der sogenannten Standardsprache. In wenigen Fällen wurden Ausdrücke der Umgangssprache oder des Argot aufgenommen. Diese Ausdrücke sind dementsprechend gekennzeichnet. In einigen Kapiteln wie z.B. „Das Kino", „Die französische Provinz und die Politik der Dezentralisierung", „Die französische Sprache und die Frankophonie" wurden – durch das spezielle Thema bedingt – seltener gebrauchte Fachausdrücke aufgenommen.

Zu den weiblichen Formen der Bezeichnungen für Berufe, Titel usw.

Im Französischen gibt es einige Bezeichnungen für Berufe, Titel usw., die keine weibliche Form haben und die auch nicht mit einem weiblichen Begleiter gebraucht werden können, z.B. *le peintre, l'écrivain (m)*. Diese Substantive sind mit einem * und einem Hinweis auf diese Textstelle versehen. Obwohl es im Deutschen eine weibliche Form für diese Substantive gibt *(die Malerin, die Schriftstellerin)*, ist in den betreffenden Fällen auch nur die männliche Form angegeben. Wie diese Substantive im Französischen – je nach Kontext und Gesprächssituation – auch in weiblicher Bedeutung gebraucht werden können, zeigen folgende Beispiele:

Elle est peintre.	Sie ist Malerin.
Je considère que cette femme est un excellent écrivain.	Ich halte diese Frau für eine ausgezeichnete Schriftstellerin.
– Qui est cette dame en noir?	– Wer ist die Dame im schwarzen Kleid?
– C'est notre nouveau pasteur.	– Das ist unsere neue Pastorin.
C'est une femme commissaire qui l'a interrogé.	Eine Kommissarin hat ihn verhört.
Madame le proviseur a fait un petit discours.	Die Direktorin des Gymnasiums hielt eine kurze Ansprache.

J.H.

1.1 Der Mensch

l'être *m* **humain**

Depuis quand y a-t-il des êtres humains sur la terre?

der Mensch, das menschliche Wesen

Seit wann gibt es Menschen auf der Erde?

le genre humain }
la race humaine }

Ce film traite du déclin du genre humain (de la race humaine).

das Menschengeschlecht

Dieser Film handelt vom Untergang des Menschengeschlechts.

l'humanité *f*

Les organisations comme celle des Nations Unies s'expriment au nom de l'humanité.

Les héros de Kafka vivent dans un monde anonyme et sans humanité.

die Menschheit, die Menschlichkeit

Organisationen wie die UNO sprechen im Namen der Menschheit.

Die Helden Kafkas leben in einer anonymen Welt ohne Menschlichkeit.

l'homme *m*
la femme
l'enfant *m*
l'enfance *f*
la (jeune) fille
le garçon
les jeunes *m*
la jeunesse
l'adolescent/l'adolescente

l'adolescence *f*
l'adulte *m/f*
l'anthropologie *f*

der Mensch, der Mann
die Frau
das Kind
die Kindheit
das Mädchen
der Junge
die Jugendlichen, die Jugend
die Jugend
der/die Heranwachsende, der/die Jugendliche
das Jugendalter
der/die Erwachsene
die Anthropologie, die Wissenschaft vom Menschen

le contemporain/la contemporaine

Cet artiste n'a pas été compris de ses contemporains.

der Zeitgenosse/die Zeitgenossin

Dieser Künstler wurde von seinen Zeitgenossen nicht verstanden.

mes/tes/ses ... semblables *m*

Nous avons le devoir d'aider nos semblables.

die Mitmenschen

Wir haben die Pflicht, unseren Mitmenschen zu helfen.

les gens *m*

Ne t'occupe pas de ce que pensent les gens!

die Leute, die Menschen

Kümmere dich nicht darum, was die Leute denken!

la foule Il a été emporté par la foule.	**die Menschenmenge** Er wurde von der Menschenmenge mitgerissen.
la masse, les masses Cet écrivain a du succès auprès des masses.	**die (breite) Masse** Dieser Schriftsteller kommt bei der breiten Masse an.

S. auch **Die Person 2.1, Der einzelne und die Gesellschaft 3.1, Die Demographie 3.3, Die Familie 4.1.**

1.2 Die Körperteile

les parties *f* **du corps** Comment les parties du corps s'appellent-elles en français?	**die Körperteile** Wie heißen die Körperteile auf Französisch?
la tête Elle hocha la tête.	**der Kopf** Sie nickte mit dem Kopf.
le visage **la figure** Il a des boutons sur le visage. Il faut que tu te laves la figure.	**das Gesicht** Er hat Pickel im Gesicht. Du mußt dir das Gesicht waschen.
le cheveu, *pl.* ~x Il faut que je me fasse couper les cheveux.	**das Haar** Ich muß mir die Haare schneiden lassen.
le front Je me suis cogné le front contre la porte.	**die Stirn** Ich habe mir die Stirn an der Tür angestoßen.
l'œil *m* [œj], *pl.* **les yeux** *m* [jø] Je n'aime pas ses yeux.	**das Auge** Ich mag seine/ihre Augen nicht.
le sourcil *m* [sursi] Il fronça les sourcils.	**die Augenbraue** Er zog die Augenbrauen hoch.
le cil [sil] Les cils bruns et longs sont beaux.	**die Wimper** Dunkle lange Wimpern sind schön.
l'oreille *f* Je voudrais te dire quelque chose à l'oreille.	**das Ohr** Ich möchte dir etwas ins Ohr sagen.
le nez Elle a le nez retroussé.	**die Nase** Sie hat eine Stupsnase.

Die Körperteile 1.2

la bouche
Essuie-toi la bouche!
On ne parle pas la bouche pleine.

der Mund
Wisch dir den Mund ab!
Man spricht nicht mit vollem Mund.

la lèvre
Il a les lèvres épaisses/minces.

die Lippe
Er hat dicke/schmale Lippen.

la langue
Elle lui a tiré la langue.

die Zunge
Sie hat ihm/ihr die Zunge herausgestreckt.

la dent
Serre les dents!

der Zahn
Beiß die Zähne zusammen!

le cou
Elle porte toujours une écharpe autour du cou.

der Hals
Sie trägt immer ein Tuch um den Hals.

la poitrine
Il/Elle a soudain ressenti une douleur aiguë dans la poitrine.

die Brust
Plötzlich fühlte er/sie einen stechenden Schmerz in der Brust.

le sein
Cette affiche montre une jeune fille aux seins nus.

die (weibliche) Brust
Das Plakat zeigt ein Mädchen mit nackten Brüsten.

le ventre
Les enfants aiment bien dormir sur le ventre.

der Bauch
Kinder schlafen gerne auf dem Bauch.

le derrière
Il est tombé sur le derrière.

der Hintern, das Hinterteil
Er ist auf den Hintern gefallen.

les fesses *f*
Il lui a donné un coup de pied aux fesses.

das Gesäß, der Hintern
Er gab ihm/ihr einen Tritt in den Hintern.

la hanche
Elle a les hanches étroites/larges.

die Hüfte
Sie hat schmale/breite Hüften.

les membres *m*
Tous les membres lui faisaient mal.

die Glieder
Alle Glieder taten ihm/ihr weh.

le bras
Il a pris l'enfant dans ses bras.

der Arm
Er nahm das Kind auf den Arm.

l'épaule *f*
Elle s'est contenté de hausser les épaules.

die Schulter
Sie zuckte nur mit den Schultern.

le coude
On ne met pas les coudes sur la table!

der Ellenbogen
Man stützt sich nicht mit den Ellbogen auf den Tisch!

1.2 Die Körperteile

le poignet [pwaɲɛ]
Elle a les poignets fins.

das Handgelenk
Sie hat zarte Handgelenke.

la main
Elle a un bouquet de fleurs à la main.

die Hand
Sie hat einen Blumenstrauß in der Hand.

le doigt
Elle a montré du doigt la poupée qu'elle voulait avoir.

der Finger
Sie zeigte mit dem Finger auf die Puppe, die sie haben wollte.

l'ongle *m*
Je me suis cassé un ongle.

der Fingernagel
Ich habe mir einen Fingernagel abgebrochen.

la jambe
Je ne tiens plus sur mes jambes.

das Bein
Ich kann mich nicht mehr auf den Beinen halten.

la cuisse
Il se tapait de joie sur les cuisses.

der Schenkel
Er schlug sich vor Freude auf die Schenkel.

le genou, *pl.* ~x
Je ne peux plus bouger le genou droit.

das Knie
Ich kann das rechte Knie nicht mehr bewegen.

le mollet
Le vélo donne des mollets.

die Wade
Vom Radfahren bekommt man kräftige Waden.

le pied
Il tapait du pied de colère.

der Fuß
Er stampfte vor Zorn mit dem Fuß auf.

la cheville [ʃ(ə)vij]
Elle porte une robe qui lui arrive à la cheville.

der Knöchel
Sie trägt ein knöchellanges Kleid.

le talon
J'ai une ampoule au talon.

die Ferse
Ich habe eine Blase an der Ferse.

l'orteil *m* [ɔrtɛj]
le doigt de pied
Ces chaussures sont trop petites; elles me font mal aux orteils (aux doigts de pied).

die Fußzehe

Diese Schuhe sind zu klein; sie tun mir an den Zehen weh.

l'articulation *f*
Il s'est abîmé les articulations en faisant du jogging.

das Gelenk
Er hat sich beim Joggen die Gelenke ruiniert.

l'organe *m*
La plupart des êtres humains meurent à la suite de la défaillance d'un organe.

das Organ
Die meisten Menschen sterben an Organversagen.

Die Körperteile 1.2

le cerveau, *pl.* ~x
Le cerveau est l'ordinateur chez l'être humain.

das Gehirn
Das Gehirn ist der Computer des Menschen.

la cervelle
Tu as une cervelle d'oiseau.

das Hirn
Du hast ein Spatzenhirn.

le cœur
Son cœur s'est arrêté de battre.

das Herz
Sein/Ihr Herz hörte auf zu schlagen.

le poumon
Le poumon alimente le sang en oxygène.

die Lunge
Die Lunge versorgt das Blut mit Sauerstoff.

le rein
L'eau minérale est bonne pour les reins.

die Niere
Mineralwasser ist gut für die Nieren.

le foie
Où est situé le foie?

die Leber
Wo sitzt die Leber?

l'estomac *m* [ɛstɔma]
Le repas me reste sur l'estomac.

der Magen
Das Essen liegt mir schwer im Magen.

la peau
Elle a une peau qui ne supporte pas le soleil.

die Haut
Ihre Haut verträgt keine Sonne.

le muscle
Il a des muscles d'acier.

der Muskel
Er hat Muskeln aus Stahl.

l'os *m* [ɔs], *pl.* **les os** [o]
Elle n'a que la peau et les os.

der Knochen
Sie besteht nur aus Haut und Knochen.

le crâne
J'ai mal au crâne. *fam.*

der Schädel
Mir brummt der Schädel.

la colonne vertébrale
Cet exercice est bon pour la colonne vertébrale.

die Wirbelsäule
Diese Übung ist gut für die Wirbelsäule.

le sang
Un adulte a en moyenne cinq litres de sang dans le corps.

das Blut
Ein Erwachsener hat durchschnittlich fünf Liter Blut im Körper.

l'artère *f*
Le sang qui part du cœur, coule dans les artères.

die Arterie
Das Blut, das vom Herzen kommt, fließt in den Arterien.

la veine
Le sang qui revient au cœur, coule dans les veines.

die Vene
Das Blut, das zum Herzen zurückfließt, fließt in den Venen.

le nerf [nɛr]
Il a mis nos nerfs à dure épreuve.

der Nerv
Er hat unsere Nerven sehr strapaziert.

la chair
Les cannibales mangent de la chair humaine.
La plupart des poissons ont la chair blanche.

das Fleisch
Kannibalen essen Menschenfleisch.

Die meisten Fische haben weißes Fleisch.

le poil
Les hommes ont souvent la poitrine couverte de poils.
Ce chien est malade et perd ses poils.

das (Körper-, Tier-)Haar
Männer haben oft Haare auf der Brust.

Der Hund ist krank und verliert seine Haare.

● **Expressions**

sauter au cou de qn.
Le petit Marcel a couru à la rencontre de sa grand-mère et lui a sauté au cou.

jdm. um den Hals fallen
Der kleine Marcel lief seiner Oma entgegen und fiel ihr um den Hals.

jusqu'au bout des ongles
Elle est Parisienne jusqu'au bout des ongles.

durch und durch, waschecht
Sie ist eine waschechte Pariserin.

reprendre du poil de la bête *fam.*
Il a bien repris du poil de la bête à la suite de sa maladie.

sich wieder aufrappeln, erholen
Er hat sich nach seiner Krankheit wieder aufgerappelt.

s'être levé,e du pied gauche

Pourquoi as-tu l'air si renfrogné? Tu as dû te lever du pied gauche.

mit dem linken Fuß (zuerst) aufgestanden sein
Warum schaust du so mürrisch drein? Du bist wohl mit dem linken Fuß (zuerst) aufgestanden.

ne pas arriver à la cheville de qn.

Personne ne lui arrive à la cheville dans ce domaine.

jdm. nicht das Wasser reichen können
Auf diesem Gebiet kann ihm/ihr niemand das Wasser reichen.

S. auch **Die äußere Erscheinung 2.2, Die Krankheit, die Gesundheit 4.2, Die Körperpflege 5.1**.

1.3 Die fünf Sinne

le sens [sɑ̃s]
L'être humain a cinq sens.

der Sinn
Der Mensch hat fünf Sinne.

Die fünf Sinne 1.3

la vue
Ma vue a bien baissé ces derniers temps.

der Gesichtssinn, die Sehkraft
Meine Sehkraft hat in letzter Zeit sehr nachgelassen.

voir
Je n'ai pas encore vu ce tableau.

sehen
Ich habe dieses Bild noch nicht gesehen.

apercevoir
Ce matin, je t'ai aperçu en ville.

erblicken, sehen
Heute morgen habe ich dich in der Stadt gesehen.

éblouir
J'ai été ébloui par un véhicule venant en sens inverse.

blenden
Ich wurde von einem entgegenkommenden Fahrzeug geblendet.

la lumière
Tout le paysage baignait dans la lumière.

das Licht
Die ganze Landschaft war in Licht getaucht.

la clarté
Ce que nous apprécions dans cet appartement, c'est sa clarté.

die Helligkeit
Was wir an dieser Wohnung schätzen, ist die Helligkeit.

l'obscurité f
L'obscurité de la forêt nous effrayait.

die Dunkelheit
Die Dunkelheit des Waldes flößte uns Furcht ein.

visuel, le
Je n'ai aucune mémoire visuelle.

visuell
Ich habe kein visuelles Gedächtnis.

clair, e
J'aime les pièces vastes et claires.

hell
Ich liebe große, helle Räume.

obscur, e
Les couloirs de cet hôtel sont étroits et obscurs.

dunkel
Die Flure in diesem Hotel sind schmal und dunkel.

sombre
Il fait maintenant trop sombre pour faire des photos.

dunkel
Zum Fotografieren ist es jetzt zu dunkel.

aveugle
Je ne suis pourtant pas aveugle!

blind
Ich bin doch nicht blind!

l'ouïe [wi]
L'ouïe baisse avec l'âge.

das Gehör, der Gehörsinn
Mit dem Alter läßt das Gehör nach.

entendre
Est-ce que tu entends le gazouillis des oiseaux?

hören
Hörst du das Vogelgezwitscher?

le son
Le son de cet instrument ne me plaît pas.

der Ton, der Klang
Der Klang dieses Instruments gefällt mir nicht.

1.3 Die fünf Sinne

grave
Les hommes ont normalement une voix plus grave que les femmes.

tief, dunkel
Männer haben normalerweise eine tiefere Stimme als Frauen.

aigu, aiguë [egy]
Certains animaux perçoivent des sons plus aigus que les êtres humains.

hoch, schrill
Manche Tiere nehmen höhere Töne wahr als die Menschen.

l'acoustique f
Les églises ont, en général, une bonne acoustique.

die Akustik
Kirchen haben im allgemeinen eine gute Akustik.

audio-visuel, le
J'ai appris le français à l'aide d'une méthode audio-visuelle.

audiovisuell
Ich habe Französisch nach der audiovisuellen Methode gelernt.

sourd, e
Peux-tu t'imaginer que Beethoven était sourd lorsqu'il a composé la 9e symphonie?

taub
Kannst du dir vorstellen, daß Beethoven taub war, als er die 9. Sinfonie komponierte?

sourd, e-muet, te
le sourdmuet/la sourde-muette
Les sourds-muets se font comprendre par gestes.

taubstumm
der/die Taubstumme
Taubstumme machen sich durch Gesten verständlich.

l'odorat m
Les chiens ont un odorat plus développé que les êtres humains.

der Geruchssinn
Hunde haben einen höher entwickelten Geruchssinn als Menschen.

sentir
Je ne sens rien, j'ai un rhume.

riechen
Ich rieche nichts, ich habe einen Schnupfen.

l'odeur f
Je ne peux pas supporter l'odeur de cette épice.

der Geruch
Ich kann den Geruch dieses Gewürzes nicht ausstehen.

le parfum
Le parfum de ces fleurs est enivrant.

der Duft
Der Duft dieser Blumen ist berauschend.

le goût
Le goût est très différemment développé chez les êtres humains.

der Geschmackssinn, der Geschmack
Der Geschmackssinn ist bei den Menschen sehr unterschiedlich entwickelt.

avoir un goût
Ce pain a un goût amer/doux/acide/salé.

schmecken
Das Brot schmeckt bitter/süß/sauer/salzig.

Die fünf Sinne 1.3

le toucher
Les aveugles ont le sens du toucher très développé.
Cette matière est agréable/désagréable au toucher.

der Tastsinn, das Anfassen
Blinde haben einen hochentwickelten Tastsinn.
Dieser Stoff ist beim Anfassen angenehm/unangenehm.

toucher
Ne touche pas ton assiette, elle est très chaude!

berühren, anfassen
Faß den Teller nicht an, er ist sehr heiß!

tâter
Le médecin a tâté le pouls [pu] du malade.

tasten, fühlen
Der Arzt fühlte den Puls des Kranken.

la sensation
La jeunesse d'aujourd'hui aime les sensations fortes.

die Empfindung
Die Jugend von heute liebt starke Empfindungen.

sentir
ressentir
Je sens (ressens) une douleur dans le genou quand je marche.

empfinden, spüren
Beim Gehen spüre ich einen Schmerz im Knie.

percevoir
J'ai bien perçu sa déception.

wahrnehmen
Ich habe seine Enttäuschung wohl wahrgenommen.

perceptible
Cette différence est à peine perceptible.

wahrnehmbar
Dieser Unterschied ist kaum wahrnehmbar.

imperceptible
Le mal est imperceptible à l'œil nu.

nicht wahrnehmbar
Der Schaden ist mit dem bloßen Auge nicht wahrnehmbar.

● Expressions

se tâter
Je me tâte encore pour savoir si je vais au cinéma ce soir ou pas.

(sich) noch unschlüssig sein
Ich bin (mir) noch unschlüssig, ob ich heute abend ins Kino gehe oder nicht.

Tu n'es pas sourd, que je sache!
Est-ce que tu n'entends pas ce que je te dis? Tu n'es pourtant pas sourd, que je sache!

Du bist doch nicht taub!
Hörst du nicht, was ich sage? Du bist doch nicht taub(, soviel ich weiß)!

S. auch **Die Ernährung, das Essen 7.3, Die Farben 15.4, Die Kunst 22.1, Die Musik 22.2**

1.4 Der Verstand, der Geist, die Seele

la raison
Ceci est contraire à la raison.

der Verstand, die Vernunft
Das ist gegen die Vernunft.

raisonnable
Sois donc raisonnable!

vernünftig
Sei doch vernünftig!

l'esprit *m*
Ses remarques sont toujours pleines d'esprit et d'humour.

der Geist
Seine/Ihre Bemerkungen sind immer voller Geist und Witz.

l'état *m* **d'esprit**
En quel état d'esprit se trouvait-elle?

die seelische Verfassung
In welcher seelischen Verfassung war sie?

l'âme *f*
L'âme de l'être humain est immortelle.

die Seele
Die Seele des Menschen ist unsterblich.

intérieur,e
Elle espérait retrouver, grâce à un voyage, un certain équilibre intérieur.

psychisch, innerlich, seelisch
Sie hoffte, durch eine Reise ihr seelisches Gleichgewicht wiederzufinden.

moral,e;aux
La douleur morale est souvent plus grande que la douleur physique.

seelisch, geistig
Der seelische Schmerz ist oft größer als der körperliche Schmerz.

intellectuel,le
Il n'y a aucune vie intellectuelle dans cette ville.

geistig, intellektuell
In dieser Stadt gibt es kein geistiges Leben.

mental,e;aux
La schizophrénie [skizofrɛni] est une maladie mentale.

geistig, Geistes-
Schizophrenie ist eine Geisteskrankheit.

l'idée *f*

Il a une idée précise de ce qu'il aimerait faire plus tard.
As-tu une idée de l'endroit où nous pourrions aller?

die Idee, der Gedanke, die Vorstellung
Er hat eine genaue Vorstellung von dem, was er später machen möchte.
Hast Du eine Idee, wo wir hingehen könnten?

exprimer
Elle sait exprimer ses idées de façon claire.

ausdrücken
Sie versteht es, ihre Gedanken klar auszudrücken.

développer
Essaie de développer tes idées de façon logique!

entwickeln
Versuche, deine Gedanken logisch zu entwickeln!

préciser
Est-ce que vous pourriez encore préciser votre pensée?

präzisieren
Könnten Sie Ihren Gedanken noch präzisieren?

Der Verstand, der Geist, die Seele 1.4

l'imagination f

Tu aurais pu résoudre ce problème en faisant preuve d'un peu plus d'imagination.

die Vorstellung(sgabe), die Phantasie

Du hättest das Problem lösen können, wenn du etwas mehr Phantasie gehabt hättest.

(s')imaginer
Peux-tu (t')imaginer cela?

sich vorstellen
Kannst du dir das vorstellen?

se représenter
Tu ne peux pas te représenter dans quelles conditions vivent ces gens.

sich vorstellen
Du kannst dir nicht vorstellen, in welchen Verhältnissen diese Leute leben.

la pensée
Cette pensée m'occupe déjà depuis longtemps.

der Gedanke, das Denken
Dieser Gedanke beschäftigt mich schon lange.

penser
Le philosophe Descartes disait:
«Je pense, donc je suis.»

denken
Der Philosoph Descartes sagte:
„Ich denke, also bin ich."

la réflexion
Quel est le résultat de vos réflexions?

die Überlegung
Was ist das Ergebnis eurer/Ihrer Überlegungen?

réfléchir à (sur) qc.
A quoi réfléchis-tu?
Il faut d'abord que j'y réfléchisse.

über etw. nachdenken
Worüber denkst du nach?
Darüber muß ich erst nachdenken.

le sens [sɑ̃s]
Connais-tu le sens de cette expression?

Ce que tu dis n'a aucun sens.

die Bedeutung, der Sinn
Kennst du die Bedeutung dieses Ausdrucks?
Was du sagst, hat keinen Sinn.

le bon sens
Le bon sens me dit que cela ne peut pas être exact.

der gesunde Menschenverstand
Der gesunde Menschenverstand sagt mir, daß das nicht stimmen kann.

la signification
Je ne connais pas la signification exacte de ce mot.

die Bedeutung
Ich kenne die genaue Bedeutung dieses Wortes nicht.

signifier
Que signifie cette abréviation?

bedeuten
Was bedeutet diese Abkürzung?

la logique
Ton exposé manque de logique.

die Logik
Deinen Ausführungen fehlt es an Logik.

logique
Mais c'est pourtant logique!

logisch
Aber das ist doch logisch!

1.4 Der Verstand, der Geist, die Seele

la notion
Tu sembles avoir perdu toute notion de temps.

der Begriff
Du scheinst jeden Zeitbegriff verloren zu haben.

l'absurdité f
Est-ce que par hasard tu crois pareille absurdité?

der Unsinn
Glaubst du diesen Unsinn etwa?

absurde
Je n'ai encore jamais rien entendu d'aussi absurde.

sinnlos, absurd
So etwas Absurdes habe ich noch nie gehört.

la mémoire
Il a toujours eu une excellente mémoire.

das Gedächtnis, die Erinnerung
Er hatte schon immer ein ausgezeichnetes Gedächtnis.

le souvenir
Je n'ai plus aucun souvenir de cette période de ma vie.

die Erinnerung
Ich habe an diesen Abschnitt meines Lebens keine Erinnerung mehr.

se souvenir de qc./de qn.
Je ne me souviens plus de rien.

sich an etw./an jdn. erinnern
Ich erinnere mich an nichts mehr.

se rappeler qc./qn.
Est-ce que tu te rappelles ton premier jour d'école?

sich an etw./an jdn. erinnern
Erinnerst du dich an deinen ersten Schultag?

● **Expressions**

«La raison du plus fort est toujours la meilleure.» (La Fontaine)

Der Stärkere hat immer recht.

rencontrer l'âme sœur

den richtigen, verständnisvollen Partner finden

Il n'a pas encore rencontré l'âme sœur.

Er hat noch nicht die richtige Partnerin gefunden.

S. auch **Die Intelligenz, die Bildung 2.4, Die Schule 17.1, Die Universität 17.2, Die Wissenschaft, die Technik 17.3, Die Interpretation von Texten 27.2.**

1.5 Die Gefühle

le sentiment[1]	das Gefühl, die Gefühlsregung
manifester	zeigen
refouler	verdrängen

Il ne manifeste guère ses sentiments.
Er zeigt fast nie seine Gefühle.
Les sentiments refoulés jouent un grand rôle dans les analyses de rêves.
Die verdrängten Gefühle spielen in der Traumanalyse eine große Rolle.

un sentiment de ...
   satisfaction f
   reconnaissance f

ein Gefühl der ...
   Genugtuung
   Dankbarkeit

des sentiments ambivalents, par ex.:
   amour m et haine f
   affection f et aversion f

widerstreitende Gefühle, z.B.:
   Liebe und Haß
   Zuneigung und Abneigung

sentimental,e; aux
Gefühls-, gefühlsbetont, rührselig
Elle aime bien les films sentimentaux.
Sie sieht gerne rührselige Liebesfilme.

l'émotion f
dissimuler
cacher

die Erregung, die Gefühlsregung
verbergen, verheimlichen

Il ne pouvait pas dissimuler (cacher) son émotion.
Er konnte seine Erregung nicht verbergen.

être ému,e
ergriffen sein, (innerlich) erregt sein

Elle était tellement émue qu'elle n'a pas pu sortir un mot.
Sie war so erregt, daß sie kein Wort herausbringen konnte.

se sentir[2] ...
   à l'aise/mal à l'aise
   bien/mal dans sa peau
   délaissé,e

sich ... fühlen
   wohl/unwohl
   wohl/unwohl in seiner Haut
   verlassen

ressentir ...
éprouver ...
   de la joie
   de la jalousie
   de la pitié
   de la haine
   du mépris
   de la tendresse
   de la honte
   du regret

... empfinden
   Freude
   Eifersucht
   Mitleid
   Haß
   Verachtung
   Zärtlichkeit
   Scham
   Reue

la sensibilité
die Empfindsamkeit, das Einfühlungsvermögen
Elle manque de sensibilité.
Es fehlt ihr an Einfühlungsvermögen.

---

[1] Zu *le sentiment* in der Bedeutung von *die Ansicht* s.
Seine Meinung sagen, argumentieren 27.3.
[2] Zu *se sentir bien* s. **Die Krankheit, die Gesundheit 4.2.**

1.5 Die Gefühle

sensible[1]
Les filles sont en général plus sensibles que les garçons.

empfindsam, sensibel
Mädchen sind im allgemeinen sensibler als Jungen.

l'insensibilité f
On lui reprochait son insensibilité parce qu'elle n'avait pas pleuré sur la tombe de sa mère.

die Gefühlskälte
Man warf ihr Gefühlskälte vor, weil sie am Grab ihrer Mutter nicht geweint hatte.

insensible[1]
Comment peut-on être aussi insensible?

gefühllos
Wie kann man so gefühllos sein?

être ...
  gai,e
  joyeux,se
  triste
  jaloux,se
  mélancolique
  déprimé,e
  craintif,ve
  angoissé,e
  stupéfait,e

... sein
  lustig, vergnügt
  fröhlich
  traurig
  eifersüchtig
  melancholisch, schwermütig
  deprimiert, niedergeschlagen
  ängstlich
  von Angst erfüllt
  verblüfft

le bonheur
le malheur
la gaîté ou **la gaieté** [gete]
la tristesse
la jalousie
la mélancolie
la crainte
l'angoisse f
l'espoir m
le désespoir
le regret
l'étonnement m
la surprise
la stupéfaction

das Glück
das Unglück
die Fröhlichkeit
die Traurigkeit
die Eifersucht
die Melancholie, die Schwermut
die Furcht
die Angst, der Angstzustand
die Hoffnung
die Verzweiflung
das Bedauern, die Reue
das Erstaunen
die Überraschung
die Verblüffung

se réjouir à l'idée de (faire) qc.
Alexandre se réjouit à l'idée de faire ses études à Paris.

sich auf etw. freuen
Alexander freut sich auf sein Studium in Paris.

avoir peur de qn./de qc.
Etant enfant, j'avais peur des fantômes.

vor jdm./etw. Angst haben
Als Kind hatte ich Angst vor Gespenstern.

craindre
Je crains de ne pouvoir arriver à l'heure.

fürchten
Ich fürchte, nicht rechtzeitig kommen zu können.

---

1 Zu *sensible à qc.* und *insensible à qc.* s. **Die Intelligenz, die Bildung 2.4.**

Die Gefühle **1.5**

espérer
J'espère que tout ira bien.

hoffen, hoffentlich
Hoffentlich geht alles gut.

s'en faire
Ne t'en fais pas, cela s'arrangera!

sich Sorgen machen
Mache dir keine Sorgen, es wird schon wieder gut!

se décourager
Ne te décourage pas!

den Mut verlieren, sich entmutigen lassen
Verliere nicht den Mut!

(se) désespérer
Il ne faut pas (te) désespérer, un jour tu connaîtras sûrement le succès.

verzweifeln, die Hoffnung verlieren
Du darfst nicht verzweifeln, eines Tages wirst du sicher Erfolg haben.

vexer
Tu me vexerais en faisant cela.

beleidigen
Damit würdest du mich beleidigen.

blesser
Comment as-tu pu le blesser de la sorte?

verletzen
Wie konntest du ihn so verletzen?

regretter
Je ne regrette rien.

bedauern, bereuen
Ich bereue nichts.

être étonné,e
s'étonner
Je suis étonné qu'il ne soit pas encore là.
Je m'étonne d'entendre cela dans ta bouche.

erstaunt sein
erstaunt sein, sich wundern
Ich bin erstaunt, daß er noch nicht da ist.
Ich bin erstaunt, das aus deinem Mund zu hören.

surprendre
Cela ne me surprend pas du tout.

überraschen
Das überrascht mich gar nicht.

● **Expressions**

Un malheur n'arrive jamais seul.

Ein Unglück kommt selten allein.

avoir une peur bleue *fam.*
Elle a une peur bleue des souris et des araignées.

eine Heidenangst haben
Sie hat eine Heidenangst vor Mäusen und Spinnen.

avoir plus de peur que de mal

Nous avons eu un accident de voiture, mais heureusement, nous avons eu plus de peur que de mal.

glimpflich, ohne größeren Schaden davonkommen
Wir hatten einen Autounfall, aber wir sind glücklicherweise glimpflich davongekommen.

S. auch **Der Charakter, das Temperament 2.3, Die zwischenmenschlichen Beziehungen 2.5, Freundschaft, Bekanntschaft 8.1, Die Wahrheit, die Gewißheit, die Lüge, der Irrtum 23.3, Die Wirklichkeit, der Schein, die Möglichkeit 23.4.**

2.1 Die Person

la personne
Combien de personnes vont participer à l'excursion?

die Person
Wieviele Personen nehmen an dem Ausflug teil?

le personnage[1]
C'était un personnage jouissant d'une grande influence politique.

die (bekannte) Persönlichkeit
Er/Sie war eine bekannte Persönlichkeit mit großem politischen Einfluß.

personnel,le
Cela ne te regarde pas, c'est une affaire personnelle.

persönlich
Das geht dich nichts an, das ist eine persönliche Angelegenheit.

le nom de famille
Quel est votre nom de famille?

der Familienname, der Nachname
Wie heißen Sie mit Nachnamen?

le prénom
Quel est votre prénom?

der Vorname
Wie heißen Sie mit Vornamen?

s'appeler
– Comment t'appelles-tu?
– Je m'appelle Françoise.

heißen
– Wie heißt du?
– Ich heiße Françoise.

la naissance
Quelle est votre date de naissance?
Quel est votre lieu de naissance?

die Geburt
Wie lautet Ihr Geburtsdatum?
Wie heißt Ihr Geburtsort?

naître
Je suis né,e le 15 août 1980 à Nice.

geboren werden
Ich bin am 15. August 1980 in Nizza geboren.

l'âge *m*
– Quel âge as-tu?
– J'ai 13 ans.
Mozart est mort à l'âge de trente-cinq ans.
Je n'aurais jamais eu le courage de changer de métier à son âge.

das Alter
– Wie alt bist du?
– Ich bin 13 (Jahre alt).
Mozart ist im Alter von 35 Jahren gestorben.
Ich hätte nie den Mut gehabt, in seinem/ihrem Alter den Beruf zu wechseln.

être âgé,e de
Elle était à peine âgée de 5 ans lorsque son père est mort.

alt sein
Sie war gerade 5 Jahre alt, als ihr Vater starb.

mineur,e
Tant que tu es mineur, tu ne peux pas faire tout ce que tu veux.

minderjährig
Solange du minderjährig bist, kannst du nicht alles tun, was du willst.

---

[1] Zu *personnage* s. auch **Das Theater 22.4** und **Die Interpretation von Texten 27.2**.

Die Person 2.1

majeur,e
adulte
Il est maintenant majeur, mais pas adulte pour autant.

volljährig, mündig
erwachsen
Er ist jetzt volljährig, aber noch lange nicht erwachsen.

la nationalité
De quelle nationalité êtes-vous?

die Staatsangehörigkeit
Welche Staatsangehörigkeit haben Sie?

l'adresse *f*
Quelle est votre adresse?

die Adresse
Wie lautet Ihre Adresse?

le domicile
le lieu d'habitation
Au cours des dix dernières années, j'ai changé trois fois de domicile (de lieu d'habitation).

der Wohnort
In den letzten 10 Jahren habe ich dreimal den Wohnort gewechselt.

l'état *m* **civil**
– Quel est votre état civil?
– Je suis ...
  célibataire
  marié,e
  divorcé,e
  veuf,ve

der Familienstand
– Wie ist Ihr Familienstand?
– Ich bin ...
  ledig
  verheiratet
  geschieden
  verwitwet

les coordonnées *f*
Veuillez inscrire ici vos coordonnées, s'il vous plaît!

die persönlichen Daten, die Personalien
Tragen Sie bitte hier Ihre persönlichen Daten ein!

l'identité *f*
La police a vérifié son identité.

die Identität, die Personalien
Die Polizei hat seine/ihre Personalien überprüft.

les papiers (d'identité)
Ne laisse pas tes papiers dans la voiture, s'il te plaît!

die (Ausweis-)Papiere
Laß bitte deine Papiere nicht im Auto liegen!

la carte d'identité
J'ai toujours ma carte d'identité sur moi.

der Personalausweis
Ich habe meinen Personalausweis immer bei mir.

le passeport
Les nouveaux passeports sont de couleur rouge.

der Reisepaß
Die neuen Reisepässe sind rot.

le permis de conduire
Est-ce que tu as déjà ton permis de conduire?

der Führerschein
Hast du schon den Führerschein?

17

le curriculum vitae [kyrikylɔmvite]
le C.V. [seve]

der **Lebenslauf**

Veuillez joindre, s'il vous plaît, un curriculum vitae (un C.V.) manuscrit à votre lettre de demande d'emploi.

Fügen Sie bitte Ihrem Bewerbungsschreiben einen handschriftlichen Lebenslauf bei.

● **Expressions**

être dans la force de l'âge
Voici un homme dans la force de l'âge.

in den besten Jahren sein
Das ist ein Mann in den besten Jahren.

On apprend à tout âge.
Chaque âge a ses plaisirs.
le troisième âge

Man lernt nie aus.
Jedes Alter hat seine Vorzüge.
die älteren Leute

S. auch **Der Mensch 1.1, Der einzelne und die Gesellschaft 3.1, Die Demographie 3.3, Die Familie 4.1.**

2.2 Die äußere Erscheinung

le physique

das Aussehen, die äußere Erscheinung, das Äußere

Beaucoup de personnes ne sont pas satisfaites de leur physique.
Elle a un physique agréable.

Viele Leute sind mit ihrem Aussehen nicht zufrieden.
Sie hat ein angenehmes Äußeres.

physiquement

körperlich, äußerlich, dem Aussehen nach

Il est bien, physiquement.

Er sieht gut aus.

ne pas être mal
Ce n'est pas vraiment une beauté, mais elle n'est tout de même pas mal.

nicht schlecht aussehen
Sie ist nicht gerade eine Schönheit, sieht aber trotzdem nicht schlecht aus.

l'air *m*
Son air assuré est trompeur.
De quoi a-t-il/elle l'air?

das Aussehen, das Auftreten
Sein/Ihr selbstsicheres Auftreten täuscht.
Wie sieht er/sie aus?

avoir l'air ...
   heureux,se/triste
   sympathique/antipathique

... aussehen
   glücklich/traurig
   sympathisch/unsympathisch

avoir l'air ...
   d'un/d'une artiste
   d'un clochard

aussehen wie ...
   ein Künstler/eine ~in
   ein Pennbruder

Die äußere Erscheinung 2.2

être ...	... sein
grand,e/petit,e	groß/klein
mince/gros,se	schlank/dick
beau (bel), belle/laid,e	schön/häßlich
jeune/vieux (vieil), vieille	jung/alt

être bien/mal bâti,e
être bien/mal fait,e
eine gute/schlechte Figur haben

avoir ... — ... haben
  le visage allongé/rond/ovale — ein längliches/rundes/ovales Gesicht
  les yeux bleus/verts/marron — blaue/grüne/braune Augen
  les cheveux bruns/blonds/châtain — dunkles/blondes/dunkelblondes Haar
  le teint pâle/clair/frais/mat — einen blassen/hellen/frischen/dunklen Teint

C'est ... — Das ist ...
  un homme costaud *fam.* — ein kräftiger Mann
  une jolie fille — ein hübsches Mädchen
  quelqu'un de sportif — eine sportliche Person

la taille — die Taille, die Größe
Elle a la taille fine. — Sie hat eine schmale Taille.
Il est de taille moyenne. — Er ist mittelgroß.

la constitution — der Körperbau, die Konstitution
robuste — kräftig
fragile — zart, zerbrechlich
Elle est de constitution robuste/fragile. — Sie hat einen kräftigen/zarten Körperbau.

l'allure *f* — das Auftreten, die Haltung
décontracté,e — lässig, entspannt
Il a l'allure décontractée. — Er hat ein lässiges Auftreten.

l'apparence *f* — das Äußere, der Schein
Tu juges trop les gens sur (d'après) les apparences. — Du beurteilst die Menschen zu sehr nach ihrem Äußeren.

● **Expression**

avoir de l'allure — Klasse haben, klasse aussehen
Cette femme a vraiment de l'allure. — Diese Frau hat wirklich Klasse.

S. auch **Die Körperteile 1.2, Die Körperpflege 2.2, Die Krankheit, die Gesundheit 4.2, Die Kleidung 5.2, Der Schmuck 5.3.**

2.3 Der Charakter, das Temperament

le caractère
Il a un caractère difficile. Personne ne peut le satisfaire.

der Charakter
Er hat einen schwierigen Charakter. Niemand kann es ihm rechtmachen.

le trait de caractère

Quels sont les traits dominants de son caractère?

der Charakterzug, die Charaktereigenschaft
Welches sind seine/ihre hervorstechenden Charaktereigenschaften?

caractériser
Comment peut-on le caractériser?

charakterisieren
Wie kann man ihn charakterisieren?

la qualité
Quelles sont ses qualités?

Il possède une qualité que j'apprécie: la patience.

die gute Eigenschaft
Welches sind seine/ihre guten Eigenschaften?
Er besitzt eine Eigenschaft, die ich schätze, nämlich Geduld.

le défaut

Quelles sont ses défauts?

Son principal défaut est sa curiosité.

die schlechte Eigenschaft, der Fehler
Welches sind seine/ihre schlechten Eigenschaften?
Sein/Ihr größter Fehler ist seine/ihre Neugier.

le tempérament
se laisser emporter par qc.
Tu te laisses trop vite emporter par ton tempérament.

das Temperament
sich von etw. hinreißen lassen
Du läßt dich zu schnell von deinem Temperament hinreißen.

de bonne/mauvaise humeur
Elle est rarement de bonne humeur.
Pourquoi étais-tu hier de si mauvaise humeur?

gut/schlecht gelaunt
Sie ist selten gut gelaunt.
Warum warst du gestern so schlecht gelaunt?

C'est ...
   un garçon courageux
   une femme dévouée
   quelqu'un d'ambitieux

Er/Sie ist ...
   ein mutiger Junge
   eine hilfsbereite Frau
   eine ehrgeizige Person

faire preuve ...
   d'initiative *f*
   de courage *m*

... zeigen
   Initiative
   Mut

se montrer
   généreux,se
   intéressé,e

sich ... zeigen
   großzügig
   interessiert

Der Charakter, das Temperament 2.3

être plein,e ...
  d'énergie f
  de contradictions f

voller ... sein
  Energie
  Widersprüche

être ...
  d'une grande bonté
  d'une grande modestie

... sein
  von großer Güte
  von großer Bescheidenheit

manquer de qc.
la souplesse
Il manque de souplesse.

an etw. fehlen
die Anpassungsfähigkeit
Es fehlt ihm an Anpassungsfähigkeit.

être ...

		... sein	
dynamique	≠ apathique	dynamisch	≠ energielos
autoritaire	conciliant,e	autoritär	umgänglich
appliqué,e	paresseux,se	fleißig	faul
acharné,e	mou (mol), molle	hartnäckig	schlapp
enthousiaste (pour)	indifférent,e (à)	begeistert	gleichgültig
passionné,e (par)	blasé,e	begeistert	blasiert
ferme	faible	standhaft	schwach
déterminé,e	hésitant,e	entschlossen	unentschlossen
indépendant,e	dépendant,e	selbständig	unselbständig
franc, franche	menteur,-euse	ehrlich	verlogen
sincère	hypocrite	aufrichtig	heuchlerisch
modeste	vaniteux,se	bescheiden	eitel
toujours content,e	insatisfait,e	zufrieden	unzufrieden
constant,e	instable	ausdauernd	unbeständig
équilibré,e	déséquilibré,e	ausgeglichen	unausgeglichen
calme	vif,ve	ruhig	lebhaft
timide	effronté,e	schüchtern	frech
doux,ce	violent,e	sanft	ungestüm
simple	compliqué,e	einfach	kompliziert
original,e;aux	conventionnel,le	originell	konventionell
unique	banal,e	einzigartig	gewöhnlich
détendu,e	tendu,e	entspannt	angespannt
décontracté,e	excité,e	lässig	aufgeregt
adroit,e	maladroit,e	geschickt	ungeschickt
avare	dépensier,ière	geizig	verschwenderisch
souple	intransigeant,e	flexibel	unflexibel

l'acharnement m
Si tu veux réussir ton examen, il faut travailler avec plus d'acharnement.

der Eifer, die Verbissenheit
Wenn du die Prüfung bestehen willst, mußt du mit mehr Eifer arbeiten.

la paresse
La paresse est un vilain défaut.

die Faulheit
Faulheit ist eine schlechte Eigenschaft.

l'indifférence f
Ton indifférence m'effraie parfois.

die Gleichgültigkeit
Deine Gleichgültigkeit erschreckt mich manchmal.

2.3 Der Charakter, das Temperament

l'enthousiasme *m*
Cette proposition fut accueillie avec enthousiasme.

die Begeisterung
Dieser Vorschlag wurde mit Begeisterung aufgenommen.

le souci
Tu n'as vraiment pas besoin de te faire du souci pour moi.

die Sorge
Um mich brauchst du dir wirklich keine Sorgen machen.

la satisfaction
Elle a accompli ses tâches à notre entière satisfaction.

die Zufriedenheit
Sie hat ihre Aufgaben zu unserer vollen Zufriedenheit erfüllt.

l'insatisfaction *f*
Ton éternelle insatisfaction m'agace.

die Unzufriedenheit
Deine ewige Unzufriedenheit geht mir auf die Nerven.

la franchise
J'apprécie sa franchise.

die Offenheit, die Aufrichtigkeit
Ich schätze seine/ihre Aufrichtigkeit.

la sincérité
La sincérité est une qualité qui se fait rare.

die Aufrichtigkeit
Aufrichtigkeit ist eine seltene Tugend geworden.

la simplicité
Son style de vie est d'une grande simplicité.

die Einfachheit
Sein/Ihr Lebensstil ist von großer Einfachheit.

l'ambiguïté *f* [ɑ̃biɡɥite]

L'ambiguïté de sa réponse ne l'oblige pratiquement à rien.

die Zweideutigkeit, die Doppeldeutigkeit
Die Zweideutigkeit seiner/ihrer Antwort verpflichtet ihn/sie praktisch zu nichts.

la générosité
La générosité n'est pas son fort.

die Großzügigkeit
Großzügigkeit ist nicht seine/ihre Stärke.

l'avarice *f*
Son avarice en faisait un homme seul.

der Geiz
Sein Geiz machte ihn zu einem einsamen Menschen.

l'ambition *f*
Cette femme est possédée par l'ambition.

der Ehrgeiz
Diese Frau ist von Ehrgeiz besessen.

la colère
Il se met facilement en colère.

die Wut, der Zorn
Er gerät leicht in Zorn.

le vice
la vertu
La Rochefoucauld a écrit: «Nos vertus ne sont le plus souvent que des vices déguisés.»

das Laster
die Tugend
La Rochefoucauld hat geschrieben: „Unsere Tugenden sind meistens nur verkappte Laster."

● Expressions

piquer une colère noire *fam.*
Il a piqué une colère noire quand il l'a appris.

einen Wutanfall bekommen
Als er das erfuhr, bekam er einen Wutanfall.

L'oisiveté (La paresse) est mère de tous les vices.

Müßiggang ist aller Laster Anfang.

S. auch **Die Gefühle 1.5, Lachen, Scherzen, Spotten 8.2.**

2.4 Die Intelligenz, die Bildung

l'intelligence *f*
L'être humain se distingue des autres êtres vivants par son intelligence.

die Intelligenz
Der Mensch unterscheidet sich von den anderen Lebewesen durch seine Intelligenz.

l'éducation *f*
Elle a reçu une bonne éducation.

die Bildung, die Erziehung
Sie hat eine gute Erziehung erhalten.

la culture (générale)
Le rôle du lycée est de donner aux élèves une certaine culture générale.

die (Allgemein-)Bildung
Die Aufgabe des Gymnasiums ist es, den Schülern eine gewisse Allgemeinbildung zu geben.

être ...

intelligent,e	≠ stupide/borné,e
instruit,e	sans culture
malin, maligne	bête
sensible à qc.	insensible à qc.
ouvert,e à qc.	fermé,e à qc.
curieux,se	indifférent,e

... sein

intelligent	≠ dumm/beschränkt
gebildet	ungebildet
schlau	dumm
für etw. aufgeschlossen	gegenüber etw. unempfindlich
für etw. empfänglich	für etw. blind
neugierig	gleichgültig

Il/Elle paraît (semble) ...

ingénieux,se	≠ incapable
créatif,ve	stérile
doué,e	pas doué,e
savant,e	ignorant,e

Er/Sie scheint ... zu sein

ideenreich	≠ unfähig
kreativ	ideenlos
begabt	unbegabt
gut unterrichtet	unwissend

C'est ...
un intellectuel/une intellectuelle

une femme cultivée

Das ist ...
ein Intellektueller/eine Intellektuelle

eine gebildete Frau

2.4 Die Intelligenz, die Bildung

avoir ...
  du talent
  de la présence d'esprit
  de l'imagination f

... haben
  Talent
  Geistesgegenwart
  Phantasie

Il/Elle manque ...
  d'esprit créatif
  de bon sens m
  d'ouverture f d'esprit

Es fehlt ihm/ihr an ...
  Kreativität
  gesundem Menschenverstand
  Aufgeschlossenheit

connaître
Je ne connais pas l'Amérique.

kennen
Ich kenne Amerika nicht.

savoir
Que sais-tu de la vie de ces gens-là?

Sais-tu parler anglais?

wissen, können
Was weißt du über das Leben dieser Leute?
Kannst du Englisch?

acquérir des connaissances f
Il faut que tu acquières encore quelques connaissances dans ce domaine.

Kenntnisse erwerben
Auf diesem Gebiet mußt du noch einige Kenntnisse erwerben.

élargir son horizon m
Penses-tu réellement que la télévision élargisse notre horizon?

den Horizont erweitern
Glaubst du wirklich, daß Fernsehen den Horizont erweitert?

se tenir au courant de qc.
Je me suis abonné à ce magazine pour me tenir au courant de l'actualité.

sich auf dem laufenden halten
Ich habe diese Zeitschrift abonniert, um mich über das Tagesgeschehen auf dem laufenden zu halten.

se renseigner sur qc.

Je me suis renseigné sur les programmes de cinéma.

sich über etw. informieren, über etw. Auskünfte einholen
Ich habe mich über das Kinoprogramm informiert.

s'informer
Je vais tâcher de m'informer d'ici demain.

sich informieren
Ich versuche, mich bis morgen zu informieren.

s'instruire
Elle s'est acheté des ouvrages spécialisés pour continuer à s'instruire.

sich informieren, sich bilden
Sie hat sich Fachbücher gekauft, um sich weiterzubilden.

s'intéresser à qc.
être intéressé,e par qc.
C'est un enfant éveillé qui s'intéresse à tout.
Son frère est surtout intéressé par la technique.

sich für etw. interessieren

Das ist ein aufgewecktes Kind, das sich für alles interessiert.
Sein/Ihr Bruder interessiert sich vor allem für technische Dinge.

Die Intelligenz, die Bildung 2.4

s'apercevoir de qc./que
Heureusement, je me suis aperçu de mon erreur à temps.
Je ne m'étais pas aperçu que tu avais quitté la maison.

se rendre compte de qc./que
Te rends-tu compte des conséquences de ta décision?
Il se rendait bien compte qu'il n'avait plus aucune chance de remporter le match.

avec du recul
Avec du recul, on voit les choses complètement différemment.

etw. bemerken
Ich habe den Fehler zum Glück rechtzeitig bemerkt.
Ich hatte nicht bemerkt, daß du das Haus verlassen hattest.

sich über etw. klar werden, sein
Bist du dir über die Folgen deiner Entscheidung klar?
Es war ihm klar, daß er keine Chance mehr hatte, das Spiel zu gewinnen.

aus der Distanz
Aus der Distanz sieht alles ganz anders aus.

Questions

Quelles sont ses capacités intellectuelles?
Comprend-il ce qui se passe autour de lui?
Réussit-il à résoudre les problèmes auxquels il est confronté?
Sait-elle s'exprimer?
Sait-il se faire comprendre?
S'y connaît-elle dans ce domaine?
Quelle est sa formation?

Fragen

Was für geistige Fähigkeiten hat er/sie?
Versteht er, was um ihn herum vorgeht?
Kann er die Probleme lösen, die sich ihm stellen?
Kann sie sich ausdrücken?
Kann er sich verständlich machen?
Kennt sie sich auf diesem Gebiet aus?
Welche Ausbildung hat er/sie?

● Expressions

Savoir, c'est pouvoir.

savoir de quoi il retourne
Tu ne me feras pas croire cela. Je sais très précisément de quoi il retourne.

ne pas savoir où donner de la tête
Qu'est-ce que j'ai encore à faire? Je ne sais plus où donner de la tête!

connaître qc. sur le bout des doigts
Tu n'as pas besoin de me relire ce contrat. Je le connais déjà sur le bout des doigts.

Wissen ist Macht.

wissen, worum es geht
Du wirst mir das doch nicht weismachen wollen. Ich weiß genau, worum es geht.

nicht wissen, wo einem der Kopf steht
Was soll ich noch alles erledigen? Ich weiß ja nicht mehr, wo mir der Kopf steht!

etw. in- und auswendig kennen
Du brauchst mir den Vertrag nicht noch einmal vorzulesen. Ich kenne ihn schon in- und auswendig.

2.5 Die zwischenmenschlichen Beziehungen

S. auch **Der Verstand, der Geist, die Seele** 1.4, **Die Schule** 17.1, **Die Universität** 17.2, **Die Wissenschaft, die Technik** 17.3, **Die Ausbildung, die Fortbildung** 18.1, **Der Beruf, die Arbeit** 18.2, **Die Philosophie** 23.2, **Die Interpretation von Texten** 27.2.

2.5 Die zwischenmenschlichen Beziehungen

les relations *f*
Quelles sont les relations qui existent entre eux?

die Beziehungen
Welche Beziehungen bestehen zwischen ihnen?

le comportement
Je n'arrive pas à supporter son comportement cynique.
Il/Elle a un comportement ...
   bizarre
   offensant
   insolent
   inhumain
   exemplaire
   arrogant

das Benehmen, das Betragen
Ich kann sein/ihr zynisches Benehmen nicht ertragen.
Er/Sie hat ein ... Benehmen.
   seltsames
   beleidigendes
   unverschämtes
   unmenschliches
   vorbildliches
   arrogantes

se comporter envers qn.
Comment se comporte-t-il envers les autres?

sich jdm. gegenüber benehmen
Wie benimmt er sich anderen gegenüber?

la réaction
Sa réaction m'a surpris.

die Reaktion
Seine/Ihre Reaktion hat mich überrascht.

réagir à qc.
Comment a-t-il réagi à cette nouvelle?

auf etw. reagieren
Wie hat er auf die Nachricht reagiert?

l'attitude *f*
Elle a une attitude arrogante envers ses collègues.

die Haltung, die Einstellung
Sie hat ihren Kollegen gegenüber eine arrogante Haltung.

l'ambiance *f*
La réunion s'est tenue dans une ambiance détendue.

die Atmosphäre, die Stimmung
Das Treffen fand in entspannter Atmosphäre statt.

être ...
   gentil,le [ʒɑ̃ti,ij]
   poli,e
   distingué,e
   content,e
   satisfait,e
   aimable
   agréable

≠ **méchant,e**
   impoli,e
   grossier,ière
   mécontent,e
   fâché,e
   désobligeant,e
   désagréable

... sein
   freundlich
   höflich
   vornehm
   zufrieden
   zufrieden
   liebenswürdig
   angenehm

≠ **gemein**
   unhöflich
   flegelhaft
   unzufrieden
   verärgert
   unfreundlich
   unangenehm

Die zwischenmenschlichen Beziehungen 2.5

expansif,ve	renfermé,e	extravertiert	verschlossen
sociable	solitaire	gesellig	einsam
discret,ète	prétentieux,se	taktvoll	anmaßend
doux,ce	agressif,ve	sanft	aggressiv
détendu,e	stressé,e	lässig	gestreßt
flatteur,euse	vexant,e	schmeichelhaft	verletzend
flatté,e	vexé,e	geschmeichelt	beleidigt
bon,ne	cruel,le	gutherzig	grausam
honnête	malhonnête	ehrlich	unehrlich
amusant,e	ennuyeux,se	unterhaltsam	langweilig
accueillant,e	sauvage	gastfreundlich	verschlossen
tolérant,e	intolérant,e	tolerant	intolerant
attentif,ve	inattentif,ve	aufmerksam	unaufmerksam
généreux,se	mesquin,e	großzügig	kleinlich
serviable	égoïste	hilfsbereit	egoistisch
ironique	sérieux,se	ironisch	ernsthaft

C'est quelqu'un de ...
  méfiant
  très bien

Das ist eine ... Person.
  mißtrauische
  sehr anständige

se montrer ...
  intransigeant,e
  compréhensif,ve
  réservé,e

sich ... zeigen
  unnachgiebig
  verständnisvoll
  zurückhaltend

J'éprouve ... pour elle.
  de la sympathie
  de l'amitié f

Ich empfinde ... für sie.
  Sympathie
  Freundschaft

aimer ...
  la liberté
  la compagnie
  la solitude

... lieben
  die Freiheit
  die Geselligkeit
  die Einsamkeit

la gentillesse
Je vous remercie pour votre gentillesse.

die Freundlichkeit
Ich danke Ihnen für Ihre Freundlichkeit.

la politesse
Un proverbe dit: «L'exactitude est la politesse des rois.»

die Höflichkeit
Ein Sprichwort sagt: „Pünktlichkeit ist die Höflichkeit der Könige."

l'honnêteté f
Son honnêteté ne fait aucun doute.

die Ehrlichkeit
Seine/Ihre Ehrlichkeit steht außer Zweifel.

le respect [rɛspɛ]
Elle n'a aucun respect pour les personnes âgées.

die Achtung, der Respekt
Sie hat keinen Respekt vor älteren Menschen.

2.5 Die zwischenmenschlichen Beziehungen

respecter
Il était aimable et serviable et respecté de tous.

respektieren, achten
Er war freundlich und hilfsbereit und von allen geachtet.

mépriser
Je sais qu'il ne faut mépriser personne.

verachten
Ich weiß, daß man niemanden verachten darf.

l'amour *m*
Leur amour a duré toute leur vie.

die Liebe
Ihre Liebe dauerte ein ganzes Leben.

aimer
Ils ne s'aiment plus.
J'aime bien Pierre, mais cela ne va pas plus loin.

lieben, gerne haben, mögen
Sie lieben sich nicht mehr.
Ich habe Pierre gerne, aber mehr auch nicht.

être amoureux,se de qn.
Elle est toujours amoureuse de quelqu'un.

in jdn. verliebt sein
Sie ist immer in jemanden verliebt.

tomber amoureux,se de qn.
Jeanne est tombée amoureuse de Thomas pendant les vacances.

sich in jdn. verlieben
In den Ferien hat sich Jeanne in Thomas verliebt.

adorer
Elle adore son père.

anbeten, vergöttern
Sie vergöttert ihren Vater.

apprécier
J'apprécie beaucoup ses conseils.

schätzen
Ich schätze seinen/ihren Rat sehr.

la haine [ɛn]
Je n'ai encore jamais éprouvé de haine pour personne.

der Haß
Ich habe noch nie jemandem gegenüber Haß empfunden.

haïr [air]
Depuis cet incident, il me hait.

hassen
Seit jenem Vorfall haßt er mich.

détester
Je déteste les gens qui parlent pour ne rien dire.

nicht ausstehen können
Ich kann Schwätzer nicht ausstehen.

être attaché,e à qn.
Il est encore très attaché à sa mère.

an jdm. hängen
Er hängt noch sehr an seiner Mutter.

avoir confiance en qn./en (dans) qc.
Je n'ais plus aucune confiance en toi.

zu jdm./in etw. Vertrauen haben
Ich habe kein Vertrauen mehr zu dir.

se méfier de qn.
Pourquoi te méfies-tu de moi?

jdm. mißtrauen
Warum mißtraust du mir?

Die Lebensauffassung **2.6**

● **Expressions**

On ne vit pas que d'amour et d'eau fraîche.	Man kann nicht nur von Luft und Liebe leben.
L'amour rend aveugle.	Liebe macht blind.

S. auch **Die Gefühle 1.5, Der einzelne und die Gesellschaft 3.1, Die Rolle der Frau in der Gesellschaft 3.2, Die Familie 4.1, Freundschaft, Bekanntschaft 8.1, Lachen, Scherzen, Spotten 8.2, Feste, Feierlichkeiten 8.4, Briefe schreiben 9.2, Telefonieren, Faxen 9.3, Die Wahrheit, die Gewißheit, die Lüge, der Irrtum 23.3, Der Rassismus, die Verfolgung von Minderheiten 25.4.**

2.6 Die Lebensauffassung

la conception de la vie
Les deux frères ont des conceptions de la vie très différentes.

die Lebensauffassung
Die beiden Brüder haben ganz unterschiedliche Lebensauffassungen.

la vision du monde
Voilà une vision du monde qui m'est totalement étrangère.

die Weltanschauung, die Weltsicht
Das ist eine Weltsicht, die mir absolut fremd ist.

la mentalité
Il a une mentalité de petit bourgeois.

die Einstellung, die Gesinnung
Er hat die Einstellung eines Spießers.

la perspective
La conversation que j'ai eue avec lui m'a ouvert d'autres perspectives.

die Perspektive
Das Gespräch mit ihm hat mir neue Perspektiven eröffnet.

le sens des réalités
C'est un rêveur à qui manque tout sens des réalités.

der Wirklichkeitssinn
Er ist ein Träumer, dem jeder Sinn für die Wirklichkeit fehlt.

l'idéal *m, pl.* **idéaux** *ou* **idéals**
Il a conservé ses idéaux malgré ses déceptions.

das Ideal
Trotz seiner Enttäuschungen hat er sich seine Ideale bewahrt.

l'idéalisme *m*
C'est un travail qui exige beaucoup d'idéalisme.

der Idealismus
Das ist eine Arbeit, die viel Idealismus verlangt.

idéaliste[1]
réaliste

Idealist; idealistisch
Realist; realistisch

---

[1] Beachte den Gebrauch des Artikels bei Wörtern, die wie idéaliste als Substantiv oder Adjektiv vorkommen:
 – Zusammen mit *C'est* wird das **Substantiv mit dem unbestimmten Artikel** gebraucht. (*C'est un idéaliste.*)
 – Zusammen mit *Il est/Elle est* wird das **Adjektiv** gebraucht. (*Il/Elle est idéaliste.*)
 – Bei Eigennamen kommen beide Konstruktionen vor. (*Jean est un idéaliste./Jean est idéaliste.*)

2.6 Die Lebensauffassung

sceptique [sɛptik]
matérialiste
nihiliste
sentimental,e;aux
rêveur,euse
romantique
croyant,e
athée

Skeptiker; skeptisch
Materialist; materialistisch
Nihilist; nihilistisch
sentimentaler Mensch; sentimental
Träumer; verträumt
Romantiker; romantisch
Gläubiger; gläubig
Atheist; atheistisch

le principe
Elle a des principes et elle s'y tient.

der Grundsatz
Sie hat Grundsätze und hält an ihnen fest.

la conviction
Nous nous entendons bien, bien que nous ayons des convictions politiques très différentes.

die Überzeugung, die Ansicht
Wir verstehen uns gut, obgleich wir politisch sehr unterschiedliche Ansichten haben.

convaincre
Je n'ai pas su le convaincre.

überzeugen
Ich konnte ihn nicht überzeugen.

être sûr,e de soi
Je suis tout à fait sûr de moi sur ce point.

sich seiner sicher sein
In diesem Punkt bin ich mir meiner ganz sicher.

l'assurance *f*
Le succès lui a donné de l'assurance.

die Selbstsicherheit
Der Erfolg hat ihm/ihr Selbstsicherheit gegeben.

la confiance en soi
Elle a perdu toute confiance en soi depuis son échec.

das Selbstvertrauen
Seit diesem Mißerfolg hat sie jedes Selbstvertrauen verloren.

conscient,e de sa valeur
Elle est très consciente de sa valeur.

selbstbewußt
Sie ist sehr selbstbewußt.

la conscience
A sa place, je n'aurais pas la conscience tranquille.
Il avait une conscience aiguë de ses responsabilités.

das Gewissen, das Bewußtsein
An seiner/ihrer Stelle hätte ich kein ruhiges Gewissen.
Er war sich seiner Verantwortung voll bewußt.

consciencieux,se
J'ai examiné la chose consciencieusement.

gewissenhaft
Ich habe die Sache gewissenhaft geprüft.

le scrupule
Je n'ai aucun scrupule.
S'agissant de sa carrière, il n'a pas le moindre scrupule.

der Skrupel, das Bedenken
Ich habe keine Bedenken.
Wenn es um seine Karriere geht, hat er nicht die geringsten Skrupel.

Die Lebensauffassung **2.6**

le remords
Est-ce que tu n'as vraiment pas de remords?

die Gewissensbisse, das Schuldgefühl
Hast du wirklich keine Gewissensbisse?

le doute
Est-ce que tu as encore quelques doutes?

der Zweifel
Hast du noch irgendwelche Zweifel?

douter de qc./que
Je doute de sa sincérité.
Je doute qu'il ait dit la vérité.

an etw. zweifeln, etw. bezweifeln
Ich zweifle an seiner/ihrer Aufrichtigkeit.
Ich bezweifle, daß er die Wahrheit gesagt hat.

être désorienté,e
Je suis tout désorienté depuis cet incident.

verwirrt, durcheinander sein
Seit diesem Vorfall bin ich ganz durcheinander.

le désarroi
Il était dans un profond désarroi et a fini par se suicider.

die Verwirrung, die Ratlosigkeit
Er war in einer totalen Verwirrung und hat sich schließlich das Leben genommen.

le moral
remonter
Viens donc avec nous à la soirée, cela te remontera le moral!

die Stimmung, der Lebensmut
heben, stärken
Komme doch mit uns auf die Party, das wird deine Stimmung heben!

la motivation
Le succès constitue la meilleure motivation.

die Motivation
Erfolg ist die beste Motivation.

le mobile
Il y a plus d'un mobile possible à cet acte.

der Beweggrund, das Motiv
Es gibt mehr als ein mögliches Motiv für diese Tat.

motiver
Il faut être motivé pour apprendre.

motivieren
Zum Lernen muß man motiviert sein.

guider
Nous ne pouvons pas nous laisser toujours guider par nos instincts.

leiten
Wir können uns nicht immer von unseren Instinkten leiten lassen.

s'engager
Il ne s'est encore jamais engagé dans une action politique.

sich engagieren
Er hat sich noch nie politisch engagiert.

la morale
Toute société a ses règles de morale.

Cela va à l'encontre de la morale.

die Moral
Jede Gesellschaft hat ihre Moralvorschriften.
Das verstößt gegen die Moral.

2.6 Die Lebensauffassung

moral, e; aux
C'est une attitude morale très douteuse.

moralisch, sittlich
Das ist eine sehr zweifelhafte moralische Einstellung.

immoral, e; aux
Ce que tu as fait là, est immoral.

unmoralisch
Was du da getan hast, ist unmoralisch.

la valeur
(in)compatible
Des valeurs comme la prospérité et la protection de la nature ne sont pas du tout incompatibles. (... sont tout à fait compatibles.)

der Wert
(un)vereinbar
Werte wie Wohlstand und Naturschutz sind keineswegs unvereinbar. (... sind durchaus miteinander vereinbar.)

s'opposer
le conflit
Quels intérêts s'opposent dans ce conflit?

sich gegenüberstehen
der Konflikt
Welche Interessen stehen sich in dem Konflikt gegenüber?

concilier
opposé, e
Elle arrive vraiment à concilier des points de vue opposés.

ausgleichen, versöhnen
entgegengesetzt, gegensätzlich
Sie versteht es wirklich, gegensätzliche Standpunkte auszugleichen.

la solution
Il cherchait en vain une solution au conflit.

die Lösung
Er suchte vergeblich nach einer Lösung des Konflikts.

Questions

Quelle est sa conception de la vie?

Comment voit-il les choses?
Quelle vision du monde a-t-elle?
Quels sont les mobiles de ses actes?

Quelles valeurs veut-elle mettre en pratique?
Quel sens donne-t-il à sa vie?
Est-il optimiste ou pessimiste?

Fragen

Was für eine Lebensauffassung hat er/sie?
Wie sieht er die Dinge?
Welche Weltanschauung hat sie?
Welche Beweggründe bestimmen sein/ihr Handeln?
Welche Werte will sie verwirklichen?

Welchen Sinn gibt er seinem Leben?
Ist er ein Optimist oder ein Pessimist?

● Expressions

avoir le moral à zéro

En ce moment, j'ai le moral à zéro.

auf dem Nullpunkt (angekommen) sein
Zur Zeit ist meine Stimmung auf dem Nullpunkt.

avoir la conscience élastique
Pourquoi te montres-tu tout d'un coup aussi moralisateur? Tu as d'habitude la conscience plutôt élastique.

ein weites Gewissen haben
Warum jetzt auf einmal so moralisch? Du hast doch sonst immer ein weites Gewissen.

Il faut prendre la vie comme elle vient.
Tant qu'il y a de la vie, il y a de l'espoir.

Man muß das Leben nehmen, wie es ist.
Man darf die Hoffnung nie aufgeben.

être à cheval sur les principes
On ne peut pas facilement lui faire changer d'avis. C'est un homme qui est à cheval sur les principes.

auf seinen Prinzipien beharren
Man kann ihn nicht leicht umstimmen. Das ist ein Mann, der auf seinen Prinzipien beharrt.

S. auch **Die Gefühle 1.5, Kapitel 23**.

2.7 Die Entwicklung der Person

l'évolution f
la personnalité
L'évolution de la personnalité s'accomplit au cours d'un lent processus.
C'est encore une enfant, mais elle a déjà une forte personnalité.

die Entwicklung
die Persönlichkeit, die Person
Die Entwicklung der Person vollzieht sich in einem langen Prozeß.
Sie ist noch ein Kind, hat aber schon eine starke Persönlichkeit.

évoluer
Ton frère a beaucoup évolué et ce, à son avantage.

sich entwickeln
Dein Bruder hat sich sehr zu seinem Vorteil entwickelt.

se développer
L'intelligence humaine se développe dans la prime enfance.

sich entwickeln
Die menschliche Intelligenz entwickelt sich in der frühesten Kindheit.

être confronté,e à ...
  des difficultés f
  des problèmes m
  une situation inattendue

sich ... gegenübersehen
  Schwierigkeiten
  Problemen
  einer unerwarteten Situation

l'expérience f
Il faut que tu fasses tes expériences toi-même.
Ce sont les expériences de l'enfance qui forment le caractère.

die Erfahrung, das Erlebnis
Du mußt deine eigenen Erfahrungen machen.
Es sind die Erlebnisse in der Kindheit, die den Charakter formen.

2.7 Die Entwicklung der Person

connaître ...
  la pauvreté
  le succès

... kennen
  die Armut
  den Erfolg

connaître des épreuves *f*
Elle a connu bien des épreuves dans sa vie.

Prüfungen durchmachen
Sie hat im Leben viele Prüfungen durchgemacht.

passer par une phase ...
  de doute *m*
  de découragement *m*

eine Zeit ... durchmachen
  des Zweifels
  der Entmutigung

traverser ...
  une période difficile
  une crise

... durchmachen
  eine schwere Zeit
  eine Krise

bouleverser
La nouvelle de sa mort m'a bouleversé.

erschüttern
Die Nachricht von seinem/ihrem Tod hat mich erschüttert.

marquer
C'est l'événement qui m'a le plus marqué.

prägen
Dieses Ereignis hat mich am meisten geprägt.

marquer une étape
La fin de la scolarité marque une étape dans la vie d'un jeune.

einen Einschnitt bedeuten
Das Ende der Schulzeit bedeutet einen Einschnitt im Leben eines jungen Menschen.

arriver à un tournant
A 40 ans, il pensait être arrivé à un tournant de sa vie.

an einem Wendepunkt ankommen
Mit 40 Jahren glaubte er, an einem Wendepunkt seines Lebens angekommen zu sein.

ne rien changer à ...
  ses habitudes *f*
  son comportement
  son mode de vie

nichts ändern an ...
  seinen Gewohnheiten
  seinem Benehmen
  seiner Lebensweise

se réfugier dans ...
  la drogue
  le rêve

sich flüchten in ...
  die Droge
  einen Traum

tirer des leçons (des enseignements) ...
  du passé
  d'un événement
  d'un accident

eine Lehre ziehen aus ...

  der Vergangenheit
  einem Ereignis
  einem Unglücksfall

Die Entwicklung der Person 2.7

surmonter qc.
Je suis persuadé que vous surmonterez ces difficultés.

etw. überwinden, mit etw. fertigwerden
Ich bin überzeugt, daß Sie mit den Schwierigkeiten fertig werden.

prendre conscience de qc./que
Nous avons pris conscience du danger de la situation dans laquelle nous nous trouvions.
Il prit soudain conscience qu'il ne pouvait continuer à vivre ainsi.

(sich) bewußt werden
Uns wurde die gefährliche Lage, in der wir uns befanden, bewußt.

Plötzlich wurde ihm bewußt, daß er so nicht weiterleben konnte.

changer de cap (d'orientation) dans sa vie
Il n'est jamais trop tard pour changer de cap (d'orientation) dans sa vie.

seinem Leben eine andere Wendung geben
Es ist nie zu spät, seinem Leben eine andere Wendung zu geben.

trouver sa voie
Au bout d'une période d'indécision, elle semble avoir trouvé sa voie.

seinen Weg finden
Nach einer Phase der Unentschlossenheit scheint sie ihren Weg gefunden zu haben.

s'engager dans qc.
s'embarquer dans qc. *fam.*
Dans quoi t'es-tu donc engagé (embarqué)?

sich auf etw. einlassen

Worauf hast du dich da eingelassen?

faire son chemin
Il faut que tu lui laisses le temps; il fera sûrement son chemin.

seinen Weg machen
Du mußt ihm Zeit lassen; er wird sicher seinen Weg machen.

gâcher
rater } **sa vie**
Celui qui consomme de la drogue, gâche (rate) sa vie.

sein Leben verpfuschen
Wer Drogen nimmt, verpfuscht sein Leben.

recommencer (à zéro)
Si je pouvais recommencer (à zéro), j'agirais tout différemment.

neu anfangen
Wenn ich neu anfangen könnte, würde ich alles anders machen.

s'imposer
Ne cède pas toujours! Essaie un peu de t'imposer!

sich durchsetzen
Gib nicht immer nach! Versuch doch mal, dich durchzusetzen!

être maître de la situation
Il a surmonté toutes les difficultés et il est désormais à nouveau maître de la situation.

Herr der Lage sein
Er ist mit allen Schwierigkeiten fertig geworden und ist nun wieder Herr der Lage.

2.7 Die Entwicklung der Person

s'assumer
Tu es assez grand maintenant pour t'assumer.

die Verantwortung für sich übernehmen
Du bist jetzt groß genug, um die Verantwortung für dich zu übernehmen.

prendre son autonomie *f*
Elle était contente de prendre enfin son autonomie.

selbständig, unabhängig sein
Sie war froh, endlich unabhängig zu sein.

être indépendant,e
Pour être indépendant, il n'habite plus chez ses parents.

unabhängig sein
Um unabhängig zu sein, wohnt er nicht mehr bei seinen Eltern.

s'épanouir
Les uns s'épanouissent dans le travail, d'autres dans les loisirs.

sich entfalten, sich verwirklichen
Die einen entfalten sich bei der Arbeit, die anderen in der Freizeit.

l'épanouissement *m*
Crois-tu que l'individu trouve son épanouissement aujourd'hui plus facilement qu'autrefois?

die Erfüllung
Glaubst du, daß der Mensch heute leichter seine Erfüllung findet als früher?

donner ⎫
trouver ⎬ **un sens à sa vie**
Il n'est pas toujours facile de donner (de trouver) un sens à sa vie.

seinem Leben einen Sinn geben
Es ist nicht immer leicht, seinem Leben einen Sinn zu geben.

Questions

Fragen

Comment a-t-il évolué au cours de sa vie?
Wie hat er sich im Verlauf seines Lebens entwickelt?

Quelles sont les expériences qui l'ont le plus marqué/e?
Welche Erfahrungen haben seinen/ihren Charakter am meisten geprägt?

Quel fut le tournant décisif de sa vie?
Welches war der entscheidende Wendepunkt in seinem/ihrem Leben?

Dans quelles circonstances a-t-elle rompu avec son passé?
Unter welchen Umständen hat sie mit ihrer Vergangenheit gebrochen?

En quoi peut-on dire qu'il a fini par trouver son épanouissement?
Inwieweit kann man sagen, daß er schließlich seine Erfüllung gefunden hat?

● Expression

refaire sa vie
Elle a refait sa vie.

wieder heiraten
Sie hat wieder geheiratet.

S. auch **Die Familie 4.1, Freundschaft, Bekanntschaft 8.1, Ferien, Reisen 8.3, Die Zeit 14.2, Die Geschichte 16.2, Die Schule 17.1, Die Universität 17.2, Die Ausbildung, die Fortbildung 18.1, Der Beruf, die Arbeit 18.2.**

3.1 Der einzelne und die Gesellschaft

l'individu *m*
Comment l'individu peut-il encore s'affirmer face aux masses?

der (einzelne) Mensch
Wie kann sich der einzelne Mensch heute noch gegen die Masse behaupten?

individuel,le
On ne peut pas généraliser; c'est un cas individuel.

individuell, Einzel-
Man kann das nicht verallgemeinern, das ist ein Einzelfall.

commun,e
Il convient d'effectuer un effort (en) commun.

gemeinsam
Es bedarf einer gemeinsamen Anstrengung.

la société ...
  d'abondance *f*
  de consommation *f*
Nous vivons dans une société d'abondance/de consommation.

die ...Gesellschaft
  Überfluß-
  Konsum-
Wir leben in einer Überflußgesellschaft/ in einer Konsumgesellschaft.

social,e;aux
Les problèmes sociaux ont augmenté avec la surpopulation.

sozial
Mit der Übervölkerung haben die sozialen Probleme zugenommen.

le niveau de vie
Le niveau de vie de la Suisse est très élevé, alors qu'il est très bas en Chine.

der Lebensstandard
Der Lebensstandard in der Schweiz ist sehr hoch, während er in China sehr niedrig ist.

l'individualiste *m/f*
le/la conformiste
le bourgeois/la bourgeoise
la bourgeoisie
l'élite *f*
le marginal/la marginale
les groupes marginaux
les déshérités/les déshéritées
le clochard/la clocharde
la personne seule
les personnes âgées
la communauté
l'entourage *m*
l'environnement *m*
les conventions *f*
l'habitude *f*
la coutume

der Individualist/die ~in
der Konformist/die ~in
der Bürger/die ~in
das Bürgertum
die Elite
der Außenseiter/die ~in
die Randgruppen
die Armen
der Penner/die ~in; der Clochard
die alleinstehende Person
die älteren Menschen
die Gemeinschaft
die Umgebung

die Konventionen
die Gewohnheit
die Sitte, der Brauch

3.1 Der einzelne und die Gesellschaft

les mœurs f [mœr(s)]
les règles f **de la vie en société**

l'ordre m **établi**
le prestige

se faire accepter
Etant étranger, il a eu de la peine à se faire accepter.

être exclu,e de qc.

Elle a été exclue du club.

être rejeté,e
Il avait toujours l'impression d'être rejeté par les autres.

s'adapter à qc.
Etant jeune fille au pair, il faut que tu t'adaptes à la vie de ta famille d'accueil.

l'adaptation f
J'ai eu, au début, de grosses difficultés d'adaptation en Amérique.

s'habituer à qc.
Je n'arrive vraiment pas à m'habituer à son arrogance.

vivre en marge de la société
Le chômage contraint nombre de personnes à vivre en marge de la société.

vivre seul,e
Elle vit seule depuis la mort de son mari.

se révolter contre qn./qc.
Il a 15 ans et se révolte contre tout ce que ses parents peuvent dire.

contester
Elle conteste à peu près tout ce que les adultes font.

être en conflit avec qn.

Il est constamment en conflit avec ses professeurs.

die Sitten, die Lebensgewohnheiten
die in der Gesellschaft geltenden Regeln
die bestehende Ordnung
das Prestige, das gesellschaftliche Ansehen

akzeptiert werden
Als Ausländer hatte er es schwer, akzeptiert zu werden.

von (aus) etw. ausgeschlossen werden
Sie wurde aus dem Klub ausgeschlossen.

zurückgestoßen werden
Er hatte immer den Eindruck, von den anderen zurückgestoßen zu werden.

sich an etw. anpassen
Als Au-pair-Mädchen mußt du dich dem Familienleben deiner Gastfamilie anpassen.

die Anpassung
In der ersten Zeit hatte ich in Amerika große Anpassungsschwierigkeiten.

sich an etw. gewöhnen
Ich kann mich einfach nicht an seine/ihre Arroganz gewöhnen.

am Rande der Gesellschaft leben
Die Arbeitslosigkeit zwingt viele Menschen, am Rande der Gesellschaft zu leben.

allein leben
Seit dem Tod ihres Mannes lebt sie allein.

sich gegen jdn./etw. auflehnen
Er ist 15 Jahre alt und lehnt sich gegen alles auf, was seine Eltern auch sagen.

in Frage stellen
Sie stellt so ziemlich alles, was die Erwachsenen tun, in Frage.

mit jdm. Streit haben, sich mit jdm. in Konflikt befinden
Er hat ständig Streit mit seinen Lehrern.

Die Rolle der Frau in der Gesellschaft **3.2**

aboutir à un compromis
faire des concessions
Si l'on veut aboutir à un compromis, il faut que les deux parties fassent des concessions.

einen Kompromiß schließen
Zugeständnisse machen
Wenn man einen Kompromiß schließen will, müssen beide Seiten Zugeständnisse machen.

Questions

Quelle est sa place dans la société?

Quelles sont ses origines?
De quelle famille est-il issu?
A quel milieu (A quelle classe sociale) appartient-elle?
Est-il bien ou mal intégré à son environnement?

Fragen

Welchen Platz nimmt er/sie in der Gesellschaft ein?
Wo stammt er/sie her?
Aus was für einer Familie stammt er?
Welchem Milieu (Welcher sozialen Klasse) gehört sie an?
Ist er gut oder schlecht in seine Umgebung integriert?

S. auch **Der Mensch 1.1, Die Person 2.1, Die Familie 4.1, Natur und Umweltschutz 16.4, Die Verfassung, die Menschenrechte 24.2, Demonstrieren 24.5, Das Verbrechen 25.3, Der Rassismus, die Verfolgung von Minderheiten 25.4.**

3.2 Die Rolle der Frau in der Gesellschaft

la femme
De nombreuses femmes ne se contentent plus aujourd'hui du rôle de femme au foyer.

die Frau
Viele Frauen begnügen sich heute nicht mehr mit der Rolle der Hausfrau.

une femme ...
 émancipée
 qui travaille
 au foyer

eine ... Frau
 emanzipierte
 berufstätige
 Haus-

l'émancipation *f*
Le magazine EMMA lutte pour l'émancipation de la femme.

die Emanzipation
Die Zeitschrift EMMA kämpft für die Emanzipation der Frau.

s'émanciper
Elle a mis beaucoup de temps à (pour) s'émanciper.

sich emanzipieren
Sie hat lange gebraucht, um sich zu emanzipieren.

jouir des mêmes droits
De nombreuses femmes affirment ne pas encore jouir des mêmes droits que les hommes.

gleiche Rechte haben
Viele Frauen behaupten, sie hätten immer noch nicht die gleichen Rechte wie die Männer.

3.2 Die Rolle der Frau in der Gesellschaft

être l'égale de l'homme
Devant la loi, la femme est l'égale de l'homme.

l'égalité f
L'égalité est assurée par la Constitution de la Vᵉ République («... l'égalité devant la loi de tous les citoyens ...»).

l'égalité ...
  entre hommes et femmes
  des chances
  des salaires

l'inégalité sociale f
L'inégalité sociale se traduit entre autres par
— un salaire inférieur à travail égal à celui des hommes
— la difficulté à accéder aux postes de responsabilité
— la faible représentation des femmes dans la vie publique/dans la (vie) politique
— les travaux subalternes, par ex. comme serveuse, vendeuse, infirmière.

la protection maternelle, par ex.:
— le congé (de) maternité
— l'impossibilité de licenciement pendant la grossesse
— la garantie de l'emploi après la maternité

Problèmes posés:
— le partage des tâches ménagères entre hommes et femmes
— la réconciliation des tâches ménagères et professionnelles
— l'interruption de la carrière professionnelle du fait des maternités et de l'éducation des enfants
— le surmenage à cause de la double journée de travail
— la réintégration dans la vie professionnelle

dem Mann gleichgestellt sein
Vor dem Gesetz ist die Frau dem Mann gleichgestellt.

die Gleichheit
Die Gleichheit wird gewährleistet durch die Verfassung der Fünften Republik („... die Gleichheit aller Bürger vor dem Gesetz ...").

die Gleichheit zwischen Mann und Frau
die Chancengleichheit
der gleiche Lohn

die soziale Ungleichheit
Die soziale Ungleichheit zeigt sich u. a. durch
— geringeren Lohn als die Männer bei gleicher Arbeit
— die Schwierigkeit, Zugang zu Führungspositionen zu bekommen
— den geringen Anteil der Frauen im öffentlichen Leben/in der Politik
— die Arbeit in untergeordneter Stellung, z.B. als Bedienung, Verkäuferin, Krankenschwester.

der Mutterschutz, z. B.:
— der Mutterschaftsurlaub
— keine Entlassung während der Schwangerschaft
— die Garantie des Arbeitsplatzes nach der Mutterschaft

Probleme, die sich stellen:
— die Verteilung der häuslichen Aufgaben auf Mann und Frau
— der Einklang zwischen häuslichen und Berufspflichten
— die Unterbrechung der beruflichen Karriere wegen der Mutterschaft und der Erziehung der Kinder
— die Überforderung aufgrund der doppelten Arbeitsbelastung
— die Wiedereingliederung in das Berufsleben

partager	(auf)teilen
réconcilier	vereinbaren
interrompre	unterbrechen
être surmené,e	überarbeitet (überfordert) sein
se réintégrer dans	sich wieder eingliedern

le droit de vote
- Quand les femmes ont-elles obtenu le droit de vote?
- Les Allemandes en 1919
  Les Anglaises en 1928
  Les Françaises en 1944
  Les Suissesses en 1971

das Wahlrecht
- Wann haben die Frauen das Wahlrecht erhalten?
- Die Deutschen 1919
  Die Engländerinnen 1928
  Die Französinnen 1944
  Die Schweizerinnen 1971

S. auch **Die Familie 4.1, Der Haushalt 6.2, Soziale Sicherheit, Versicherungen 18.4, Die Verfassung und die Menschenrechte 24.2, Der Rassismus, die Verfolgung von Minderheiten 25.4.**

3.3 Die Demographie

la démographie
La démographie est une science qui étudie les structures de la population.

die Demographie
Die Demographie ist eine Wissenschaft, die die Bevölkerungsstruktur untersucht.

démographique
L'accroissement démographique au Mexique est carrément explosif.

Bevölkerungs-
Die Bevölkerungszunahme in Mexiko ist geradezu explosiv.

la population
La population active a diminué en Allemagne.

die Bevölkerung
Die erwerbstätige Bevölkerung hat in Deutschland abgenommen.

la surpopulation
La surpopulation est le mal fondamental de notre époque.

die Übervölkerung
Die Übervölkerung ist das Grundübel unserer Zeit.

surpeuplé,e
Des villes comme New York, Tokyo, Mexico sont tout à fait surpeuplées.

übervölkert
Städte wie New York, Tokio, Mexico-City sind völlig übervölkert.

la densité
La densité de population a triplé depuis la première guerre mondiale.

die Dichte
Die Bevölkerungsdichte hat sich seit dem Ersten Weltkrieg verdreifacht.

l'exode *m* urbain
La dégradation des conditions de vie en ville a conduit, dans les années 80, à un véritable exode urbain.

die Stadtflucht
Die Verschlechterung der Lebensbedingungen in der Stadt führte in den 80er Jahren zu einer regelrechten Stadtflucht.

3.3 Die Demographie

l'exode *m* rural
L'exode rural semble être enrayé aujourd'hui.

le vieillissement
Les Etats disposant d'un niveau de vie élevé, souffrent d'un vieillissement de leur population.

l'espérance *f* de vie
L'espérance de vie moyenne est aujourd'hui en France de 72,7 ans pour les hommes et de 80,9 pour les femmes.

le taux de natalité *f*
Le taux de natalité est beaucoup trop élevé dans les pays du tiers-monde.

la dénatalité
L'Allemagne a surmonté la phase de dénatalité.

le contrôle des naissances
Le contrôle des naissances est aujourd'hui rendu possible par la contraception (par ex. par la pilule).

die Landflucht
Die Landflucht scheint heute gestoppt zu sein.

die Überalterung
Die Staaten mit hohem Lebensstandard leiden an einer Überalterung der Bevölkerung.

die Lebenserwartung
Die durchschnittliche Lebenserwartung beträgt heute in Frankreich 72,7 Jahre für Männer und 80,9 Jahre für Frauen.

die Geburtenrate
Die Geburtenrate ist in den Ländern der Dritten Welt viel zu hoch.

der Geburtenrückgang
Deutschland hat die Phase des Geburtenrückgangs überwunden.

die Geburtenkontrolle
Die Geburtenkontrolle ist heute durch Empfängnisverhütung (z.B. durch die Pille) möglich geworden.

S. auch **Der Mensch 1.1, Die Person 2.1, Die Familie 4.1, Statistik 13.5, Die Dritte Welt 26.7.**

4.1 Die Familie

la famille
Je suis né dans une famille nombreuse.

Ils n'avaient pratiquement pas de vie de famille.
Nous avons grandi au sein d'une famille très unie.
C'est en famille qu'elle a fêté ses vingt ans.
Je veux terminer mes études avant de fonder une famille (un foyer).
Dominique a quitté sa famille et habite maintenant Toulon.

familial,e;aux
J'ai fait sa connaissance lors d'une réunion familiale.

les fiançailles *f*
le mariage
le divorce

Il/Elle est ...
  fiancé,e (à)
  marié,e (à)
  divorcé,e
  célibataire

le fiancé/la fiancée
le mari
la femme
l'époux/l'épouse
le couple
le voyage de noces

se fiancer avec qn.
Elle s'est fiancée il y a trois mois avec un ingénieur.

se marier avec qn. ⎫
épouser qn. ⎭
Ma sœur s'est mariée avec un Américain.
(Ma sœur a épousé un Américain.)

die Familie
Ich stamme aus einer kinderreichen Familie.
Sie hatten praktisch kein Familienleben.

Wir sind in einer Familie aufgewachsen, die sehr zusammenhielt.
Sie hat ihren 20. Geburtstag im Kreise der Familie gefeiert.
Bevor ich eine Familie gründe, möchte ich mein Studium beenden.
Dominique hat ihre Familie verlassen und wohnt jetzt in Toulon.

Familien-, familiär
Ich habe sie/ihn bei einem Familientreffen kennengelernt.

die Verlobung
die Hochzeit, die Ehe
die Scheidung

Er/Sie ist ...
  verlobt (mit)
  verheiratet (mit)
  geschieden
  ledig

der/die Verlobte
der Ehemann
die (Ehe-)Frau
der Gatte/die Gattin
das (Ehe-)Paar
die Hochzeitsreise

sich mit jdm. verloben
Sie hat sich vor drei Monaten mit einem Ingenieur verlobt.

jdn. heiraten

Meine Schwester hat einen Amerikaner geheiratet.

4.1 Die Familie

divorcer
Ils ont divorcé parce que l'atmosphère familiale était devenue insupportable.

sich scheiden lassen
Sie haben sich scheiden lassen, weil die häusliche Atmosphäre unerträglich geworden war.

se séparer
Cela fait déjà un moment qu'ils pensent à se séparer.

sich trennen
Sie denken schon eine Zeitlang daran, sich zu trennen.

les membres *m* **de la famille**
le père/la mère
les parents *m*
le fils/la fille
le frère/la sœur
les grands-parents *m*
le grand-père/la grand-mère
le petit-fils/la petite-fille
les petits enfants *m*
l'oncle/la tante
le cousin/la cousine

le neveu, *pl.* **~x/la nièce**
les beaux-parents *m*
le beau-père/la belle-mère

le gendre/la belle-fille

le beau-frère/la belle-sœur
les parents (proches/éloignés)

die Familienmitglieder
der Vater/die Mutter
die Eltern
der Sohn/die Tochter
der Bruder/die Schwester
die Großeltern
der Großvater/die Großmutter
der Enkel/die Enkelin
die Enkel(kinder)
der Onkel/die Tante
der Vetter/die Base; der Cousin/die Kusine

der Neffe/die Nichte
die Schwiegereltern
der Schwiegervater/
die Schwiegermutter
der Schwiegersohn/
die Schwiegertochter
der Schwager/die Schwägerin
die (nahen/entfernten) Verwandten

les frères et sœurs
– Est-ce que tu as des frères et sœurs?
– Non, je n'ai ni frère ni sœur.

die Geschwister
– Hast du Geschwister?
– Nein, ich habe keine Geschwister.

être plus jeune
Robert est plus jeune que sa sœur Sophie.

jünger sein
Robert ist jünger als seine Schwester Sophie.

être plus âgé,e
Sophie est plus âgée que son frère Robert.

älter sein
Sophie ist älter als ihr Bruder Robert.

l'aîné/l'aînée

Elle est l'aînée de sept enfants.

der Älteste (Ältere)/die Älteste (Ältere)
Sie ist die Älteste von sieben Kindern.

avoir de la famille
Elle a de la famille en Italie.

Verwandte haben
Sie hat Verwandte in Italien.

Die Familie **4.1**

la génération
Les conflits de générations sont inévitables.

die Generation
Generationskonflikte sind unvermeidlich.

l'enfant *m/f*
Il/Elle est enfant unique. (C'est un/une enfant unique.)

das Kind
Er/Sie ist ein Einzelkind.

un enfant ...
  sage
  raisonnable
  bruyant
  bien/mal élevé

ein ... Kind
  braves
  vernünftiges
  lautes
  gut/schlecht erzogenes

l'orphelin/l'orpheline

das Waisenkind

la grossesse
Elle a eu une grossesse difficile.

die Schwangerschaft
Sie hatte eine schwere Schwangerschaft.

être enceinte
Elle est enceinte de six mois.

schwanger sein
Sie ist im 6. Monat schwanger.

mettre un enfant au monde
Elle a mis trois enfants au monde.

ein Kind zur Welt bringen
Sie hat drei Kinder zur Welt gebracht.

venir au monde
Je suis venu au monde pendant la guerre.

zur Welt kommen
Ich bin im Krieg zur Welt gekommen.

le bébé
le nourrisson
la nourrice
une jeune fille au pair
la crèche
le jardin d'enfants
la garderie

das Baby
der Säugling
das Kindermädchen
ein Au-pair-Mädchen
die Krippe, der Kinderhort
der Kindergarten
der (private) Kindergarten

élever
Il a été élevé par ses grands-parents.

erziehen, aufziehen
Er wurde von seinen Großeltern aufgezogen

s'occuper de qn.
– Qui s'occupe de ton enfant quand tu travailles?
– Une jeune fille au pair.

sich um jn. kümmern
– Wer kümmert sich um dein Kind, wenn du arbeitest?
– Ein Au-pair-Mädchen.

surveiller un enfant
Il faut que je sorte une heure; surveille ton petit frère, s'il te plaît!

auf ein Kind aufpassen
Ich muß eine Stunde weg; passe bitte auf deinen kleinen Bruder auf!

garder un enfant
Notre voisine garde de jeunes enfants pendant que les mères travaillent.

ein Kind hüten (in Obhut haben)
Unsere Nachbarin hütet kleine Kinder, während die Mütter arbeiten.

45

faire du babysitting
Je faisais du babysitting quand j'étais étudiante.

als Babysitter arbeiten
Als Studentin habe ich als Babysitter gearbeitet.

faire une fugue
Ce n'est pas la première fois qu'elle fait une fugue.

von zu Hause ausreißen
Es ist nicht das erste Mal, daß sie von zu Hause ausreißt.

l'héritier/l'héritière
Les héritiers ont vendu l'affaire.

der Erbe/die Erbin
Die Erben haben das Unternehmen verkauft.

l'héritage *m*
Les héritages sont souvent une source de conflit.

das Erbe, die Erbschaft
Erbschaften sind oft eine Quelle des Streites.

hériter de qc./qc. de qn.
Ils ont hérité d'une belle maison en Provence.
J'ai hérité cette armoire ancienne de ma tante.

erben
Sie haben ein schönes Haus in der Provence geerbt.
Ich habe diesen alten Schrank von meiner Tante geerbt.

● **Expression**

surveiller qn. comme le lait sur le feu
Il faut surveiller mon petit frère comme le lait sur le feu, sans quoi il fait immédiatement une bêtise.

jdn. nicht aus den Augen lassen
Meinen kleinen Bruder darf man nicht aus den Augen lassen, sonst stellt er gleich etwas an.

S. auch **Der Mensch 1.1, Die Person 2.1, Die Entwicklung der Person 2.7, Kapitel 3, Freundschaft, Bekanntschaft 8.1, Feste, Feierlichkeiten 8.4**

4.2 Die Krankheit, die Gesundheit

la maladie
Quelles maladies infantiles avez-vous eues?

die Krankheit
Welche Kinderkrankheiten haben Sie gehabt?

avoir une maladie ...
   grave
   contagieuse
   incurable

eine ... Krankheit haben
   schwere
   ansteckende
   unheilbare

Die Krankheit, die Gesundheit 4.2

le/la malade
Le malade dort.

malade
tomber malade
Elle est tombée subitement malade.

la santé
Tu devrais faire davantage pour ta santé.

l'état *m* **de santé**
s'améliorer
s'aggraver
Son état de santé s'améliore/s'aggrave.

être en bonne santé
Le nouveau-né est en bonne santé.

aller bien/mal/mieux
– Comment vas-tu?
– Je vais bien, merci.

se porter bien/mal
Elle a 90 ans et se porte toujours très bien.

se sentir bien[1]
Je ne me sens pas bien et préférerais rester à la maison.

avoir/ne pas avoir bonne mine
Tu n'as pas bonne mine. Qu'est-ce qui ne va pas?

souffrir de qc.
Il souffre de violents maux de tête.

rester au lit
Le meilleur moyen de soigner la grippe est de rester quelques jours au lit.

avoir de la fièvre
prendre sa température
Tu sembles avoir de la fièvre. As-tu pris ta température?

se faire mal
Je me suis fait bien mal en tombant de vélo.

der/die Kranke
Der Kranke schläft.

krank
krank werden
Sie ist plötzlich krank geworden.

die Gesundheit
Du solltest mehr für deine Gesundheit tun.

der Gesundheitszustand
besser werden
sich verschlimmern
Sein/Ihr Gesundheitszustand wird besser/verschlimmert sich.

gesund sein
Das Neugeborene ist gesund.

gut/schlecht/besser gehen
– Wie geht es dir?
– Danke, es geht mir gut.

gesundheitlich gut/schlecht gehen
Sie ist 90 Jahre alt, und es geht ihr gesundheitlich immer noch sehr gut.

sich wohl fühlen
Ich fühle mich nicht wohl und möchte lieber zu Hause bleiben.

gut/schlecht aussehen
Du siehst schlecht aus. Was fehlt dir?

an etw. leiden
Er leidet an heftigen Kopfschmerzen.

im Bett bleiben
Das beste Mittel, eine Grippe auszukurieren, ist, einige Tage im Bett zu bleiben.

Fieber haben
die Temperatur messen
Du scheinst Fieber zu haben. Hast du deine Temperatur gemessen?

sich wehtun
Bei meinem Sturz vom Fahrrad habe ich mir sehr wehgetan.

---

1 Zu *se sentir à l'aise* s. **Die Gefühle 1.5.**

4.2 Die Krankheit, die Gesundheit

avoir mal ...	
à la tête	Kopfweh
aux dents f	Zahnweh
au ventre	Bauchweh } haben
à la gorge	Halsweh

avoir mal au cœur
J'ai mal au cœur. Il faut que j'aille prendre l'air.

schlecht sein (werden)
Mir ist schlecht. Ich muß an die frische Luft gehen.

avoir ...	... haben
la grippe	Grippe
des maux d'estomac	Magenschmerzen
une bronchite	Bronchitis
une toux (chronique)	(chronischen) Husten
un rhume	Schnupfen
une crise de foie	eine Magenverstimmung
une crise de nerfs	einen Nervenzusammenbruch
des problèmes de circulation	Kreislaufstörungen
une crise cardiaque	einen Herzinfarkt
un cancer	Krebs
le SIDA	Aids

être allergique à qc.
Il y a de plus en plus d'enfants allergiques aux pollens [pɔlɛn].

gegen etw. allergisch sein
Es gibt immer mehr Kinder, die gegen Pollen allergisch sind.

prendre froid
attraper froid
Mets ton pull! Tu vas prendre (attraper) froid!

sich erkälten
Zieh einen Pullover an! Du wirst dich sonst erkälten.

être enrhumé,e
Elle a été enrhumée tout l'hiver.

erkältet sein
Sie war den ganzen Winter über erkältet.

tousser
Il a toussé toute la nuit.

husten
Er hat die ganze Nacht gehustet.

le cachet
le comprimé
prescrire
Il faut que je me fasse prescrire des comprimés (des cachets) contre les maux de tête.

die Tablette

verschreiben
Ich muß mir Kopfwehtabletten verschreiben lassen.

la pilule
la pastille
les gouttes f
le sirop [siro] **(contre la toux)**

die Pille
die Pastille
die Tropfen
der (Husten-)Saft

Die Krankheit, die Gesundheit 4.2

se blesser
Il s'est blessé au doigt en voulant planter un clou dans le mur.

la blessure
s'infecter
La blessure s'est infectée.

le sang
Il a perdu beaucoup de sang.

saigner
la plaie
La plaie n'arrête pas de saigner.

le pansement
le pansement adhésif
Je me suis coupé et il faut que je me mette un pansement (adhésif) au doigt.

le bandage
le sparadrap
le coton
la gaze
la pommade

se fouler la cheville
Je me suis foulé la cheville en jouant au volley.

être piqué,e par un insecte

enflé,e
J'ai la jambe enflée. J'ai été piqué par une guêpe.

l'eczéma m [εgzema]
Il a de l'eczéma sur le visage qu'il essaie de soigner avec une pommade à la cortisone.

attraper un coup de soleil
Il faut absolument éviter d'attraper un coup de soleil.

s'évanouir
Je ne me suis jamais évanoui de ma vie.

le rétablissement
Je vous souhaite un prompt [prɔ̃] rétablissement.

sich verletzen
Er hat sich am Finger verletzt, als er einen Nagel in die Wand schlagen wollte.

die Verletzung, die Wunde
sich entzünden
Die Wunde hat sich entzündet.

das Blut
Er hat viel Blut verloren.

bluten
die Wunde
Die Wunde hört nicht auf zu bluten.

der Verband
das Pflaster (= Hansaplast)
Ich habe mich geschnitten und muß den Finger verbinden.

der Verband
das Pflaster (= Leukoplast)
die Watte
der Mull
die Salbe

sich den Knöchel verstauchen
Ich habe mir beim Volleyballspielen den Knöchel verstaucht.

von einem Insekt gestochen werden

geschwollen
Ich habe ein geschwollenes Bein. Ich bin von einer Wespe gestochen worden.

der Ausschlag, das Ekzem
Er hat einen Ausschlag im Gesicht, den er mit einer Kortisonsalbe zu behandeln versucht.

einen Sonnenbrand bekommen
Man muß absolut vermeiden, einen Sonnenbrand zu bekommen.

ohnmächtig werden
Ich bin in meinem Leben noch nie ohnmächtig geworden.

die Genesung
Ich wünsche Ihnen eine baldige Genesung.

4.3 Der Arzt, das Krankenhaus

être rétabli,e
Etes-vous bien rétabli?

gesundheitlich wieder hergestellt sein
Sind Sie gesundheitlich wieder hergestellt?

se remettre de qc.
Elle s'est bien remise de son opération.

sich von etw. erholen
Sie hat sich von der Operation gut erholt.

guérir
Tu n'as pas mis longtemps à guérir.

heilen, gesund werden
Du bist schnell wieder gesund geworden.

la cure
Elle fait depuis des années des cures à Vichy.

die Kur
Seit Jahren geht sie nach Vichy zur Kur.

● **Expressions**

attraper un chaud et froid
J'ai attrapé un chaud et froid à la piscine.

sich eine Erkältung holen
Ich habe mir im Schwimmbad eine Erkältung geholt.

avaler la pilule
J'ai fini par avaler la pilule.

die bittere Pille schlucken
Schließlich habe ich die bittere Pille geschluckt.

en faire une maladie *fam.*
Tu ne vas tout de même pas en faire une maladie?

sich über etw. ärgern
Du wirst dich darüber doch nicht ärgern?

une santé de fer
On peut lui envier sa santé de fer.

eine unverwüstliche Gesundheit
Er/Sie ist um seine/ihre unverwüstliche Gesundheit zu beneiden.

S. auch **Die Körperteile 1.2, Die äußere Erscheinung 2.2, Die Körperpflege 5.1, Das Rauchen, der Alkohol, die Drogen 25.5.**

4.3 Der Arzt, das Krankenhaus

le médecin*
J'ai (pris) rendez-vous chez le médecin à 17 heures.

der Arzt
Um 17 Uhr habe ich einen Termin beim Arzt.

consulter un médecin
Je crois qu'il va falloir que j'aille consulter un médecin.

einen Arzt aufsuchen, zum Arzt gehen
Ich glaube, ich muß zum Arzt gehen.

* Zur weiblichen Form s. Vorwort S. XV.

Der Arzt, das Krankenhaus 4.3

le/la dentiste — der Zahnarzt/die Zahnärztin

médical,e;aux — medizinisch, ärztlich
le traitement — die Behandlung
l'examen m [εgzamɛ̃] — die Untersuchung
Depuis son accident, il suit un traitement médical. — Seit seinem Unfall ist er in ärztlicher Behandlung.
J'ai subi de nombreux examens médicaux, mais on ne m'a rien trouvé. — Ich habe mich mehrmals ärztlich untersuchen lassen, aber man hat nichts gefunden.

se faire examiner — sich untersuchen lassen
Il s'est fait examiner par les plus grands spécialistes. — Er hat sich von den größten Spezialisten untersuchen lassen.

traiter qn. à qc. — jdn. mit etw. behandeln
l'antibiotique m — das Antibiotikum
les rayons m — die Bestrahlung(en)
J'ai été traité aux antibiotiques/aux rayons. — Ich wurde mit Antibiotika/Bestrahlungen behandelt.

soigner qc. — versorgen
Il faut soigner cette plaie tout de suite. — Die Wunde muß sofort versorgt werden.

soigner qn. — jn. behandeln
C'est le docteur Malbec qui m'a soigné. — Dr. Malbec hat mich behandelt.

se faire soigner — in Behandlung sein
Elle se fait soigner par un spécialiste. — Sie ist bei einem Spezialisten in Behandlung.

le médicament — das Medikament
l'ordonnance f — das Rezept
Ce médicament n'est délivré que sur ordonnance. — Dieses Medikament ist nur auf Rezept erhältlich.

la pharmacie — die Apotheke
l'hôpital m — das Krankenhaus
l'ambulance f — der Krankenwagen
la Croix-Rouge — das Rote Kreuz
l'infirmier/l'infirmière — der Krankenpfleger/die Krankenschwester

le chirurgien/la chirurgienne — der Chirurg/die ~in
l'opération f — die Operation

hospitaliser — ins Krankenhaus einliefern
Il a fallu l'hospitaliser. — Er/Sie mußte ins Krankenhaus eingeliefert werden.

être opéré,e de qc. — an etw. operiert werden
Elle a été opérée des yeux. — Sie wurde an den Augen operiert.

se faire faire une radio de qc.
Il faut que je me fasse faire une radio du poignet.

etw. röntgen lassen
Ich muß mir das Handgelenk röntgen lassen.

la piqûre
Il se fait faire régulièrement des piqûres anti-allergie.

die Spritze
Er läßt sich regelmäßig eine Spritze gegen seine Allergie geben.

le vaccin
Il n'existe encore aucun vaccin contre le SIDA.

der Impfstoff
Gegen Aids gibt es noch keinen Impfstoff.

se faire vacciner
Les médecins recommandent de se faire vacciner tous les ans contre la grippe.

sich impfen lassen
Die Ärzte empfehlen, sich jedes Jahr gegen Grippe impfen zu lassen.

● **Expressions**

piquer qn. au vif

Je l'ai piqué au vif en lui faisant cette remarque.

jdn. empfindlich treffen, jds. Eitelkeit verletzen
Mit dieser Bemerkung habe ich ihn empfindlich getroffen.

être vacciné,e contre qc. *fam.*
Plus d'affaires sentimentales, je suis vacciné!

geheilt sein, aus Erfahrung klug sein
Keine Liebesgeschichten mehr, ich bin geheilt!

S. auch **Die Körperteile 1.2, Der Verkehrsunfall 11.5, Das Rauchen, der Alkohol, die Drogen 25.5.**

4.4 Der Tod, die Beerdigung

la mort
Il avait peur de la mort.

der Tod
Er fürchtete sich vor dem Tod.

mort,e
Mon grand-père était déjà mort quand je suis venu au monde.

tot
Mein Großvater war schon tot, als ich zur Welt kam.

le mort
le corbillard
Le mort a été emmené par le corbillard.

der Tote
der Leichenwagen
Der Tote wurde mit dem Leichenwagen abgeholt.

mortel,le
L'homme est mortel.

sterblich
Der Mensch ist sterblich.

Der Tod, die Beerdigung 4.4

immortel, le
Seuls les dieux sont immortels.

unsterblich
Nur die Götter sind unsterblich.

mourir
Elle est morte en 1994.
Il est mort d'un infarctus.

sterben
Sie ist 1994 gestorben.
Er ist an einem Herzinfarkt gestorben.

l'enterrement *m*
L'enterrement aura lieu jeudi 13 mai à 11 heures au cimetière du village.

die Beerdigung
Die Beerdigung findet am Donnerstag, dem 13. Mai, um 11 Uhr auf dem Dorffriedhof statt.

enterrer
Il souhaitait être enterré dans sa ville natale.

beerdigen
Es war sein Wunsch, in seiner Heimatstadt beerdigt zu werden.

les funérailles *f*
Les funérailles se sont déroulées à Notre-Dame en présence du chef de l'Etat.

das Begräbnis, die Begräbnisfeierlichkeiten
Die Begräbnisfeierlichkeiten fanden in Notre-Dame in Anwesenheit des Staatspräsidenten statt.

le cimetière
la tombe
La tombe d'Heinrich Heine se trouve au cimetière de Montmartre à Paris.

der Friedhof
das Grab
Das Grab von Heinrich Heine befindet sich auf dem Friedhof Montmartre in Paris.

le cercueil [sɛrkœj]
Le cercueil était couvert de fleurs.

der Sarg
Der Sarg war mit Blumen bedeckt.

l'entreprise *f* **de pompes funèbres**
Il existe deux entreprises de pompes funèbres dans notre ville.

das Beerdigungsinstitut
In unserer Stadt gibt es zwei Beerdigungsinstitute.

présenter ses condoléances à qn.

Permettez-moi de vous présenter mes sincères condoléances!

jdm. sein Beileid aussprechen, jdm. kondolieren
Erlauben Sie mir, Ihnen mein herzliches Beileid auszusprechen!

● **Expressions**

Ce n'est pas la mort!
Ça n'est quand même pas la mort que d'aller t'excuser!

Das ist nicht so schlimm!
Das ist doch nicht so schlimm, sich zu entschuldigen!

mourir de sa belle mort
Mon grand-père est mort de sa belle mort à 82 ans.

(im hohen Alter) sanft entschlafen
Mein Großvater ist im Alter von 82 Jahren sanft entschlafen.

4.4 Der Tod, die Beerdigung

faire le mort

Je ne sais pas ce qui lui arrive; depuis des mois, il fait le mort.

plus mort que vif

Lorsqu'elle a entendu ce bruit dans la nuit, elle a eu si peur qu'elle était plus morte que vive.

faire qc. la mort dans l'âme

C'est la mort dans l'âme qu'il a vendu la maison familiale.

sich absichtlich zurückhalten, nichts von sich hören lassen

Ich weiß nicht, was mit ihm los ist; seit Monaten läßt er nichts von sich hören.

(vor Schreck, vor Angst) wie gelähmt sein

Als sie das Geräusch mitten in der Nacht hörte, war sie vor Angst wie gelähmt.

etw. nur sehr ungern, widerwillig tun

Er hat das elterliche Haus nur sehr ungern verkauft.

S. auch **Die Demographie 3.3, Der Verkehrsunfall 11.5, Das Verbrechen 25.3.**

5.1 Die Körperpflege

la toilette
Les filles consacrent normalement plus de temps à la toilette que les garçons.

die Körperpflege
Mädchen wenden in der Regel mehr Zeit auf für die Körperpflege als Jungen.

soigné,e
Elle est très soignée.
Elle a des mains très soignées.

gepflegt
Sie ist sehr gepflegt.
Sie hat sehr gepflegte Hände.

propre
As-tu les mains propres?

sauber
Hast du saubere Hände?

sale
Qu'est-ce que tu as fait? Tu es tout sale.

schmutzig
Was hast du gemacht? Du bist ganz schmutzig.

se laver
Il faut que je me lave les cheveux.

sich waschen
Ich muß mir die Haare waschen.

prendre une douche
prendre un bain
Est-ce que tu préfères prendre un bain ou une douche?

duschen
baden, ein Bad nehmen
Möchtest du lieber ein Bad nehmen oder duschen?

se laver les dents f
se brosser les dents
Les enfants oublient volontiers de se laver (se brosser) les dents avant d'aller au lit.

(sich) die Zähne putzen

Kinder vergessen gerne, vor dem Schlafengehen die Zähne zu putzen.

se coiffer
se peigner
– Es-tu prête, Jeannine?
– Oui, tout de suite; je n'ai plus qu'à me coiffer (me peigner).

sich kämmen

– Bist du fertig, Jeannine?
– Ja, sofort; ich muß mich nur noch kämmen.

se raser
Je n'ai pas eu le temps de me raser ce matin.

sich rasieren
Ich hatte heute morgen keine Zeit, mich zu rasieren.

se sécher les cheveux au séchoir
Il ne se sèche jamais les cheveux au séchoir.

sich die Haare fönen
Er fönt sich nie die Haare.

se maquiller
Elle ne se maquille que très légèrement.

sich schminken
Sie schminkt sich nur sehr leicht.

5.1 Die Körperpflege

se mettre de la crème
Je me mets tous les matins de la crème sur le visage.

sich einkremen
Ich kreme mir jeden Morgen das Gesicht ein.

se couper/se limer les ongles *m*

Est-ce que tu te coupes les ongles ou est-ce que tu les limes?

sich die Fingernägel schneiden/feilen

Schneidest du dir die Fingernägel oder feilst du sie dir?

se négliger
Tu ne devrais pas te négliger ainsi!

sich vernachlässigen
Du solltest dich nicht so vernachlässigen!

la salle de bain(s)
la douche
le lavabo
le savon
le shampooing

das Badezimmer
die Dusche
das Waschbecken
die Seife
das Haarwaschmittel, das Schampun

la serviette de toilette
le gant de toilette
le peigne
la brosse ...
   à dents
   à cheveux
le rasoir (électrique)
le dentifrice
le produit de beauté
le tube (le bâton) de rouge à lèvres
la permanente
le brushing [brœʃiŋ]

das Handtuch
der Waschlappen
der Kamm
die ...Bürste
   Zahn-
   Haar-
der (elektrische) Rasierapparat
die Zahnpasta
der Kosmetikartikel
der Lippenstift
die Dauerwelle
das Fönen

● **Expressions**

être dans le bain *fam.*

Au bout de trois semaines, j'étais tout à fait dans le bain.

mit der Materie vertraut sein, Bescheid wissen

Nach drei Wochen war ich mit der Materie vollkommen vertraut.

envoyer qn. au bain *fam.*
Il voulait sortir avec elle, mais elle l'a envoyé au bain.

jdn. abblitzen lassen
Er wollte mit ihr ausgehen, aber sie ließ ihn abblitzen.

passer un savon à qn. *fam.*

Je lui ai passé un savon qu'il n'oubliera pas de si tôt.

jdm. den Kopf waschen, jdm. eine Abreibung verpassen

Ich habe ihm eine Abreibung verpaßt, die er nicht so schnell vergessen wird.

Die Kleidung **5.2**

passer qc. au peigne fin
L'appartement a été passé au peigne fin par la police.

etw. sorgfältig durchsuchen, etw. durchkämmen
Die Wohnung wurde von der Polizei durchkämmt.

S. auch **Die Körperteile 1.2, Die äußere Erscheinung 2.2, Die Krankheit, die Gesundheit 4.2, Der Sport 10.4.**

5.2 Die Kleidung

les vêtements *m*
Ne prends pas trop de vêtements pour le voyage!

die Kleider, die Kleidung
Nimm nicht zu viele Kleider mit auf die Reise!

un vêtement en ...
   laine *f*
   coton *m*
   toile *f*
   soie *f*
   cuir *m*
   synthétique *m*

ein Kleidungsstück aus ...
   Wolle
   Baumwolle
   Leinen
   Seide
   Leder
   Synthetik

mettre
S'il fait froid ce soir, je mettrai un manteau.

anziehen
Wenn es heute abend kalt ist, ziehe ich einen Mantel an.

porter
Voilà un tailleur que j'ai peu porté.

tragen
Das ist ein Kostüm, das ich wenig getragen habe.

enlever
Il fait trop chaud; je vais enlever mon pull.

ausziehen
Es ist zu heiß; ich ziehe meinen Pullover aus.

garder
J'ai mal à la gorge. Je préfère garder mon écharpe.

anbehalten
Ich habe Halsweh. Ich möchte den Schal lieber anbehalten.

s'habiller
Elle met toujours un temps fou pour s'habiller.

sich anziehen, sich kleiden
Sie braucht immer irrsinnig lange, um sich anzuziehen.

se déshabiller
Les enfants, il est temps de se déshabiller et d'aller au lit!

sich ausziehen
Kinder, es ist Zeit, sich auszuziehen und ins Bett zu gehen!

5.2 Die Kleidung

être habillé,e / **être vêtu,e**
Les filles étaient toutes habillées en blanc (vêtues de blanc).

gekleidet sein
Die Mädchen waren alle weiß gekleidet.

se changer
Avant de sortir, il faut que j'aille me changer.

sich umziehen
Bevor ich das Haus verlasse, muß ich mich noch umziehen.

aller avec qc.
Ce pull ne va pas avec ton pantalon.

zu etw. passen
Dieser Pullover paßt nicht zu deiner Hose.

élégant,e
Il est toujours très élégant.

elegant
Er ist immer sehr elegant.

chic
Elle aime les vêtements chic.

schick
Sie liebt schicke Kleider.

BCBG [besebeʒe] (= bon chic, bon genre)
Bertrand est un garçon très BCBG.

fein, schick (in Kleidung und Benehmen)
Bertrand ist ein sehr schicker Junge.

à la mode
Elle s'habille toujours à la dernière mode.

modisch, nach der Mode
Sie kleidet sich immer nach der letzten Mode.

démodé,e
Je ne peux plus porter ce costume, il est démodé.

unmodern, veraltet
Ich kann diesen Anzug nicht mehr tragen; er ist veraltet.

avec goût
Il est toujours habillé avec goût.

mit Geschmack, geschmackvoll
Er ist immer geschmackvoll gekleidet.

la taille
– Quelle taille faites-vous?
– Je fais du 42.

die (Konfektions-)Größe
– Welche Größe haben Sie?
– Ich habe Größe 42.

la pointure
– Quelle pointure faites-vous?
– Je fais du 40.

die (Schuh-)Größe
– Welche Schuhgröße haben Sie?
– Ich habe Größe 40.

la tenue ...
  de travail
  de soirée
  de sport
le manteau ...
  de fourrure *f*
  en cuir *m*
l'imperméable *m*
l'anorak *m* [anɔrak]
le costume
la veste

die ...Kleidung
  Arbeits-
  Abend-
  Sport-
der ...Mantel
  Pelz-
  Leder-
der Regenmantel
der Anorak
der (Herren-)Anzug
die Jacke (für Damen und Herren)

Die Kleidung 5.2

le veston	das Sakko
le pantalon	die Hose
la robe	das Kleid
la jupe	der Rock
le tailleur	das Kostüm
le (blue-)jean(s)	die (Blue-)Jeans
le bermuda	die (Bermuda-)Shorts
le short	die Shorts
le pull (le pull-over)	der Pullover
le tee-shirt	das T-Shirt
le sweat-shirt	das Sweatshirt
le chemisier	die Bluse
la chemise	das (Herren-)Hemd
la cravate	die Krawatte
la ceinture	der Gürtel
les sous-vêtements *m*	die Unterwäsche
le slip	die Unterhose, der Schlüpfer
la culotte	der Damenschlüpfer
le caleçon	die Unterhose; die Leggings
le tricot (de corps)	das Unterhemd
le soutien-gorge	der Büstenhalter
le pyjama [piʒama]	der Schlafanzug
la chemise de nuit	das Nachthemd
le collant	die Strumpfhose
le bas	der (Damen-)Strumpf
le mi-bas	das Söckchen
la chaussette	die Herrensocke
les chaussures *f* ...	die ...Schuhe
de tennis	Tennis-
de marche	Wander-
de ski	die Skistiefel
la botte	der Stiefel
le chapeau, *pl.* ~x	der Hut
le bonnet	die (Strick-)Mütze
le béret	die Baskenmütze
la casquette	die Schildmütze
l'écharpe *f*	der Schal
le foulard	das Kopf-, Halstuch
le gant	der Handschuh
les vêtements *m* de sport	die Sportkleidung
le survêtement	der Trainingsanzug
les affaires *f* de bain	die Badesachen
le bikini	der Bikini
le maillot de bain	der Badeanzug, die Badehose
le maillot de sport	das Sporttrikot
le tablier	die Schürze

5.2 Die Kleidung

la blouse (de travail)	der Arbeitskittel
la salopette	der (blaue) Arbeitsanzug

un tissu ...   ein ... Stoff
- rayé (à rayures) — gestreifter
- uni — einfarbiger
- multicolore — bunter
- à motifs — gemusterter
- à carreaux — karierter
- à pois — gepunkteter

le col	der Kragen
la manche	der Ärmel
la doublure	das Futter
l'ourlet *m*	der Saum
déchirer	zerreißen
raccommoder	flicken, stopfen

Je viens de déchirer ma veste. Peux-tu me la raccommoder?
Ich habe eben meine Jacke zerrissen. Kannst du sie mir flicken?

(re-)coudre — **(an-)nähen**
Il faut que je recouse un bouton de ma chemise.
Ich muß einen Knopf an meinem Hemd annähen.

la machine à coudre	die Nähmaschine
l'aiguille *f* [egɥij]	die Nadel
le fil [fil]	der Faden, das Nähgarn
le bouton	der Knopf
l'épingle *f*	die Stecknadel
l'épingle de sûreté	die Sicherheitsnadel
la fermeture éclair	der Reißverschluß
le cintre	der Kleiderbügel

● **Expressions**

Elle porte la culotte. *fam.* — **Sie hat die Hosen an.**
A la maison, c'était notre mère qui portait la culotte.
Bei uns zu Hause hatte die Mutter die Hosen an.

faire porter le chapeau à qn. *fam.* — **jdm. etw. in die Schuhe schieben, jdm. die Schuld an etw. geben**
Elle a essayé de me faire porter le chapeau.
Sie hat versucht, mir die Sache in die Schuhe zu schieben.

C'est blanc bonnet et bonnet blanc. — **Das ist Jacke wie Hose.**
Que je paie avec ma carte de crédit ou par chèque, c'est blanc bonnet et bonnet blanc.
Ob ich mit Kreditkarte oder mit Scheck zahle, das ist Jacke wie Hose.

changer d'avis comme de chemise

On ne peut pas le prendre au sérieux. Il change d'avis comme de chemise.

trouver chaussure à son pied *fam.*
Il est toujours célibataire. Il n'a visiblement pas encore trouvé chaussure à son pied.

être cousu,e de fil blanc
Ne te laisse pas abuser! Toute cette affaire est cousue de fil blanc.

seine Meinung wie das Hemd wechseln

Man kann ihn nicht ernst nehmen. Er wechselt seine Meinung wie das Hemd.

den richtigen Partner finden
Er ist immer noch ledig. Offensichtlich hat er die Richtige noch nicht gefunden.

leicht zu durchschauen
Laß dich doch nicht hinters Licht führen! Diese ganze Sache ist doch leicht zu durchschauen.

S. auch **Die äußere Erscheinung 2.2, Die Stoffe 15.3.**

5.3 Der Schmuck

le bijou; les bijoux
le bijou fantaisie
Elle ne porte, par principe, aucun bijou fantaisie.

le bijoutier
Ce bijoutier a un grand choix de bijoux en argent.

la bague
Elle porte une bague à chaque doigt.

l'alliance *f*
Il est marié, mais ne porte pas d'alliance.

le bracelet
Ce bracelet est en or et incrusté de pierres précieuses.

le collier
Un collier de perles va très bien avec cette robe.

la chaîne
Ma chaîne est cassée.
C'est ma marraine qui m'a offert cette chaîne en or pour mon anniversaire.

das Schmuckstück; der Schmuck
der Modeschmuck
Sie trägt aus Prinzip keinen Modeschmuck.

der Juwelier
Dieser Juwelier hat eine große Auswahl an Silberschmuck.

der Ring
Sie trägt an jedem Finger einen Ring.

der Ehering
Er ist verheiratet, trägt aber keinen Ehering.

das Armband
Das Armband ist aus Gold und mit Edelsteinen besetzt.

das Kollier, die Kette
Zu diesem Kleid paßt sehr gut eine Perlenkette.

die Kette
Meine Kette ist gerissen.
Die Goldkette habe ich von meiner Patentante zum Geburtstag geschenkt bekommen.

5.3 Der Schmuck

la boucle d'oreille
J'ai hérité ces boucles d'oreille de ma tante.

der Ohrring
Diese Ohrringe habe ich von meiner Tante geerbt.

la montre
Il est très fier de sa montre en or.

die Uhr
Er ist sehr stolz auf seine goldene Uhr.

l'objet *m* **précieux**
la pierre précieuse
le diamant
le rubis
l'émeraude *f*
le saphir
la perle

der Wertgegenstand
der Edelstein
der Diamant
der Rubin
der Smaragd
der Saphir
die Perle

S. auch **Die äußere Erscheinung 2.2.**

6.1 Das Haus, die Wohnung

la maison	das Haus
Ils possèdent leur propre maison.	Sie besitzen ein eigenes Haus.
le bâtiment	das Gebäude
l'immeuble *m*	das Wohn-, Bürogebäude
la tour	das Hochhaus
le pavillon	das Einfamilienhaus
la résidence secondaire	die Zweitwohnung
le chalet	das Ferienhaus (im Gebirge)
la villa	die (Luxus-)Villa (meistens am Meer)
le grand ensemble	die (großstädtische) Wohnsiedlung
l'appartement *m* / le logement	die Wohnung
un HLM[1] [aʃɛlɛm] (= Habitation à Loyer Modéré)	eine Sozialwohnung
un deux-pièces	eine 2-Zimmer-Wohnung
le studio	das 1-Zimmer-Appartement
le garage	die Garage
le parking	der Parkplatz
l'habitant/l'habitante	der Bewohner/die ~in
le/la propriétaire	der Besitzer/die ~in; der Vermieter/die ~in
le/la locataire	der Mieter/die ~in
le loyer	die Miete
le voisin/la voisine	der Nachbar/die ~in

habiter	wohnen
Ils habitent ...	Sie wohnen ...
23, rue Victor Hugo	in der Victor-Hugo-Str. 23
au rez-de-chaussée	im Erdgeschoß
au 1er/2e étage	im 1./2. Stock
au sous-sol	im Untergeschoß
sous les toits	im Dachgeschoß
en ville	in der Stadt
au centre-ville	in der Stadtmitte
à la campagne	auf dem Land
un quartier résidentiel	in einem reinen Wohngebiet
dans la capitale	in der Hauptstadt
à la périphérie de ...	am Stadtrand von ...
en banlieue de ...	im Einzugsgebiet von ...
(dans) un village	in einem Dorf

---

1 Obwohl *habitation* weiblich ist, wird *HLM* mit dem männlichen Artikel gebraucht.

6.1 Das Haus, die Wohnung

loger
J'ai longtemps logé dans un petit appartement du centre-ville.

héberger
Nos amis ont pu nous héberger pendant quelques jours.

louer
mettre en location
Il a loué une chambre avec un autre étudiant.
Ils louent (Ils mettent en location) un petit appartement dans leur maison.

vivre
à l'étroit
Ils ont longtemps vécu dans le Midi de la France.
Ils vivaient vraiment à l'étroit avant d'acheter leur maison.

s'installer
Ils se sont installés pendant l'été dans leur nouvelle maison.

déménager
Nous devons déménager d'ici la fin du mois.

confortable
Ils ont un appartement très confortable.

spacieux, se
La maison de mes grands-parents est très spacieuse.

clair, e
calme
Cette pièce est bien exposée; elle est très calme et claire.

sombre
Ma chambre est très sombre; c'est pourquoi je suis toujours obligé de travailler à la lumière électrique.

la façade
le mur
le plafond

wohnen
Ich habe lange in einer kleinen Wohnung im Stadtzentrum gewohnt.

unterbringen, aufnehmen
Unsere Freunde konnten uns für einige Tage aufnehmen.

mieten, vermieten
vermieten
Er hat zusammen mit einem anderen Studenten ein Zimmer gemietet.
Sie vermieten in ihrem Haus eine kleine Wohnung.

wohnen, leben
beengt
Sie haben lange in Südfrankreich gewohnt.
Bevor sie ein Haus kauften, wohnten sie recht beengt.

sich niederlassen, einziehen
Sie sind im Sommer in ihr neues Haus eingezogen.

aus-, umziehen
Wir müssen bis zum Monatsende ausziehen.

wohnlich, schön eingerichtet
Sie haben eine sehr schön eingerichtete Wohnung.

geräumig
Das Haus meiner Großeltern ist sehr geräumig.

hell
ruhig
Das Zimmer hat eine gute Lage; es ist sehr ruhig und hell.

dunkel
Mein Zimmer ist sehr dunkel; ich muß daher immer bei elektrischem Licht arbeiten.

die Fassade
die Wand, die Mauer
die (Zimmer-)Decke

Das Haus, die Wohnung 6.1

le plancher	der Fußboden
la fenêtre	das Fenster
le volet	der Fensterladen
le store	der Rolladen
la porte	die Tür
la porte d'entrée	die Haustür
l'entrée f	der (Haus-)Flur, der Eingang
le vestibule	der (Wohnungs-)Flur
le couloir	der Gang
le vestiaire	die Garderobe
l'escalier m	die Treppe
l'ascenseur m	der Fahrstuhl
la pièce	der Raum, das Zimmer
la salle de séjour / le salon	das Wohnzimmer
la salle à manger	das Eßzimmer
la chambre (des parents/des enfants)	das (Eltern-/Kinder-)Schlafzimmer
la chambre d'amis	das Gästezimmer
le bureau	das Büro, das Arbeitszimmer
la cuisine	die Küche
le robinet	der Wasserhahn
l'évier m	das Spülbecken, der Ausguß
le cellier	die Speisekammer
la salle de bains	das Bad
la douche	die Dusche
la baignoire	die Badewanne
le lavabo	das Waschbecken
la glace	der Spiegel
les W.-C. m [vese] / les toilettes f	die Toilette
la cave	der Keller
le grenier	der Speicher
le balcon	der Balkon
la terrasse	die Terrasse
la cour	der Hof
la barrière	der Zaun
le portail	das Tor

donner sur la rue, sur le jardin

La salle de séjour donne sur le jardin.

zur Straße, zum Garten hin liegen, gehen

Das Wohnzimmer liegt zum Garten hin.

sonner
On a sonné. Va ouvrir la porte, s'il te plaît!

läuten
Es hat geläutet. Mach bitte die Tür auf!

6.1 Das Haus, die Wohnung

entrer (dans qc.)
Entrez, s'il vous plaît!
Les voleurs sont entrés dans la maison par le garage.

eintreten, eindringen
Treten Sie bitte ein!
Die Diebe sind durch die Garage in das Haus eingedrungen.

monter
Etes-vous monté par l'escalier ou par l'ascenseur?

hinaufgehen, heraufkommen
Sind Sie über die Treppe oder mit dem Fahrstuhl heraufgekommen?

descendre
Il a descendu l'escalier quatre à quatre comme d'habitude.

hinuntergehen
Er ist wie gewöhnlich die Treppe hinuntergerannt.

fermer à clé
Est-ce que tu as fermé la porte à clé?

abschließen
Hast du die Tür abgeschlossen?

l'ameublement m
l'installation f
l'équipement m
les meubles m
la table
la chaise
le fauteuil [fotœj]
le canapé
le lit
la table de nuit
l'armoire f
le placard
l'étagère f
la commode
le bureau
le tiroir
le casier
le tableau
le vase
le tapis
la moquette
le papier (peint)
la tapisserie
le rideau

die Möblierung
der Einbau, die Installation
die Ausstattung
die Möbel
der Tisch
der Stuhl
der Sessel
das Sofa, die Couch
das Bett
der Nachttisch
der Schrank
der (Einbau-)Schrank
das Regal
die Kommode
der Schreibtisch
die Schublade
das Fach
das Bild
die Vase
der Teppich
der Teppichboden
die Tapete
der Wandteppich, die Tapete
die Gardine, der Vorhang

le chauffage (central)
le radiateur
le poêle [pwal] **(en faïence)**
la cheminée
la chaudière

die (Zentral-)Heizung
der Heizkörper
der (Kachel-)Ofen
der Kamin
die Heizanlage, der Heizkessel

meubler
Notre salle de séjour n'est pas encore entièrement meublée.

möblieren, einrichten
Unser Wohnzimmer ist noch nicht ganz eingerichtet.

aménager
Je me suis aménagé une chambre sous les toits.

einrichten, herrichten
Ich habe mir im Dachgeschoß ein Zimmer eingerichtet.

installer
Nous avons installé le congélateur au sous-sol.

installieren, aufstellen
Wir haben die Tiefkühltruhe im Keller aufgestellt.

équiper
Ta cuisine est vraiment bien équipée.

ausstatten
Deine Küche ist wirklich gut ausgestattet.

● **Expression**

se laisser vivre
Il est facile de se laisser vivre sous le ciel bleu de la Côte d'Azur.

in den Tag hineinleben
Unter dem blauen Himmel der Côte d'Azur läßt es sich leicht in den Tag hineinleben.

S. auch **Die Gartenarbeit 10.2.**

6.2 Der Haushalt

le ménage
Il m'arrive d'aider ma mère à faire le ménage.

der Haushalt
Ich helfe meiner Mutter manchmal im Haushalt.

la ménagère
la maîtresse de maison
C'est une bonne ménagère (maîtresse de maison).

die Hausfrau'
Sie ist eine gute Hausfrau.

la femme de ménage
Nous ne pouvons pas nous offrir de femme de ménage.

die Haushaltshilfe
Wir können uns keine Haushaltshilfe leisten.

ménager, ère
Elle a vraiment horreur des travaux ménagers.

Haushalts-
Hausarbeiten sind ihr ein wahrer Greuel.

les appareils-ménagers m
Les appareils-ménagers facilitent bien la tâche de la maîtresse de maison.

die (elektrischen) Haushaltsgeräte
Die elektrischen Haushaltsgeräte erleichtern die Arbeit der Hausfrau sehr.

l'aspirateur m
le balai [balɛ]
la balayette

der Staubsauger
der Besen
der Handfeger

6.2 Der Haushalt

la pelle	die Müllschippe
la poubelle	der Mülleimer
le chiffon (à poussière)	der (Staub-)Lappen
le torchon à vaisselle	das Geschirrtuch

faire ...
   les lits *m* — die Betten machen
   la vaisselle — das Geschirr spülen
   les vitres *f* — die Fenster putzen
   la lessive — die Wäsche waschen

ranger — **auf-, wegräumen**
Veux-tu bien ranger ta chambre? — Würdest du bitte dein Zimmer aufräumen?
L'été arrive, je vais pouvoir ranger les vêtements d'hiver. — Es wird Sommer, ich kann die Winterkleider jetzt wegräumen.

ramasser — **aufheben**
Ramasse les papiers qui traînent par terre! — Hebe die Papiere auf, die auf dem Boden herumliegen!

nettoyer — **saubermachen, putzen**
Où est le produit pour nettoyer les lavabos? — Wo ist das Mittel, um die Waschbecken zu putzen?

balayer [baleje]
donner un coup de balai à qc. — **fegen**
As-tu déjà balayé la cuisine? (... donné un coup de balai à la cuisine?) — Hast du die Küche schon gefegt?

laver — **ab-, aufwaschen**
Il faut que je lave la cuisine. — Ich muß die Küche aufwaschen.

essuyer — **abtrocknen**
Je préférerais laver la vaisselle que de l'essuyer. — Ich möchte lieber das Geschirr spülen als abtrocknen.

passer l'aspirateur — **staubsaugen**
Je vais passer l'aspirateur dans la salle de séjour. — Ich werde jetzt das Wohnzimmer staubsaugen.

enlever la poussière — **abstauben, Staub wischen**
Quand tu feras ta chambre, n'oublie pas d'enlever la poussière sur les meubles! — Wenn du dein Zimmer machst, vergiß nicht, die Möbel abzustauben!

la cuisine (intégrée)	die (Einbau-)Küche
le placard	der (Einbau-)Schrank
la cocotte	der Kochtopf
la casserole	der Kochtopf (mit Stiel)
la poêle [pwal]	die Bratpfanne

Der Haushalt 6.2

la cuisinière (électrique/à gaz)	der (Elektro-/Gas-)Herd
le (l'appareil à) micro-ondes	der Mikrowellenherd
la rôtissoire	der Grill
le réfrigérateur (le frigidaire, le frigo *fam.*)	der Kühlschrank
le congélateur	die Tiefkühltruhe
le lave-vaisselle	die Geschirrspülmaschine
le grille-pain	der Toaster
le mixeur [miksœr]	der Mixer
la cafetière (électrique) [kaftjɛr]	die Kaffeemaschine
la vaisselle	das Geschirr
l'assiette *f* (plate/creuse)	der (flache/tiefe) Teller
la tasse	die Tasse
la soucoupe	die Untertasse
le verre	das Glas
le bol [bɔl]	die große Tasse (ohne Henkel)
le saladier	die (Salat-)Schüssel
le plat	die Platte, die Schüssel
la soupière	die Suppenterrine
le plateau, *pl.* ~x	das Tablett
les couverts *m*	das Besteck
la cuillère *ou* la cuiller [kɥijɛr]	der Löffel
le couteau, *pl.* ~x	das Messer
la fourchette	die Gabel
le tire-bouchon	der Korkenzieher
la nappe	das Tischtuch
le set de table	das Set
la serviette (de table)	die Serviette
mettre la table mettre le couvert	den Tisch decken

Le repas sera prêt dans dix minutes. Mets la table (Mets le couvert), s'il te plaît!

Das Essen ist in zehn Minuten fertig. Decke bitte den Tisch!

débarrasser la table — **den Tisch abdecken**

Avant d'aller jouer, vous débarrasserez la table!

Deckt den Tisch ab, bevor ihr spielen geht!

le linge	die Wäsche
la serviette (de toilette)	das Handtuch
le drap	das Bettlaken
l'oreiller *m*	das Kopfkissen
le traversin	die Schlafrolle
l'édredon *m*	das Federbett
la couverture	die Zudecke
la couette [kwɛt]	die Steppdecke
l'enveloppe *f* de couette	der Bettbezug

6.3 Die Elektrotechnik im Haus

la machine à laver	die Waschmaschine
le séchoir électrique	der Wäschetrockner
le fer à repasser	das Bügeleisen
la planche à repasser	das Bügelbrett

faire du repassage / repasser — **bügeln**
En ce moment, elle fait du repassage.
Je ne repasse plus que mes chemisiers.
Sie bügelt gerade.
Ich bügele nur noch meine Blusen.

faire nettoyer — **reinigen lassen**
Il faudrait que je fasse nettoyer mon manteau.
Ich müßte meinen Mantel reinigen lassen.

le pressing — **die Reinigung**
Y a-t-il un pressing près d'ici?
Ist hier in der Nähe eine Reinigung?

● **Expressions**

Le torchon brûle. *fam.* — **Der Haussegen hängt schief.**
Je n'ose pas aller les voir en ce moment, car j'ai l'impression que le torchon brûle entre eux.
Ich wage im Augenblick nicht, zu ihnen zu gehen, denn ich habe den Eindruck, daß der Haussegen bei ihnen schiefhängt.

Il ne faut pas mélanger les torchons et les serviettes. *fam.* — **Das sind zwei Paar Stiefel. Man muß unterscheiden können.**
Comment peux-tu comparer une Mercedes et une Golf? Il ne faut tout de même pas mélanger les torchons et les serviettes.
Wie kannst du einen Mercedes mit einem Golf vergleichen? Das sind doch zwei Paar Stiefel.

mettre les pieds dans le plat *fam.* — **ins Fettnäpfchen treten**
Tu as bien mis les pieds dans le plat en faisant cette réflexion.
Mit deiner Bemerkung bist du ganz schön ins Fettnäpfchen getreten.

tirer la couverture à soi *fam.* — **sich den Löwenanteil sichern**
Il est très malin et s'arrange toujours pour tirer la couverture à soi.
Er ist ganz schön raffiniert und versteht es immer, sich den Löwenanteil zu sichern.

S. auch **Die Rolle der Frau in der Gesellschaft 6.2, Kapitel 7, Das Geld 20.1.**

6.3 Die Elektrotechnik im Haus

l'électricité *f* — **die Elektrizität, der Strom, das elektrische Licht**
Il n'y a pas l'électricité dans notre refuge.
In unserer Berghütte gibt es keinen Strom.

Die Elektrotechnik im Haus 6.3

la panne d'électricité
Voilà la troisième panne d'électricité de la semaine.

der Stromausfall
Das ist der dritte Stromausfall in dieser Woche.

électrique
le courant ⎫
l'appareil *m* ⎪
le fil ⎬ électrique
la rallonge ⎪
l'ampoule *f* ⎭
l'éclairage *m*
la lampe
le lampadaire
la lampe de poche

elektrisch
der Strom
das elektrische Gerät
das Kabel
das Verlängerungskabel
die Glühbirne
die Beleuchtung
die Lampe
die Stehlampe
die Taschenlampe

le câble
la fiche
la prise (de courant)
le fusible
le bouton ⎫
l'interrupteur *m* ⎬
le court-circuit
la pile

das Kabel, die Stromleitung
der Stecker
die Steckdose
die Sicherung
der (Licht-)Schalter

der Kurzschluß
die Batterie

brancher
Est-ce que le réfrigérateur est branché?

anschließen
Ist der Kühlschrank angeschlossen?

débrancher

ab-, ausschalten, den Stecker herausziehen

Il faut débrancher la télé lorsqu'il y a de l'orage.

Bei Gewitter muß man den Stecker des Fernsehers herausziehen.

allumer
Laisse la radio allumée (branchée), s'il te plaît!
Allume, s'il te plaît!

einschalten, Licht anmachen
Laß bitte das Radio eingeschaltet!

Mache bitte das Licht an!

éteindre ⎫
couper ⎬

ausschalten, ausmachen

Je suis tout à fait sûr d'avoir éteint la lumière.
Eteins (Coupe), s'il te plaît, la télévision!

Ich bin ganz sicher, daß ich das Licht ausgemacht habe.
Schalte bitte den Fernseher aus!

mettre en marche
Tu peux mettre le lave-vaisselle en marche.

einschalten, in Gang setzen
Du kannst die Geschirrspülmaschine einschalten.

appuyer sur le bouton
Sur quel bouton faut-il que j'appuie?

einschalten, den Schalter drücken
Auf welchen Schalter muß ich drücken?

● **Expression**

Le courant passe bien entre nous.
Le courant passe bien dans notre groupe.

Wir verstehen uns gut.
In unserer Clique verstehen wir uns alle gut.

S. auch **Der Rundfunk, das Fernsehen 21.2, Die Musik 22.2.**

6.4 Werkzeuge, Reparaturen

l'outil *m* [uti]
la boîte à outils
Va me chercher le marteau, s'il te plaît! Il est dans la boîte à outils.

das Werkzeug
der Werkzeugkasten
Hole mir bitte den Hammer! Er ist im Werkzeugkasten.

le marteau, *pl.* **~x**
la pince
le tournevis [turnəvis]
la clé
la perceuse
la lime
la scie
les ciseaux *m*
le pinceau, *pl.* **~x**

der Hammer
die Zange
der Schraubenzieher
der Schraubenschlüssel
der Bohrer
die Feile
die Säge
die Schere
der Pinsel

la réparation
Une réparation était nécessaire.

die Reparatur
Eine Reparatur war notwendig.

réparer
le fil de fer
J'ai réparé provisoirement le portail du jardin avec du fil de fer.

reparieren
der Draht
Ich habe das Gartentor provisorisch mit Draht repariert.

refaire
Pendant les vacances, nous avons refait la cuisine.

neu herrichten (streichen, tapezieren)
In den Ferien haben wir die Küche neu gestrichen.

(re)peindre
Il est indispensable de repeindre les volets.

(neu) streichen
Es ist unbedingt notwendig, die Fensterläden neu zu streichen.

la vis [vis]
Je vais fixer cette plaque avec quatre vis.

die Schraube
Ich werde dieses Schild mit vier Schrauben befestigen.

(re)visser
La poignée ne tient plus, il faut que je la revisse.

(fest)schrauben
Die Türklinke hält nicht mehr, ich muß sie festschrauben.

Werkzeuge, Reparaturen 6.4

dévisser
Je n'arrive pas à dévisser ce tube.
(... à dévisser le bouchon de ce tube.)

le clou
planter
enfoncer
On ne peut planter (enfoncer) aucun clou dans ce mur en béton.

la ficelle
attacher
Pour attacher cela, il me faut un bout de ficelle.

couper
l'élastique *m*
Coupe-moi, s'il te plaît, 60 cm de cet élastique!

la corde
Cette corde n'est pas assez solide.

la colle
Il existe une colle spéciale pour matières plastiques.

coller
De nos jours, on peut à peu près tout coller.

scier
marteler
percer
On l'entend toute la journée scier, marteler et percer.

souder
Ces tuyaux ne sont pas vissés, mais soudés.

casser qc.
J'ai cassé mes lunettes.

se casser
Ces verres se cassent très facilement.

abîmé,e
usé,e
Mes chaussures sont complètement abîmées (usées).

auf-, abschrauben
Es gelingt mir nicht, die Tube aufzuschrauben. (... den Verschluß der Tube aufzuschrauben.)

der Nagel
einschlagen

In diese Betonwand kann man keinen Nagel einschlagen.

die Schnur
befestigen
Um das zu befestigen, brauche ich ein Stück Schnur.

(ab-)schneiden
das Gummiband, der Gummiring
Schneide mir bitte 60 cm von diesem Gummiband ab!

das Seil, die Leine
Dieses Seil ist nicht stark genug.

der Kleber
Für Kunststoff gibt es einen Spezialkleber.

kleben
Heutzutage kann man praktisch alles kleben.

sägen
hämmern
bohren
Man hört ihn den ganzen Tag sägen, hämmern und bohren.

schweißen, löten
Diese Rohre sind nicht verschraubt, sondern geschweißt.

etw. zerbrechen, kaputtmachen
Ich habe meine Brille kaputtgemacht.

kaputtgehen, zerbrechen
Diese Gläser gehen leicht kaputt.

kaputt, verbraucht

Meine Schuhe sind total kaputt.

bouché,e
Le lavabo est encore bouché; il va falloir faire venir le plombier.

verstopft
Das Waschbecken ist schon wieder verstopft; wir müssen den Klempner kommen lassen.

en panne
Notre lave-vaisselle est en panne.

kaputt
Unsere Spülmaschine ist kaputt.

● **Expressions**

serrer la vis à qn. *fam.*

Ses parents lui ont serré la vis à la suite de ses fredaines.

jdn. streng behandeln, jdn. kurz halten

Nach seinen Eskapaden wurde er von seinen Eltern kurz gehalten.

aller à pinces *fam.*
On y va à pinces?

zu Fuß gehen
Gehen wir zu Fuß?

Des clous! *fam.*
Quoi, je devrais payer la note? Des clous!

Pustekuchen! (= Ich denke nicht daran!)
Was, ich soll die Rechnung bezahlen? Pustekuchen!

S. auch **Freizeit, Hobbies 10.1, Das Fahrrad, das Motorrad 12.1, Das Auto 12.2.**

6.5 Baustoffe, Baumaschinen

le matériau, *pl.* ~x
Le bois est un matériau plus sain que le béton.
Pour la construction de cette maison, on a utilisé les matériaux suivants: de l'acier, du verre etc.

der Baustoff, das Material
Holz ist ein gesünderer Baustoff als Beton.
Beim Bau dieses Hauses wurden folgende Materialien verwendet: Stahl, Glas usw.

la pierre
la brique
le verre
le ciment
le béton
le sable
le gravier
le goudron
le bois
la planche
la poutre

der Stein
der Backstein, der Ziegelstein
das Glas
der Zement
der Beton
der Sand
der Kies
der Teer
das Holz
das Brett
der Balken

Baustoffe, Baumaschinen 6.5

la charpente	das Gebälk
la tuile	der (Dach-)Ziegel
le carreau, *pl.* ~x	die Fliese, die Kachel
le carrelage	der Fliesenbelag
la dalle	die (Boden-, Stein-)Platte
le plâtre	der Gips
l'acier *m*	der Stahl
le fer	das Eisen
le tuyau, *pl.* ~x	das Rohr
la peinture	die Farbe
le chantier	die Baustelle
l'échafaudage *m*	das Baugerüst
le camion	der Lastwagen
la grue	der Kran
la pelleteuse	der Bagger
le bulldozer [byldɔzɛr]	die Raupe

● **Expressions**

se tenir à carreau *fam.*
Avec lui, il vaut mieux se tenir à carreau.

auf der Hut sein, sich vorsehen
Bei ihm muß man sich vorsehen.

Quelle tuile! *fam.*

Das ist ein harter Schlag! Das ist schlimm!

Je viens de perdre mon emploi. Quelle tuile!

Ich habe meine Stelle verloren. Das ist ein harter Schlag!

faire la planche
– Sais-tu faire la planche?
– Oui, mais seulement pendant quelques secondes.

den toten Mann machen
– Kannst du den toten Mann machen?
– Ja, aber nur einige Sekunden.

avoir du pain sur la planche *fam.*
En ce moment, j'ai drôlement du pain sur la planche.

viel Arbeit haben
Zur Zeit habe ich irre viel Arbeit.

S. auch **Die Stoffe 15.3, Der Beruf, die Arbeit 18.2.**

7.1 Einkaufen

faire des courses f
faire des commissions f
Il faudrait que j'aille faire des (les, mes) courses (commissions).

einkaufen
Ich müßte noch einkaufen gehen.

l'achat m
Nous avons l'habitude de faire nos principaux achats le samedi.

der (Ein-)Kauf
Für gewöhnlich machen wir unsere Haupteinkäufe am Samstag.

acheter
J'ai oublié d'acheter du café.

kaufen
Ich habe vergessen, Kaffee zu kaufen.

aller ...
  au marché
  à la boulangerie
  chez le boucher
  au (dans un) supermarché
  aux Galeries Lafayette

... gehen
  auf den Markt
  zum Bäcker
  zum Metzger
  in den (in einen) Supermarkt
  in die Galeries Lafayette

passer
Il faudra que tu passes à la pharmacie avant 6 h.

vorbeigehen
Du mußt vor 6 h bei der Apotheke vorbeigehen.

commander
avoir qc. en magasin
Nous n'avons pas cet article en magasin, mais nous pouvons vous le commander.

bestellen
etw. vorrätig haben
Wir haben diesen Artikel nicht vorrätig, aber wir können ihn für Sie bestellen.

la commande
le client/la cliente
le vendeur/la vendeuse
le commerçant/la commerçante
le marchand/la marchande

die Bestellung
der Kunde/die Kundin
der Verkäufer/die ~in
der Kaufmann/die Kauffrau
der Händler, der Kaufmann/die Marktfrau

la pâtisserie
la boucherie-charcuterie f

die Konditorei
das Fleisch- und Wurstwarengeschäft, die Metzgerei

la poissonnerie
la maison de la presse
la librairie
le magasin ...
  de meubles
  de vêtements
le grand magasin

das Fischgeschäft
der Zeitungsladen
die Buchhandlung
das Geschäft, der Laden
  das Möbelgeschäft
  das Bekleidungsgeschäft
das Kaufhaus

Einkaufen 7.1

le kiosque — der Kiosk
le distributeur automatique — der Automat
le rayon ... — die ...Abteilung
  de(s) jouets (de(s) jeux) — Spielwaren-
  alimentation — Lebensmittel-
  quincaillerie [kɛ̃kajri] — Haushaltswaren-
  papeterie [papɛtri] — Schreibwaren-

le sac/le sac (en plastic) — die Tasche/die (Plastik-)Tüte
le filet à provisions — das Einkaufsnetz
le panier — der Korb
le chariot — der Einkaufswagen
la bouteille ... — die Flasche ...
  de vin — Wein
  de jus — Saft
la boîte ... — die Schachtel ...
  d'allumettes — Streichhölzer
  de chocolats — Pralinen
la caisse ... — der Kasten ...
  de bière — Bier
  d'eau minérale — Mineralwasser
le tube ... — die Tube ...
  de moutarde — Senf
  de mayonnaise — Mayonnaise

vouloir — wollen, mögen, gerne haben
Je voudrais deux kilos de pommes de terre.
Ich hätte gerne zwei Kilo Kartoffeln.

désirer — wünschen
Désirez-vous autre chose?
Wünschen Sie sonst noch etwas?

choisir — aussuchen
Aide-moi à choisir une paire de chaussures!
Hilf mir, ein Paar Schuhe auszusuchen!

essayer — anprobieren
Voulez-vous essayer cette robe?
Möchten Sie das Kleid anprobieren?

prendre — nehmen
Je crois que je vais prendre ce tee-shirt plutôt que celui-là.
Ich glaube, ich nehme lieber dieses T-Shirt als jenes.

faire un paquet — einpacken
Il n'est pas utile de me faire un paquet pour ces livres.
Sie brauchen mir die Bücher nicht einzupacken.

faire un paquet-cadeau — als Geschenk einpacken
Je prends ce stylo. Pouvez-vous me faire un paquet-cadeau, s'il vous plaît?
Ich nehme diesen Füller. Können Sie ihn bitte als Geschenk einpacken?

7.1 Einkaufen

l'emballage *m*
Ne jette pas l'emballage!

le prix
Quel est le prix de ce foulard?
Tous les produits de ce magasin sont à des prix très intéressants.
J'ai eu ce manteau à moitié prix.

coûter
Combien coûte ce magnétoscope?

(la) pièce
− Combien coûtent les ananas?
− 12 francs pièce.

payer
J'ai payé ce livre 80 F.

passer à la caisse
Pour payer (régler), passez à la caisse, s'il vous plaît!

être cher, chère ⎫
coûter cher ⎭
Les tomates sont très chères en ce moment. (... coûtent très cher ...)

bon marché/meilleur marché
On ne peut pas dire que ce poisson soit bon marché.

les soldes *m* **(d'hiver/d'été)**

en solde ⎫
soldé,e ⎭
Je viens de trouver des chaussures en solde (soldées).

die Verpackung
Wirf die Verpackung nicht weg!

der Preis
Was kostet dieses (Hals-, Kopf-)Tuch?
In diesem Geschäft bekommt man alle Waren zu sehr günstigen Preisen.
Ich habe den Mantel zum halben Preis bekommen.

kosten
Wieviel kostet dieser Videorekorder?

das Stück
− Was kosten die Ananas?
− Das Stück 12 Francs.

bezahlen
Ich habe für dieses Buch 80 F bezahlt.

zur Kasse gehen
Gehen Sie zum Bezahlen bitte an die Kasse!

teuer sein

Tomaten sind zur Zeit sehr teuer.

billig/billiger
Man kann nicht sagen, daß dieser Fisch billig ist.

der (Winter-/Sommer-)Schlußverkauf

im Ausverkauf

Ich habe im Ausverkauf Schuhe gefunden.

● **Expressions**

le marché aux puces

par-dessus le marché
Il a prétendu par-dessus le marché qu'il n'en savait rien.

der Flohmarkt

obendrein
Obendrein hat er behauptet, er wisse nichts davon.

mettre à qn. le marché en main
Il m'a mis le marché en main: ou continuer à travailler mais avec une réduction de salaire ou perdre mon emploi.

jdn. vor die Alternative stellen
Er hat mich vor die Alternative gestellt: Bei gekürztem Gehalt weiterzuarbeiten oder die Stelle zu verlieren.

S. auch **Der Haushalt 6.2, Der Handel 19.3, Das Geld 20.1, Die Werbung 21.4.**

7.2 Kochen

la cuisine
Je préfère la cuisine italienne à la cuisine française.

das Kochen, die Küche
Ich ziehe die italienische Küche der französischen vor.

faire la cuisine
Il aime bien faire la cuisine le dimanche.

kochen
Sonntags kocht er gerne.

le cuisinier/la cuisinière
un cordon-bleu *fam.*

der Koch/die Köchin
eine ausgezeichnete Köchin, ein ausgezeichneter Koch

le repas
le plat
la spécialité
le livre de cuisine
la recette

die Mahlzeit, das Essen
das Gericht
die Spezialität
das Kochbuch
das Rezept

faire
Est-ce que tu as fait le café?

machen, zubereiten
Hast du Kaffee gemacht?

préparer qc./qc. à qn.
Je vais préparer le repas.
Je vous ai préparé quelques sandwichs.

Qu'est-ce que tu as préparé comme dessert?

etw./jdm. etw. zubereiten, machen
Ich bereite jetzt das Essen zu.
Ich habe euch einige Sandwiches gerichtet.
Was hast du zum Nachtisch gemacht?

faire cuire
Il faut faire cuire les carottes dans un peu d'eau.
Je ferai cuire les biftecks au dernier moment.

dünsten, braten
Man muß die Karotten in wenig Wasser dünsten.
Ich werde die Steaks im letzten Moment braten.

être cuit,e
Le riz sera cuit dans cinq minutes.

fertig sein, gar sein
Der Reis ist in 5 Minuten fertig.

7.2 Kochen

bouillir
L'eau bout. Mets, s'il te plaît, les pâtes dans la casserole!

kochen (Wasser)
Das Wasser kocht. Tue bitte die Nudeln in den Topf!

faire chauffer
J'ai oublié de faire chauffer la soupe.

erhitzen, heißmachen
Ich habe vergessen, die Suppe heißzumachen.

mettre à cuire
Est-ce que tu as mis les pommes de terre à cuire?

aufsetzen
Hast du die Kartoffeln aufgesetzt?

mettre au (dans le) four
J'ai mis le gâteau au (dans le) four.

in den Ofen schieben
Ich habe den Kuchen in den Ofen geschoben.

être prêt,e
A table! Le repas est prêt.

fertig sein
Zu Tisch! Das Essen ist fertig.

éplucher
Est-ce que tu as un couteau pour éplucher les pommes de terre (les légumes)?

schälen, putzen
Hast du ein Messer zum Kartoffelschälen (zum Gemüseputzen)?

remuer
Pour bien réussir cette sauce, il faut remuer constamment.

(um-)rühren
Damit die Soße gelingt, muß man ständig rühren.

mélanger
verser
Pour faire une pâte à crêpes, il faut bien mélanger les œufs avec la farine avant de verser le lait.

mischen, verrühren
hinzugießen
Um einen Crêpeteig zu machen, muß man die Eier und das Mehl gut verrühren, bevor man die Milch hinzugießt.

ajouter
Je vais ajouter une cuillerée d'huile.

hinzufügen
Ich füge jetzt noch einen Löffel Öl hinzu.

mettre
Est-ce que tu aimerais que je mette des olives dans la salade?

(hinzu-)tun
Möchtest du, daß ich Oliven in den Salat tue?

garnir
Le gâteau était garni de fruits.

belegen
Der Kuchen war mit Früchten belegt.

saler
Il lui arrive d'oublier de saler les plats.

salzen
Er/Sie vergißt manchmal, das Essen zu salzen.

sucrer
J'ai trop sucré mon café.

zuckern
Ich habe meinen Kaffee zu stark gezuckert.

Kochen 7.2

assaisonner
Cette salade est bien assaisonnée.

würzen, anmachen
Dieser Salat ist gut angemacht.

poivrer
Ce plat n'est bon que s'il est bien poivré.

pfeffern
Dieses Gericht schmeckt nur gut, wenn es stark gepfeffert ist.

goûter (à) qc.
Qui veut goûter (à) mes pâtisseries?

probieren, kosten
Wer möchte von meinem Gebäck probieren?

essayer
Est-ce que tu as déjà essayé cette recette?

ausprobieren
Hast du dieses Rezept schon ausprobiert?

les ingrédients *m*
Pour préparer ce gâteau, j'ai besoin des ingrédients suivants: 150 g de sucre, 200 g de beurre etc.

die Zutaten
Für diesen Kuchen brauche ich folgende Zutaten: 150 g Zucker, 200 g Butter usw.

la farine
la levure
le sucre
le sel
l'épice *f*
le poivre
les fines herbes *f*
les herbes de Provence
le persil [pεrsil]
la ciboulette
le vinaigre
l'oignon *m* [ɔɲɔ̃]

das Mehl
die Hefe
der Zucker
das Salz
das Gewürz
der Pfeffer
die Kräuter
die Kräuter der Provence
die Petersilie
der Schnittlauch
der Essig
die Zwiebel

● **Expressions**

On ne fait pas d'omelette sans casser des œufs.

Wo gehobelt wird, da fallen Späne.

mettre son grain de sel *fam.*
Il faut toujours qu'il mette son grain de sel.

seinen Senf dazugeben
Er muß immer seinen Senf dazugeben.

Occupe-toi de tes oignons! *fam.*

Kümmere dich um deine eigenen Angelegenheiten!

en rang d'oignons *fam.*

En gymnastique, les élèves devaient se ranger en rang d'oignons.

in einer Reihe, hintereinander
(der Größe nach)
Im Sport mußten sich die Schüler in einer Reihe aufstellen.

tourner au vinaigre
J'ai peur que cela tourne au vinaigre.

ein böses Ende nehmen
Ich fürchte, das wird noch ein böses Ende nehmen.

faire vinaigre *fam.*
Faites vinaigre!

sich beeilen
Beeilt euch!

S. auch **Der Haushalt 6.2.**

7.3 Die Ernährung, das Essen

la nourriture
Les gens dépensent, de nos jours, beaucoup d'argent pour la nourriture.

das Essen, die Nahrung
Die Leute geben heute viel Geld für Essen aus.

se nourrir de qc.
Elle ne se nourrit que de friandises.

sich von etw. ernähren
Sie ernährt sich nur von Süßigkeiten.

l'alimentation *f*
Je veille toujours à avoir une alimentation équilibrée.

die Ernährung
Ich achte immer auf eine ausgewogene Ernährung.

les aliments *m*
Où achètes-tu tes aliments?

die Lebensmittel
Wo kaufst du deine Lebensmittel ein?

alimentaire
En Alsace, il existe une importante industrie alimentaire.

Nahrungs-, Nahrungsmittel-
Im Elsaß gibt es eine bedeutende Nahrungsmittelindustrie.

le régime
Il faut absolument que je fasse un régime.

die Diät
Ich muß unbedingt eine Diät machen.

le repas
Ce repas était délicieux.

die Mahlzeit, das Essen
Das Essen war köstlich.

le petit déjeuner
Au petit déjeuner, il y avait du café au lait et des croissants.

das Frühstück
Zum Frühstück gab es Milchkaffee und Hörnchen.

le déjeuner
Le déjeuner aura lieu à midi.

das Mittagessen
Das Mittagessen findet um 12 Uhr statt.

déjeuner
Il déjeune habituellement à la cantine.

zu Mittag essen
Er ißt für gewöhnlich in der Kantine zu Mittag.

Die Ernährung, das Essen **7.3**

le dîner \
le repas du soir ∫ \
Le dîner (Le repas du soir) est prévu à 20 h.

das Abendessen \
Das Abendessen ist für 20 h vorgesehen.

dîner \
Nous sommes invités ce soir à dîner.

zu Abend essen \
Wir sind heute abend zum Essen eingeladen.

le goûter \
Au goûter, les enfants ont eu du cacao et des tartines. \
Est-ce que tu emportes un goûter à l'école?

die Vesper, das Vesperbrot \
Zur Vesper bekamen die Kinder Kakao und Butterbrote. \
Nimmst du ein Vesperbrot mit in die Schule?

la boisson \
Il faut encore que j'aille acheter des boissons.

das Getränk \
Ich muß noch Getränke einkaufen gehen.

boire \
Nous buvons de l'eau minérale au repas du soir. \
Qu'est-ce que je vous offre à boire?

trinken \
Zum Abendessen trinken wir Mineralwasser. \
Was kann ich Ihnen zum Trinken anbieten?

avoir faim \
Il a toujours très faim en rentrant de l'école.

Hunger haben \
Wenn er aus der Schule kommt, hat er immer großen Hunger.

avoir soif \
Qui a soif?

Durst haben \
Wer hat Durst?

manger ... \
  froid \
  de bon appétit \
  à la va-vite \
  à la maison

... essen \
  kalt \
  mit gutem Appetit \
  (zu) schnell \
  zu Hause

avoir envie de manger/de boire \
J'ai parfois envie de manger une tarte aux pommes.

auf etw. Lust haben \
Manchmal habe ich Lust auf einen Apfelkuchen.

aimer \
Je n'aime les spaghetti qu'avec de la sauce tomate et du gruyère râpé.

gerne essen/trinken, mögen \
Ich mag Spaghetti nur mit Tomatensoße und geriebenem Schweizer Käse.

préférer \
Avec le poisson, je préfère les pommes de terre aux pâtes.

lieber essen/trinken \
Zu Fisch esse ich lieber Kartoffeln als Nudeln.

7.3 Die Ernährung, das Essen

se servir
Servez-vous pendant que c'est bien chaud!

sich bedienen, zugreifen
Greifen Sie zu, solange das Essen heiß ist!

bon, bonne
C'est très bon.
Cette soupe de poisson sent bon.

gut
Das schmeckt sehr gut.
Diese Fischsuppe riecht gut.

mauvais,e
Ce vin n'est pas mauvais du tout.

schlecht
Dieser Wein ist gar nicht so schlecht.

délicieux,se
Le lapin a été délicieux.

köstlich, ausgezeichnet
Der Hase war köstlich.

gras, grasse
Ce pâté est beaucoup trop gras.

fett
Diese Pastete ist viel zu fett.

lourd,e
Ce repas était lourd.

schwer
Das Essen war schwer.

léger, légère
C'est un plat léger.

leicht
Das ist ein leichtes Gericht.

fade
Cette sauce me paraît bien fade.

geschmacklos
Diese Soße kommt mir recht geschmacklos vor.

épicé,e
Il aime les soupes bien épicées.

würzig, gewürzt
Er ißt gerne stark gewürzte Suppen.

amer, amère [amɛr]
Ce café est amer.

bitter
Dieser Kaffee ist bitter.

doux, douce
Le muscat est un vin doux.

süß (in bezug auf Wein, Früchte usw.)
Der Muskateller ist ein Süßwein.

sucré,e
Je trouve cette confiture trop sucrée.

süß
Ich finde diese Marmelade zu süß.

sec, sèche
Le Riesling d'Alsace est un vin sec.

trocken
Der Elsässer Riesling ist ein trockener Wein.

le café
le thé
la tisane
l'eau *f* **minérale**
le jus de fruit
le vin
le cidre
la bière
l'apéritif *m*

der Kaffee
der (Schwarz-)Tee
der Kräutertee
das Mineralwasser
der Fruchtsaft
der Wein
der Apfelwein, der Most
das Bier
der Aperitif

Die Ernährung, das Essen **7.3**

un verre de jus d'orange	ein Glas Orangensaft
une carafe d'eau	eine Karaffe Wasser
un bol de café au lait	eine (große) Tasse Milchkaffee
un gobelet de lait	ein Becher Milch
un pichet de vin	ein Krug Wein

le pain	das Brot
le pain complet	das Vollkornbrot
le petit pain	das Brötchen
la baguette	das (Stangen-)Weißbrot, das Baguette

la tranche de pain	die Scheibe Brot
le sandwich	das Sandwich
la tartine (beurrée)	das Butterbrot
le croissant	das Hörnchen
le gâteau, pl.~x	der Kuchen
la tarte (aux fruits/aux pommes/aux prunes)	der (Obst-/Apfel-/Pflaumen-)Kuchen
la crêpe	die Crêpe
les pâtes f	die Teigwaren
les spaghettis m	die Spaghetti

la friandise	die Leckerei
les sucreries f	die Süßigkeiten
le biscuit	der Keks
le chocolat/une tablette de chocolat	die Schokolade/eine Tafel Schokolade
les chocolats m	die Pralinen
la glace	das Eis

le lait	die Milch
le beurre	die Butter
la margarine	die Margarine
le fromage	der Käse
le gruyère	der Schweizer Käse
la crème fraîche	die Sahne, der Sauerrahm
le yaourt [jaurt]	der Yoghurt
l'œuf m [œf], pl. œufs [ø]	das Ei

les matières grasses f

Ce fromage contient 55% de matières grasses.

das Fett

Dieser Käse enthält 55% Fett.

la graisse

La consommation de certaines graisses peut augmenter le taux de cholestérol du sang.

das Fett

Der Genuß bestimmter Fette kann den Cholesterinspiegel im Blut erhöhen.

7.3 Die Ernährung, das Essen

la viande	das Fleisch
le bœuf	das Rindfleisch
le veau	das Kalbfleisch
l'agneau *m*	das Lammfleisch
le porc	das Schweinefleisch
le gibier	das Wild
le lapin	das Kaninchen
le canard	die Ente
le poulet	das Hähnchen
l'escalope *f*	das Schnitzel
la côtelette	das Kotelett
le bifteck	das Beefsteak
le filet	das Filet
le rôti	der Braten
la charcuterie	die Wurstwaren, der Aufschnitt
la saucisse	die Wurst (zum Heißmachen)
la saucisse sèche / le saucisson	die luftgetrocknete Wurst, Salami
le pâté	die Pastete
l'escargot *m*	die Schnecke
le poisson	der Fisch
la truite	die Forelle
le saumon	der Lachs
la sole [sɔl]	die Seezunge
le riz	der Reis
le légume	das Gemüse
la pomme de terre	die Kartoffel
la carotte	die Mohrrübe
le haricot vert	die Bohne
le chou	der Kohl
le chou-fleur	der Blumenkohl
le chou de Bruxelles	der Rosenkohl
le petit pois	die Erbse
l'aubergine *f*	die Aubergine
la courgette	die Zucchini
l'asperge *f*	der Spargel
le concombre	die Gurke
le cornichon	die Essiggurke
le champignon	der Pilz
le champignon de Paris	der Champignon
la salade	der Salat
le fruit/les fruits	die Frucht/die Früchte, das Obst
la pomme	der Apfel
la poire	die Birne
la pêche	der Pfirsich
la prune	die Pflaume

	Im Restaurant **7.4**
la cerise	die **Kirsche**
la fraise	die **Erdbeere**
la framboise	die **Himbeere**
la groseille	die **Johannisbeere**
le cassis [kasis]	die **schwarze Johannisbeere**
le raisin	die **Traube**
l'orange *f*	die **Orange**
le citron	die **Zitrone**

● **Expressions**

fin comme du gros sel *fam.*
Tu sais bien qu'il est fin comme du gros sel.

plump, schwer von Begriff
Du weißt genau, daß er schwer von Begriff ist.

être (devenir) rouge comme une tomate
Quand il a dit ça, elle est devenue rouge comme une tomate.

(vor Scham, aus Verlegenheit) rot sein, werden
Als er das sagte, wurde sie ganz rot.

couper la poire en deux
Je propose que nous coupions la poire en deux.

einen Kompromiß schließen
Ich schlage vor, wir schließen einen Kompromiß.

raconter des salades *fam.*
Ne l'écoute pas! Il ne raconte que des salades.

Unsinn, dummes Zeug reden
Hör nicht auf ihn! Er redet nur Unsinn.

Va te faire cuire un œuf! *fam.*

Verschwinde!

tomber dans les pommes *fam.*
Quand il a vu du sang, il est tombé dans les pommes.

in Ohnmacht fallen
Als er das Blut sah, fiel er in Ohnmacht.

ramener sa fraise *fam.*
Ne ramène pas toujours ta fraise!

sich wichtig nehmen, sich aufspielen
Spiel dich nicht immer so auf!

S. auch **Die fünf Sinne 1.3, Die Krankheit, die Gesundheit 4.2, Die Landwirtschaft 19.5.**

7.4 Im Restaurant

le restaurant
Est-ce que tu connais un bon restaurant italien?

das Restaurant
Kennst du ein gutes italienisches Restaurant?

7.4 Im Restaurant

aller ...	... gehen
au restaurant	ins Restaurant
dans un fast-food	in einen Schnellimbiß
dans un self-service	in ein Restaurant mit Selbstbedienung
le salon de thé	das Café (mit Konditorwaren)
le café	die Gaststätte (oft nur Bier-, Wein-, Kaffee-Bar)
le bistro(t)	das Bistro
la brasserie	die Gaststätte
le patron/la patronne	der Wirt/die ~in
le garçon	der Kellner, der Ober
la serveuse	die Kellnerin
la carte	die Speisekarte
la carte des vins	die Weinkarte
le plat ...	das Gericht, der Gang
du jour	das Tagesgericht
garni	das Tellergericht
le potage (du jour)	die (Tages-)Suppe
la soupe de poisson/à l'oignon	die Fisch-/Zwiebelsuppe
la garniture, par ex.:	die Beilagen, z.B.:
des (pommes) frites f/des pâtes/du riz/des légumes	Pommes Frites/Teigwaren/Reis/Gemüse

le menu — das Menü

Le menu peut se composer: — Das Menü kann bestehen aus ...

- **d'un hors-d'œuvre ou d'une entrée** — **einer kalten oder warmen Vorspeise**
  crudités f — Rohkostsalat
  charcuterie f — Aufschnitt
  feuilleté m — (gefülltes) Blätterteiggebäck
  escargots m etc. — Schnecken usw.
- **d'un plat principal** (un poisson ou une viande) — **einem Hauptgericht** (Fisch oder Fleisch)
  sole f — Seezunge
  truite f (bleue ou meunière) — Forelle (blau oder Müllerin)
  bifteck m (saignant/à point/bien cuit) — Beefsteak (nicht durchgebraten/medium/durchgebraten)
  escalope f de veau etc. — Kalbschnitzel usw.
- **d'un plateau de fromages** — **Käse (nach Wahl)**
- **d'un dessert** — **einem Nachtisch**
  glace f — Eis
  mousse f au chocolat — Schokoladencreme
  tarte f maison — hausgemachter Kuchen

Im Restaurant 7.4

réserver
– Nous avons reservé une table.
– A quel nom, s'il vous plaît?
– Au nom de Marceau.

reservieren, bestellen
– Wir haben einen Tisch bestellt.
– Auf welchen Namen, bitte?
– Auf den Namen Marceau.

recommander
proposer
Je vous recommande (propose) aujourd'hui le canard.

empfehlen, vorschlagen

Ich empfehle Ihnen heute die Ente.

prendre
Je vais prendre une escalope avec des petits pois.

nehmen
Ich nehme ein Schnitzel mit Erbsen.

la note
l'addition f
Garçon, l'addition (la note), s'il vous plaît!

die Rechnung

Herr Ober, die Rechnung bitte!

Service compris.

Bedienung inbegriffen.

le pourboire
Le pourboire est libre.

das Trinkgeld
Das Trinkgeld ist freiwillig.

S. auch **Das Geld 20.1**.

8.1 Freundschaft, Bekanntschaft

l'amitié f
se lier d'amitié

Ils se sont liés d'amitié en jouant au tennis.

l'ami/l'amie
Christophe est l'ami de ma sœur.

être ami(e)s
Nous sommes ami(e)s depuis longtemps.

se faire des amis
Il a beaucoup de peine à se faire des amis.

amical,e;aux
J'ai été très touché par ce geste amical.

la connaissance
Ce sont de vieilles connaissances à nous.

faire la connaissance de qn.
J'ai fait sa connaissance à Chamonix.

présenter
J'aimerais te présenter …
   mon/ma camarade de classe

   mon copain/ma copine
   mon correspondant/
   ma correspondante
   mon compagnon/ma compagne

la liaison
Ces deux-là ont sûrement une liaison.

le rendez-vous
Nous avons (pris) rendez-vous au Café de la Paix à 4 h.

die Freundschaft
Freundschaft schließen, sich anfreunden
Sie haben beim Tennisspielen Freundschaft geschlossen.

der Freund/die ~in
Christof ist der Freund meiner Schwester.

befreundet sein
Wir sind seit langem befreundet.

sich mit jdm. anfreunden
Es fällt ihm sehr schwer, sich mit jemandem anzufreunden.

freundschaftlich
Diese freundschaftliche Geste hat mich sehr berührt.

der/die Bekannte
Das sind alte Bekannte von uns.

jds. Bekanntschaft machen
Ich habe seine/ihre Bekanntschaft in Chamonix gemacht.

vorstellen
Ich möchte dir gerne … vorstellen.
   meinen Klassenkameraden/
   meine Klassenkameradin
   meinen Freund/meine ~in
   meinen Austauschpartner/
   meine ~in
   meinen Lebensgefährten/
   meine Lebensgefährtin

das Verhältnis
Die beiden haben sicher ein Verhältnis miteinander.

die Verabredung
Wir haben um 4 Uhr im Café de la Paix eine Verabredung.

Freundschaft, Bekanntschaft **8.1**

se donner rendez-vous
On pourrait se donner rendez-vous à 5 h.

sich verabreden
Wir könnten uns auf 5 Uhr verabreden.

(se) rencontrer
Où vous êtes-vous rencontrés?
Je ne l'ai plus jamais rencontré/e.

(sich) begegnen
Wo seid ihr euch begegnet?
Ich bin ihm/ihr nie mehr begegnet.

le contact
Les élèves ont de bons contacts avec leurs correspondants.

der Kontakt
Die Schüler haben mit ihren Brieffreunden guten Kontakt.

l'invitation f
l'invité/l'invitée
l'hôte/l'hôtesse

die Einladung
der Gast
der Gast; der Gastgeber/die Gastgeberin

la chambre d'amis

das Gästezimmer

inviter qn. à faire qc.
Nous vous inviterions volontiers à dîner. Seriez-vous libre samedi prochain?

jdn. zu etw. einladen, auffordern
Wir würden Sie gerne zum Essen einladen. Hätten Sie am nächsten Samstag Zeit?

aller voir qn.
Je suis allé voir mon oncle et ma tante la semaine dernière.

jdn. besuchen
Letzte Woche habe ich meinen Onkel und meine Tante besucht.

passer voir qn.
venir voir qn.
Quand passez-vous (venez-vous) nous voir?

jdn. besuchen

Wann besuchen Sie uns?

rendre visite à qn.
Nous nous proposons depuis un moment déjà de rendre visite à nos amis de Rouen.

jdm. einen Besuch abstatten
Wir haben uns schon seit langem vorgenommen, unseren Freunden in Rouen einen Besuch abzustatten.

s'entendre bien/mal avec qn.

Je me suis bien/mal entendu avec elle.

sich gut/schlecht mit jdm. verstehen
Ich habe mich gut/schlecht mit ihr verstanden.

avoir de la sympathie pour qn.
éprouver de la sympathie pour qn.
Je n'ai (Je n'éprouve) aucune sympathie pour cet homme.

für jdn. Sympathie empfinden

Ich empfinde keinerlei Sympathie für diesen Menschen.

avoir confiance en qn.
J'ai toute confiance en lui.

zu jdm. Vertrauen haben
Ich habe volles Vertrauen zu ihm.

la dispute
Cette dispute a marqué la fin de notre amitié.

der Streit
Dieser Streit bedeutete das Ende unserer Freundschaft.

se disputer
Est-ce que vous pourriez cesser de vous disputer?

sich streiten
Könntet ihr aufhören, euch zu streiten?

se brouiller
Ils se sont brouillés à cause d'une fille.

sich verkrachen
Sie haben sich wegen einem Mädchen verkracht.

en vouloir à qn.
Est-ce que tu m'en veux?

jdm. böse sein
Bist du mir böse?

être fâché,e avec qn.
Ils sont fâchés avec leurs voisins depuis cet incident.

mit jdm. verkracht sein
Seit diesem Vorfall sind sie mit ihren Nachbarn verkracht.

accepter
Nous acceptons très volontiers votre invitation.

annehmen
Wir nehmen Ihre Einladung sehr gerne an.

refuser
Pour quelle raison as-tu refusé leur aide?

ablehnen
Aus welchem Grund hast du ihre Hilfe abgelehnt?

offrir qc. à qn.
Que t'a offert ton amie pour ton anniversaire?

jdm. etw. schenken
Was hat dir deine Freundin zum Geburtstag geschenkt?

prêter qc. à qn.
Je te prête ce livre, si tu veux.

jdm. etw. leihen
Wenn du willst, leihe ich dir dieses Buch.

emprunter qc. à qn.
Est-ce que je peux t'emprunter cette cassette?

etw. von jdm. ausleihen
Kann ich mir diese Kassette von dir ausleihen?

● **Expression**

Les amis de mes amis sont aussi mes amis.

Die Freunde meiner Freunde sind auch meine Freunde.

S. auch **Die Gefühle 1.5, Zwischenmenschliche Beziehungen 2.5, Die Entwicklung der Person 2.7, Briefe schreiben 9.2, Telefonieren, Faxen 9.3**.

8.2 Lachen, scherzen, spotten

rire
Les enfants aiment rire.

lachen
Kinder lachen gerne.

8.2 Lachen, scherzen, spotten

ridicule
C'est une histoire complètement ridicule.

lächerlich
Das ist eine ganz und gar lächerliche Geschichte.

tourner en ridicule
Est-ce que tu ne pourrais pas t'empêcher de tout tourner en ridicule?

ins Lächerliche ziehen
Könntest du nicht aufhören, alles ins Lächerliche zu ziehen?

sourire
Elle lui a souri en le saluant.

(zu-)lächeln
Als sie ihn grüßte, lächelte sie ihm zu.

le sourire
Elle a toujours le sourire à la bouche.

das Lächeln
Sie hat immer ein Lächeln auf den Lippen.

rigoler *fam.*
On a bien rigolé.
Il n'y a pas de quoi rigoler.

sich amüsieren, spaßen
Wir haben uns köstlich amüsiert.
Es gibt keinen Grund zum Spaßen.

la plaisanterie
Elle était toujours prête à faire des plaisanteries.

der Witz, der Scherz
Sie war immer zu Scherzen aufgelegt.

l'histoire *f* drôle
la blague *fam.*
Il est capable de raconter des histoires drôles (des blagues) pendant des heures.

der Witz
Er kann stundenlang Witze erzählen.

plaisanter
blaguer *fam.*
– Tu plaisantes (Tu blagues), n'est-ce pas?
– Non, c'est vrai.

Witze machen, scherzen
– Du machst wohl einen Witz?
– Nein, das ist wahr.

le plaisantin
le blagueur *fam.*
Ne prends pas au sérieux ce qu'il dit! C'est un plaisantin (un blagueur).

der Spaßvogel
Nimm nicht ernst, was er sagt! Das ist ein Spaßvogel.

l'humour *m*
Il n'a aucun sens de l'humour.

der Humor
Er hat keinen Sinn für Humor.

humoristique
La plupart des illustrés comportent une page humoristique.

humoristisch, Witz-
Die meisten Illustrierten haben eine Witzseite.

la caricature
Sur la première page du Figaro, on trouve toujours une caricature politique.

die Karikatur
Auf der ersten Seite des Figaro ist immer eine politische Karikatur.

amusant,e
drôle

unterhaltend, lustig
lustig, drollig

le tour
Philippe a joué un petit tour à son copain.

der Streich
Philipp hat seinem Freund einen kleinen Streich gespielt.

la moquerie
Ses moqueries sont difficiles à supporter.

der Spott, die Ironie
Sein/Ihr Spott ist schwer zu ertragen.

se moquer de qn.

Il ne cesse de se moquer de ses semblables.

über jdn. spotten, sich über jdn. lustig machen
Er macht sich ständig über seine Mitmenschen lustig.

moqueur, se
Elle est très moqueuse.

ironisch, spöttisch
Sie ist sehr spöttisch.

● **Expressions**

éclater de rire
Ils ont tous éclaté de rire.

laut auflachen
Alle lachten laut auf.

rire comme une baleine *fam.*

Elle a ri comme une baleine quand je lui ai raconté cette histoire.

schallend lachen; sich kugeln, sich biegen vor Lachen
Als ich ihr die Geschichte erzählte, kugelte sie sich vor Lachen.

rire jaune
Quand je lui ai annoncé ça, il a ri jaune.

gezwungen, verlegen lachen
Als ich ihm das ankündigte, hat er nur verlegen gelacht.

Tu vas finir par rire jaune.
Je te préviens que si tu continues, tu vas finir par rire jaune.

Das Lachen wird dir vergehen.
Ich warne dich; wenn du so weitermachst, wird dir das Lachen noch vergehen.

S. auch **Der Charakter, das Temperament 2.3, Die zwischenmenschlichen Beziehungen 2.5.**

8.3 Ferien, Reisen

les vacances *f*
J'ai joué au ping-pong tous les jours pendant les vacances.
Nous partirons en vacances d'été/d'hiver dans une semaine.

die Ferien
In den Ferien habe ich jeden Tag Tischtennis gespielt.
In einer Woche fahren wir in die Sommer-/Winterferien.

Ferien, Reisen **8.3**

aller en vacances ⎫
passer ses vacances ⎭

Ferien machen

Ils passent leurs vacances ...
    à la montagne
    à la mer (au bord de la mer)
    au bord de la Méditerranée
    à l'Océan (atlantique)
    à la campagne
    à l'étranger
    sur les bords de la Loire
    en Bretagne
    dans le Midi
    sur la Côte d'Azur
    à Paris

Sie machen Ferien ...
    im Gebirge
    am Meer
    am Mittelmeer
    am Atlantik
    auf dem Land
    im Ausland
    an der Loire
    in der Bretagne
    in Südfrankreich
    an der Côte d'Azur
    in Paris

les congés *m*
Il ne prend qu'une partie de ses congés en été.

der Urlaub
Er nimmt im Sommer nur einen Teil seines Urlaubs.

voyager
Elle aime voyager.

reisen
Sie reist gerne.

le voyage
Ils ont fait (effectué) un voyage au Japon l'an dernier.
Elle est partie en voyage deux semaines.
Ils ont participé à un voyage organisé par la Maison des Jeunes.

J'emporte toujours de quoi lire en voyage.
Pendant mon voyage en Irlande, j'ai tenu un journal.
Il a toujours des projets de voyages plein la tête.

die Reise
Sie haben letztes Jahr eine Reise nach Japan gemacht.
Sie ist für zwei Wochen verreist.
Sie haben an einer Reise teilgenommen, die vom Jugendzentrum organisiert wurde.
Ich nehme immer etwas zum Lesen auf die Reise mit.
Auf meiner Irlandreise habe ich Tagebuch geführt.
Er hat immer den Kopf voller Reisepläne.

le séjour
A Pâques, nous avons fait un séjour d'une semaine à Paris.

der Aufenthalt, der Urlaub
An Ostern haben wir eine Woche Urlaub in Paris gemacht.

le tour
J'aimerais bien faire le tour du monde.

die Reise, die Fahrt
Ich würde gerne eine Reise um die Welt machen.

la sortie
Notre classe fait chaque année une sortie.

der Ausflug
Unsere Klasse macht jedes Jahr einen Ausflug.

8.3 Ferien, Reisen

la frontière
Où est-ce que tu passeras la frontière?

die Grenze
Wo gehst du über die Grenze?

la douane
le douanier
déclarer
– Avez-vous été arrêtés à la douane?
– Oui, le douanier nous a demandé si nous avions quelque chose à déclarer.

der Zoll
der Zollbeamte, der Zöllner
verzollen
– Wurdet ihr am Zoll angehalten?
– Ja, der Zöllner fragte uns, ob wir etwas zu verzollen hätten.

le contrôle des passeports
Le contrôle des passeports à l'intérieur des Etats de l'Union européenne est devenu rare.

die Paßkontrolle
Paßkontrollen innerhalb der EU-Staaten sind selten geworden.

l'échange *m* **scolaire**
Tous les élèves de troisième participent cette année à l'échange scolaire.

der Schüleraustausch
Alle Schüler der Troisième nehmen dieses Jahr am Schüleraustausch teil.

le touriste
En juillet et en août, les touristes envahissent la Côte d'Azur.

der Tourist
Im Juli und August überschwemmen die Touristen die Côte d'Azur.

le tourisme
Dans cette belle région, il n'y a pratiquement pas de tourisme.

der Tourismus
In dieser schönen Gegend gibt es praktisch keinen Tourismus.

touristique
Voici une région touristique que les Français aiment particulièrement.

Ferien-, touristisch
Das ist eine Feriengegend, die die Franzosen besonders lieben.

l'agence *f* **de voyages**
Il faudra que je passe à l'agence de voyages me renseigner.

das Reisebüro
Ich muß ins Reisebüro gehen, um mich zu informieren.

le syndicat d'initiative
l'office *m* **du tourisme**
Adressez-vous plutôt au syndicat d'initiative/à l'office du tourisme!

das Verkehrsamt
die Touristeninformation
Wenden Sie sich doch lieber an das Verkehrsamt/an die Touristeninformation!

le prospectus [prɔspɛktys]
la documentation
Pourriez-vous m'envoyer un prospectus/une documentation sur le festival, s.v.pl.?

der Prospekt
die Unterlagen
Könnten Sie mir bitte einen Prospekt/Unterlagen über die Festspiele zusenden?

réserver
Ne t'inquiète pas! J'ai fait réserver nos places.

reservieren
Mach dir keine Sorgen! Ich habe Plätze reservieren lassen.

Ferien, Reisen 8.3

prendre/annuler une réservation
Elle a pris/Elle a annulé la réservation par téléphone.

eine Buchung vornehmen/annullieren
Sie hat die Buchung telefonisch vorgenommen/annulliert.

les préparatifs *m* **de voyage**
Je fais toujours mes préparatifs de voyage au dernier moment.

die Reisevorbereitungen
Ich treffe meine Reisevorbereitungen immer im letzten Moment.

faire ses valises
Quand comptes-tu faire tes valises?

(Koffer) packen
Wann gedenkst du zu packen?

vider ses valises
Si tu veux, je t'aide à vider tes valises.

(Koffer) auspacken
Wenn du möchtest, helfe ich dir beim Auspacken.

coucher
passer la nuit
Nous avons couché (passé la nuit) à l'hôtel.

übernachten
Wir haben im Hotel übernachtet.

loger
Ils ont logé ...
   chez des amis
   chez l'habitant
   à la ferme

wohnen
Sie wohnten ...
   bei Freunden
   in der (Gast-)Familie
   auf dem Bauernhof

héberger
Nous avons été hébergés ...
   dans un foyer d'étudiants
   dans une auberge de jeunesse

unterbringen
Wir waren ... untergebracht.
   in einem Studentenheim
   in einer Jugendherberge

louer
Nous avons loué ...
   un appartement de vacances
   un chalet

mieten
Wir haben ... gemietet.
   eine Ferienwohnung
   ein Ferienhaus in den Bergen

faire du camping
camper
J'ai fait du camping (J'ai campé) plusieurs années de suite en Savoie.

zelten
Ich habe mehrere Jahre hintereinander in Savoyen gezeltet.

la colonie de vacances
Au mois d'août, il ira en colonie de vacances.

das Ferienlager
Im August geht er in ein Ferienlager.

l'itinéraire *m*
L'itinéraire n'est pas encore fixé dans le détail.

die Reiseroute
Die Reiseroute ist im Detail noch nicht festgelegt.

le but [by], [byt]
Ils sont partis vers le sud sans but précis.

das Reiseziel
Sie sind ohne bestimmtes Reiseziel in den Süden gefahren.

la station ...
  de sports d'hiver
  balnéaire
  climatique
la ville d'eaux

der Wintersportort
der Badeort (am Meer)
der Höhenkurort
der Badekurort

faire l'attrait *m* **de**
Qu'est-ce qui fait l'attrait de la Bourgogne?

(als Reiseland) attraktiv machen
Was macht Burgund (als Reiseland) so attraktiv?

la curiosité
La plupart des curiosités de cette ville datent du XVIe siècle.

die Sehenswürdigkeit
Die meisten Sehenswürdigkeiten dieser Stadt stammen aus dem 16. Jahrhundert.

visiter qc.
Au cours de notre voyage, nous avons également visité Brest.

etw. besichtigen, besuchen
Auf unserer Reise haben wir auch Brest besichtigt.

découvrir qc.
Ce séjour vous permettra de découvrir l'art roman bourguignon.

etw. kennenlernen, entdecken
Dieser Aufenthalt gibt Ihnen die Möglichkeit, die romanische Kunst Burgunds kennenzulernen.

connaître qc./qn.
Pour bien connaître une région, il est utile d'avoir des contacts avec les habitants.

etw./jdn. kennenlernen
Um eine Gegend richtig kennenzulernen, ist es gut, mit den Einwohnern Kontakt zu haben.

apprendre à connaître qc./qn.
J'ai appris à connaître les coutumes des Espagnols en vivant deux ans dans leur pays.

etw./jdn. kennenlernen
Ich habe die Sitten der Spanier kennengelernt, als ich zwei Jahre im Land gewohnt habe.

se distraire
Il y a mille et une façons de se distraire pendant les vacances.

sich zerstreuen
Es gibt tausend Möglichkeiten, sich in den Ferien zu zerstreuen.

élargir son horizon *m*
Chaque voyage vous donne l'occasion d'élargir votre horizon.

seinen Horizont erweitern
Jede Reise gibt einem die Möglichkeit, seinen Horizont zu erweitern.

le préjugé
Montaigne était persuadé que les voyages délivraient l'homme de ses préjugés.

das Vorurteil
Montaigne war überzeugt, daß Reisen den Menschen von seinen Vorurteilen befreit.

● **Expressions**

Les voyages forment la jeunesse.   Reisen bildet.

Ça vaut le voyage.

Est-ce que tu connais Stonehenge dans le sud de l'Angleterre? Je t'assure que ça vaut le voyage.

Qui veut voyager loin, ménage sa monture.

N'exagère pas dans ton travail! Qui veut voyager loin, ménage sa monture!

Das ist eine Reise wert. Das ist sehenswert.

Kennst du Stonehenge in Südengland? Ich versichere dir: Das ist eine Reise wert!

Wer weiterkommen will, muß mit seinen Kräften haushalten. (Wörtlich: Wer weit reisen will, schont sein Reittier.)

Übertreib nicht mit deiner Arbeit! Wer weiterkommen will, muß mit seinen Kräften haushalten.

S. auch **Die Entwicklung der Person 2.7, Freizeit, Hobbies 10.1, Kapitel 12, Geographie 16.1, Die Währung 20.2.**

8.4 Feste, Feierlichkeiten

la fête

la Fête Nationale
les fêtes (de fin d'année)
le jour de fête
le jour férié

fêter
Le 14 juillet, les Français fêtent la prise de la Bastille en 1789.
Ils ont fêté leur mariage dans une auberge de campagne.

célébrer
L'Allemagne a célébré sa réunification le 3 octobre 1990.

l'anniversaire *m*
Bon anniversaire!

– Quand est-ce que tu fêtes ton anniversaire?
– C'est aujourd'hui mon anniversaire.
– Bon anniversaire, donc!

le baptême [batɛm]
Le nouveau-né est porté, pendant son baptême, par son parrain ou sa marraine.

das Fest, der Feiertag, der Namenstag

der Nationalfeiertag
die Festtage zum Jahresende
der Festtag
der gesetzliche Feiertag

feiern
Am 14. Juli feiern die Franzosen den Sturm auf die Bastille von 1789.
Sie haben ihre Hochzeit in einem Landgasthaus gefeiert.

feiern
Deutschland feierte seine Wiedervereinigung am 3. Oktober 1990.

der Geburtstag, der Jahrestag
Herzlichen Glückwunsch zum Geburtstag!

– Wann hast du Geburtstag?

– Ich habe heute Geburtstag.
– Also dann, herzlichen Glückwünsch!

die Taufe
Während der Taufe wird das Neugeborene von seinem Paten oder seiner Patin gehalten.

8.4 Feste, Feierlichkeiten

Noël *m*
- Qu'est-ce que vous faites à Noël?
- A Noël, nous ne bougerons pas de la maison.

Weihnachten
- Was macht ihr an Weihnachten?
- An Weihnachten bleiben wir zu Hause.

Joyeux Noël!
Je vous souhaite un joyeux Noël et une bonne année.

Fröhliche Weihnachten!
Ich wünsche Ihnen ein frohes Weihnachtsfest und alles Gute zum Neuen Jahr.

le Père Noël
Les enfants croient volontiers au Père Noël.

der Weihnachtsmann
Kinder glauben gerne an den Weihnachtsmann.

l'arbre *m* **de Noël**
décorer
Les enfants ont décoré l'arbre de Noël avec des boules, des guirlandes, des étoiles et des bougies.

der Weihnachtsbaum
schmücken
Die Kinder haben den Weihnachtsbaum mit Kugeln, Girlanden, Sternen und Kerzen geschmückt.

la bûche de Noël
C'est ma tante Berthe qui faisait la meilleure bûche de Noël.

der Weihnachtskuchen
Meine Tante Bertha machte den besten Weihnachtskuchen.

la crèche
les santons *m*
Les figurines de la crèche s'appellent en français «santons». Ce sont …
    l'Enfant Jésus
    Marie et Joseph
    les rois Mages
    les anges *m*
    les bergers *m*
    les moutons *m*
    le bœuf
    l'âne *m* etc.

die Krippe
die Krippenfiguren
Die Krippenfiguren heißen im Französischen „santons". Es sind dies:
    das Jesuskind
    Maria und Josef
    die Heiligen Drei Könige
    die Engel
    die Hirten
    die Schafe
    der Ochse
    der Esel usw.

le réveillon de Noël
le réveillon du jour de l'An
On passe généralement le réveillon de Noël en famille.

das Weihnachtsfest(essen)
das Neujahrsfest(essen)
Das Weihnachtsfest findet im allgemeinen im Kreise der Familie statt.

la Saint-Sylvestre
le feu d'artifice
Les Allemands fêtent la Saint-Sylvestre en faisant des feux d'artifice.

Silvester
das Feuerwerk
Die Deutschen feiern Silvester mit einem Feuerwerk.

le jour de l'An
présenter ses vœux à qn.
Au jour de l'An, chacun présente ses vœux à ses proches et à ses amis.

der Neujahrstag
jdm. alles Gute wünschen
Am Neujahrstag wünscht jeder seinen Angehörigen und Freunden alles Gute.

Feste, Feierlichkeiten 8.4

la nouvelle année ⎫
le nouvel An ⎭
Je vous présente tous mes vœux de bonheur (de santé, de succès) pour la nouvelle année.

J'ai reçu une invitation pour la réception de nouvel An du maire.

Bonne année!

la galette des Rois (gâteau dans lequel est caché un petit objet appelé «fève»)

Celui ou celle qui trouve la fève dans sa part de galette, est déclaré(e) roi ou reine et reçoit une couronne en papier doré.

Pâques *m*
Chez nous, les cerisiers fleurissent déjà à Pâques.

la Pentecôte
la Toussaint
Nous aurons la visite de nos cousins de Reims à la Pentecôte/à la Toussaint.

le carnaval
le mardi-gras
le défilé du carnaval ⎫
le défilé de chars ⎭
la bataille de fleurs
le confetti
le masque
le costume (de carnaval)
se costumer
se déguiser
le bal
la soirée dansante

la cérémonie
assister à qc.
J'ai assisté l'année dernière aux cérémonies du 14 juillet sur les Champs-Elysées.

les félicitations *f*
Je voudrais vous adresser mes félicitations.

das Neue Jahr

Ich wünsche Ihnen zum Neuen Jahr viel Glück (eine gute Gesundheit, viel Erfolg).

Ich habe eine Einladung zum Neujahrsempfang des Bürgermeisters erhalten.

Alles Gute zum Neuen Jahr!

der Dreikönigskuchen (ein Kuchen, in dem ein kleiner Gegenstand, die „fève", versteckt ist)

Wer die "fève" in seinem Kuchenstück findet, wird zum König oder zur Königin erklärt und erhält eine goldene Papierkrone.

Ostern
An Ostern blühen bei uns schon die Kirschbäume.

Pfingsten
Allerheiligen
An Pfingsten/An Allerheiligen bekommen wir von unseren Verwandten aus Reims Besuch.

der Karneval, der Fasching
der Faschingsdienstag
der Faschingsumzug

der Blumenkorso
das Konfetti
die Maske
das (Faschings-)Kostüm
sich kostümieren, sich verkleiden
sich verkleiden
der Ball
der Tanzabend

die Feier(lichkeit)
an etw. teilnehmen
Letztes Jahr habe ich an den Feierlichkeiten zum 14. Juli auf den Champs-Elysées teilgenommen.

die Glückwünsche
Ich möchte Ihnen meine Glückwünsche aussprechen.

8.4 Feste, Feierlichkeiten

féliciter qn. pour qc.
Je te félicite pour ton examen réussi.

jdm. zu etw. gratulieren
Ich gratuliere dir zu deinem bestandenen Examen.

● **Expression**

Ça va être ta fête! *fam.*
Si tu n'arrêtes pas, ça va être ta fête!

Du kannst was erleben!
Wenn du nicht aufhörst, kannst du was erleben!

S. auch **Die Familie 4.1, Der Tod, die Beerdigung 4.4, Briefe schreiben 9.2, Das Datum 14.4, Das Jahr, der Monat, die Woche, der Tag 14.5.**

9.1 Schreiben

écrire
Qu'est-ce que tu es en train d'écrire là?

rédiger
Est-ce que c'est toi qui as rédigé ce texte?

remplir
signer
J'ai rempli le formulaire; tu n'as plus qu'à le signer.

le journal (intime)
Est-ce que tu tiens un journal (intime)?

la machine à écrire
l'ordinateur m
le clavier
la souris
la mémoire
l'écran m
l'imprimante f

taper (à la machine)

Est-ce que tu sais taper à la machine?

mettre sur (l')ordinateur
sortir sur (l')imprimante
J'ai mis mon exposé sur (l')ordinateur et il ne me reste plus qu'à le sortir maintenant sur (l')imprimante.

la disquette
mettre sur disquette
Sur quelle disquette as-tu mis ton rapport?

classer
Où as-tu classé cette facture?

le classeur
par ordre alphabétique
Mes classeurs sont rangés par ordre alphabétique sur l'étagère.

schreiben
Was schreibst du da?

abfassen, schreiben
Hast du diesen Text geschrieben?

ausfüllen
unterschreiben
Ich habe das Formular ausgefüllt; du mußt es nur noch unterschreiben.

das Tagebuch
Führst du ein Tagebuch?

die Schreibmaschine
der Computer
die Tastatur
die Maus
der Speicher
der Bildschirm
der Drucker, der Printer

(mit der) Schreibmaschine schreiben, tippen
Kannst du Schreibmaschine schreiben?

in den Computer eintippen
ausdrucken
Ich habe mein Referat in den Computer eingetippt und muß es jetzt nur noch ausdrucken.

die Diskette
auf Diskette speichern
Auf welcher Diskette hast du deinen Bericht gespeichert?

ablegen, abheften
Wo hast du die Rechnung abgeheftet?

der (Akten-)Ordner
in alphabetischer Reihenfolge
Meine Ordner stehen in alphabetischer Reihenfolge im Regal.

9.2 Briefe schreiben, die Post

la papeterie	das Schreibwarengeschäft
le bureau	das Büro; der Schreibtisch
la feuille de papier	das Blatt Papier
le formulaire	das Formular
le dossier	die Akte, der Vorgang
la chemise	der Aktendeckel
le fichier	die Kartei
la fiche	die Karteikarte
la photocopie	die Fotokopie
l'agrafe *f*	die Büroklammer
la colle	der Kleber
le scotch	der Klebestreifen, der Tesafilm

● Expression

C'était écrit!
Es sollte so sein. Das war wohl nicht zu ändern.

Ne vous faites pas de reproches! C'était écrit!
Macht euch keine Vorwürfe! Es sollte so sein.

S. auch **Die Schule 17.1, Kapitel 27.**

9.2 Briefe schreiben, die Post

la lettre
envoyer
J'ai envoyé déjà deux lettres à mon correspondant, mais il ne m'a pas encore répondu.

der Brief
schicken, senden
Ich habe meinem Briefpartner schon zwei Briefe geschickt, aber er hat mir noch nicht geantwortet.

le petit mot
Il nous a laissé un petit mot en partant.

die kurze Nachricht
Er hat uns vor seiner Abreise eine kurze Nachricht hinterlassen.

écrire à qn.
Tu n'oublieras pas de nous écrire, j'espère!

jdm. schreiben
Du vergißt hoffentlich nicht, uns zu schreiben!

mettre à la boîte (aux lettres)
En rentrant à la maison, je vais mettre les lettres à la boîte.

in den Briefkasten einwerfen
Ich werde die Briefe auf dem Nachhauseweg in den Briefkasten einwerfen.

Briefe schreiben, die Post

poster
Tu peux poster cette lettre à la gare.

aufgeben, einwerfen
Du kannst den Brief am Bahnhof einwerfen.

recevoir
Jusqu'à présent, je n'ai pas reçu de réponse à ma réclamation.

erhalten
Bis heute habe ich noch keine Antwort auf meine Reklamation erhalten.

ci-joint
Vous trouverez ci-joint le prospectus demandé.

beiliegend, in der Anlage
Beiliegend erhalten Sie den erbetenen Prospekt.

envoyer en recommandé
Je vous enverrai ces documents en recommandé.

per Einschreiben schicken
Ich werde Ihnen die Dokumente per Einschreiben schicken.

la poste	die Post, das Postamt
le guichet	der Schalter
postal,e;aux	Post-
la carte postale	die Postkarte, die Ansichtskarte
l'envoi *m* postal	die Postsendung
le facteur/la factrice	der Briefträger/die ~in
la lettre recommandée	das Einschreiben
le courrier	die Post (Briefe, Postkarten usw.)
le message	die Nachricht
l'imprimé *m*	die Drucksache
le paquet	das Päckchen
le colis	das Paket
l'enveloppe *f*	der Briefumschlag
le timbre(-poste)	die Briefmarke
le distributeur de timbres	der Briefmarkenautomat
le cachet	der Poststempel
le correspondant/la correspondante	der Briefpartner/die ~in
la correspondance	der Briefwechsel
le/la destinataire	der Empfänger/die ~in
l'expéditeur/l'expéditrice	der Absender/die ~in

l'adresse *f*, par ex.:

Monsieur Pierre Meunier
32, rue Voltaire
F-67000 Strasbourg

die Adresse, z. B.:
Herrn
Pierre Meunier
Voltairestr. 32
F-67000 Straßburg

à l'attention de
poste restante

zu Händen von
postlagernd

le lieu et la date, par ex.:
Paris, le 17 avril 1998

Ort und Datum, z. B.:
Paris, (den) 17.4.1998

9.2 Briefe schreiben, die Post

En début de lettre, on peut rencontrer les expressions suivantes: | Am Briefanfang können folgende Wendungen vorkommen:

Mesdames, Messieurs,	Sehr geehrte Damen und Herren,
Madame,[1] Monsieur,[1]	Sehr geehrte Frau ..., Sehr geehrter Herr ...,
Chère Madame,[1] Cher Monsieur,[1]	Liebe Frau ..., Lieber Herr ...,
Chers amis, Chère Sylvie,	Liebe Freunde, Liebe Sylvie,

En fin de lettre, on peut rencontrer les expressions suivantes: | Am Briefende können folgende Wendungen vorkommen:

Amitiés Bien amicalement Affectueuses pensées Bien affectueusement Je vous embrasse tous bien fort.	Mit herzlichen Grüßen Herzlichst
Je vous prie d'agréer l'expression de mes salutations distinguées.	Mit freundlichen Grüßen
Dans l'attente de votre réponse, je vous prie de croire à l'expression de mes sentiments les meilleurs.	In Erwartung Ihrer Antwort verbleibe ich mit freundlichen Grüßen
Je vous remercie à l'avance et vous prie de croire à l'expression de mes sentiments les meilleurs.	Ich danke Ihnen im voraus und verbleibe mit freundlichen Grüßen.
Je me réjouis à l'idée de vous revoir bientôt et vous adresse mon meilleur souvenir.	Ich freue mich auf unser baldiges Wiedersehen und verbleibe mit freundlichen Grüßen.
Je vous souhaite un prompt rétablissement.	Ich wünsche Ihnen baldige Genesung.
Bonne continuation!	**Alles Gute für die Zukunft!**

embrasser qn.
Embrasse Michèle de ma part!

jdn. grüßen
Grüße Michèle von mir!

rappeler qn. au bon souvenir de qn.
Je te prie de me rappeler au bon souvenir de tes parents.

jdn. herzlich grüßen
Grüße bitte herzlich Deine Eltern von mir.

transmettre bien des choses à qn.
Simone me charge de vous transmettre bien des choses.

jdm. herzliche Grüße bestellen
Simone bittet mich, Ihnen herzliche Grüße von ihr zu bestellen.

[1] Im Französischen steht die Anrede ohne Namen, im Deutschen mit Namen. Nach dem Komma wird im Französischen groß weitergeschrieben.

S. auch **Die zwischenmenschlichen Beziehungen 2.5, Freundschaft, Bekanntschaft 8.1, Das Geschäftsleben 19.1.**

9.3 Telefonieren, Faxen

le téléphone
sonner
décrocher
raccrocher
Le téléphone sonne. Va décrocher, s'il te plaît!
Il était furieux et a raccroché.

das Telefon
klingeln, läuten
(den Hörer) abnehmen
(den Hörer) auflegen
Das Telefon läutet. Nimm bitte ab!
Er war wütend und hat aufgelegt.

par téléphone
Je vous communiquerai cette information par téléphone.

telefonisch
Ich werde Ihnen die Nachricht telefonisch durchgeben.

téléphoner à qn.
Je viens de téléphoner à Françoise.

mit jdm. telefonieren
Ich habe soeben mit Françoise telefoniert.

appeler qn.
rappeler qn.
Raymond t'a appelé cet après-midi. Il te demande de le rappeler vers 20 h.

jdn. anrufen
jdn. zurückrufen
Raymond hat heute nachmittag angerufen. Er bittet dich, ihn um 20 h zurückzurufen.

Ne quittez pas!

Bleiben Sie am Apparat! Einen Moment bitte!

passer
Ne quittez pas, je vous passe Monsieur Dubois.

verbinden, übergeben
Einen Moment bitte, ich verbinde Sie mit Herrn Dubois.

le numéro de téléphone
l'annuaire *m*
Il faut que je cherche le numéro dans l'annuaire.

die Telefonnummer
das Telefonbuch
Ich muß die Nummer im Telefonbuch nachsehen.

joindre qn.
contacter qn.
A quel numéro puis-je vous joindre (contacter)?

jdn. erreichen
Unter welcher Nummer kann ich Sie erreichen?

composer (faire) le numéro
Excusez-moi! J'ai composé (fait) un mauvais numéro.

die Nummer wählen
Entschuldigen Sie bitte! Ich habe eine falsche Nummer gewählt.

9.3 Telefonieren, Faxen

se tromper de numéro
Je me suis trompé de numéro.

sich verwählen
Ich habe mich verwählt.

l'indicatif *m*
L'indicatif pour appeler la France est le 0033.

die Vorwahl(nummer)
Die Vorwahl für Frankreich ist 0033.

le coup de fil *fam.*
passer un coup de fil à qn.
Dès mon arrivée, je te passerai un coup de fil.

der Anruf
jdn. anrufen
Gleich nach meiner Ankunft werde ich dich anrufen.

l'appel *m* **(téléphonique)**
Je ne peux pas quitter le bureau. J'attends un appel (téléphonique) de New York.

der Anruf
Ich kann das Büro nicht verlassen. Ich erwarte einen Anruf aus New York.

le répondeur (téléphonique)
le message (téléphonique)
Quand je suis rentré, j'ai trouvé dix messages sur mon répondeur.

der (Telefon-)Anrufbeantworter
der Anruf, die Nachricht
Als ich nach Hause kam, waren zehn Anrufe auf dem Anrufbeantworter.

la cabine téléphonique

Y-a-t-il une cabine téléphonique par ici?

das Telefonhäuschen, die Telefonzelle
Ist hier in der Nähe ein Telefonhäuschen?

la carte de téléphone
De cette cabine, on ne peut téléphoner qu'avec une carte de téléphone.

die Telefonkarte
Von dieser Telefonzelle kann man nur mit einer (Telefon-)Karte telefonieren.

les renseignements *m* **téléphoniques**
Quel est le numéro des renseignements téléphoniques?

die Telefonauskunft

Unter welcher Nummer erreiche ich die Telefonauskunft?

la communication
La communication n'a pas duré plus de 5 minutes.

die Verbindung, das Gespräch
Das Gespräch hat nicht länger als 5 Minuten gedauert.

la ligne
occupé,e
La ligne est occupée. (Ça sonne occupé.)

die Leitung, der Anschluß
besetzt
Die Leitung ist besetzt.

donner le bonjour à qn.
Donne le bonjour à Mireille de ma part!

jdm. Grüße bestellen
Bestelle Mireille Grüße von mir!

Telefonieren, Faxen 9.3

Exemples de dialogues au téléphone *Beispiele für Dialoge am Telefon*

– Allô! Oui! J'écoute. – C'est Jean (à l'appareil). Bonjour Madame[1]. Pourrais-je parler à Françoise, s'il vous plaît? – Pardon, qui est à l'appareil? – C'est Jean, un ami de Françoise. – Un instant, je vous prie!	– Hallo! – Hier ist Jean. Guten Tag, Frau Laroche[1]. Könnte ich bitte mit Françoise sprechen? – Wer ist bitte am Apparat? – Jean, ein Freund von Françoise. – Einen Augenblick bitte!
– C'est de la part de Madame Meunier. Pourriez-vous me passer Madame Perrier, s'il vous plaît? – Ne quittez pas, s'il vous plaît!	– Hier spricht Frau Meunier. Könnten Sie mich bitte mit Frau Perrier verbinden? – Bleiben Sie bitte am Apparat!
– Qui demandez-vous? – J'aimerais parler à Monsieur Quinson, s'il vous plaît. – C'est lui-même.	– Wen möchten Sie sprechen? – Ich würde gerne mit Herrn Quinson sprechen. – Am Apparat.
– Est-ce que je pourrais parler à Camille, s'il vous plaît? – Non, malheureusement pas. Ma sœur n'est pas là. Est-ce que vous voulez lui laisser un message?	– Kann ich bitte mit Camille sprechen? – Leider nicht. Meine Schwester ist nicht da. Möchten Sie eine Nachricht für sie hinterlassen?

le télécopieur
Est-ce que vous avez un télécopieur?

das Faxgerät
Haben Sie ein Faxgerät?

le fax
la télécopie
A quelle heure as-tu envoyé/reçu le fax (la télécopie)?

das Fax(schreiben)
Um wieviel Uhr hast du das Fax geschickt/erhalten?

par fax
Vous pouvez nous joindre par fax.

per Fax
Sie können uns per Fax erreichen.

faxer
Je vais vous faxer cet article.

(durch-)faxen
Ich werde Ihnen den Artikel durchfaxen.

S. auch **Die zwischenmenschlichen Beziehungen 2.5, Freundschaft, Bekanntschaft 8.1, Das Geschäftsleben 19.1.**

---

[1] Zur unterschiedlichen Form der Anrede im Französischen und im Deutschen s. Anmerkung S. 106.

10.1 Freizeit, Hobbies

le temps libre
Chacun organise son temps libre comme il l'entend.

die Freizeit
Jeder gestaltet seine Freizeit, wie er will.

le passe-temps

favori, te
La photographie est son passe-temps favori.

das Hobby, die Freizeitbeschäftigung
Lieblings-, bevorzugt
Fotografieren ist sein/ihr bevorzugtes Hobby.

les loisirs *m*
le temps de loisirs
Nous avons de plus en plus de (temps de) loisirs.

die Freizeit
Wir haben immer mehr Freizeit.

l'activité de loisirs
Les activités de loisirs prennent de plus en plus de place dans notre vie.

die Freizeitbeschäftigung
Freizeitbeschäftigungen nehmen immer mehr Raum in unserem Leben ein.

être libre
Serais-tu libre cet après-midi pour m'accompagner en ville?

Zeit haben
Hättest du heute nachmittag Zeit, mich in die Stadt zu begleiten?

passer son temps à faire qc.
Il passe son temps à faire des mots croisés.

seine Zeit mit etw. verbringen
Er verbringt seine Zeit damit, Kreuzworträtsel zu lösen.

se passionner pour qc.
Elle se passionne pour les échecs.

sich für etw. begeistern
Sie begeistert sich für das Schachspiel.

être un passionné de qc.

C'est un passionné de cinéma.

ein leidenschaftlicher Anhänger von etw. sein
Er ist leidenschaftlicher Kinogänger.

aller ...
   à la piscine
   se baigner
   nager

... gehen
   ins Schwimmbad
   baden
   schwimmen

plonger

Il est interdit de plonger de ces rochers.

J'ai plongé à 60 mètres (de profondeur)

(kopfüber ins Wasser) springen, tauchen
Es ist verboten, von diesen Felsen zu springen.
Ich bin 60 Meter tief getaucht.

se faire bronzer
Il n'est pas bon de se faire bronzer trop longtemps.

sich bräunen, sich sonnen
Es ist nicht gut, sich zu lange zu sonnen.

Freizeit, Hobbies 10.1

faire ...
  du sport
  du vélo
  de la randonnée
  du bricolage
  de la couture
  des mots croisés

Sport treiben
  Fahrrad fahren
  wandern
  basteln
  nähen
  Kreuzworträtsel lösen

jouer ...
  au football
  au ping-pong
  du piano
  à cache-cache
  aux cartes *f*
  aux échecs *m*
  au scrabble
  aux jeux *m* électroniques
  au train électrique

... spielen
  Fußball
  Tischtennis
  Klavier
  Versteck
  Karten
  Schach
  Scrabble
  am Computer
  mit der elektrischen Eisenbahn

collectionner
Cela fait des années déjà qu'il collectionne les autocollants.

sammeln
Er sammelt schon seit Jahren Aufkleber.

bricoler
Tout petit, il aimait déjà bricoler.

basteln
Er hat schon als kleines Kind gerne gebastelt.

dessiner
Elle dessine à longueur de journées.

zeichnen
Sie zeichnet tagelang.

marcher
Hier, nous avons marché pendant quatre heures en forêt.

wandern
Gestern sind wir vier Stunden im Wald gewandert.

aller se promener
Nous sommes allés nous promener au bord de la rivière.

spazierengehen
Wir sind am Fluß spazierengegangen.

tricoter
Elle tricote toujours en regardant la télé.

stricken
Beim Fernsehen strickt sie immer.

● **Expression**

envoyer qn. promener *fam.*

jdn. zum Teufel schicken, wegschicken

Il voulait me vendre une revue, mais je l'ai envoyé promener.
Er wollte mir eine Zeitschrift verkaufen. Ich habe ihn jedoch zum Teufel geschickt.

S. auch **Ferien, Reisen 8.3, Die Zeit 14.2, Kapitel 22.**

10.2 Die Gartenarbeit

le jardinage
Le jardinage constitue pour moi une détente après ma journée de travail.

die Gartenarbeit
Gartenarbeit stellt für mich nach Feierabend eine Entspannung dar.

le jardin
Il a passé tout son samedi à travailler au (dans le) jardin.

der Garten
Er hat den ganzen Samstag im Garten gearbeitet.

jardiner
Elle aime jardiner.

im Garten arbeiten
Sie arbeitet gerne im Garten.

le jardinier/la jardinière
le potager
le verger
la serre
la planche
la plante
la graine
le gazon
la pelouse
la tondeuse
le puits
le tuyau d'arrosage
le râteau, *pl.* **~x**
la bêche
la pelle
la pioche
la brouette

der Gärtner/die ~in
der Gemüsegarten
der Obstgarten
das Gewächshaus
das Beet
die Pflanze
der Samen
der Rasen

der Rasenmäher
der Brunnen
der Gartenschlauch
die Harke
der Spaten
die Schaufel
die Hacke
die Schubkarre

planter
J'ai planté mes géraniums la semaine dernière.

(an)pflanzen
Ich habe letzte Woche meine Geranien gepflanzt.

bêcher
Il faut que je bêche la planche de légumes.

umgraben
Ich muß das Gemüsebeet umgraben.

semer
Chez nous, il ne faut pas semer le persil avant le mois d'avril.

säen
Petersilie soll man bei uns nicht vor April säen.

arroser
Par cette chaleur, il faut arroser les fleurs tous les jours.

gießen
Bei dieser Hitze muß man die Blumen jeden Tag gießen.

cueillir ...
  des fleurs *f*
  des fruits *m*
  des légumes *m*

Blumen pflücken
Obst pflücken, ernten
Gemüse ernten

tailler ...
  les arbres *m*
  les arbustes *m*

... schneiden
  die Bäume
  die Sträucher

tondre
J'ai tondu le gazon (la pelouse) hier.

mähen
Ich habe gestern den Rasen gemäht.

ramasser
Je vais aller ramasser les pommes tombées de l'arbre.

auflesen, einsammeln
Ich gehe jetzt die Äpfel auflesen, die vom Baum heruntergefallen sind.

arracher les mauvaises herbes
Il a passé des heures à arracher les mauvaises herbes.

Unkraut jäten
Er hat stundenlang Unkraut gejätet.

ratisser
Il faut encore que je ratisse les feuilles mortes.

(zusammen-)harken
Ich muß noch das Laub zusammenharken.

● **Expressions**

planter là qn. *fam.*

jdn. im Stich lassen, jdn. sitzen lassen

Il a filé à l'étranger et les a plantés là avec les dettes.

Er setzte sich ins Ausland ab und ließ sie mit den Schulden sitzen.

Ça s'arrose!

Das müssen wir begießen.

S. auch **Die Pflanzen 15.2, Die Landwirtschaft 19.5.**

10.3 Fotografieren, Filmen

la photo(graphie)
prendre (faire) une photo
J'ai pris (J'ai fait) des photos de cette statue sous tous les angles.

das Foto, die Aufnahme
ein Foto, eine Aufnahme machen
Ich habe von dieser Statue Aufnahmen von allen Seiten gemacht.

prendre qn./qc. en photo
Mets-toi là, s'il te plaît, j'aimerais te prendre en photo à côté de cette fontaine.

von jdm./etw. ein Foto machen
Stell dich bitte dahin, ich möchte gerne ein Foto von dir neben dem Brunnen machen.

10.3 Fotografieren, Filmen

photographier
Elle aime bien photographier les enfants.

fotografieren
Sie fotografiert gerne Kinder.

l'appareil *m* **photo**
Je me suis acheté un nouvel appareil photo.

der Fotoapparat
Ich habe mir einen neuen Fotoapparat gekauft.

photo(graphique)
le matériel photo
Est-ce que tu emportes tout ton matériel photo en vacances?

Foto-
die Fotoausrüstung
Nimmst du deine ganze Fotoausrüstung mit in Urlaub?

le/la photographe
C'est un photographe très célèbre.

der Fotograf/die ~in
Er ist ein sehr berühmter Fotograf.

la pellicule
Est-ce que vous voulez une pellicule (en) noir et blanc ou (en) couleur?

der Film
Möchten Sie einen Schwarzweißfilm oder einen Farbfilm?

développer
Elle développe ses pellicules elle-même.

entwickeln
Sie entwickelt ihre Filme selbst.

le film
tourner
Cousteau a tourné ses films dans toutes les mers du monde.

der Film
drehen
Cousteau hat seine Filme in allen Meeren der Welt gedreht.

le négatif
le tirage
J'ai fait faire des tirages de tous les négatifs.

das Negativ
der Abzug
Ich habe von allen Negativen Abzüge machen lassen.

la diapo(sitive)
projeter (des diapos)
Hier soir, il nous a projeté ses diapos sur Hong-Kong.

das Dia(positiv)
(Dias) **vorführen, projizieren**
Gestern abend hat er uns seine Dias von Hong-Kong vorgeführt.

le projecteur
l'écran *m*
la caméra
le caméscope
le magnétoscope
la cassette vidéo

der Projektor
die Leinwand
die Filmkamera
die Videokamera
der Videorekorder
die Videokassette

S. auch **Das Kino 22.5.**

10.4 Der Sport

le sport
– Quels sports pratiques-tu?
– Je joue au volley(ball) et je fais du cheval.

der Sport
– Was für Sport treibst du?
– Ich spiele Volleyball und reite.

sportif, ve
la manifestation sportive
Plus de six mille spectateurs ont assisté à cette manifestation sportive.

Sport-, sportlich
die Sportveranstaltung
Mehr als 6000 Zuschauer haben die Sportveranstaltung besucht.

le sportif/la sportive
Il n'a jamais été un sportif de haut niveau.

der Sportler/die ~in
Er war nie ein Spitzensportler.

le terrain de sport
le stade
la tribune

der Sportplatz
das Stadion
die Tribüne

le club [klœb] **de ...**
  sport
  tennis
Cela fait dix ans que je suis membre du club de tennis.

der Sportverein
der Tennisklub
Seit zehn Jahren bin ich Mitglied im Tennisklub.

le court de tennis
la raquette de tennis
le terrain de golf
le club [klœb]

der Tennisplatz
der Tennisschläger
der Golfplatz
der Golfschläger

faire ...
  du cheval
  du cyclisme
  de l'alpinisme *m*
  de l'escalade *f*
  de la natation
  de la plongée
  de la voile
  de la planche à voile
  du ski
  du patinage
  de la luge
  du tir
  du deltaplane
  du parapente
  du planeur

reiten
Radsport betreiben
bergsteigen
klettern
schwimmen
tauchen
segeln
windsurfen
Ski fahren
Schlittschuh laufen
Schlitten fahren
schießen
mit dem Drachensegler ⎫
mit dem Gleitschirm ⎬ **fliegen**
mit dem Segelflugzeug ⎭

10.4 Der Sport

jouer[1] ...	**... spielen**
au football/handball/basketball	Fußball/Handball/Basketball
au volleyball/squash/rugby [rygbi]	Volleyball/Squash/Rugby
au ping-pong (au tennis de table)	Ping-pong (Tischtennis)
au tennis/golf	Tennis/Golf
pratiquer[1] ...	
l'équitation *f*	reiten
l'aviron *m*	rudern
la boxe	boxen
la lutte	ringen
l'escrime *f*	fechten
l'haltérophilie *f*	Gewichtheben betreiben
l'athlétisme *m*	**die Leichtathletik**
la course ...	
de sprint [sprint]	der Kurzstreckenlauf
de fond	der Langstreckenlauf
le saut ...	
en longueur	der Weitsprung
en hauteur	der Hochsprung
à la perche	der Stabhochsprung
le lancer ...	
du poids	das Kugelstoßen
du javelot	das Speerwerfen
du disque	das Diskuswerfen
le ski alpin / le ski de fond	**der Abfahrtslauf / der Langlauf**
la piste de descente	**die Abfahrtspiste**
le saut à skis	**das Skispringen**
le bobsleigh [bɔbslɛ(g)]	**das Bobfahren, der Bob**
la patinoire	**die Eisbahn**
courir	**laufen**
Elle court sur 100 et 200 mètres.	Sie läuft 100 und 200 Meter.
sauter	**springen**
Est-ce que tu as déjà sauté plus d'un mètre cinquante en hauteur/plus de cinq mètres en longueur?	Bist du schon höher als 1,50 m/weiter als 5 m gesprungen?
lancer	**werfen**
Je n'ai jamais réussi à lancer le disque à plus de 40 m.	Ich habe es nie geschafft, den Diskus weiter als 40 m zu werfen.
le joueur/la joueuse	**der Spieler/die ~in**
l'équipe *f*	**die Mannschaft**
Il est certainement le meilleur joueur de notre équipe.	Er ist sicher der beste Spieler in unserer Mannschaft.

1 Die unter *jouer* und *pratiquer* aufgeführten Wörter können auch zusammen mit *faire* benutzt werden, z.B.: *faire du football/de l'équitation* usw.

Der Sport 10.4

l'athlète *m/f*	der Athlet/die ~in
le concurrent/la concurrente	der Wettkämpfer/die ~in
l'arbitre *m/f*	der Schiedsrichter/die ~in
l'entraîneur* *m*	der Trainer
l'entraînement *m*	das Training

(s')entraîner — **trainieren**
Monsieur Dubois entraîne l'équipe féminine de handball.
Herr Dubois trainiert die Damenhandballmannschaft.
L'équipe de foot s'entraîne tous les vendredis soir.
Die Fußballmannschaft trainiert jeden Freitag abend.

la compétition — **der Wettkampf**
Bien qu'elle soit enrhumée, elle participera à la compétition.
Obwohl sie erkältet ist, wird sie am Wettkampf teilnehmen.

le match [matʃ]	das Spiel, der Wettkampf
le(s) championnat(s) ...	die ...Meisterschaft(en)
du monde	Welt-
de France	französische(n)
le champion du monde	der Weltmeister
les Jeux *m* olympiques	die Olympischen Spiele
l'épreuve *f* de sport	der (einzelne) Wettkampf
la discipline sportive	die sportliche Disziplin

le but [by(t)]	das Tor
le gardien de but	der Torwart

la mi-temps — **die Halbzeit**
marquer un but — **ein Tor schießen**
Ils n'ont marqué aucun but pendant la première mi-temps.
In der ersten Halbzeit wurde kein Tor geschossen.

la gymnastique	die Gymnastik, das Turnen
le/la gymnaste	der Turner/die ~in

l'exercice *m* — **die Übung**
Elle se maintient en forme en faisant quelques exercices de gymnastique tous les matins.
Sie hält sich in Form, indem sie jeden Morgen einige Gymnastikübungen macht.

le jogging }
le footing } — das Joggen
le parcours de santé — **der Trimm-dich-Pfad**

remporter la victoire }
l'emporter } — **siegen, gewinnen**
Nous avons remporté la victoire par trois à deux. (Nous l'avons emporté par trois à deux.)
Wir haben 3:2 gewonnen.

---

* Zur weiblichen Form s. Vorwort S. XV.

10.4 Der Sport

être premier/deuxième/dernier
erster/zweiter/letzter sein

la défaite
C'est la première défaite subie par l'équipe depuis le début de la saison.

die Niederlage
Das ist die erste Niederlage, die die Mannschaft seit Anfang der Saison erlitten hat.

gagner
Sébastien a gagné tous ses matchs de squash.

gewinnen
Sebastian hat im Squash alle seine Spiele gewonnen.

perdre
Il a perdu cinq matchs de suite.

verlieren
Er hat fünf Spiele hintereinander verloren.

faire match nul
Nantes et Monaco ont fait match nul 2 à 2.

unentschieden spielen
Nantes und Monaco haben 2:2 unentschieden gespielt.

le score
Est-ce que tu as fait un bon score en tir?

die Punktzahl, das Ergebnis
Hast du im Schießen eine gute Punktzahl erreicht?

... un record
   établir
   battre

einen Rekord ...
   aufstellen
   brechen

le dopage
le doping

das Doping

le contrôle anti-doping
On a effectué un contrôle anti-doping sur les cinq premiers concurrents.

die Dopingkontrolle
Die ersten fünf Wettkämpfer wurden einer Dopingkontrolle unterzogen.

● **Expressions**

«Rien ne sert de courir, il faut partir à point.» (La Fontaine)

Blinder Eifer schadet nur.

Tu peux toujours courir! *fam.*

Du kannst lange warten. Du kannst mir gestohlen bleiben.

Si tu crois que je vais faire tes quatre volontés, tu peux toujours courir!

Wenn du glaubst, daß ich auf alle deine Wünsche eingehe, kannst du lange warten.

courir deux lièvres à la fois

zwei Dinge auf einmal tun, zweigleisig fahren

Il est toujours risqué de courir deux lièvres à la fois.

Es ist immer riskant, zweigleisig zu fahren.

S. auch **Freizeit, Hobbies 10.1**.

11.1 Die Stadt

la ville
La vie en ville présente, comme la vie à la campagne, des avantages et des inconvénients.

die Stadt
Das Leben in der Stadt bietet, wie das Leben auf dem Lande, Vor- und Nachteile.

la ville ...
  industrielle
  touristique
  universitaire
  nouvelle
  de province

die Industriestadt
die Touristenstadt
die Universitätsstadt
die Trabantenstadt
die Provinzstadt

la capitale
– Quelle est la capitale régionale de l'Aquitaine?
– Bordeaux.

die Hauptstadt
– Wie heißt die Hauptstadt der Region Aquitaine?
– Bordeaux.

la métropole
Lyon fait partie des métropoles européennes.

die Großstadt
Lyon gehört zu den europäischen Großstädten.

l'agglomération f
L'agglomération parisienne est devenue gigantesque.

der Ballungsraum, Groß-
Groß-Paris ist gigantisch geworden.

la cité ...
  -dortoir
  universitaire
  de banlieue
la périphérie
les abords m

die Stadt, das Wohngebiet
die Schlafstadt
die Studentenwohnsiedlung
die Vorstadt
der Stadtrand
das (Stadt-)Randgebiet

le maire*
Il existe peu de villes ayant pour maire une femme.

der Bürgermeister
Es gibt wenige Städte, die eine Frau zum Bürgermeister haben.

la mairie
La mairie ferme à 16 heures.

das Rathaus
Das Rathaus schließt um 16 Uhr.

l'hôtel m **de ville**
L'ancien hôtel de ville n'est utilisé que lors de réceptions officielles.

das Rathaus
Das alte Rathaus wird nur noch bei offiziellen Empfängen benutzt.

la municipalité
La municipalité vient d'inaugurer un nouveau gymnase.

die Stadt(verwaltung)
Die Stadt hat kürzlich eine neue Turnhalle eingeweiht.

* Zur weiblichen Form s. Vorwort S. XV.

11.1 Die Stadt

municipal, e; aux
le conseil municipal
Le maire préside le conseil municipal.

la commune
Il n'y a plus d'école dans notre petite commune.

la préfecture
Il faut que vous alliez vous renseigner à la préfecture.

l'aménagement *m* **urbain**
La municipalité a investi des millions dans l'aménagement urbain.

l'exode *m* **urbain**
L'exode urbain est souvent synonyme de travail dans une grande ville et d'habitat à la campagne.

l'habitant/l'habitante
Nice compte presque 400.000 habitants.

le citadin/la citadine
Le week-end, les citadins se précipitent à la campagne.

aller ...
  à Lyon
  en ville
  au centre-ville

habiter (à)
Depuis quand habitez-vous (à) Chambéry?

s'installer
s'établir
Après la guerre, ils se sont installés (établis) à Avignon.

se promener
Hier après-midi, nous nous sommes promenés dans la ville (dans Paris).

faire du lèche-vitrines

Nous n'avons rien dépensé; nous nous sommes contentés de faire du lèche-vitrines.

städtisch, Stadt-
der Stadtrat
Der Bürgermeister führt im Stadtrat den Vorsitz.

die Gemeinde
In unserer kleinen Gemeinde gibt es keine Schule mehr.

die Präfektur, das Landratsamt
Sie müssen sich auf der Präfektur erkundigen.

die Infrastruktur der Stadt
Die Stadt hat Millionen in die Infrastruktur investiert.

die Stadtflucht
Die Stadtflucht ist oft gleichbedeutend mit Arbeit in einer großen Stadt und Wohnen auf dem Land.

der Einwohner/die ~in
Nizza hat beinahe 400.000 Einwohner.

der Städter/die ~in
Am Wochenende strömen die Städter aufs Land.

... gehen, fahren
  nach Lyon
  in die Stadt
  in die Innenstadt

wohnen
Seit wann wohnen Sie in Chambéry?

sich niederlassen

Nach dem Krieg haben sie sich in Avignon niedergelassen.

spazierengehen
Gestern nachmittag sind wir in der Stadt (in Paris) spazierengegangen.

einen Schaufensterbummel machen
Wir haben nichts ausgegeben; wir haben nur einen Schaufensterbummel gemacht.

Die Stadt 11.1

le plan de la ville	der Stadtplan
le centre	das Zentrum
la zone piétonne	die Fußgängerzone
la place du marché	der Marktplatz
la rue commerçante	die Geschäftsstraße
l'avenue *f*	die Allee
le boulevard	der Boulevard
le quartier ...	das Viertel
commerçant	das Geschäftsviertel
résidentiel	das Wohngebiet
la vieille ville	die Altstadt
la zone industrielle	das Industriegebiet
le parc	der Park
le square [skwar]	die kleine Parkanlage (in der Stadt)
le jardin public	der öffentliche Park
les espaces *m* verts	die Grünflächen, die Anlagen
la fontaine	der (Spring-)Brunnen
la gare	der Bahnhof
la station de métro	die U-Bahnstation
l'hôpital *m*	das Krankenhaus
les sapeurs-pompiers *m*	die Feuerwehr
la curiosité	die Sehenswürdigkeit
le monument	das historische Gebäude, das Denkmal
le musée	das Museum
le théâtre	das Theater
l'opéra *m*	die Oper
la salle (de concert/des fêtes)	der (Konzert-/Fest-)Saal
la bibliothèque	die Bibliothek
la maison de la culture	das Kulturzentrum
le foyer de jeunes	das Jugendhaus
le terrain ...	
de sport	der Sportplatz
de jeux	der Spielplatz
la piscine	das Schwimmbad
les nuisances *f* de la ville, par ex.:	die Belästigungen in der Stadt, z. B.:
le bruit/la pollution de l'air	der Lärm/die Luftverschmutzung

Problèmes posés:

Probleme, die sich stellen:

Les villes nouvelles se caractérisent souvent par
- la laideur de trop gros ensembles en béton

Die Trabantenstädte sind oft gekennzeichnet durch
- die Häßlichkeit zu großer Wohnsiedlungen aus Beton

- le manque d'équipements collectifs tels que terrains de sport, cinémas, bibliothèques etc.

Tout ceci entraîne chez leurs habitants un sentiment de solitude et de désœuvrement.

- den Mangel an kollektiven Einrichtungen wie Sportplätzen, Kinos, Bibliotheken usw.

All das bewirkt bei den Bewohnern ein Gefühl der Einsamkeit und der Langeweile.

S. auch **Paris 26.2.**

11.2 Der Straßenverkehr

la circulation
De nombreuses villes réintroduisent «le bon vieux tram» pour résoudre les problèmes de circulation.

der (Straßen-)Verkehr
Viele Städte führen die "gute alte Straßenbahn" wieder ein, um die Verkehrsprobleme zu lösen.

la rue
Chez nous, les enfants peuvent jouer dans la rue.

die Straße (in der Stadt)
Bei uns können die Kinder auf der Straße spielen.

la route
Il se produit beaucoup d'accidents sur cette route.

die Straße (außerhalb der Stadt)
Auf dieser Straße passieren viele Unfälle.

le croisement
le carrefour
le virage
le tournant
l'angle m **de la rue**
le passage pour piétons
le trottoir
la zone piétonne
la déviation

die Straßenkreuzung
die (große) **Straßenkreuzung**
die Kurve
die Abbiegung
die Straßenecke
der Fußgängerüberweg
der Bürgersteig, der Gehweg
die Fußgängerzone
die Umleitung

le feu, les feux (de signalisation)
Le feu est vert/orange/rouge. (... est au vert/à l'orange/au rouge.)
Le magasin est situé juste après les feux.

die (Verkehrs-)Ampel
Die Ampel ist grün/gelb/rot.

Das Geschäft befindet sich direkt nach der Ampel.

les heures f **de pointe**
Les heures de pointe se situent entre 17 et 19 heures.

die Hauptverkehrszeit
Die Hauptverkehrszeit ist von 17 Uhr bis 19 Uhr.

l'embouteillage m
Nous sommes tombés dans un embouteillage aux abords de Nice.

die Verkehrsstockung
Am Stadtrand von Nizza sind wir in eine Verkehrsstockung geraten.

Der Straßenverkehr 11.2

le bouchon
Il y avait entre Lyon et Valence un bouchon qui nous a fait perdre deux heures.

le piéton/la piétonne

aller à pied
Est-ce que tu vas à pied au bureau?

faire attention à qc.
traverser
Fais attention aux voitures quand tu traverses la rue!

aller tout droit
prendre à droite/à gauche
tourner à droite/à gauche
– Comment puis-je me rendre à l'hôtel Mercure?
– C'est très simple. Vous allez d'abord tout droit, puis vous tournez (vous prenez) à gauche au deuxième feu. A ce moment-là, vous verrez l'hôtel tout de suite sur votre droite.

l'autoroute f
la bretelle
l'entrée f
la sortie
le péage

l'aire f **(de repos)**

Nous nous arrêterons à la prochaine aire (de repos).

der Verkehrsstau
Zwischen Lyon und Valence war ein Verkehrsstau, der uns zwei Stunden gekostet hat.

der Fußgänger/die ~in

zu Fuß gehen
Gehst du zu Fuß ins Büro?

auf etw. aufpassen, achtgeben
überqueren
Gib acht auf die Autos, wenn du die Straße überquerst!

geradeaus gehen/fahren

nach rechts/nach links abbiegen

– Wie komme ich zum Hotel Merkur?
– Das ist ganz einfach. Fahren Sie (Gehen Sie) zunächst geradeaus, biegen Sie dann bei der zweiten Ampel nach links ab. Das Hotel sehen Sie dann gleich auf der rechten Seite.

die Autobahn
der (Autobahn-)Zubringer
die Einfahrt
die Ausfahrt
die Autobahngebühr

der Autobahnrastplatz, die Raststätte
Wir machen bei der nächsten Raststätte halt.

● **Expressions**

jeter qn. à la rue
Il a été jeté à la rue après avoir travaillé 20 ans dans la même maison.

griller (brûler) un feu rouge fam.
Si tu grilles (brûles) un feu rouge, on peut te retirer ton permis.

S. auch **Kapitel 12.**

jdn. auf die Straße setzen
Nach 20 Jahren Betriebszugehörigkeit wurde er auf die Straße gesetzt.

eine Ampel bei rot überfahren
Wenn du eine Ampel bei rot überfährst, kannst du deinen Führerschein verlieren.

11.3 Die öffentlichen Verkehrsmittel

les transports *m* **en commun**
J'utilise toujours les transports en commun.

die öffentlichen Verkehrsmittel
Ich benütze immer die öffentlichen Verkehrsmittel.

les moyens *m* **de transport**
le bus [bys]
le car
le tramway [tramwɛ]
le métro
le RER [ɛrɔɛr] (Réseau Express Régional)
Je vais à mon travail en RER/en bus/en tramway/en métro.

die Verkehrsmittel
der Bus
der Reisebus
die Straßenbahn
die U-Bahn
die Pariser Schnellbahn

Ich fahre mit der RER/dem Bus/der Straßenbahn/der U-Bahn zur Arbeit.

le contrôleur/la contrôleuse

der Kontrolleur/die ~in; der Schaffner/die ~in

le ticket
le carnet
la carte (hebdomadaire/mensuelle)

der Fahrschein
der Zehnerblock (für die Métro)
die (Wochen-/Monats-)Karte

le temps de trajet *m*
Grâce à la voie express, mon temps de trajet a été réduit de moitié.

die Fahrzeit
Durch die Schnellbahn wurde meine Fahrzeit um die Hälfte verkürzt.

faire le trajet
Il fait le trajet Lyon-Marseille deux fois par semaine.

die Strecke zurücklegen
Er legt die Strecke Lyon-Marseille zweimal die Woche zurück.

se déplacer
Elle se déplace beaucoup pour sa profession.

unterwegs sein, reisen
Sie ist beruflich viel unterwegs.

attendre à l'arrêt de (du) bus
Ce matin, j'ai attendu vingt minutes à l'arrêt de (du) bus.

an der Bushaltestelle warten
Heute morgen habe ich 20 Minuten an der Bushaltestelle gewartet.

monter (dans le bus etc.)
Le bus était tellement plein que seules deux personnes ont encore pu monter.

(in den Bus usw.) **einsteigen**
Der Bus war so voll, daß nur noch zwei Personen einsteigen konnten.

descendre (du bus etc.)
la station
Je descendrai à la prochaine station.

(aus dem Bus usw.) **aussteigen**
die Haltestelle
Ich steige bei der nächsten Haltestelle aus.

composter son billet
N'oublie pas de composter ton billet!

den Fahrschein entwerten
Vergiß nicht, deinen Fahrschein zu entwerten!

desservir
Ce bus ne dessert pas toutes les stations.

anfahren, halten
Dieser Bus hält nicht an allen Haltestellen.

S. auch **Kapitel 12**.

11.4 Die Straßenverkehrsordnung

le code de la route
le panneau ...
   de signalisation
   d'interdiction de stationnement (de stationner)
la balise de priorité
la route prioritaire

die Straßenverkehrsordnung
das ... Schild
   Verkehrs-
   Halteverbots-

das Vorfahrtsschild
die Vorfahrtsstraße

la priorité
respecter
C'est de ma faute; je n'ai pas respecté la priorité.

die Vorfahrt
beachten
Ich bin schuldig; ich habe die Vorfahrt nicht beachtet.

le sens unique
C'est un sens unique. (C'est une rue à (en) sens unique.)

die Einbahnstraße
Das ist eine Einbahnstraße.

l'interdiction f **de doubler**
Il y a interdiction de doubler.

das Überholverbot
Hier ist Überholverbot.

l'interdiction de stationnement (de stationner)
Dans cette rue, il y a interdiction de stationnement (de stationner).

das Parkverbot
In dieser Straße ist Parkverbot.

stationner
Il est interdit (défendu) de stationner dans cette rue.

parken
In dieser Straße ist es verboten zu parken.

la limitation de vitesse
La limitation de vitesse sur les autoroutes françaises est fixée à 130 km/h.

die Geschwindigkeitsbegrenzung
Die Geschwindigkeitsbegrenzung auf französischen Autobahnen beträgt 130 km/h.

le permis de conduire
la contravention
l'amende f
la contractuelle
le contrôle-radar
l'alcootest m

der Führerschein
der Strafzettel
das Bußgeld
die Politesse
die Radarkontrolle
der Alkoholtest

● Expression

souffler dans le ballon *fam.*
Est-ce que tu as déjà dû souffler dans le ballon?

ins Röhrchen blasen
Mußtest du schon einmal ins Röhrchen blasen?

S. auch **Die Polizei 25.2.**

11.5 Der Verkehrsunfall

l'accident *m* **(de la route)**
se produire
provoquer
Qui était au volant quand l'accident s'est produit?
L'accident a été provoqué par une rupture de freins.

der (Verkehrs-)Unfall
sich ereignen
verursachen
Wer saß am Steuer, als sich der Unfall ereignet hat?
Der Unfall wurde durch ein Versagen der Bremsen verursacht.

le lieu (les lieux) de l'accident
La police est arrivée tout de suite sur les lieux de l'accident.

der Unfallort
Die Polizei erschien gleich am Unfallort.

causer des dégâts *m*
L'accident a causé bien des dégâts matériels, mais heureusement, il n'y a pas eu de tués.

Schaden verursachen
Der Unfall hat großen Sachschaden verursacht, aber glücklicherweise gab es keine Toten.

(se faire) écraser
J'ai failli me faire écraser.

überfahren (werden)
Ich wäre beinahe überfahren worden.

porter secours à qn.
On leur a tout de suite porté secours.

jdm. Erste Hilfe leisten
Man hat ihnen sofort Erste Hilfe geleistet.

transporter
Il a été transporté d'urgence à l'hôpital.

transportieren, bringen
Er wurde mit dem Notarztwagen ins Krankenhaus gebracht.

S. auch **Der Arzt, das Krankenhaus 4.3, Der Tod, die Beerdigung 4.4, Die Polizei 25.2.**

12.1 Das Fahrrad, das Motorrad

le vélo / la bicyclette	das Fahrrad
le VTT [vetete] (= vélo tout-terrain)	das Mountain Bike
la moto(cyclette)	das Motorrad
le cyclomoteur	das Mofa
Quand il fait beau, je vais à école…	Bei schönem Wetter fahre ich … zur Schule.
en vélo (à bicyclette)	mit dem Fahrrad
en moto(cyclette)	mit dem Motorrad
en cyclomoteur	mit dem Mofa

le cadre	der Rahmen
le guidon	der Lenker
la sonnette	die Klingel
le garde-boue	das Schutzblech
la selle	der Sattel
le porte-bagages	der Gepäckträger
la pédale	das Pedal
la chaîne	die Kette
la vitesse	der Gang
le dérailleur	die Gangschaltung
le frein	die Bremse
la roue	das Rad
la jante	die Felge
le rayon	die Speiche
le pneu	der Reifen
la chambre à air	der Schlauch
la valve	das Ventil
la pompe (à vélo)	die Luftpumpe

le/la cycliste	der Radfahrer/die ~in
le/la motocycliste / le motard/la motarde *fam.*	der Motorradfahrer/die ~in
le casque (moto/vélo)	der (Motorrad-/Fahrrad-)Helm

rouler
Ne roule pas si vite!

fahren
Fahre nicht so schnell!

pédaler
Nous avons dû pédaler fort pour atteindre le col.

(in die Pedale) treten
Um den Paß zu erreichen, mußten wir stark in die Pedale treten.

(re)gonfler
Il faut que je (re)gonfle les pneus avant que nous ne partions.

aufpumpen
Bevor wir losfahren, muß ich die Reifen aufpumpen.

dérailler
Attendez, s'il vous plaît! Ma chaîne a déraillé.

(Kette) herunterspringen
Wartet bitte! Die Kette ist mir heruntergesprungen.

crever (un pneu)
J'avais crevé (un pneu) et j'ai dû pousser mon vélo.

einen Platten haben
Ich hatte einen Platten und mußte das Fahrrad schieben.

● **Expressions**

être à côté de ses pompes *fam.*

Elle donne toujours l'impression d'être à côté de ses pompes.

in Gedanken woanders sein, nicht bei der Sache sein
Bei ihr hat man immer den Eindruck, daß sie in Gedanken woanders ist.

perdre les pédales *fam.*
Dans cette affaire, il a complètement perdu les pédales.

den Überblick verlieren
In dieser Sache hat er vollkommen den Überblick verloren.

pédaler dans la choucroute *fam.*

Il pédale dans la choucroute.

sich vergeblich abmühen, sich abstrampeln
Er strampelt sich ab, aber es bringt nichts.

dérailler *fam.*
Ce type déraille complètement.

total spinnen
Dieser Kerl spinnt total.

S. auch **Freizeit, Hobbies 10.2, Der Sport 10.4, Kapitel 11.**

12.2 Das Auto

la voiture **l'auto(mobile)** *f*	das Auto
la voiture de course	der Rennwagen
la voiture de pompiers	das Feuerwehrauto
le camion	der Lastwagen
la camionnette	der Lieferwagen
l'automobiliste *m/f*	der Autofahrer/die ~in
le conducteur/la conductrice	der Fahrer/die ~in
le chauffeur*	der (Berufs-)Fahrer, der Chauffeur

aller en voiture
Je ne vais jamais au travail en voiture.

mit dem Auto fahren
Ich fahre nie mit dem Auto zur Arbeit.

* Zur weiblichen Form s. Vorwort S. XV.

Das Auto 12.2

prendre la voiture
Est-ce qu'on prend la voiture, ou est-ce qu'on y va à pied?

das Auto nehmen
Nehmen wir das Auto oder gehen wir zu Fuß?

rouler ...
   lentement (doucement)
   prudemment
   vite
   à 100 km/h (à cent à l'heure)

... fahren
   langsam
   vorsichtig
   schnell
   mit 100 km/h

conduire
Qui conduit? Il faut que j'aille à la poste. Pourrais-tu m'y conduire?

lenken, (jdn.) fahren
Wer fährt? Ich muß auf die Post. Könntest du mich hinfahren?

emmener [ɑ̃m(ə)ne]
Prépare-toi, je t'emmène en ville.

bringen, mitnehmen
Mach dich fertig, ich nehme dich mit in die Stadt.

ramener
C'est mon père qui nous a ramenés de l'école.

abholen, zurückbringen
Mein Vater hat uns von der Schule abgeholt.

passer
Je passerai rapidement chez toi en rentrant du bureau.

vorbeikommen, -fahren
Auf dem Heimweg vom Büro komme ich kurz bei dir vorbei.

passer prendre qn.
A quelle heure voulez-vous que nous passions vous prendre?

jdn. abholen
Um wieviel Uhr sollen wir euch abholen?

le moteur
la carrosserie ⎫
la caisse *fam.* ⎬
le capot
le coffre
l'aile *f*
le pare-chocs
le pare-brise
l'essuie-glace *m*
le phare
le clignotant [kliɲɔtɑ̃]
le rétroviseur
la portière
la plaque d'immatriculation
la suspension
le pneu
la direction assistée
la climatisation

der Motor
die Karosserie

die Kühlerhaube
der Kofferraum
der Kotflügel
die Stoßstange
die Windschutzscheibe
der Scheibenwischer
der Scheinwerfer
der Blinker
der Rückspiegel
die (Wagen-)Tür
das Nummernschild
die Federung
der Reifen
die Servolenkung
die Klimaanlage

12.2 Das Auto

la transmission automatique	die Automatik
le siège	der Sitz
la banquette	die Sitzbank
la ceinture de sécurité	der Sicherheitsgurt
le volant	das Lenkrad
le klaxon	die Hupe
le démarreur	der Anlasser
la vitesse	der Gang
le levier de vitesse	der Schalthebel
le tableau de bord	das Armaturenbrett
la boîte à gants	das Handschuhfach
le compteur	der Kilometerzähler
le compte-tours	der Tourenzähler
la galerie	der Dachständer

couper le moteur — **den Motor abstellen**
Coupe, s'il te plaît, le moteur! — Stelle bitte den Motor ab!

changer de vitesse — **schalten**
Le moteur est très souple. Je n'ai pas besoin de changer souvent de vitesse. — Der Motor ist sehr elastisch. Ich muß nicht oft schalten.

passer la marche arrière — **den Rückwärtsgang einlegen**
Comment passe-t-on la marche arrière? — Wie legt man den Rückwärtsgang ein?

appuyer sur ... — **treten auf ...**
  le frein — die Bremse
  l'accélérateur *m* — das Gaspedal
  l'embrayage *m* [ãbrɛjaʒ] — die Kupplung

la station service	die Tankstelle
l'essence *f* (sans plomb)	das (bleifreie) Benzin
le super	das Super(benzin)
le gazole [gazɔl]	das Diesel(öl)
le garage	die Werkstatt
le/la garagiste	der Automechaniker, die ~in
la révision	die Inspektion, der Kundendienst
la vidange	der Ölwechsel

faire le plein — **volltanken**
prendre de l'essence *f* — **tanken**
contrôler la pression des pneus — **den Luftdruck prüfen**
Il faut que je prenne de l'esssence (fasse le plein) et que je contrôle la pression des pneus à la prochaine station. — An der nächsten Tankstelle muß ich (voll)tanken und den Luftdruck prüfen.

avoir une panne
tomber en panne } — **eine Panne haben**

se faire remorquer — **sich abschleppen lassen**

Das Auto **12.2**

Nous avons eu une panne (Nous sommes tombés en panne) sur l'autoroute et avons dû nous faire remorquer.

Wir hatten auf der Autobahn eine Panne und mußten uns abschleppen lassen.

le parking
le parking souterrain

der Parkplatz, das Parkhaus
die Tiefgarage

se garer
garer la voiture
Tu peux te garer à 50 m de l'hôpital.

parken

Du kannst 50 m vom Krankenhaus entfernt parken.

Où avez-vous garé votre voiture?

Wo haben Sie Ihren Wagen geparkt?

démarrer
Ce matin, ma voiture n'a pas démarré.

anspringen
Heute morgen ist mein Auto nicht angesprungen.

accélérer
Accélère avant de passer en cinquième!

beschleunigen, Gas geben
Gib Gas, bevor du in den fünften Gang schaltest!

ralentir

Il faut ralentir avant d'entrer dans une agglomération.

langsamer fahren, mit der Geschwindigkeit heruntergehen
Man muß mit der Geschwindigkeit heruntergehen, bevor man in eine geschlossene Ortschaft einfährt.

doubler
dépasser
Il ne vient personne en face. Tu peux doubler (dépasser) maintenant.

überholen

Es kommt niemand entgegen. Du kannst jetzt überholen.

prendre la file de droite/de gauche
tourner
Prends tout suite la file de droite et tourne aux premiers feux!

sich rechts/links einordnen
abbiegen
Ordne dich gleich rechts ein und biege bei der ersten Ampel ab!

klaxonner
Il est interdit de klaxonner en ville.

hupen
Es ist verboten, in der Stadt zu hupen.

freiner (sec)
J'ai dû freiner sec parce qu'un enfant traversait la rue.

(scharf) bremsen
Ich mußte scharf bremsen, weil ein Kind die Straße überquerte.

avancer
Avance encore d'un mètre!

vor(wärts)fahren
Fahre noch einen Meter vor!

reculer
Tu peux encore reculer de 50 cm.

zurückfahren, -stoßen
Du kannst noch 50 cm zurückstoßen.

s'arrêter
Tu n'as pas le droit de t'arrêter ici.

anhalten
Du darfst hier nicht anhalten.

12.3 Die Eisenbahn

● Expression

rouler à tombeau ouvert *fam.*
Beaucoup de jeunes gens aiment rouler à tombeau ouvert.

mit dem Auto wie irre rasen
Viele Jugendliche lieben es, wie irre zu rasen.

S. auch **Kapitel 11, Umweltprobleme 16.3, Natur- und Umweltschutz 16.4.**

12.3 Die Eisenbahn

les chemins *m* **de fer**
Les chemins de fer français sont une entreprise d'Etat qui s'appelle la SNCF (Société Nationale des Chemins de fer Français).

die Eisenbahn
Die französische Eisenbahn ist ein staatliches Unternehmen und heißt SNCF.

le train
Je prendrai le train de 11 h.
Le train pour/en provenance de Paris a 10 minutes de retard.
Je préfère voyager en train qu'en voiture.

der Zug
Ich nehme den Zug um 11 Uhr.
Der Zug nach/aus Paris hat 10 Minuten Verspätung.
Ich reise lieber mit dem Zug als mit dem Auto.

changer (de train)
N'oublie pas que tu dois changer (de train) à Besançon!

umsteigen
Vergiß nicht, in Besançon umzusteigen!

manquer le train
Je suis arrivé deux minutes trop tard et j'ai manqué mon train.

den Zug verpassen
Ich bin zwei Minuten zu spät gekommen und habe den Zug verpaßt.

l'omnibus *m* [ɔmnibys]

der Personenzug, der Nahverkehrszug

le rapide
l'express *m*
le TGV (train à grande vitesse)

der D-Zug
der Schnellzug
der TGV (Hochgeschwindigkeitszug)

le réseau ferroviaire
Le réseau ferroviaire français a la forme d'une étoile.

das Eisenbahnnetz
Das französische Eisenbahnnetz hat die Form eines Sterns.

le rail [raj]
On devrait transporter beaucoup plus de marchandises par le rail qu'on ne le fait actuellement.

die Schiene
Es müßten viel mehr Güter auf der Schiene befördert werden, als es heute der Fall ist.

la gare

der Bahnhof

Die Eisenbahn 12.3

le hall [ol] de (la) gare	die Bahnhofshalle
le buffet de la gare	das Bahnhofsrestaurant
le guichet	der Schalter
un ticket ...	eine ... Fahrkarte
aller (simple)	einfache
aller-retour	Hin- und Rück-
de Ire classe	1.-Klasse-
la locomotive	die Lokomotive
la voiture	der (Eisenbahn-)Wagen
le wagon	der Wagen, der Waggon
le wagon-lit(s)	der Schlafwagen
le wagon-restaurant	der Speisewagen
le compartiment ...	das ... Abteil
fumeurs	Raucher-
non-fumeurs	Nichtraucher-
la couchette	der Liegeplatz
le passager/la passagère	der/die Reisende
le conducteur/la conductrice	der Lokführer/die ~in
le chef de train*	der Zugführer
le contrôleur/la contrôleuse	der Schaffner/die ~in

l'horaire *m*
Est-ce que tu as un horaire?

der Fahrplan
Hast du einen Fahrplan?

l'arrivée *f*
L'arrivée du train est prévue à 10h52.

die Ankunft
Der Zug kommt fahrplanmäßig um 10.52 h an.

le départ
Le prochain départ n'aura lieu qu'à 14h25.

die Abfahrt
Der nächste Zug fährt erst um 14.25 h.

la correspondance
Est-ce que j'aurai une correspondance à Mâcon?

der Anschluß
Habe ich in Mâcon Anschluß?

la voie
Le train de Strasbourg arrivera voie 6.

das Gleis
Der Zug aus Straßburg kommt auf Gleis 6 an.

le quai
Je t'attendrai sur le quai.
L'accès aux quais se fait par le souterrain.

der Bahnsteig
Ich erwarte dich auf dem Bahnsteig.
Der Zugang zu den Bahnsteigen führt durch die Unterführung.

le bagage, les bagages
J'aurais dû faire enregistrer mes bagages.

das Gepäck
Ich hätte das Gepäck aufgeben sollen.

la consigne

die Gepäckaufbewahrung

---

* Zur weiblichen Form s. Vorwort S. XV.

12.4 Das Flugzeug

la consigne automatique
Pendant mes deux heures d'arrêt à Clermont-Ferrand, j'ai mis ma valise à la consigne.

J'ai déposé ma valise à la consigne automatique.

le chariot (à bagages)
Attends-moi ici, je vais chercher un chariot (à bagages).

das Schließfach
Während meines zweistündigen Aufenthalts in Clermont-Ferrand habe ich meinen Koffer bei der Gepäckaufbewahrung abgegeben.

Ich habe meinen Koffer im Schließfach aufbewahrt.

der Gepäckkarren
Warte hier auf mich, ich hole einen Gepäckkarren.

● **Expressions**

prendre le train en marche *sens figuré*
Il attend toujours de savoir dans quel sens souffle le vent. Et ensuite, il prend le train en marche.

Attention! Un train peut en cacher un autre.

auf den fahrenden Zug aufspringen

Er wartet immer ab, bis klar ist, in welche Richtung der Trend geht. Dann springt er auf den fahrenden Zug auf.

Achtung! Es kann noch ein Zug kommen. (Warnschild an französischen Bahnübergängen). In übertragenem Sinne bedeutet dieser Ausdruck:
Passen Sie auf! Es kommen sicher noch weitere Überraschungen.

plier bagage
Ils n'ont pas mis longtemps à plier bagage.

sein Bündel schnüren, aufbrechen
Sie haben nicht lange gezögert aufzubrechen.

S. auch **Ferien, Reisen 8.3, Die öffentlichen Verkehrsmittel 11.3.**

12.4 Das Flugzeug

l'avion *m*
Je prendrai l'avion de 18h30.

l'avion à réaction/à hélices
l'hélicoptère *m*
l'aviation *f*
aérien,ne
le trafic aérien
la compagnie aérienne
le vol

das Flugzeug
Ich nehme das Flugzeug um 18.30 Uhr.

das Düsen-/Propellerflugzeug
der Hubschrauber
die Luftfahrt, die Fliegerei
Luft-
der Luftverkehr
die Fluggesellschaft
der Flug

Das Flugzeug 12.4

le pilote*	der Pilot
le/la copilote	der Kopilot/die ~in
le commandant de bord*	der Flugkapitän
l'hôtesse *f* de l'air	die Stewardeß
le steward [stjuward] ou [stiwart]	der Steward
le contrôleur du ciel/ la contrôleuse du ciel l'aiguilleur *m* [egɥijœr] du ciel*	der Fluglotse/die Fluglotsin
l'aéroport *m*	der Flugplatz, der Flughafen
l'aérodrome *m*	der (kleine) Flugplatz
la tour de contrôle	der Tower
la piste ...	
de décollage *m*	die Startbahn
d'atterrissage *m*	die Landebahn

se présenter à l'enregistrement
Vous pouvez déjà vous présenter à l'enregistrement.

einchecken
Sie können schon einchecken.

monter à bord
Il est monté à bord le dernier.

an Bord gehen
Er ist als letzter an Bord gegangen.

décoller
L'avion n'a pas pu décoller à cause du mauvais temps.

starten
Das Flugzeug konnte wegen des schlechten Wetters nicht starten.

atterrir
Nous avons atterri à l'heure.

landen
Wir sind pünktlich gelandet.

faire escale *f*
En allant à Sydney, nous avons fait escale à Nouméa.

eine Zwischenlandung machen
Auf dem Flug nach Sydney machten wir in Nouméa Zwischenlandung.

● **Expression**

à vol d'oiseau
A vol d'oiseau, il n'y a que 50 km, mais par la route cela en fait plus de 100.

Luftlinie
Luftlinie sind es nur 50 km, auf der Straße dagegen mehr als 100 km.

S. auch **Ferien, Reisen 8.3, Die öffentlichen Verkehrsmittel 11.3, Die Waffen, das Militär 24.6.**

* Zur weiblichen Form s. Vorwort S. XV.

12.5 Das Schiff

le bateau, *pl.* ~x
Nous avons pris à Ancône le bateau pour Patras.
Autrefois, on voyageait par bateau, aujourd'hui on se déplace en avion.
Le contrôle des papiers aura lieu à bord du bateau.

das Schiff, das Boot
Wir haben in Ancona das Schiff nach Patras genommen.
Früher reiste man mit dem Schiff, heute mit dem Flugzeug.
Die Paßkontrolle findet an Bord des Schiffes statt.

le voilier
le bateau à voiles
le canot à rames
le navire (à vapeur)
le paquebot
le cargo
le pétrolier
le yacht [jɔt]
le bac
le ferry-boat

das Segelboot

das Ruderboot
das (Dampf-)Schiff
das Passagierschiff
das Frachtschiff
der Tanker
die Jacht
die (Fluß-)Fähre
das Fährschiff

le pont
Pendant la journée, nous nous tenions volontiers sur le pont.

das Deck
Tagsüber hielten wir uns gerne auf Deck auf.

la marine
le marin
le capitaine*
le matelot*
le port ...
  fluvial
  de plaisance
  de pêche
le phare
le naufrage
le naufragé

die Schiffahrt, die Marine
der Seemann
der Kapitän
der Matrose
der ...Hafen
  Binnen-
  Jacht-
  Fischer-
der Leuchtturm
der Schiffbruch
der Schiffbrüchige

naval, e; navals, navales
La construction navale a baissé au profit de l'industrie aéronautique.

Schiffs-
Der Schiffbau ist zugunsten der Flugzeugindustrie zurückgegangen.

le chantier naval
Les plus importants chantiers navals français se trouvent à Saint-Nazaire au bord de l'Atlantique.

die Schiffswerft
Die bedeutendsten französischen Schiffswerften befinden sind in Saint-Nazaire am Atlantik.

embarquer
débarquer

an Bord gehen; verladen
von Bord gehen; entladen

* Zur weiblichen Form s. Vorwort S. XV.

Das Schiff **12.5**

Nous avons embarqué/débarqué à 8 h à Bremerhaven.

Wir sind um 8 Uhr in Bremerhaven an/von Bord gegangen.

l'embarquement *m*
le débarquement

das Anbordgehen; das Verladen
das Anlandgehen; das Entladen

L'embarquement/Le débarquement dure au moins deux heures.

Das Verladen/Das Entladen dauert mindestens zwei Stunden.

la croisière
faire escale *f*

die Kreuzfahrt
Zwischenstation machen

Au cours de notre croisière en Méditerranée, nous avons fait escale au Caire.

Auf unserer Kreuzfahrt im Mittelmeer machten wir in Kairo Zwischenstation.

échouer
faire naufrage

auf Grund laufen, stranden

Le pétrolier Amoco Cadiz s'est échoué (a fait naufrage) le 16 mars 1978 devant Portsall en Bretagne.

Der Tanker Amoco Cadiz ist am 16. März 1978 vor Portsall in der Bretagne gestrandet.

couler

untergehen, versenken

Leur bateau a coulé au large de Toulon.

Ihr Schiff ist auf der Höhe von Toulon untergegangen.

Les Japonais coulèrent la flotte américaine du Pacifique à Pearl Harbor le 12 juillet 1941.

Am 12. Juli 1941 versenkten die Japaner die amerikanische Pazifikflotte in Pearl Harbor.

chavirer

kentern

Le voilier a failli chavirer dans la tempête.

Das Segelschiff wäre im Sturm beinahe gekentert.

S. auch **Ferien, Reisen 8.3, Die öffentlichen Verkehrsmittel 11.3, Die Waffen, das Militär 24.6.**

13

13.1 Die Zahlen

le nombre
On distingue les nombres cardinaux et les nombres ordinaux.

die Zahl
Man unterscheidet die Grund- und die Ordnungszahlen.

pair,e
impair,e
Deux, quatre, six etc. sont des nombres pairs; un, trois, cinq etc. sont des nombres impairs.

gerade
ungerade
Zwei, vier, sechs usw. sind gerade Zahlen; eins, drei, fünf usw. sind ungerade Zahlen.

zéro	0	vingt [vɛ̃]	20
un, une	1	vingt et un [vɛ̃tẽœ̃]	21
deux	2	vingt-deux [vɛ̃tdø]	22
trois	3	trente	30
quatre	4	trente et un	31
cinq [sɛ̃k]	5	trente-deux	32
six [sis]	6	quarante	40
sept	7	cinquante	50
huit	8	soixante	60
neuf	9	soixante-dix	70
dix [dis]	10	soixante et onze	71
onze	11	soixante-douze	72
douze	12	quatre-vingts	80
treize	13	quatre-vingt-un	81
quatorze	14	quatre-vingt-deux	82
quinze	15	quatre-vingt-dix	90
seize	16	quatre-vingt-onze	91
dix-sept	17	cent	100
dix-huit	18	cent un [sɑ̃œ̃]	101
dix-neuf	19	deux cents	200
		mille	1000
		deux mille	2000

un million
deux millions
un milliard
deux milliards

eine Million
zwei Millionen
eine Milliarde
zwei Milliarden

le premier/la première (1er/1re)
le/la deuxième (2e)
le second/la seconde (2nd/2nde)
[s(ə)gɔ̃]/[s(ə)gɔ̃d]

der/die erste

der/die zweite

Die Zahlen 13.1

le/la troisième (3ᵉ)	der/die dritte
le/la quatrième (4ᵉ)	der/die vierte
le dernier/la dernière	der/die letzte

Beachte:
1. le/la vingt et unième [vɛ̃teynjɛm]
2. neuf, *aber:* le/la neuvième

le double	das Doppelte
le triple	das Dreifache
le quadruple	das Vierfache
le décuple	das Zehnfache
demi,e	halb
le tiers	das Drittel
le quart	das Viertel
le cinquième	das Fünftel
la dizaine	(ungefähr) 10
la douzaine	das Dutzend
la quinzaine	(ungefähr) 15
la centaine	(ungefähr) 100

le millier — **das Tausend**
Ils affluaient par milliers au concert donné en plein air.
Sie strömten zu Tausenden in das Open-air-Konzert.

compter — **zählen**
Maintenant, je ferme les yeux et je compte jusqu'à dix.
Jetzt schließe ich die Augen und zähle auf zehn.

calculer — **(be)rechnen**
Pour calculer la surface d'un rectangle, il faut multiplier la longueur par la largeur.
Um die Fläche eines Rechtecks zu berechnen, muß man die Länge mit der Breite multiplizieren.

le calcul — **das Rechnen, die Berechnung**
J'ai vu du premier coup d'œil que ton calcul était faux.
Ich habe auf den ersten Blick gesehen, daß deine Rechnung falsch ist.

le calcul mental — **das Kopfrechnen**
Je n'ai jamais aimé le calcul mental.
Kopfrechnen habe ich nie gemocht.

la calculatrice (de poche) }
la calculette } der Taschenrechner

l'arithmétique *f*	die Arithmetik (das Rechnen mit Zahlen)
l'algèbre *f*	die Algebra
l'addition *f*	die Addition
la soustraction	die Subtraktion
la multiplication	die Multiplikation
la division	die Division
la fraction	der Bruch

13.1 Die Zahlen

l'équation f [ekwasjɔ̃]	die Gleichung
la racine	die Wurzel
additionner	addieren
soustraire	subtrahieren, abziehen
multiplier	multiplizieren
diviser	teilen
doubler	verdoppeln
tripler	verdreifachen
quadrupler	vervierfachen
décupler	verzehnfachen

Exemples   *Beispiele*

```
4     et      2 font 6
4    moins    2 font 2
4    fois     2 font 8
4 divisé par  2 font 2
```
ou
```
4     plus        2 égale 6
4    moins        2 égale 2
4 multiplié par   2 égale 8
4  divisé par     2 égale 2
```
```
4 + 2 = 6
4 − 2 = 2
4 × 2 = 8
4 : 2 = 2
```

● Expressions

être au trente-sixième dessous

Il a perdu beaucoup d'argent à la Bourse et est maintenant au trente-sixième dessous.

in einer üblen Lage sein, übel dran sein

Er hat viel Geld an der Börse verloren und ist nun in einer üblen Lage.

être la cinquième roue du carrosse
Je ne les ai pas accompagnés. Je n'aurais été que la cinquième roue du carrosse.

das fünfte Rad am Wagen sein
Ich bin nicht mitgegangen. Ich wäre doch nur das fünfte Rad am Wagen gewesen.

se mettre sur son trente-et-un
Après son travail, il s'est mis sur son trente-et-un et est allé voir sa petite amie.

sich in Schale werfen
Nach der Arbeit warf er sich in Schale und besuchte seine Freundin.

faire qc. à la six-quatre-deux
Voilà un travail qu'on ne peut pas faire à la six-quatre-deux.

etw. auf die schnelle Tour machen
Das ist eine Arbeit, die man nicht auf die schnelle Tour machen kann.

S. auch **Die Uhrzeit 14.3, Das Datum 14.4, Die Schule 17.1.**

13.2 Geometrische Begriffe

la géométrie	die Geometrie
géométrique	geometrisch
la forme géométrique	die geometrische Form
la ligne (droite)	die (gerade) Linie
la courbe	die gekrümmte Linie
l'angle *m*	der Winkel
le point	der Punkt
le point d'intersection	der Schnittpunkt
le cercle	der Kreis
le demi-cercle	der Halbkreis
le carré	das Quadrat, das Viereck
le triangle	das Dreieck
le losange	die Raute
le trapèze	das Trapez
la boule	die Kugel
le cube	der Würfel
le cylindre	der Zylinder
rond,e	rund
carré,e	viereckig, quadratisch
rectangulaire	rechteckig
triangulaire	dreieckig
cylindrique	zylindrisch
la dimension	die Ausdehnung, das Ausmaß
la superficie / l'aire *f*	die Fläche
la surface	die (Ober-)Fläche
le volume	der Rauminhalt, das Volumen

● **Expressions**

le cercle vicieux
Comment veux-tu sortir de ce cercle vicieux?

der Teufelskreis
Wie willst du aus diesem Teufelskreis herauskommen?

ne pas tourner rond
Comment peut-il dire une chose pareille? J'ai l'impression qu'il ne tourne pas rond.

nicht alle Tassen im Schrank haben
Wie kann er so etwas sagen? Ich habe den Eindruck, er hat nicht alle Tassen im Schrank.

en rester comme deux ronds de flan *fam.*
Quand j'ai entendu cela, j'en suis resté comme deux ronds de flan.

sprachlos, verblüfft sein
Als ich das hörte, war ich sprachlos.

se mettre en boule *fam.*
Il lui suffisait d'entendre le nom de cette personne pour se mettre en boule.

in Wut geraten
Er brauchte nur den Namen dieser Person hören, um einen Wutanfall zu bekommen.

13.3 Die Maße

la mesure	**das Maß**
le mètre	**der Meter**
le mètre carré	**der Quadratmeter**
le mètre cube	**der Kubikmeter**
le centimètre	**der Zentimeter**
le millimètre	**der Millimeter**
le kilomètre	**der Kilometer**
le litre	**der Liter**

se trouver à ... de ...
se trouver à une distance de ... de ...
... entfernt sein von ...
– A combien de kilomètres se trouve Paris d'ici?
– Wie weit ist es von hier nach Paris?
– Paris se trouve à 500 km d'ici. (Paris est à une distance de 500 km d'ici.)
– Paris ist 500 km von hier entfernt.

mesurer
Cette piscine mesure 25 m sur 10.
– Combien mesures-tu?
– Je fais 1,72 m.

messen, ausmessen
Das Schwimmbecken mißt 25 m auf 10 m.
– Wie groß bist du?
– Ich bin 1,72 m.

la longueur
la largeur
la hauteur

die Länge
die Breite
die Höhe

long, longue
large
haut,e
La maison fait 13 m de long, 12 m de large und 10 m de haut.

lang
breit
hoch
Das Haus ist 13 m lang, 12 m breit und 10 m hoch.

la profondeur
profond,e
– Quelle profondeur a le bassin?
– Il fait 2 mètres de profondeur. (Il est profond de 2 mètres.)

die Tiefe
tief
– Wie tief ist das Becken?
– Es ist 2 m tief.

Das Gewicht **13.4**

● **Expression**

avoir deux poids et deux mesures
Il est tout à fait clair qu'on a eu deux poids et deux mesures.

mit zweierlei Maß messen
Es ist ganz offensichtlich, daß hier mit zweierlei Maß gemessen wurde.

Zu *Konfektions-* und *Schuhgröße* s. **Die Kleidung 5.2.**

13.4 Das Gewicht

le poids
la balance
Elle se met tous les matins sur sa balance et vérifie son poids.

das Gewicht
die Waage
Sie stellt sich jeden Morgen auf die Waage und überprüft ihr Gewicht.

le gramme
le kilo(gramme)
le demi-kilo/la livre
le quintal
la tonne

das Gramm
das Kilo(gramm)
das halbe Kilo/das Pfund
der Doppelzentner
die Tonne

peser
– Combien pèses-tu? (Quel poids fais-tu?)
– Je pèse (fais) 60 kg.

wiegen
– Wieviel wiegst du?

– Ich wiege 60 kg.

lourd,e
léger, légère
La valise est lourde/légère (pèse lourd/léger).

schwer
leicht
Der Koffer ist (wiegt) schwer/leicht.

prendre du poids
grossir
J'ai pris deux kilos pendant les vacances. (J'ai grossi de deux kilos pendant les vacances.)

zunehmen

Ich habe in den Ferien zwei Kilo zugenommen.

perdre du poids
maigrir
Je connais un régime qui permet de perdre très rapidement du poids.
Elle a beaucoup maigri au cours des derniers mois.

abnehmen

Ich kenne eine Diät, bei der man sehr schnell abnimmt.
Sie hat in den letzten Monaten stark abgenommen.

Expressions

avoir le cœur lourd
Il a eu le cœur lourd au moment de partir.

(tief-)traurig sein; schwer ums Herz werden
Beim Abschied wurde ihm schwer ums Herz.

agir/parler à la légère
Comment as-tu pu ainsi agir/parler à la légère?

leichtfertig handeln/daherreden
Wie konntest du nur so leichtfertig handeln/daherreden?

prendre à la légère
Voilà une affaire que tu ne dois pas prendre à la légère!

auf die leichte Schulter nehmen
Das ist eine Sache, die du nicht auf die leichte Schulter nehmen darfst.

ne pas peser lourd
Tous ces arguments ne pèsent au fond pas bien lourd.

unwichtig, ohne Gewicht sein
Alle diese Argumente sind doch im Grunde ohne Gewicht.

tout bien pesé
Tout bien pesé, il a décidé de se retirer de la vie politique.

nach reiflicher Überlegung
Nach reiflicher Überlegung entschloß er sich, sich aus der aktiven Politik zurückzuziehen.

S. auch **Einkaufen 7.1**.

13.5 Statistik

la statistique, les statistiques
Il faut savoir interpréter les statistiques.

die Statistik
Man muß Statistiken interpretieren können.

les données *f* statistiques
Possédez-vous les données statistiques de l'an dernier sur le chômage?

die statistischen Daten
Besitzen Sie die statistischen Daten vom letzten Jahr über die Arbeitslosigkeit?

le chiffre
Ces chiffres proviennent du ministère des Finances.

die Ziffer, die Zahl
Diese Zahlen stammen aus dem Finanzministerium.

le taux
inférieur,e à qc.
supérieur,e à qc.
Le taux d'inflation est cette année inférieur/supérieur à celui de l'an dernier.

die Rate, der Satz, der Kurs
niedriger als
höher als
Die Inflationsrate ist dieses Jahr niedriger/höher als letztes Jahr.

Statistik 13.5

le pourcentage
élevé,e
bas,se
Le pourcentage des abstentions aux dernières élections a été très élevé/ très bas.

pour cent
30%, cela fait beaucoup trop/beaucoup trop peu.

la moyenne
au-dessus de la moyenne
au-dessous de la moyenne
Ses notes se situent nettement au-dessus/au-dessous de la moyenne de la classe.

en moyenne
Les Français ont en moyenne cinq semaines de congés par an.

moyen,ne
«Le Français moyen» existe-t-il vraiment?

la représentation graphique
Cette représentation graphique montre très bien la croissance de notre économie.

l'enquête f

La commune fait une enquête en vue de la construction d'un centre culturel.

le sondage d'opinion
Ce magazine publie régulièrement des sondages d'opinion.

l'étude f **de marché**
Une étude de marché s'impose avant de lancer un nouveau produit.

le pronostic
Je préfère ne pas faire de pronostics en la matière.

der Prozentsatz
hoch
niedrig
Der Prozentsatz der Stimmenthaltungen bei den letzten Wahlen war sehr hoch/ sehr niedrig.

Prozent
30% sind viel zu viel/viel zu wenig.

der Durchschnitt
über dem Durchschnitt
unter dem Durchschnitt
Seine/ihre Noten liegen deutlich über/ unter dem Klassendurchschnitt.

durchschnittlich
Die Franzosen haben durchschnittlich 5 Wochen Urlaub im Jahr.

Durchschnitts-, durchschnittlich
Gibt es den „Durchschnittsfranzosen" wirklich?

die graphische Darstellung
Diese graphische Darstellung veranschaulicht sehr gut das Wachstum unserer Wirtschaft.

die Erhebung, die Untersuchung, die Umfrage
Die Gemeinde macht eine Umfrage im Hinblick auf den Bau eines Kulturzentrums.

die Meinungsumfrage
Diese Zeitschrift veröffentlicht regelmäßig Meinungsumfragen.

die Marktanalyse
Bevor man ein neues Produkt herausbringt, ist eine Marktanalyse angebracht.

die Prognose
Ich möchte in dieser Sache lieber keine Prognose(n) stellen.

14.1 Das Wetter

le temps
prévoir
Rien n'est plus difficile que de prévoir le temps.

das Wetter
vorhersagen
Nichts ist schwieriger, als das Wetter vorherzusagen.

Quel temps fait-il?

Il fait ...
   beau/mauvais
   chaud/très chaud/froid/un froid glacial
   frais/doux/lourd
   de la tempête

Wie ist das Wetter?

Es ist ...
   schön/schlecht
   warm/heiß/kalt/eisig kalt

   frisch/mild/schwül
   stürmisch

Le temps est ...
   venteux/pluvieux/humide
   orageux

Es ist ...
   windig/regnerisch/feucht
   gewittrig

Il y a ...
   du soleil
   du vent
   de la neige
   du brouillard
   de la brume
   des nuages (dans le ciel)
   du verglas

Die Sonne scheint.
Es ist windig.
Es liegt Schnee.
Es hat dichten Nebel.
Es ist neblig.
Es sind Wolken am Himmel.
Es hat Glatteis.

Le ciel est ...
   dégagé/couvert
   nuageux/étoilé

Der Himmel ist ...
   klar/bedeckt, verhangen
   bewölkt/voller Sterne

le froid
En hiver, il porte un chapeau pour se protéger du froid.

die Kälte
Im Winter trägt er einen Hut, um sich vor der Kälte zu schützen.

la chaleur
Par cette chaleur, je n'arrive pas à dormir la nuit.

die Hitze
Bei dieser Hitze kann ich nachts nicht schlafen.

la canicule
La canicule dure déjà depuis quinze jours.

die Hundstage (Gluthitze)
Die Hundstage dauern schon 14 Tage.

avoir froid
Si tu as froid, habille-toi plus chaudement!

frieren
Wenn du frierst, zieh dich wärmer an!

Das Wetter 14.1

avoir chaud
J'ai tellement chaud qu'il faut que j'enlève mon pullover.

transpirer
Il est sain de transpirer.

l'ombre f
Il faut que j'aille à l'ombre.

par un temps pareil
en plein air
Par un temps pareil, vous ne pouvez pas jouer en plein air!

l'aurore f
Nous nous sommes levés à l'aurore.

le soleil
Le soleil a brillé toute la journée aujourd'hui.

le lever du soleil
Nous sommes partis avant le lever du soleil.

le coucher du soleil
De ma chambre, je peux observer le coucher du soleil.

la lune
le clair de lune
Nous avons fait une promenade au clair de lune.

l'étoile f
Je ne vois aucune étoile dans le ciel.

pleuvoir
Il pleut sans arrêt depuis dix jours.

Il ne cesse de pleuvoir.

la pluie
sous la pluie
J'ai dû attendre mon bus vingt minutes sous la pluie.

heiß (warm) sein
Mir ist so heiß, ich muß meinen Pullover ausziehen.

schwitzen
Schwitzen ist gesund.

der Schatten
Ich muß in den Schatten gehen.

bei diesem Wetter
im Freien
Bei diesem Wetter könnt ihr nicht im Freien spielen!

die Morgenröte, der erste Sonnenstrahl
Wir sind mit dem ersten Sonnenstrahl aufgestanden.

die Sonne
Die Sonne hat heute den ganzen Tag geschienen.

der Sonnenaufgang
Wir sind vor Sonnenaufgang aufgebrochen.

der Sonnenuntergang
Von meinem Zimmer aus kann ich den Sonnenuntergang beobachten.

der Mond
der Mondschein
Wir machten bei Mondschein einen Spaziergang.

der Stern
Ich sehe keinen einzigen Stern am Himmel.

regnen
Seit zehn Tagen regnet es ununterbrochen.
Es hört nicht auf zu regnen.

der Regen
im Regen
Ich mußte 20 Minuten im Regen auf den Bus warten.

14.1 Das Wetter

la goutte de pluie
Les premières gouttes de pluie commencent à tomber.

der Regentropfen
Die ersten Regentropfen fallen schon.

l'arc-en-ciel m [arkɑ̃sjɛl]
Les couleurs de l'arc-en-ciel sont: violet, indigo, bleu, vert, jaune, orange et rouge.

der Regenbogen
Die Regenbogenfarben sind: violett, indigoblau, blau, grün, gelb, orange und rot.

neiger
Il se met à neiger.

schneien
Es fängt an zu schneien.

le flocon de neige
Je n'ai encore jamais vu d'aussi gros flocons de neige.

die Schneeflocke
Ich habe noch nie so große Schneeflocken gesehen.

fondre
La neige est en train de fondre.

schmelzen
Der Schnee schmilzt.

geler
Il faut rentrer les plantes. J'ai peur qu'il ne gèle cette nuit.

gefrieren
Wir müssen die Pflanzen hereinholen. Ich fürchte, daß es heute nacht gefriert.

la grêle
La grêle a anéanti la récolte.

der Hagel
Der Hagel hat die Ernte vernichtet.

la tempête
La tempête a fait rage toute la nuit.

der Sturm
Der Sturm hat die ganze Nacht getobt.

la foudre
tomber
La foudre est tombée une fois sur notre maison.

der Blitz
einschlagen
Einmal hat der Blitz in unser Haus eingeschlagen.

l'orage m
l'éclair m
le tonnerre
Quel orage! Pendant une heure il y a eu du tonnerre et des éclairs.

das Gewitter
der Blitz
der Donner
Das war ein Gewitter! Eine Stunde lang hat es gedonnert und geblitzt.

le vent
le mistral
souffler
Le mistral souffle tout le long de la vallée du Rhône dans le sens nord-sud.

der Wind
der Mistral
wehen
Der Mistral weht durch das Rhônetal von Norden nach Süden.

le sirocco [sirɔko]
Le sirocco traverse la Méditerranée en provenance du Sahara.

der Schirokko
Der Schirokko kommt über das Mittelmeer aus der Sahara.

la tramontane
La tramontane qui vient du Massif Central, souffle en direction de la Méditerranée.

die Tramontane, der Nordwestwind
Die Tramontane kommt aus dem Massif Central und weht in Richtung Mittelmeer.

Das Wetter **14.1**

la température	die Temperatur
l'humidité f	die Feuchtigkeit
le thermomètre	das Thermometer
le baromètre	das Barometer
le degré	der Grad
la météo(rologie)	der Wetterbericht
les prévisions f météorologiques	die Wettervorhersage

● **Expressions**

foncer dans le brouillard *fam.*

Il faut toujours que tu fonces dans le brouillard et ensuite tu t'étonnes que les choses tournent mal.

blind drauflosgehen, sich blindlings in eine Sache stürzen

Du mußt dich immer blindlings in eine Sache stürzen, und dann wunderst du dich, daß es schiefgeht.

le coup de foudre
Pour Claude et Claudine, cela a été le coup de foudre.

Liebe auf den ersten Blick
Bei Claude und Claudine war es Liebe auf den ersten Blick.

faire un froid de canard

Il fait un froid de canard aujourd'hui.

hundekalt sein, eine Hundekälte sein
Das ist eine Hundekälte heute.

faire froid dans le dos

Cette nouvelle m'a fait froid dans le dos.

heiß und kalt über den Rücken laufen
Bei dieser Nachricht lief es mir heiß und kalt über den Rücken.

Après la pluie, le beau temps!
Ne prends pas les choses au tragique! Après la pluie, le beau temps!

Auf Regen folgt Sonnenschein!
Nimm es nicht tragisch! Auf Regen folgt Sonnenschein!

demander la lune
Tu demandes vraiment la lune!

Unmögliches verlangen
Du verlangst wirklich Unmögliches.

La nuit porte conseil.
Nous allons laisser passer la nuit. Celle-ci porte conseil.

Guter Rat kommt über Nacht.
Wir wollen die Sache überschlafen. Guter Rat kommt über Nacht.

un temps de chien, de cochon
Par ce temps de chien, nous allons rester à la maison.

ein Hunde-, ein Sauwetter
Bei diesem Hundewetter bleiben wir zu Hause.

C'est le jour et la nuit.

Eux deux, c'est le jour et la nuit.

vollkommen verschieden sein, ein Unterschied wie Tag und Nacht sein
Die beiden sind vollkommen verschieden.

être dans la lune
Elle est constamment dans la lune.

sehr zerstreut sein, mit seinen Gedanken woanders sein
Sie ist mit ihren Gedanken immer woanders.

S. auch **Ferien, Reisen 8.3, Geographie 16.1**.

14.2 Die Zeit

le temps
Ils n'ont habité là que peu de temps.

die Zeit
Sie haben dort nur kurze Zeit gewohnt.

la fuite du temps
L'être humain souffre de la fuite du temps.

die Vergänglichkeit
Der Mensch leidet unter seiner Vergänglichkeit.

le temps qui passe
le temps qui fuit

die vergehende Zeit

consacrer du temps à qn./à qc.
Ils consacrent beaucoup de temps à leurs enfants.

Zeit aufwenden, Zeit widmen
Sie widmen ihren Kindern viel Zeit.

passer son temps à faire qc.

Elle passe son temps à ne rien faire.

die Zeit damit verbringen, etw. zu tun
Sie verbringt ihre Zeit mit Nichtstun.

mettre du temps à (pour) faire qc.
J'ai mis longtemps à comprendre ce qu'il voulait dire.
Combien de temps mets-tu habituellement pour tondre le gazon?

Zeit brauchen, etw. zu tun
Ich brauchte lange, um zu kapieren, was er sagen wollte.
Wie lange brauchst du für gewöhnlich, um den Rasen zu mähen?

avoir le temps de faire qc.
Je n'ai pas le temps d'aller au cinéma ce soir.

Zeit haben, etw. zu tun
Ich habe keine Zeit, heute abend ins Kino zu gehen.

prendre son temps
Nous ne sommes pas pressés, prends ton temps!

sich Zeit lassen
Wir sind nicht in Eile, laß dir Zeit!

le présent
le passé
le futur
l'avenir *m*
L'homme vit dans le présent, se souvient du passé et planifie pour l'avenir (pour le futur).

die Gegenwart
die Vergangenheit

die Zukunft

Der Mensch lebt in der Gegenwart, erinnert sich an die Vergangenheit und plant für die Zukunft.

Die Zeit **14.2**

éphémère
Le bonheur est éphémère.

flüchtig, vergänglich
Das Glück ist vergänglich.

passager, ère
Il s'agit là d'un phénomène passager.

vorübergehend, vergänglich
Es handelt sich dabei um eine vorübergehende Erscheinung.

éternel, le
Rien n'est éternel.

ewig
Nichts dauert ewig.

l'éternité f
durer
Cet instant m'a semblé durer une éternité.

die Ewigkeit
dauern
Dieser Augenblick kam mir wie eine Ewigkeit vor.

la durée
La durée minimale de ces études est de quatre ans.

die Dauer
Die Mindestdauer dieses Studiums beträgt vier Jahre.

● **Expressions**

Le temps, c'est de l'argent.
Dépêche-toi! Le temps, c'est de l'argent.

Zeit ist Geld.
Beeile dich! Zeit ist Geld.

trouver le temps long

J'ai vraiment trouvé le temps long pendant mon service militire.

sich langweilen, (Zeit) **lang vorkommen**
Während meines Militärdienstes ist mir die Zeit wirklich lang vorgekommen.

tuer le temps
Le soir nous tuions le temps en jouant aux cartes.

die Zeit totschlagen
Abends schlugen wir die Zeit mit Kartenspielen tot.

en deux temps trois mouvements *fam.*
Elle était capable de confectionner un repas en deux temps trois mouvements.

sehr schnell, im Nu

Sie konnte im Nu ein komplettes Essen hinzaubern.

Mieux vaut tard que jamais!
Il a passé son bac à 22 ans. Mieux vaut tard que jamais!

Besser spät als nie.
Er machte mit 22 das Abitur. Besser spät als nie.

S. auch **Die Entwicklung der Person 2.7, Freizeit, Hobbies 10.1, Die Geschichte 16.2, Zeitlich einordnen 27.6.**

14.3 Die Uhrzeit

l'heure *f*
la minute
la seconde
La journée compte 24 heures, l'heure 60 minutes et la minute 60 secondes.

die Stunde, die Uhrzeit
die Minute
die Sekunde
Der Tag hat 24 Stunden, die Stunde 60 Minuten und die Minute 60 Sekunden.

Quelle heure est-il?
Il est ...
   huit heures (du matin)
   huit heures cinq
   huit heures et quart (huit heures quinze)
   huit heures et demie
   neuf heures moins vingt-cinq (huit heures trente-cinq)
   neuf heures moins le quart (huit heures quarante-cinq)
   neuf heures moins cinq (huit heures cinquante-cinq)
   midi
   midi cinq
   une heure (de l'après-midi) (treize heures)
   six heures (du soir) (dix-huit heures)
   minuit (zéro heure, vingt-quatre heures)
   minuit et demi (zéro heure trente**)**

Wie spät ist es?
Es ist ...
   8.00 h
   8.05 h
   8.15 h
   8.30 h
   8.35 h
   8.45 h
   8.55 h
   12.00 h
   12.05 h
   13.00 h
   18.00 h
   0.00 h, 24.00 h
   0.30 h

la montre
retarder
avancer
mettre à l'heure
Ma montre retarde/avance; il faut que je la mette à l'heure.

die (Armband-, Taschen-)Uhr
nachgehen
vorgehen
stellen
Meine Uhr geht nach/geht vor; ich muß sie stellen.

remonter
C'est une montre automatique, je n'ai pas besoin de la remonter.

aufziehen
Das ist eine Automatikuhr, ich brauche sie nicht aufzuziehen.

l'aiguille *f* [egɥij]
Ma montre a une aiguille qui marque les secondes.

der Zeiger
Meine Uhr hat einen Sekundenzeiger.

le réveil
régler
Mon réveil est réglé à 6h15.

der Wecker
stellen
Mein Wecker ist auf 6.15 h gestellt.

Die Uhrzeit 14.3

la pendule
Cette pendule était autrefois dans le salon de mes grands-parents.

die (Zimmer-)Uhr
Diese Uhr stand früher im Wohnzimmer meiner Großeltern.

l'horloge *f*
Il y a une horloge au-dessus de l'entrée de la gare.

die Uhr
Über dem Bahnhofseingang befindet sich eine Uhr.

l'horloger *m*
Il existe encore de nombreux horlogers en Suisse.

der Uhrmacher
In der Schweiz gibt es noch viele Uhrmacher.

arriver ...
  à temps
  en avance/en retard
  à six heures pile

... (an-)kommen
  pünktlich
  zu früh/zu spät
  Punkt 6 Uhr

être ponctuel,le
être à l'heure
J'ai beaucoup de peine à être ponctuel (à l'heure).

pünktlich sein

Es fällt mir sehr schwer, pünktlich zu sein.

● Expressions

chercher midi à quatorze heures

Prends les choses moins au sérieux et ne cherche pas midi à quatorze heures!

Schwierigkeiten suchen, wo keine sind; sich das Leben unnötig schwer machen
Nimm die Dinge nicht so ernst und mache dir das Leben nicht unnötig schwer!

Minute, papillon! *fam.*

Minute, papillon! J'ai autre chose à faire avant de m'occuper de toi.

Nicht so schnell! Immer sachte mit den jungen Pferden!
Immer sachte mit den jungen Pferden. Ich habe noch anderes zu tun, bevor ich mich mit dir beschäftigen kann.

être réglé,e comme une horloge
Ils sont réglés comme une horloge.

nach festen Gewohnheiten ablaufen
Ihr Leben läuft nach festen Gewohnheiten ab.

passer un mauvais quart d'heure

Je viens de passer un mauvais quart d'heure. Il faut que j'essaie de m'en remettre.

etw. Unerfreuliches, Unangenehmes erleben
Ich habe gerade etwas Unerfreuliches erlebt und muß das erst verarbeiten.

S. auch **Die Eisenbahn 12.3**.

14.4 Das Datum

la date
— A quelle date le meeting aura-t-il lieu?
— Le 1er janvier.
  Le 2 avril./Le 31 juillet.
  Le jeudi 10 août.

Dans une lettre, on écrit la date de la façon suivante:
Nancy, le 18 décembre 1996

En tête d'un compte-rendu, on écrit la date de la façon suivante:
Mardi 19 mai 1996

en 1957
Camus a obtenu le prix Nobel de littérature en 1957.

le calendrier
Tous les jours fériés sont indiqués sur mon calendrier.

l'agenda *m* [aʒɛ̃da]
J'ai noté cette date dans mon agenda.

das Datum
— Wann findet das Treffen statt?
— Am 1. Januar.
  Am 2. April./Am 31. Juli.
  Am Donnerstag, dem 10. August.

In einem Brief schreibt man das Datum wie folgt:
Nancy, den 18.12.1996

Über einem Bericht schreibt man das Datum wie folgt:
Dienstag, 19. Mai 1996

(im Jahre) 1957
Camus erhielt 1957 den Nobelpreis für Literatur.

der Kalender
In meinem Kalender sind alle Feiertage angegeben.

der Taschen-, Terminkalender
Ich habe das Datum in meinen Terminkalender eingetragen.

● **Expression**

faire date
Cet événement a fait date.

Epoche machen
Dieses Ereignis hat Epoche gemacht.

S. auch **Die Person 2.1, Feste, Feierlichkeiten 8.4, Briefe schreiben 9.2, Die Geschichte 16.2.**

14.5 Das Jahr, der Monat, die Woche, der Tag

l'an *m*
l'année *f*
Les Jeux Olympiques auront lieu l'an prochain (l'année prochaine).
L'an dernier (L'année dernière), nous ne sommes pas partis en vacances.

das Jahr

Im nächsten Jahr finden die Olympischen Spiele statt.
Im letzten Jahr sind wir nicht in Urlaub gefahren.

Das Jahr, der Monat, die Woche, der Tag 14.5

Dans les années 20, il n'y avait pas encore de tourisme de masse.
In den 20er Jahren gab es noch keinen Massentourismus.

Nous nous sommes peu vus ces dernières années.
In den letzten Jahren haben wir uns wenig gesehen.

Quand tombe la Pentecôte cette année?
Wann ist dieses Jahr Pfingsten?

annuel, le
Ses revenus annuels s'élèvent à un million de francs.

Jahres-, jährlich
Sein/Ihr Jahreseinkommen beträgt 1 Million Francs.

le mois
Les noms des mois sont ...
- **janvier**
- **février**
- **mars** [mars]
- **avril**
- **mai** [mɛ]
- **juin** [ʒɥɛ̃]
- **juillet** [ʒɥijɛ]
- **août** [u(t)]
- **septembre**
- **octobre**
- **novembre**
- **décembre**

der Monat
Die Monate heißen:
- **Januar**
- **Februar**
- **März**
- **April**
- **Mai**
- **Juni**
- **Juli**
- **August**
- **September**
- **Oktober**
- **November**
- **Dezember**

Cette conférence aura lieu ...
- **en mai (au mois de mai)**
- **début juin**
- **à la mi-août**
- **fin septembre**

Die Konferenz findet statt ...
- **im Mai**
- **Anfang Juni**
- **Mitte August**
- **Ende September**

mensuel, le
Je vais à l'école en bus et j'ai une carte mensuelle.

Monats-, monatlich
Ich fahre mit dem Bus in die Schule und habe eine Monatskarte.

la semaine
Les jours de la semaine sont ...
- **lundi**
- **mardi**
- **mercredi**
- **jeudi**
- **vendredi**
- **samedi**
- **dimanche**

die Woche
Die Wochentage sind:
- **Montag**
- **Dienstag**
- **Mittwoch**
- **Donnerstag**
- **Freitag**
- **Samstag**
- **Sonntag**

le lundi; lundi
Le lundi (Tous les lundis) je vais à la piscine.
Lundi (dernier), j'ai eu un empêchement.

montags; am Montag
Montags gehe ich ins Schwimmbad.

Am Montag war ich verhindert.

14.5 Das Jahr, der Monat, die Woche, der Tag

Je viendrai certainement lundi (prochain).

Am Montag komme ich bestimmt.

le week-end
Est-ce que tu seras chez toi pendant le week-end?

das Wochenende
Bist du am Wochenende zu Hause?

hebdomadaire
repousser
Notre réunion hebdomadaire a été repoussée du mardi au jeudi.

Woche-, wöchentlich
verlegen, verschieben
Unser wöchentliches Treffen wurde vom Dienstag auf den Donnerstag verlegt.

le jour
– Quel jour sommes-nous aujourd'hui?
– Aujourd'hui nous sommes mardi.
Ou:
– Quel jour est-ce aujourd'hui?
– Aujourd'hui, c'est mardi.
Lève-toi! Il fait jour.

der Tag
– Welchen Tag haben wir heute?
– Heute ist Dienstag.

Steh auf! Es ist Tag.

la nuit
Il fait nuit.
La nuit tombe.

die Nacht
Es ist Nacht.
Die Nacht bricht herein.

la tombée de la nuit
Il faut que nous atteignions notre but avant la tombée de la nuit.

der Einbruch der Nacht
Wir müssen unser Ziel vor Einbruch der Nacht erreichen.

quinze jours
une quinzaine de jours

14 Tage

la journée
la matinée
la soirée
J'ai attendu ton appel toute la journée/ toute la matinée/toute la soirée.

der Tag
der Vormittag
der Abend
Ich habe den ganzen Tag/den ganzen Vormittag/den ganzen Abend auf deinen Anruf gewartet.

Nous sommes partis ...
  le matin
  à midi
  (dans) l'après-midi *m/f*
  (dans) la nuit
  à minuit
  ce matin
  cet après-midi

Wir sind ... aufgebrochen
  am Vormittag
  um 12 Uhr mittags
  am Nachmittag
  in der Nacht
  um Mitternacht
  heute morgen
  heute nachmittag

hier/avant-hier
aujourd'hui
demain/après-demain

gestern/vorgestern
heute
morgen/übermorgen

Das Jahr, der Monat, die Woche, der Tag **14.5**

le lendemain	**am folgenden Tag**
la veille	**der (am) Tag zuvor; der (am) Vorabend**

quotidien, ne
Après les vacances, nous reprendrons le train-train quotidien.

Tages-, täglich
Nach den Ferien nimmt uns das tägliche Einerlei wieder gefangen.

la saison
Les quatre saisons sont ...
   le printemps
   l'été *m*
   l'automne *m* [otɔn]
   l'hiver *m* [ivɛr]
Nous prenons toujours nos congés annuels au printemps/en été/en automne/en hiver.

die Jahreszeit
Die vier Jahreszeiten sind:
   der Frühling
   der Sommer
   der Herbst
   der Winter
Wir nehmen unseren Jahresurlaub immer im Frühjahr/im Sommer/im Herbst/im Winter.

à l'automne
Le chancelier se rendra à Moscou à l'automne.

im Herbst (Termin)
Der Kanzler wird im Herbst nach Moskau fahren.

saisonnier, ière
Pour les vendanges, on engage des ouvriers saisonniers.

Saison-, jahreszeitlich
Während der Weinlese werden Saisonarbeiter eingestellt.

● **Expressions**

vivre au jour le jour

Ils n'ont pas de revenus fixes et vivent pratiquement au jour le jour.

Il est facile de vivre au jour le jour sous le ciel bleu de la Côte d'Azur.

von der Hand in den Mund leben, in den Tag hineinleben

Sie haben keine festen Einnahmen und leben praktisch von der Hand in den Mund.

Unter dem blauen Himmel der Côte d'Azur läßt es sich leicht in den Tag hineinleben.

Ce n'est pas demain la veille. *fam.*
J'aimerais bien faire un voyage autour du monde, mais ce n'est pas demain la veille que je pourrai.

Das wird sicher nie wahr.
Ich möchte gerne einmal eine Weltreise machen, aber das wird sicher nie wahr.

Il ne faut pas remettre au lendemain ce qu'on peut faire le jour même.

Verschiebe nicht auf morgen, was du heute kannst besorgen.

le (les) trente-six du mois
Il donnait un pourboire tous les trente-six du mois.

(praktisch) nie, sehr selten
Es kam praktisch nie vor, daß er ein Trinkgeld gab.

la semaine des quatre jeudis
– Quand comptes-tu te marier?
– A la semaine des quatre jeudis.

nie
– Wann beabsichtigst du zu heiraten?
– Nie.

S. auch **Geschichte 16.2.**

14.6 Die Astronomie

l'astronomie f
l'observation f
L'astronomie est une science qui repose sur l'observation des étoiles.

die Astronomie
die Beobachtung
Die Astronomie ist eine Wissenschaft, die auf der Beobachtung der Sterne beruht.

l'étoile f
briller
Les étoiles brillaient dans le ciel.

der Stern, der Fixstern
leuchten, scheinen
Die Sterne leuchteten am Himmel.

l'étoile f **filante**
le météore
Les étoiles filantes sont des météores qui se consument dans l'atmosphère.

die Sternschnuppe
der Meteor
Sternschnuppen sind Meteore, die in der Atmosphäre verglühen.

la planète
C'est Copernic qui a découvert que les planètes tournaient autour du soleil.

der Planet, die Erde
Kopernikus entdeckte, daß die Planeten sich um die Sonne drehen.

la constellation
Ma constellation préférée est Orion.

das Sternbild
Mein Lieblingssternbild ist der Orion.

l'éclipse f **de soleil**
Lors d'une éclipse de soleil, la lune nous empêche de voir le soleil.

die Sonnenfinsternis
Bei einer Sonnenfinsternis hindert uns der Mond daran, die Sonne zu sehen.

l'éclipse f **de lune**
Au cours d'une éclipse de lune, la lune se trouve dans l'ombre de la terre et c'est la raison pour laquelle nous ne pouvons pas la voir.

die Mondfinsternis
Bei einer Mondfinsternis befindet sich der Mond im Schatten der Erde, und deshalb können wir ihn nicht sehen.

le système solaire
Il existe des milliards de systèmes solaires.

das Sonnensystem
Es gibt Milliarden von Sonnensystemen.

le soleil
la lune
l'astre m

die Sonne
der Mond
das Gestirn, der Stern

Die Astronomie 14.6

la voie lactée	die Milchstraße
la galaxie	die Galaxie, das Milchstraßensystem
la Grande Ourse	der Große Wagen
l'étoile du berger	die Venus
la comète	der Komet
le ciel étoilé	der Sternenhimmel
le firmament	das Firmament

le téléscope — **das Fernrohr**
On construit des téléscopes de plus en plus puissants.
Es werden immer stärkere Fernrohre gebaut.

l'observatoire m — **das Observatorium, die Sternwarte**
Les observatoires sont construits sur de hautes montagnes.
Die Sternwarten werden auf hohen Bergen gebaut.

le planétarium [planetarjɔm] — **das Planetarium**
l'orbite m — **die (Umlauf-)Bahn**
Dans un planétarium, on représente les astres et leur orbite dans le ciel.
Im Planetarium werden die Gestirne und ihre Bahn am Himmel dargestellt.

● **Expressions**

tirer des plans sur la comète — **Luftschlösser bauen**
Elle est sans cesse en train de tirer des plans sur la comète.
Sie baut ständig Luftschlösser.

dormir à la belle étoile — **unter freiem Himmel nächtigen**
Rousseau aimait dormir à la belle étoile au cours de ses promenades.
Rousseau liebte es, auf seinen Wanderungen unter freiem Himmel zu nächtigen.

être né,e sous une bonne étoile — **unter einem Glücksstern geboren sein**
Jean est vraiment né sous une bonne étoile: tout lui réussit.
Hans ist wirklich unter einem Glücksstern geboren: Ihm gelingt alles.

passer comme un météore — **schnell verblassen; kurz reinschauen**
Cette star est passée comme un météore.
Der Ruhm dieses Filmstars ist schnell verblaßt.

– Est-ce que Dominique n'était pas à la soirée?
– Si, mais elle est passée comme un météore.

– War Dominique nicht auf der Party?
– Doch, aber sie hat nur kurz reingeschaut.

S. auch **Die Wissenschaft, die Technik 17.3, Die Astrologie 23.6.**

15

15.1 Die Tiere

l'animal *m, pl.* -aux	das Tier
le zoo	der Zoo

Je ne crois pas que des animaux tels que les éléphants et les lions se sentent bien dans un zoo.

Ich glaube nicht, daß Tiere wie Elefanten und Löwen sich in einem Zoo wohl fühlen.

l'animal domestique	das Haustier
l'animal sauvage	das wilde Tier
la bête	das Tier

Laurent est un ami des bêtes.

Laurent ist ein Tierfreund.

la faune	die Fauna, die Tierwelt
mâle; le mâle	männlich; das Männchen
femelle; la femelle	weiblich; das Weibchen

Est-ce que ton canari est un mâle ou une femelle?

Ist dein Kanarienvogel ein Männchen oder ein Weibchen?

le petit — **das Junge**

Notre chatte a eu cinq petits. Est-ce que tu en veux un?

Unsere Katze hat fünf Junge bekommen. Möchtest du eines haben?

aboyer	bellen
miauler	miauen
chanter	singen, krähen
le cocorico	das Kikeriki

Les chiens aboient, les chats miaulent, les oiseaux chantent, le coq fait cocorico.

Hunde bellen, Katzen miauen, Vögel singen, der Hahn macht Kikeriki.

mordre	beißen
piquer	stechen
attraper	fangen

Les animaux sauvages mordent, les insectes piquent, les chats attrapent les souris.

Wilde Tiere beißen, Insekten stechen, Katzen fangen Mäuse.

<u>les mammifères</u> *m*	<u>die Säugetiere</u>
le chien/la chienne	der Hund/die Hündin
le chat/la chatte	die Katze, der Kater/die weibliche Katze
la souris	die Maus
le rat	die Ratte
le cheval, *pl.* -aux	das Pferd
la vache	die Kuh

Die Tiere 15.1

le veau, *pl.* ~x	das Kalb
le taureau, *pl.* ~x	der Stier
le mouton	das Schaf
l'agneau *m, pl.* ~x	das Lamm
la chèvre	die Ziege
l'âne *m*	der Esel
le cochon	das Schwein
le cochon d'Inde	das Meerschweinchen
le loup	der Wolf
le renard	der Fuchs
le lapin	das Kaninchen
l'éléphant *m*	der Elefant
l'ours *m* [urs]	der Bär
le tigre	der Tiger
le lion	der Löwe
la panthère	der Panther
le guépard	der Gepard
le léopard	der Leopard
le zèbre	das Zebra
la girafe	die Giraffe
le singe	der Affe
la baleine	der Wal
le dauphin	der Delphin

les oiseaux *m*	**die Vögel**
le coq [kɔk]/la poule	der Hahn/das Huhn
le poussin	das Küken
l'oie *f*	die Gans
le canard	die Ente
le dindon/la dinde	der Truthahn/die Truthenne, die Pute
l'hirondelle *f*	die Schwalbe
le moineau	der Spatz
l'alouette *f*	die Lerche
le merle	die Amsel
le rossignol	die Nachtigall
la pie	die Elster
le corbeau	der Rabe
la corneille	die Krähe
le hibou, *pl.* ~x	das Käuzchen
la chouette	die Eule
l'aigle *m*	der Adler
le pigeon	die Taube
la mouette	die Möwe
la cigogne	der Storch
le canari	der Kanarienvogel
le perroquet	der Papagei

15.1 Die Tiere

les poissons m	**die Fische**
la truite	die Forelle
la carpe	der Karpfen
le brochet	der Hecht
le saumon	der Lachs
la sardine	die Sardine
l'anchois m	die Sardelle
le thon	der Thunfisch
le requin	der Hai
les insectes m	**die Insekten**
la mouche	die Fliege
le moustique	die Mücke
l'abeille f	die Biene
la guêpe	die Wespe
le pou, pl. ~x	die Laus
la puce	der Floh
la punaise	die Wanze
la sauterelle	die Heuschrecke
le grillon	die Grille
la cigale	die Zikade
la fourmi	die Ameise
la chenille	die Raupe
le papillon	der Schmetterling
les reptiles m	**die Reptilien, die Kriechtiere**
le serpent	die Schlange
le crocodile	das Krokodil
le lézard	die Eidechse
la tortue	die Schildkröte
les mollusques m	**die Weichtiere**
l'escargot m	die Schnecke
la langouste	die Languste
le homard	der Hummer
l'écrevisse f	der Krebs
le coquillage	die Muschel
la moule	die Miesmuschel
le gibier	**das Wild**
le chevreuil [ʃəvrœj]	das Reh
le cerf [sɛr]	der Hirsch
le sanglier	das Wildschwein
le lièvre	der Hase
le faisan [fəzɑ̃]	der Fasan
la perdrix [pɛrdri]	das Rebhuhn
la gueule	die Schnauze, das Maul
le bec [bɛk]	der Schnabel

Die Tiere 15.1

la plume	die Feder
l'aile f	der Flügel
la queue	der Schwanz, der Schweif
le poil	das Haar
la peau	das Fell
la griffe	die Kralle
la serre	die (Vogel-)Kralle
le vol	der Flug
le nid	das Nest

élever — **züchten, aufziehen**
Nous avons élevé cet agneau au biberon. — Wir haben das Lamm mit der Flasche aufgezogen.

garder — **hüten**
le berger — **der Hirt**
le troupeau, pl. ~x — **die Herde**
Le troupeau de moutons était gardé par un berger et deux chiens. — Die Schafherde wurde von einem Hirten und zwei Hunden gehütet.

donner à manger — **füttern**
Avant d'aller à l'école, Benjamin donne à manger à son cochon d'Inde. — Bevor Benjamin in die Schule geht, füttert er sein Meerschweinchen.

chasser — **jagen**
protéger — **schützen**
Aujourd'hui, les éléphants sont protégés et ne peuvent plus être chassés. — Elefanten sind heute geschützt und dürfen nicht mehr gejagt werden.

aller ... — **... gehen**
  à la chasse — **auf die Jagd**
  à la pêche — **zum Angeln, zum Fischen**

apprivoiser — **zähmen**
Cet oiseau se laisse facilement apprivoiser. — Dieser Vogel läßt sich leicht zähmen.

le mirador — **der Hochstand**
Nous observions le gibier du haut du mirador. — Wir beobachteten das Wild vom Hochstand aus.

le pêcheur — **der Fischer**
Autrefois, il y avait beaucoup de pêcheurs dans cette région. — Früher gab es in dieser Gegend viele Fischer.

la canne à pêche — **die Angelrute**
Je possède une canne à pêche en bambou. — Ich besitze eine Angelrute aus Bambus.

la cage — **der Käfig**
Les animaux les plus à plaindre sont les singes que l'on met en cage. — Die bedauernswertesten Tiere sind die Affen, die man in Käfige einsperrt.

15.1 Die Tiere

l'aquarium *m* [akwarjɔm]
Il aimait regarder les poissons dans leur aquarium.

das Aquarium
Es machte ihm Spaß, die Fische im Aquarium zu beobachten.

● **Expressions**

se comporter comme un éléphant dans un magasin de porcelaine
Est-ce que tu ne sais pas te comporter autrement qu'un éléphant dans un magasin de porcelaine?

sich wie ein Elefant im Porzellanladen benehmen
Mußt du dich immer wie ein Elefant im Porzellanladen benehmen?

attraper la chair de poule
L'eau était tellement froide que j'ai attrapé la chair de poule.

eine Gänsehaut bekommen
Das Wasser war so kalt, daß ich eine Gänsehaut bekam.

prendre le taureau par les cornes
Il était évident qu'il ne fallait pas hésiter, mais au contraire, prendre le taureau par les cornes.

den Stier bei den Hörnern packen
Es war klar: Hier durfte man nicht zögern, sondern mußte den Stier bei den Hörnern packen.

entre chien et loup
Il est arrivé un soir, entre chien et loup, qu'un chevreuil se jette sur ma voiture.

in der (Abend-)Dämmerung
Einmal ist mir in der Abenddämmerung ein Reh ins Auto gelaufen.

Une hirondelle ne fait pas le printemps.

Eine Schwalbe macht noch keinen Sommer.

avoir la gueule de bois
Le lendemain, j'avais la gueule de bois.

einen Kater haben
Am andern Tag hatte ich einen Kater.

avoir le bec fin
Il a le bec fin et connaît tous les bons restaurants de la région.

ein Feinschmecker sein
Er ist ein Feinschmecker und kennt alle guten Restaurants in der Gegend.

marcher à la queue leu leu
Le chemin était si étroit que nous devions marcher à la queue leu leu.

im Gänsemarsch gehen
Der Pfad war so schmal, daß wir im Gänsemarsch gehen mußten.

soulever un lièvre

En écrivant cet article, il a soulevé un lièvre.

ein heikles Thema anschneiden, ein heißes Eisen anfassen
Mit diesem Artikel hat er ein heißes Eisen angefaßt.

Quelle mouche t'a piqué?

Welche Laus ist dir über die Leber gelaufen?

S. auch **Die Ernährung, das Esssen 7.3, Die Landwirtschaft 19.5.**

15.2 Die Pflanzen

la plante	die Pflanze
pousser	wachsen
Après la pluie, les plantes poussent particulièrement vite.	Nach dem Regen wachsen die Pflanzen besonders schnell.

la végétation
la flore

die Vegetation, die Pflanzenwelt
die Flora, die Pflanzenwelt

l'arbre *m*
la forêt
le bois
le sapin
l'épicéa *m*
le chêne
le saule (pleureur)
le platane
le tilleul [tijœl]
le peuplier
le bouleau, *pl.* ~x
le hêtre
le châtaignier
le pin
le pin parasol
le cyprès
l'arbuste *m*
la haie
les broussailles *f*
le lilas

der Baum
der Wald
der (kleine) Wald
die Tanne
die Fichte
die Eiche
die (Trauer-)Weide
die Platane
die Linde
die Pappel
die Birke
die Buche
der Kastanienbaum
die Kiefer
die Pinie
die Zypresse
der Strauch, der Busch
die Hecke
das Buschwerk, das Gestrüpp
der Flieder

l'arbre fruitier
le pommier
le poirier
le cerisier
le prunier

der Obstbaum
der Apfelbaum
der Birnbaum
der Kirschbaum
der Pflaumenbaum

la fleur
la rose
la tulipe
l'œillet *m* [œjɛ]
le lis [lis]
la jonquille
la marguerite
le tournesol
la primevère
le muguet [mygɛ]

die Blume
die Rose
die Tulpe
die Nelke
die Lilie
die gelbe Narzisse
die Margerite
die Sonnenblume
die Schlüsselblume
das Maiglöckchen

15.2 Die Pflanzen

le myosotis [mjɔzɔtis]	das Vergißmeinnicht
la pâquerette	das Gänseblümchen
la violette	das Veilchen
la feuille	das Blatt
les feuilles mortes	das (Herbst-)Laub
le feuillage	die Blätter, das Laub
la branche	der Zweig
la tige	der Stengel, der Stiel
l'épine *f*	der Dorn, der Stachel
la pomme de pin	der Tannenzapfen
l'herbe *f*	das Gras
le roseau, *pl.* ~x	das Schilf(rohr)
le jonc [ʒɔ̃]	die Binse
la mousse	das Moos
l'algue *f*	die Alge

fleurir — **blühen**
Les fleurs des prés commencent à fleurir en mars. — Im März fangen die Wiesenblumen an zu blühen.

être en fleurs — **blühen, in Blüte stehen**
A la Pentecôte, tout est déjà en fleurs. — An Pfingsten steht schon alles in Blüte.

se faner — **verwelken, verblühen**
Ces roses se sont fanées bien vite malheureusement. — Die Rosen sind leider sehr schnell verwelkt.

● **Expressions**

fleur bleue — **sentimental, romantisch**
Il est très fleur bleue. — Er ist sehr romantisch.

Ce sont les arbres qui te cachent la forêt. — **Du siehst den Wald vor lauter Bäumen nicht.**

Il n'y a pas de roses sans épines. — **Keine Rose ohne Dornen.**

voir tout en rose (voir la vie en rose) — **alles in rosigem Licht sehen, rosig sehen**
C'est un optimiste à tout crin. Il voit tout en rose. (Il voit la vie en rose.) — Er ist ein unverwüstlicher Optimist und sieht immer alles in rosigem Licht.

faire une fleur à qn. — **(geschäftlich) jdm. entgegenkommen, sich jdm. gegenüber großzügig zeigen**
Il m'a fait une fleur à l'achat de la voiture en me consentant une remise de 10 %. — Er ist mir beim Kauf des Autos entgegengekommen und gab mir einen Nachlaß von 10 %.

S. auch **Die Ernährung, das Essen 7.3, Die Gartenarbeit 10.2, Die Landwirtschaft 19.5**.

15.3 Die Stoffe

la matière
La matière peut être ...
  solide / liquide / gazeuse
  organique / inorganique

la matière première

la molécule
Une molécule se compose de deux ou plusieurs atomes.

l'élément *m*
Les Grecs croyaient que le monde se composait de quatre éléments: le feu, l'eau, l'air et la terre.

l'eau *f*
le liquide
L'eau est un liquide incolore, inodore et sans saveur.

l'huile *f*
végétal,e
minéral,e
Il existe des huiles végétales et des huiles minérales.

l'air *m*
le gaz
L'air est un gaz qui se compose des éléments suivants:
  l'oxygène *m*
  l'hydrogène *m*
  l'azote *m*

le minéral, *pl.* **-aux**
la pierre
le sable
le caillou, *pl.* **~x**
le rocher
le marbre
le grès [grɛ]
le granit [granit]
le calcaire
l'argile *f*

der Stoff, die Materie
Ein Stoff kann ... sein.
  fest / flüssig / gasförmig
  organisch / anorganisch

der Rohstoff

das Molekül
Ein Molekül besteht aus zwei oder mehreren Atomen.

das Element
Die Griechen glaubten, die Welt bestehe aus vier Elementen, aus Feuer, Wasser, Luft und Erde.

das Wasser
die Flüssigkeit
Das Wasser ist eine farblose, geruchlose und geschmacklose Flüssigkeit.

das Öl
pflanzlich
mineralisch
Es gibt pflanzliche und mineralische Öle.

die Luft
das Gas
Die Luft ist ein Gas, das sich aus folgenden Elementen zusammensetzt:
  Sauerstoff
  Wasserstoff
  Stickstoff

das Mineral
der Stein
der Sand
der Kieselstein
der Felsen
der Marmor
der Sandstein
der Granit
der Kalkstein
der Ton

15.3 Die Stoffe

la terre cuite	der gebrannte Ton, die Terrakotta
la céramique	die Keramik
la porcelaine	das Porzellan
le verre	das Glas
le métal, *pl.* -aux	das Metall
le minerai	das Erz
le fer	das Eisen
l'acier *m*	der Stahl
le cuivre	das Kupfer
l'or *m*	das Gold
l'argent *m*	das Silber
l'étain *m*	das Zinn
l'aluminium *m*	das Aluminium
le laiton	das Messing
le zinc [zɛ̃g]	das Zink
le plastique / la matière plastique	das Plastik, der Kunststoff
le matériau synthétique	der Kunststoff
le caoutchouc	der Gummi
le tissu	der Stoff, das Gewebe
l'étoffe *f*	der Stoff
le coton	die Baumwolle
la laine	die Wolle
la soie	die Seide
la barre de fer	die Eisenstange
la table en verre	der Glastisch
le vase en terre cuite	die Tonvase
le gobelet en plastique	der Plastikbecher

● Expressions

Je ne le ferais pas pour tout l'or du monde.

Ich würde das um keinen Preis der Welt tun.

Tout ce qui brille n'est pas (d')or.

Es ist nicht alles Gold, was glänzt.

rouler sur l'or
On ne peut pas dire qu'ils roulent sur l'or.

im Geld schwimmen
Man kann nicht sagen, daß sie im Geld schwimmen.

faire travailler sa matière grise
Il faudrait un peu faire travailler ta matière grise!

seinen Grips zusammennehmen
Du solltest deinen Grips ein bißchen zusammennehmen!

faire d'une pierre deux coups

Comme ça, je fais d'une pierre deux coups.

zwei Fliegen mit einer Klappe schlagen

Damit schlage ich zwei Fliegen mit einer Klappe.

S. auch **Baustoffe, Baumaschinen 6.5, Die Energie 19.6.**

15.4 Die Farben

la couleur
De quelle couleur est ton nouveau pull?
Miro utilisait des couleurs vives.

die Farbe
Welche Farbe hat dein neuer Pullover?
Miro verwendete leuchtende Farben.

en couleurs
la télé en couleurs
la photo en couleurs

Farb-
der Farbfernseher
das Farbfoto

de toutes les couleurs
multicolore
coloré,e

bunt

Elle apprécie les bouquets de toutes les couleurs (multicolores).
Elle aime porter des chemisiers colorés.

Sie liebt bunte Blumensträuße.

Sie trägt gerne bunte Blusen.

incolore
Ce coffret est recouvert de laque incolore.

farblos
Das Kästchen ist mit farblosem Lack überzogen.

colorier
Pourquoi as-tu colorié les arbres en bleu?

(an)malen
Warum hast du die Bäume blau (an-)gemalt?

rouge
bleu,e
bleu,e foncé
bleu,e clair
jaune
vert,e
brun,e
marron
violet,te
mauve
blanc, blanche
noir,e

rot
blau
dunkelblau
hellblau
gelb
grün
braun
kastanienbraun
violett
lila
weiß
schwarz

15.4 Die Farben

la teinte
La teinte de ses yeux est indéfinissable.

die Farbe, der Farbton
Die Farbe seiner/ihrer Augen ist nicht zu bestimmen.

prendre des teintes variées
Début octobre, le feuillage commence à prendre des teintes variées.

sich bunt färben
Anfang Oktober beginnt das Laub, sich bunt zu färben.

teindre
Elle s'est fait teindre les cheveux.

färben
Sie hat sich die Haare färben lassen.

déteindre
Mon tee-shirt a déteint sur tout le reste du linge.
Mon pull a déteint au lavage.

abfärben, sich verfärben
Mein T-Shirt hat auf die ganze Wäsche abgefärbt.
Mein Pullover hat sich beim Waschen verfärbt.

transparent,e
Sa robe avait des manches en tissu transparent.

durchsichtig, transparent
Ihr Kleid hatte Ärmel aus durchsichtigem Stoff.

opaque
La porte était en verre opaque.

lichtundurchlässig, undurchsichtig
Die Tür war aus undurchsichtigem Glas.

● **Expressions**

voir rouge
Quand j'entends ce genre de choses, je vois rouge.

rot sehen, wütend werden
Wenn ich das höre, sehe ich rot.

rouge comme une écrevisse
Au bout de deux heures de bronzage, il était rouge comme une écrevisse.

krebsrot
Nach zwei Stunden Sonnenbad war er krebsrot.

la grande bleue
Qui ne souhaiterait pas naviguer sur la grande bleue à bord d'un yacht de luxe?

das Mittelmeer, das Meer
Wer wünschte sich nicht, auf einer Luxusyacht im Mittelmeer zu kreuzen?

Des goûts et des couleurs on ne discute pas.

Über Geschmack läßt sich (nicht) streiten.

voir les choses en noir

schwarz sehen, etw. pessimistisch einschätzen

Tu vois les choses trop en noir.

Du siehst die Dinge zu schwarz.

S. auch **Die fünf Sinne 1.3.**

16.1 Geographie

la géographie
La géographie a toujours été son violon d'Ingres.

die Geographie, die Erdkunde
Geographie war schon immer sein/ihr Steckenpferd.

géographique
Je n'ai qu'une idée très vague de la situation géographique des îles Fidji.

geographisch
Ich habe nur eine sehr vage Vorstellung von der geographischen Lage der Fidschi-Inseln.

l'explorateur/l'exploratrice

Les explorateurs du XVIe siècle étaient à la fois des aventuriers et des géographes.

der Entdecker/die ~in;
der Forscher/die ~in
Die Entdecker des 16. Jahrhunderts waren gleichzeitig Abenteurer und Geographen.

explorer
Vasco de Gama explora en 1497 la route des Indes.

entdecken, erforschen
Vasco da Gama entdeckte 1497 den Seeweg nach Indien.

la carte géographique
l'atlas *m* [atlas]
l'univers *m*
la planète
la Terre
le globe
le monde
le continent
le nord / le sud
l'est *m* / **l'ouest** *m*
le nord-est / le sud-ouest

die Landkarte
der Atlas
das Universum
der Planet
die Erde
die Erdkugel
die Welt
der Kontinent
der Norden / der Süden
der Osten / der Westen
der Nordosten / der Südwesten

la surface de la Terre
la mer
le fond de la mer
l'île *f*
la presqu'île
la côte
le littoral
les marées *f*
la marée haute
la marée basse
le relief
la plaine

die Erdoberfläche
das Meer
der Meeresgrund
die Insel
die Halbinsel
die Küste
der Küstenstreifen
die Gezeiten
die Flut
die Ebbe
das Relief, die Erdoberflächenform
die Ebene

16.1 Geographie

le désert	die Wüste
le plateau	die Hochebene
la vallée	das Tal
le bassin	das Becken
la montagne	der Berg, das Gebirge
la chaîne de montagnes	die Gebirgskette
la colline	der Hügel
le sommet	der Gipfel
le rocher	der Felsen
le glacier	der Gletscher
le volcan	der Vulkan
le tremblement de terre	das Erdbeben
le fleuve	der Strom
la rivière	der Fluß
l'affluent m	der Nebenfluß
le cours d'eau	der Wasserlauf
la chute d'eau	der Wasserfall
l'embouchure f	die Mündung
la rive	das Ufer
le rivage	die Küste, das Ufer
le lac	der See
le marais	der Sumpf
la zone désertique	die Wüstenzone
la zone (sub)tropicale	die (sub)tropische Zone
la faune	die Fauna, die Tierwelt
la flore	die Flora, die Pflanzenwelt

se situer (être situé,e) — **liegen**
- Où se situe cette ville? (Où est située cette ville?) — Wo liegt diese Stadt?
- Elle se situe (Elle est située) … — Sie liegt …
    au nord/à l'ouest — **im Norden/im Westen** (ohne weitere Ergänzung)
    dans le nord de la France — im Norden von Frankreich
    au nord de Paris — nördlich von Paris
    au bord de la mer — am Meer
    sur les bords de la Loire — an der Loire
    sur la rive gauche/droite — auf dem linken/rechten Ufer
    sur la côte — an der Küste
    au bord de la Méditerranée — am Mittelmeer
    à l'Océan[1] — am Atlantik
    à l'embouchure de la Seine — an der Mündung der Seine
    au pied des Pyrénées — am Fuße der Pyrenäen

prendre sa source — **entspringen**
La Moselle prend sa source dans le Jura. — Die Mosel entspringt im Jura.

---

[1] Wird *Océan* groß geschrieben, bezeichnet es den Atlantik an der französischen Küste.

Geographie 16.1

se jeter dans qc.
La Seine se jette dans la Manche.

traverser
La Loire traverse Orléans.

se diriger vers
A partir de Lyon, le Rhône se dirige vers le sud.

couler
Le Rhin coule dans le sens sud-nord.

régulariser
La Loire est le seul fleuve en France qui ne soit pas encore régularisé.

s'étendre
Les Vosges s'étendent depuis Belfort au sud jusqu'à la Moder au nord.

séparer
Le Rhin sépare l'Allemagne de la France.

la frontière naturelle
Le Jura constitue une frontière naturelle entre la France et la Suisse.

relier à qc.
Le canal du Midi relie la Méditerranée à l'Atlantique.

converger vers qc.
De nombreuses rivières convergent vers le Bassin parisien.

monter
Etes-vous montés jusqu'au sommet?

descendre
Nous sommes descendus en une heure.

un climat ...
   chaud/froid/doux
   humide/sec

ensoleillé,e
C'est l'une des régions les plus ensoleillées de France.

münden, fließen
Die Seine mündet in den Ärmelkanal.

fließen durch
Die Loire fließt durch Orléans.

fließen (in Richtung)
Ab Lyon fließt die Rhône in Richtung Süden.

fließen
Der Rhein fließt von Süden nach Norden.

regulieren
Die Loire ist der einzige Strom in Frankreich, der noch nicht reguliert ist.

sich erstrecken
Die Vogesen erstrecken sich von Belfort im Süden bis zur Moder im Norden.

trennen
Der Rhein trennt Deutschland von Frankreich.

die natürliche Grenze
Der Jura bildet eine natürliche Grenze zwischen Frankreich und der Schweiz.

verbinden
Der Canal du Midi verbindet das Mittelmeer mit dem Atlantik.

zusammenlaufen
Viele Flüsse laufen im Pariser Becken zusammen.

steigen
Seid ihr bis zum Gipfel hochgestiegen?

herab-, hinabsteigen
Wir sind in einer Stunde hinabgestiegen.

ein ... Klima
   heißes/kaltes/mildes
   feuchtes/trockenes

sonnig
Das ist eine der sonnigsten Gegenden Frankreichs.

16.1 Geographie

être exposé,e ...	... ausgesetzt sein
au vent	dem Wind
au soleil	der Sonne
à la pluie	dem Regen

être protégé,e contre qc.
Le vignoble est protégé contre le vent d'ouest.

gegen etw. geschützt sein
Der Weinberg ist gegen Westwind geschützt.

l'Hexagone *m* [ɛgzagɔn] — das Hexagon (das Sechseck, Ausdruck für Frankreich)

la plaine du Rhin — die Rheinebene
les Vosges *f* [voʒ] — die Vogesen
la Forêt-Noire — der Schwarzwald
les Alpes *f* — die Alpen
le Jura — der Jura
les Pyrénées *f* — die Pyrenäen
le Massif Central — das Zentralmassiv
le Rhin — der Rhein
la Seine — die Seine
la Loire — die Loire
la Garonne — die Garonne
le Rhône — die Rhône
la Saône [son] — die Saône
la Moselle — die Mosel

la Méditerranée — das Mittelmeer
la Mer du Nord — die Nordsee
la Baltique — die Ostsee
la Manche — der Ärmelkanal
l'Atlantique *m* (l'océan ~) — der Atlantik
le Pacifique (l'océan ~) — der Pazifik

l'Europe *f* — Europa
l'Asie *f* — Asien
l'Afrique *f* — Afrika
l'Amérique *f* (du Sud, du Nord) — (Süd-, Nord-)Amerika
l'Australie *f* — Australien
l'Orient *m* — der Orient, der Osten
l'Occident *m* — das Abendland, der Westen
le Proche-Orient — der Nahe Osten
l'Extrême-Orient *m* — der Ferne Osten
le pôle nord/le pôle sud — der Nordpol/der Südpol
l'équateur *m* [ekwatœr] — der Äquator

Expressions

parler dans le désert
Tu peux dire ce que tu veux. Tu parles tout de même dans le désert.

in den Wind reden
Du kannst sagen, was du willst. Du redest doch nur in den Wind.

Je pourrais boire la mer et les (ses) poissons.

Ich habe einen wahnsinnigen Durst.

Ce n'est pas la mer à boire.

Das ist doch machbar.

C'est la montagne qui accouche d'une souris.

Der Berg kreißt und gebiert eine Maus. (= Der Aufwand steht in keinem Verhältnis zum Ergebnis.)

se faire une montagne de qc.
Ne te fais pas toujours une montagne de tout!

aus etw. eine Staatsaktion machen
Mach nicht aus allem eine Staatsaktion!

se la couler douce *fam.*

ein sorgloses, unbeschwertes Leben führen; sich das Leben leicht machen

Elle a hérité une grosse fortune de ses parents et peut se la couler douce.
Sie hat von ihren Eltern ein großes Vermögen geerbt und kann ein sorgloses Leben führen.

avoir les pieds sur terre
Lui serait plutôt romantique alors qu'elle a bien les pieds sur terre.

mit beiden Füßen auf der Erde stehen
Er ist mehr romantisch veranlagt, sie dagegen steht mit beiden Füßen fest auf der Erde.

S. auch **Ferien, Reisen 8.3, Das Wetter 14.1, Die französische Provinz und die Politik der Dezentralisierung 26.3, Die Dritte Welt 26.7.**

16.2 Geschichte

l'Histoire *f*
Crois-tu que l'homme sache tirer les leçons de l'Histoire?

die Geschichte
Glaubst du, daß der Mensch aus der Geschichte lernen kann?

historique
l'événement *m* **historique**
La réunification de l'Allemagne est un événement historique.

geschichtlich
das geschichtliche Ereignis
Die Wiedervereinigung Deutschlands ist ein geschichtliches Ereignis.

16.2 Geschichte

la toile de fond
C'est la seconde guerre mondiale qui forme la toile de fond de ce film.

der Hintergrund
Der Zweite Weltkrieg bildet den Hintergrund dieses Films.

le/la Celte
César lutta contre les Celtes.

der Kelte, die Keltin
Cäsar kämpfte gegen die Kelten.

celte
celtique
Le breton est une langue celte (celtique).

keltisch
Bretonisch ist eine keltische Sprache.

le Romain, la Romaine
Les Romains furent, cinq siècles durant, les maîtres de l'Europe.

der Römer, die ~in
Die Römer waren fünf Jahrhunderte lang die Herren Europas.

romain,e
l'empire *m* **romain**
C'est Auguste qui a fondé l'empire romain.

römisch
das römische Welt-, Kaiserreich
Augustus begründete das römische Kaiserreich.

la Gaule
le Gaulois, la Gauloise
Les Romains appelèrent les Celtes Gaulois et leur pays la Gaule.

Gallien
der Gallier, die ~in
Die Römer nannten die Kelten Gallier und ihr Land Gallien.

gaulois,e
Astérix et Obélix sont les héros gaulois d'une célèbre bande dessinée.

gallisch
Asterix und Obelix sind die gallischen Helden eines berühmten Comics.

le Germain, la Germaine
C'est au IIIe siècle que les Germains commencèrent à conquérir la Gaule.

der Germane, die Germanin
Im 3. Jh. begannen die Germanen, Gallien zu erobern.

la Germanie
Charlemagne
l'Ancien Régime *m* (l'époque qui a précédé la Révolution française)

Germanien
Karl der Große
das Ancien Régime (die Zeit vor der Französischen Revolution)

la Révolution française
l'Empire *m*
la Restauration
la République française

die Französische Revolution (1789)
das Kaiserreich
die Restauration
die Französische Republik

la préhistoire
Les hommes de la préhistoire ne possédaient pas encore l'écriture.

die Vorgeschichte, die Urgeschichte
Die Menschen der Vorgeschichte besaßen noch keine Schrift.

l'âge *m* ...
  de la pierre
  du bronze
  de fer

das Zeitalter
  die Steinzeit
  die Bronzezeit
  die Eisenzeit

Geschichte 16.2

l'Antiquité f
Notre conception de l'art a été beaucoup influencée par l'Antiquité grecque et romaine.

antique
La Grèce antique m'a toujours passionné.

l'archéologie f [arkeɔlɔʒi]
les vestiges m
L'archéologie s'occupe des vestiges des cultures anciennes.

les fouilles f
les ruines f
On a découvert, au cours de fouilles, les ruines de bains romains.

l'antiquaire m

On trouve de nombreux antiquaires entre l'église de St Germain-des-Prés et la Seine.

ancien,ne
Voici un meuble ancien.

le Moyen-Age
Il y avait, au Moyen-Age, de nombreux monastères en Bourgogne.

médiéval,e;aux
moyenâgeux,se
Sarlat est une ville médiévale (moyenâgeuse).

la Renaissance
L'art de la Renaissance débute en Italie au XIVe siècle.

les Lumières f
Le XVIIIe siècle est appelé «le siècle des Lumières».

les temps m **modernes**
l'époque f **contemporaine**

la civilisation
Les bases de notre civilisation sont l'antiquité et le christianisme.

die Antike, das Altertum
Unsere Auffassung von der Kunst wurde sehr von der griechischen und römischen Antike beeinflußt.

antik
Das antike Griechenland hat mich schon immer begeistert.

die Archäologie
die Spuren, die Überreste
Die Archäologie befaßt sich mit den Spuren alter Kulturen.

die Ausgrabungen
die Ruinen, die Überreste
Bei Ausgrabungen wurden die Überreste eines römischen Bades entdeckt.

der Antiquitätenhändler, das Antiquitätengeschäft
Zwischen der Kirche St. Germain-des-Prés und der Seine gibt es viele Antiquitätengeschäfte.

antik, alt
Das ist ein altes Möbelstück.

das Mittelalter
Im Mittelalter gab es in Burgund viele Klöster.

mittelalterlich

Sarlat ist eine mittelalterliche Stadt.

die Renaissance
Die Kunst der Renaissance beginnt in Italien im 14. Jh.

die Aufklärung
Das 18. Jh. wird das Jahrhundert der Aufklärung genannt.

die Moderne
die heutige Zeit

die Zivilisation, die Kultur
Die Grundlagen unserer Zivilisation sind die Antike und das Christentum.

16.2 Geschichte

la culture
Les Espagnols ont détruit la culture des Incas.

oriental,e;aux
occidental,e;aux
C'est sur les bords de la Méditerranée que se rencontrent les cultures orientale et occidentale.

le siècle
l'époque f
la période

Ces événements ont eu lieu ...
 en 1789
 au XIXe siècle
 à l'époque de Louis XIV/de l'Empire

 au début du XIIIe siècle
 dans la première partie du XXe siècle
 au cours de la Révolution française

 vers la fin de l'Ancien Régime
 pendant la période de l'après-guerre

se situer
Ces événements se situent à l'époque de la guerre froide.

durer de ... à
Le premier Empire dura de 1804 à 1815.

dater de
Ce pont de pierre date de l'époque romaine.

remonter à
La destruction de ce monument remonte à 1945.

marquer
La période de 1958 à 1969 a été marquée par la personnalité du général de Gaulle.

die Kultur
Die Spanier zerstörten die Kultur der Inkas.

östlich
westlich
An den Küsten des Mittelmeers treffen die östliche und westliche Kultur aufeinander.

das Jahrhundert
die Epoche, die Zeit
die Zeit, der Zeitabschnitt

Diese Ereignisse fanden ... statt.
 (im Jahre) 1789
 im 19. Jh.
 zur Zeit von Ludwig XIV./des Kaiserreichs
 Anfang des 13. Jh.
 in der 1. Hälfte des 20. Jh.

 im Verlauf der französischen Revolution
 gegen Ende des Ancien Régime
 in der Zeit nach dem Krieg

gehören, sich einordnen (lassen)
Diese Ereignisse gehören in die Zeit des Kalten Krieges.

dauern von ... bis
Das erste Kaiserreich dauerte von 1804 bis 1815.

stammen aus, datieren
Diese Steinbrücke stammt aus der römischen Zeit.

zurückgehen auf
Die Zerstörung dieses historischen Gebäudes geht auf das Jahr 1945 zurück.

prägen
Die Zeit von 1958 bis 1969 wurde von der Persönlichkeit Generals de Gaulle geprägt.

Geschichte **16.2**

marquer une étape
Les mouvements de 1968 ont marqué une étape dans la politique française.

la tradition
Les «pardons» sont une vieille tradition bretonne.

l'évolution f
Ce régime a empêché toute évolution.

évoluer
Comment la situation a-t-elle évolué en France après le départ de de Gaulle?

l'ascension f
l'apogée m
le déclin
L'ascension de Napoléon s'accomplit pendant la Révolution française. Il atteint l'apogée de sa puissance en 1804 avec son couronnement comme empereur. Son déclin commence en 1812 avec la campagne de Russie.

(se) succéder à qn./à qc.
Depuis la Révolution française, cinq Républiques se sont succédé les unes aux autres.

le passage
Le passage de la monarchie à la république s'est effectué en 1918 en Allemagne.

la rupture
Robespierre voulait une rupture radicale avec le passé.

rompre avec qc.
La Russie a rompu avec son passé communiste en 1991.

einen Wendepunkt bedeuten
Die Unruhen von 1968 bedeuteten einen Wendepunkt in der französischen Politik.

die Tradition
Die „Pardons" (= Flurprozessionen) sind eine alte bretonische Tradition.

die Entwicklung
Dieses Regime verhinderte jede Entwicklung.

sich entwickeln
Wie hat sich die Lage in Frankreich nach dem Weggang de Gaulles entwickelt?

der Aufstieg
der Höhepunkt
der Niedergang
Der Aufstieg Napoleons vollzieht sich in der französischen Revolution. Den Höhepunkt seiner Macht erreicht er 1804 mit der Krönung zum Kaiser. Sein Niedergang beginnt 1812 mit dem Feldzug gegen Rußland.

auf jdn./auf etw. folgen
Seit der französischen Revolution sind fünf Republiken aufeinander gefolgt.

der Übergang
Der Übergang von der Monarchie zur Republik fand in Deutschland 1918 statt.

der Bruch
Robespierre wollte einen radikalen Bruch mit der Vergangenheit.

mit etw. brechen
Rußland hat 1991 mit seiner kommunistischen Vergangenheit gebrochen.

S. auch **Die Entwicklung der Person 2.7, Die Zeit 14.2, Die deutsch-französischen Beziehungen 26.5, Der Krieg 24.7, Zeitlich einordnen 27.6.**

16.3 Umweltprobleme

l'environnement *m*
la pollution
La pollution de l'environnement touche l'air, l'eau et le sol.

die Umwelt
die Verschmutzung
Die Umweltverschmutzung betrifft die Luft, das Wasser und den Boden.

l'écologie *f*
le milieu naturel
L'écologie traite des rapports des êtres vivants avec leur milieu naturel.

die Ökologie
die natürliche Umwelt
Die Ökologie handelt von den Beziehungen der Lebewesen zu ihrer natürlichen Umwelt.

écologique
l'équilibre *m*
rompre
L'équilibre écologique est rompu dans de nombreux secteurs de la nature.

Umwelt-, ökologisch
das Gleichgewicht
stören, brechen
In vielen Bereichen der Natur ist das ökologische Gleichgewicht gestört.

l'écologiste *m*
C'est au début des années 80 que les écologistes se sont rassemblés en partis politiques.

der Umweltschützer
Anfang der 80er Jahre schlossen sich die Umweltschützer zu politischen Parteien zusammen.

les ordures *f*
les ordures ménagères
les déchets *m*

die Abfälle
der Hausmüll
die (Industrie-)Abfälle,
das Abwasser

les eaux *f* usées
la décharge

das Abwasser
die Mülldeponie

polluer
On ne peut pas se baigner dans ce lac; il est trop pollué.
Le sol est pollué par ...
   les pluies *f* acides
   les engrais *m* (chimiques)
   les insecticides *m*

verschmutzen, verseuchen
In diesem See kann man nicht baden; er ist zu verschmutzt.
Der Boden wird verschmutzt durch ...
   sauren Regen
   Kunstdünger
   Insektenvertilgungsmittel

la dégradation

La dégradation systématique de notre milieu naturel doit absolument cesser.

die Beschädigung, die Verschlimmerung
Die systematische Beschädigung unseres natürlichen Lebensraumes muß unbedingt aufhören.

se dégrader

Nos conditions de vie se dégraderont si nous n'y prenons pas garde.

sich verschlechtern, sich verschlimmern
Unsere Lebensbedingungen werden sich verschlechtern, wenn wir nicht aufpassen.

Umweltprobleme 16.3

s'aggraver
La situation de la forêt s'aggrave d'année en année.

sich verschlimmern
Die Situation des Waldes verschlimmert sich von Jahr zu Jahr.

abîmer
Les rayons ultra-violets abîment la peau.

schaden, zerstören
UV-Strahlen schaden der Haut.

l'exploitation f
Nos problèmes d'énergie ne seront pas réglés par l'exploitation systématique de la nature.

die Ausbeutung
Unsere Energieprobleme werden nicht durch die systematische Ausbeutung der Natur gelöst.

exploiter
L'homme exploite la Terre sans vergogne.

ausbeuten
Der Mensch beutet die Erde schamlos aus.

déboiser la forêt vierge
On continue à déboiser la forêt vierge.

den Urwald abholzen
Der Urwald wird weiterhin abgeholzt.

épuiser
Les sources d'énergie de la Terre ne vont pas tarder à être épuisées.

erschöpfen
Die Energiequellen der Erde werden bald erschöpft sein.

la couche d'ozone
le réchauffement de l'atmosphère
La couche d'ozone se détruit de plus en plus, ce qui entraîne le réchauffement de l'atmosphère et des mers.

die Ozonschicht
die Erwärmung der Atmosphäre
Die Ozonschicht wird immer mehr zerstört, was die Erwärmung der Atmosphäre und der Meere zur Folge hat.

les gaz m **d'échappement**
endommager
Les plus beaux monuments sont endommagés par les gaz d'échappement.

die Auspuffgase
beschädigen
Die schönsten Kulturdenkmäler werden durch Auspuffgase beschädigt.

la fumée
dégager
Cette cheminée dégage une fumée épaisse.

der Rauch
ausstoßen, ausströmen lassen
Dieser Kamin stößt einen dichten Rauch aus.

l'eau f **potable**
la nappe phréatique
la lessive
l'accident m **pétrolier**
la marée noire

das Trinkwasser
das Grundwasser
das Waschmittel
das Tankerunglück
die Ölpest

déverser
Il est scandaleux que cette usine déverse ses déchets dans le Rhin.

schütten, einleiten
Es ist skandalös, daß diese Fabrik ihr Abwasser in den Rhein einleitet.

l'accident m **nucléaire**
la radioactivité

der atomare Störfall, Unfall
die Radioaktivität

radioactif, ve
la substance toxique
l'intoxication f

être irradié, e
Le terrain autour de la centrale nucléaire a été irradié.

(s')intoxiquer
De nombreuses personnes ne mangent pas de champignons de peur de s'intoxiquer.

la contamination
L'étendue de la contamination due à l'accident de Tchernobyl a d'abord été sous-estimée.

<u>Catastrophes écologiques</u>
– **Accidents nucléaires:**
  Windscale, GB – 1977
  Harrisburg, USA – 1979
  Tchernobyl, URSS – 1986
– **Accidents pétroliers:**
  Torrey Canyon – 1967
  Amoco Cadiz – 1978
  Exxon Valdez – 1989
– **Intoxications:**
  Seveso, Italie – 1976
  Bhopal, Inde – 1984

S. auch **Die Energie 19.6.**

radioaktiv
der giftige Stoff
die Vergiftung

verstrahlt werden, sein
Das Gebiet um das Kernkraftwerk wurde verstrahlt.

(sich) vergiften
Viele Menschen essen keine Pilze, aus Angst, sich zu vergiften.

die Verseuchung
Das Ausmaß der Verseuchung durch den Unfall von Tschernobyl wurde zunächst unterschätzt.

<u>Umweltkatastrophen</u>
– **Nukleare Störfälle:**
  Windscale, GB – 1977
  Harrisburg, USA – 1979
  Tschernobyl, UdSSR – 1986
– **Tankerunglücke:**
  Torrey Canyon – 1967
  Amoco Cadiz – 1978
  Exxon Valdez – 1989
– **Vergiftungen:**
  Seveso, Italien – 1976
  Bhopal, Indien – 1984

16.4 Natur- und Umweltschutz

la protection
la protection de la nature et de l'environnement
La protection de la nature et de l'environnement constitue aujourd'hui la mission essentielle de notre politique sociale.

le cadre de vie
la nature intacte
la forêt vierge

der Schutz
der Natur- und Umweltschutz

Natur- und Umweltschutz sind heute die wesentlichen Aufgaben unserer Gesellschaftspolitik.

der Lebensraum
die unversehrte Natur
der Urwald

Natur- und Umweltschutz 16.4

la qualité de la vie
améliorer
La lutte contre le bruit contribue à améliorer la qualité de la vie.

die Lebensqualität
verbessern
Der Kampf gegen den Lärm trägt dazu bei, die Lebensqualität zu verbessern.

sauver
- Que devons-nous faire pour sauver la Terre?
- Nous devons ...
  protéger l'environnement
  respecter la forêt
  défendre les espèces en voie de disparition
  lutter contre la pollution

  préserver ou rétablir l'équilibre biologique
  éviter d'accumuler des déchets

retten
- Was müssen wir tun, um die Erde zu retten?
- Wir müssen ...
  die Umwelt schützen
  den Wald schonen
  die vom Aussterben bedrohten Arten schützen
  gegen die Umweltverschmutzung kämpfen
  das biologische Gleichgewicht erhalten oder wiederherstellen
  vermeiden, Abfälle anzuhäufen

remédier à qc.
- Comment pouvons-nous remédier à ces abus?
- Nous pouvons y remédier en utilisant ...
  du papier recyclé
  des lessives sans phosphates
  des sprays (des bombes) sans CFC
  des produits respectant l'environnement
  des engrais biologiques
  des voitures à pot catalytique
  des matières recyclables

Abhilfe schaffen, abstellen
- Wie können wir diese Mißstände abstellen?
- Wir können Abhilfe schaffen, indem wir ... verwenden.
  Umweltpapier
  Waschmittel ohne Phosphate
  Spraydosen ohne Treibgas

  umweltfreundliche Produkte

  biologischen Dünger
  Autos mit Katalysator
  wiederverwendbare Stoffe

épurer
Cette usine épure ses déchets avant de les déverser dans le fleuve.

klären, reinigen
Diese Fabrik klärt ihre Abwässer, bevor sie sie in den Strom leitet.

la station d'épuration
On a construit une station d'épuration biologique près de Strasbourg.

das Klärwerk
Bei Straßburg wurde ein biologisches Klärwerk gebaut.

le recyclage
Le recyclage ne résoudra pas tout seul nos problèmes de déchets.

das Recycling
Recycling allein wird unsere Abfallprobleme nicht lösen.

S. auch **Der einzelne und die Gesellschaft 3.1, Die Energie 19.6.**

17.1 Die Schule

l'école f
Les différents types d'écoles en France sont les suivants:

l'école maternelle (à partir d'environ 2½ ans)

l'école primaire (de 6 à 10 ans)
Elle se compose de cinq classes.

le collège (de 11 à 14 ans)
Il se compose de 4 classes qui sont ...
    la sixième
    la cinquième
    la quatrième
    la troisième

le lycée (de 15 à 18 ans)
Il se compose de 3 classes qui sont ...
    la seconde
    la première
    la terminale

aller ...
    à l'école
    au collège
    au lycée

quitter l'école
Il a quitté l'école à seize ans et est entré en apprentissage.

la scolarité

En France, la scolarité est obligatoire jusqu'à seize ans.

scolaire
l'année scolaire
la formation scolaire
l'échange scolaire

le bulletin scolaire [byltɛ̃]
Comment était ton dernier bulletin scolaire?

die Schule
In Frankreich gibt es folgende Schularten:

die Vorschule (ab ungefähr 2½ Jahren)

die Grundschule (6.–10. Lebensjahr)
Sie besteht aus 5 Klassen.

das Collège (11.–14. Lebensjahr)
Es besteht aus 4 Klassen. Es sind dies ...
    die Sixième
    die Cinquième
    die Quatrième
    die Troisième

das Gymnasium (15.–18. Lebensjahr)
Es besteht aus 3 Klassen. Es sind dies ...
    die Seconde
    die Première
    die Terminale

... gehen
    in die Schule
    ins Collège
    aufs Gymnasium

die Schule verlassen
Er hat die Schule mit 16 verlassen und eine Lehre angefangen.

die Schulpflicht, die Schulzeit, die Schulbildung
In Frankreich besteht bis zum 16. Lebensjahr Schulpflicht.

Schul-
das Schuljahr
die Schulbildung
der Schüleraustausch

das (Schul-)Zeugnis
Wie war dein letztes Zeugnis?

Die Schule 17.1

l'enseignement *m*	das Unterrichtswesen
le ministre de l'Education nationale	der Erziehungsminister
Le ministre de l'Education nationale est responsable de l'enseignement dans toute la France.	Der Erziehungsminister ist für das Unterrichtswesen in ganz Frankreich verantwortlich.

l'enseignant/l'enseignante
Elle est enseignante.

der Lehrer/die ~in
Sie ist Lehrerin.

enseigner
la matière
Quelle matière enseignez-vous?

unterrichten
das Fach
Welches Fach unterrichten Sie?

l'élève *m/f*
le lycéen/la lycéenne
l'instituteur/l'institutrice
le professeur* (aber: le/la prof *fam.*)

der Schüler/die ~in
der Gymnasiast/die ~in
der Grundschullehrer/die ~in
der Lehrer, der Professor

le professeur ...
   de français
   de gymnastique

der Französischlehrer
der Sportlehrer

le directeur/la directrice
le principal/la principale
le proviseur*

der Direktor/die ~in (einer Grundschule)
der Direktor/die ~in (eines Collège)
der Direktor (eines Gymnasiums)

l'établissement *m*
l'internat *m*
le gymnase

die Schule, die Anstalt
das Internat
die Turnhalle

la classe
– En quelle classe es-tu?
– Je suis en sixième/en seconde/en terminale.

die Klasse
– In welcher Klasse bist du?
– Ich bin in der Sixième/in der Seconde/in der Terminale.

avoir classe (cours, école)
Les élèves français n'ont pas classe (cours, école) le mercredi après-midi.

Unterricht, Schule haben
Am Mittwoch nachmittag haben die französischen Schüler keinen Unterricht (keine Schule).

redoubler (une classe)

Est-ce que tu as déjà redoublé (une classe)?

sitzenbleiben, eine Klasse wiederholen
Bist du schon einmal sitzengeblieben?

la salle de classe
la rentrée (des classes)
la sortie des cours
le conseil de classe
la fin de l'année scolaire ⎫
la sortie des classes ⎭

das Klassenzimmer
der Schulbeginn (nach den Ferien)
der Unterrichtsschluß
die Notenkonferenz

das Schuljahresende

---

* Zur weiblichen Form s. Vorwort S. XV.

17.1 Die Schule

la récréation	die Pause
sonner	läuten
Ça sonne. Allez en récréation!	Es läutet. Geht in die Pause!
Nous n'avons pas le droit de sortir de la cour de l'école pendant la récréation.	Wir dürfen in der Pause den Schulhof nicht verlassen.
le cours	der Unterricht, die Unterrichtsstunde
l'emploi *m* du temps	der Stundenplan
la langue étrangère	die Fremdsprache
les langues mortes:	die klassischen Sprachen:
le latin, le grec	Latein, Griechisch
l'histoire *f*	Geschichte
la géographie	Erdkunde
les mathématiques *f*	Mathematik
les sciences *f* naturelles	Biologie
la physique	Physik
la chimie	Chemie
la musique	Musik
le dessin / les arts *m* plastiques	Zeichnen / Kunsterziehung
l'éducation *f* physique et sportive (E.P.S.)	Sport, Leibeserziehung
le catéchisme	**Religion** (wird in Frankreich nicht in der Schule unterrichtet)
faire ...	... haben, machen, studieren
de l'anglais/du français	Englisch/Französisch
de la géographie	Erdkunde
du latin	Latein
les affaires *f* d'école	die Schulsachen
le tableau	die Tafel
l'éponge *f*	der Schwamm
le chiffon	der Lappen
la craie	die Kreide
le bureau du professeur	das Lehrerpult
la table des élèves	der Schülertisch
le cartable / le sac	die Schultasche
la serviette	die Akten-, Schultasche
le cahier	das Heft
le classeur	das Ringheft
le manuel scolaire	das Schulbuch
le crayon	der Bleistift
le crayon de couleur	der Farbstift
le feutre	der Filzstift
le stylo (à plume)	der Füller

Die Schule **17.1**

le stylo (à) bille	**der Kugelschreiber**
l'encre f	**die Tinte**
la cartouche d'encre	**die Tintenpatrone**
la mine	**die Mine**
le buvard	**das Löschblatt**
la gomme	**der Radiergummi**
l'effaceur m	**der Tintenkiller**
la règle	**das Lineal**
l'équerre f	**das Geodreieck**
le compas [kɔ̃pa]	**der Zirkel**
la trousse	**das Mäppchen**
la calculatrice (la calculette)	**der Taschenrechner**

noter — **aufschreiben, notieren**
J'ai noté tout ce qui était important. — Ich habe alles Wichtige aufgeschrieben.

prendre des notes — **sich Notizen machen**
Pendant les cours, je prends des notes. — Während des Unterrichts mache ich mir Notizen.

recopier — **abschreiben**
A la fin de l'heure, les élèves recopient ce qui est au tableau. — Am Ende der Stunde schreiben die Schüler ab, was an der Tafel steht.

apprendre (par cœur) — **(auswendig) lernen**
Je n'aime pas les leçons qu'il faut apprendre par cœur. — Ich mag die Aufgaben nicht, die man auswendig lernen muß.

apprendre qc. à qn. ⎫
enseigner qc. à qn. ⎭ — **jdn. in etw. unterrichten, jdm. etw. beibringen**
C'est M. Martin qui m'a appris (enseigné) le latin. — Herr Martin hat mich in Latein unterrichtet.

les devoirs m — **die Hausaufgaben**
le cahier d'exercices — **das Hausaufgabenheft**
Elle fait toujours ses devoirs très consciencieusement. — Sie macht ihre Hausaufgaben immer sehr gewissenhaft.
Le professeur contrôle nos cahiers d'exercices au début du cours. — Zu Beginn der Stunde sieht unser Lehrer die Hausaufgabenhefte nach.

la rédaction — **der Aufsatz**
l'exercice m **de grammaire** — **die Grammatikübung**
l'épreuve f — **die Prüfung(sarbeit)**
le brouillon — **das Konzept, der Entwurf**

le plan — **die Gliederung**
Le plan comporte ... — Die Gliederung umfaßt ...
   une introduction — **eine Einleitung**
   un développement — **einen Hauptteil**
   une conclusion — **einen Schluß**

17.1 Die Schule

l'interrogation f **écrite**
le contrôle
Nous aurons une interrogation écrite (un contrôle) d'anglais jeudi prochain.

die Klassenarbeit
Am nächsten Donnerstag schreiben wir eine Englischarbeit.

le compte-rendu
Nous avons dû faire un compte-rendu de notre sortie.

der Bericht, das Protokoll
Wir mußten einen Bericht über unseren Ausflug schreiben.

l'exposé m
Il faut encore que je fasse un exposé sur Napoléon.

der Vortrag, das Referat
Ich muß noch ein Referat über Napoleon schreiben.

l'écrit m
l'oral m
Elle est meilleure à l'oral qu'à l'écrit.

das Schriftliche
das Mündliche
Sie ist im Mündlichen besser als im Schriftlichen.

la note
– Qu'est-ce que tu as eu comme note en français?
 (Quelle a été ta note en français?)
– J'ai eu 15 (sur 20).

die Note
– Welche Note hast du in Französisch bekommen?

– 15 Punkte (von 20).

être fort,e/faible en

Christine est très forte/faible en orthographe.

(in einem Fach, einer Sache) **gut/schwach sein**
Christine ist in Rechtschreibung sehr gut/schwach.

l'examen m [εgzamɛ̃]
le bac(calauréat)
le brevet (des collèges)

die Prüfung
das Abitur
das Brevet (Prüfung am Ende der Troisième)

passer
Elle passera son brevet l'an prochain.

machen, bestehen
Sie macht nächstes Jahr ihr Brevet.

réussir qc. (à qc.)
Je ne sais pas encore si j'ai réussi (à) mon bac.

bestehen
Ich weiß noch nicht, ob ich das Abitur bestanden habe.

échouer à qc.
Il a échoué deux fois à l'examen.

durchfallen
Er ist zweimal durch die Prüfung gefallen.

avoir été reçu,e
Yves a été reçu au bac avec mention ...

bestanden haben
Yves hat das Abitur mit der Note ... bestanden.

  très bien/bien/assez bien/ passable

  sehr gut/gut/befriedigend/ ausreichend

Die Universität **17.2**

Argot scolaire:

le bahut *fam.*
bachoter *fam.*

Schülersprache:

die Penne
pauken, büffeln

S. auch **Die Ausbildung, die Fortbildung** 18.1.

17.2 Die Universität

l'université f L'université de Paris la plus ancienne, s'appelle la Sorbonne.	**die Universität** Die älteste Universität von Paris heißt Sorbonne.
universitaire **la ville universitaire** **la cité universitaire**	**Universitäts-** **die Universitätsstadt** **die Studentenwohnsiedlung**
la faculté **la fac** *fam.* Il est doyen de la faculté de médecine/de droit/de lettres etc. de Lyon. Le lundi, je suis à la fac jusqu'à 18 heures. – A quelle heure vas-tu à la fac demain? – Dès 9 heures parce que le cours commence à 9h30.	**die Fakultät, die Universität** **die Uni** Er ist Dekan der medizinischen/juristischen/philosophischen Fakultät in Lyon. Montags bin ich bis 6 Uhr abends an der Uni. – Wann gehst du morgen zur Uni? – Schon um 9 Uhr, weil die Vorlesung um 9.30 h beginnt.
faire des études f **(supérieures) ...** **en lettres** f **en droit** m **en sciences** f **économiques**	**... studieren** **Literatur** **Jura** **Volkswirtschaft**
l'étudiant/l'étudiante	**der Student/die ~in**
la grande école Les grandes écoles françaises les plus connues sont les suivantes: l'Ecole Polytechnique (qui forme des ingénieurs) l'Ecole Normale Supérieure (qui forme des professeurs de lycées et d'universités) l'Ecole Nationale d'Administration (ENA) (qui prépare aux plus hautes fonctions de l'Etat)	**die Eliteuniversität** Die bekanntesten französischen Eliteuniversitäten sind: die Ecole Polytechnique (sie bildet Ingenieure aus) die Ecole Normale Supérieure (sie bildet Gymnasiallehrer und Universitätsprofessoren aus) die Ecole Nationale d'Administration (sie bereitet auf die höchsten Staatsämter vor)

le concours d'entrée Pour pouvoir faire une grande école, il faut passer un concours d'entrée.	**die Aufnahmeprüfung** Um an einer Eliteuniversität studieren zu können, muß man eine Aufnahmeprüfung machen.
présenter un examen	**sich zu einer Prüfung anmelden, eine Prüfung machen**
Dans les facultés françaises, on peut présenter les examens suivants: le DEUG[1] [dœg] la licence la maîtrise le CAPES[2] [kapɛs] l'agrégation f	An den französischen Universitäten kann man folgende Prüfungen machen: das DEUG (nach zwei Jahren Studium) die Licence (Vorstufe des Staatsexamens) den Magister das Staatsexamen das Staatsexamen (anspruchsvoller als CAPES)
le doctorat	die Promotion

S. auch **Die Ausbildung, die Fortbildung 18.1**.

17.3 Die Wissenschaft, die Technik

la science	**die Wissenschaft, die Naturwissenschaft**
La science ne peut pas résoudre tous les problèmes.	Die Wissenschaft kann nicht alle Probleme lösen.
En français, on distingue en général:	Im Französischen unterscheidet man im allgemeinen:

les sciences exactes, par ex.:
  les mathématiques f
  la physique
  la chimie
  l'astronomie f
	die exakten Wissenschaften, z. B:
	  die Mathematik
	  die Physik
	  die Chemie
	  die Astronomie

les sciences naturelles, par ex.:
  la biologie
  la botanique
  la géologie
	die Naturwissenschaften, z. B.:
	  die Biologie
	  die Botanik
	  die Geologie

les sciences humaines, par ex.:
  la psychologie
  la sociologie
  l'histoire f
	die Geisteswissenschaften, z. B.:
	  die Psychologie
	  die Soziologie
	  die Geschichte

[1] Diplôme d'études universitaires générales
[2] Certificat d'aptitude au professorat de l'enseignement secondaire

Die Wissenschaft, die Technik 17.3

les conquêtes f	die wissenschaftlichen Errungenschaften
les limites f de la science	die Grenzen der Wissenschaft
les applications f	die Anwendungen der Wissenschaft
les abus m	der Mißbrauch der Wissenschaft

scientifique
le progrès
Où sont les limites du progrès scientifique?

wissenschaftlich
der Fortschritt
Wo sind die Grenzen des wissenschaftlichen Fortschritts?

le/la scientifique
Il est scientifique et travaille au CNES [knɛs] (Centre national d'études spatiales) à Paris.

der Wissenschaftler/die ~in
Er ist Wissenschaftler und arbeitet beim CNES in Paris.

la technique
La technique nous a rendu la vie plus agréable.

die Technik
Die Technik hat unser Leben angenehmer gemacht.

(de) technique
Ce livre regorge de termes techniques.

Le tunnel entre la France et la Grande-Bretagne est un chef-d'œuvre de technique.

technisch
Dieses Buch wimmelt von technischen Ausdrücken.
Der Tunnel zwischen Frankreich und Großbritannien ist ein technisches Meisterwerk.

la technologie
le savoir-faire
La technologie représente le savoir-faire au plus haut niveau.

die Technologie
das Know-how
Technologie bedeutet Know-how auf höchstem Niveau.

technologique
le parc technologique
Il y a quelques années déjà qu'est né à Valbonne «Sophia-Antipolis», un important parc technologique.

technologisch
der Technologiepark
In Valbonne entstand schon vor einigen Jahren „Sophia-Antipolis", ein bedeutender Technologiepark.

l'informatique f
L'informatique fait maintenant partie de notre vie quotidienne.

die Informatik
Die Informatik gehört heute zu unserem Alltag.

la recherche
La recherche et l'industrie travaillent aujourd'hui en étroite collaboration.

die Forschung
Forschung und Industrie arbeiten heute eng zusammen.

le centre de recherche
Il existe à Grenoble un centre de recherche nucléaire.

das Forschungszentrum
In Grenoble befindet sich ein Kernforschungszentrum.

17.3 Die Wissenschaft, die Technik

le chercheur*
Sa carrière de chercheur a été couronnée par le prix Nobel.

der Forscher, der Wissenschaftler*
Seine/Ihre Forscherlaufbahn wurde durch den Nobelpreis gekrönt.

le savant/la savante
Ceci est un sujet de controverse parmi les savants.

der/die Gelehrte
Das ist ein umstrittenes Thema unter den Gelehrten.

le laboratoire
Ces analyses de sang ont été effectuées au laboratoire.

das Laboratorium
Diese Blutuntersuchungen wurden im Labor gemacht.

l'invention f
Le microprocessseur est l'invention la plus révolutionnaire du XXe siècle.

die Erfindung
Der Mikroprozessor ist die revolutionärste Erfindung des 20. Jahrhunderts.

l'inventeur/l'inventrice
Léonard de Vinci était artiste et inventeur.

der Erfinder/die ~in
Leonardo da Vinci war Künstler und Erfinder.

inventer
Les frères Montgolfier inventèrent le ballon à air chaud en 1783.

erfinden
Die Brüder Montgolfier erfanden 1783 den Heißluftballon.

l'expérience f
En physique, nous avons fait aujourd'hui des expériences intéressantes.

der Versuch
Im Physikunterricht haben wir heute interessante Versuche gemacht.

la panne
Voilà la troisième panne survenue dans cette centrale nucléaire.

der Störfall
Dies ist der dritte Störfall, der sich in diesem Kernkraftwerk ereignet hat.

l'espace m
L'homme est en train de conquérir l'espace.

der Weltraum
Der Mensch ist dabei, den Weltraum zu erobern.

spatial,e;aux
la navette spatiale
La navette spatiale américaine s'appelle «Discovery».

Weltraum-
das Raumschiff
Das amerikanische Weltraumschiff heißt „Discovery".

le/la spationaute

Les Américains appellent leurs voyageurs de l'espace «astronautes», les Russes «cosmonautes» et les Français «spationautes».

der Astronaut/die ~in; der Raumfahrer/die ~in
Die Amerikaner nennen ihre Raumfahrer „Astronauten", die Russen „Kosmonauten" und die Franzosen „Spationauten".

* Zur weiblichen Form s. Vorwort S. XV.

Die Wissenschaft, die Technik 17.3

Exemples de recherches controversées

Dans le domaine de la génétique:
la manipulation de gènes, les bébés-éprouvettes
Dans le domaine du nucléaire:
la bombe atomique, la centrale nucléaire

Beispiele für umstrittene Forschung

Im Bereich der Genetik:
die Manipulation der Gene, das Retortenbaby
Im Nuklearbereich:
die Atombombe, das Atomkraftwerk

18.1 Die Ausbildung, die Fortbildung

la formation	die Ausbildung
la formation professionnelle	die Berufsausbildung; die Lehre (in einem nicht-handwerklichen Beruf)

Une solide formation professionnelle est aujourd'hui indispensable.
Eine gute Berufsausbildung ist heute unerläßlich.

Actuellement, elle effectue une formation professionnelle dans une banque.
Zur Zeit macht sie eine Banklehre.

la formation continue
die Fortbildung
Elle suit régulièrement des cours de formation continue.
Sie besucht regelmäßig Fortbildungskurse.

le recyclage (professionnel)
die Umschulung, die Weiterbildung
La Chambre de commerce et d'industrie offre des cours de recyclage.
Die Industrie- und Handelskammer bietet Umschulungskurse an.

se recycler
umgeschult werden, sich weiterbilden
Lorsque l'usine a fermé, de nombreux ouvriers ont dû se recycler.
Als die Fabrik geschlossen wurde, mußten viele Arbeiter umgeschult werden.

l'apprentissage *m*
die Lehre (in einem handwerklichen Beruf)
Julien est entré en apprentissage chez un boulanger.
Julien hat eine Lehre bei einem Bäcker begonnen.

l'apprenti/l'apprentie
der Lehrling, der/die Auszubildende
Il veut devenir cuisinier et travaille comme apprenti dans un hôtel.
Er möchte Koch werden und arbeitet als Lehrling in einem Hotel.

aller ...
  à l'école de commerce
  à l'école de secrétariat
... gehen
  auf die Handelsschule
  auf die Sekretärinnenschule

suivre des cours ...
  du soir
  du **GRETA** (Groupement d'Etablissements)

die Abendschule } besuchen
die Volkshochschule

  par correspondance
einen Fernkurs machen

le stage
das Praktikum, das Seminar, der Lehrgang
Elle a suivi un stage en informatique.
Sie besuchte einen EDV-Lehrgang.

se spécialiser dans qc.
Il s'est spécialisé dans le droit commercial.

sich in etw. spezialisieren
Er hat sich im Handelsrecht spezialisiert.

le diplôme
Elle a un diplôme d'infirmière.

das Diplom, das Zeugnis
Sie besitzt ein Diplom als Krankenschwester.

18.2 Der Beruf, die Arbeit

la profession
– Quelle est sa profession?
– Il est employé de banque.

der Beruf
– Was ist er von Beruf?
– Er ist Bankangestellter.

les professions libérales
On entend par professions libérales des professions telles qu'avocat, médecin, architecte.

die freien Berufe
Unter freien Berufen versteht man Berufe wie Rechtsanwalt, Arzt, Architekt.

professionnel,le
Ses obligations professionnelles lui laissent peu de temps à consacrer à sa famille.

Berufs-, beruflich
Seine/ihre beruflichen Verpflichtungen lassen ihm/ihr nur wenig Zeit für die Familie.

le métier
– Quel métier as-tu?
– Je suis peintre.
Il connaît bien son métier.

der Beruf
– Was bist du von Beruf?
– Ich bin Maler.
Er versteht sein Handwerk.

l'artisanat *m*
Les perspectives professionnelles dans l'artisanat sont très bonnes en ce moment.

das Handwerk
Die Berufsaussichten im Handwerk sind zur Zeit sehr gut.

artisanal,e;aux
Voici une entreprise artisanale.

Handwerks-, handwerklich
Das ist ein Handwerksbetrieb.

indépendant,e
Il est architecte indépendant.

selbständig
Er ist selbständiger Architekt.

devenir
– Qu'est-ce que tu aimerais faire plus tard?
– J'aimerais devenir journaliste.

werden
– Was möchtest du einmal werden?
– Ich möchte Journalist/in werden.

l'employé/l'employée de bureau
le/la secrétaire

der/die Büroangestellte
der Sekretär/die ~in

18.2 Der Beruf, die Arbeit

l'informaticien/l'informaticienne	der Informatiker/die ~in
le/la comptable	der Buchhalter/die ~in
le représentant/la représentante	der Vertreter/die ~in
l'ingénieur *m**	der Ingenieur
l'artisan* *m*	der Handwerker
le plombier*	der Installateur
l'installateur/l'installatrice	der Monteur, der Installateur/die ~in
l'électricien/l'électricienne	der Elektriker/die ~in
le mécanicien/la mécanicienne	der Mechaniker/die ~in
le technicien/la technicienne	der Techniker/die ~in; der Fachmann/die Fachfrau
le/la garagiste	der Automechaniker/die ~in
le menuisier*	der Schreiner
le peintre*	der Maler
le maçon*	der Maurer
le charpentier*	der Zimmermann
le coiffeur/la coiffeuse	der Friseur/die Friseuse
l'esthéticienne *f*	die Kosmetikerin
le cadre*	der leitende Angestellte
le/la fonctionnaire	der Beamte/die Beamtin

diriger
Elle dirige le département exportation.

leiten
Sie leitet die Exportabteilung.

occuper ...
  une fonction/un poste

... innehaben
  ein Amt/einen Posten

faire carrière ...
  dans la politique
  dans l'armée *f*

... Karriere machen
  in der Politik
  in der Armee

le travail, *pl.* **-aux**
le temps de travail
Le temps de travail est de 38 heures hebdomadaires dans notre pays.

die Arbeit
die Arbeitszeit
Die Arbeitszeit beträgt in unserem Land 38 Stunden pro Woche.

le lieu de travail
Mon lieu de travail se trouve à 25 km de chez moi.

die Arbeitsstätte
Meine Arbeitsstätte liegt 25 km von meiner Wohnung entfernt.

l'ouvrier/l'ouvrière
l'ouvrier qualifié
l'ouvrier spécialisé (O.S.)

der Arbeiter/die ~in
der Facharbeiter
der ungelernte Arbeiter

le travailleur/la travailleuse
le travailleur immigré
Les travailleurs immigrés en France viennent pour une grande part d'Afrique du Nord.

der Arbeiter/die ~in
der Gastarbeiter
Die Gastarbeiter in Frankreich kommen zum großen Teil aus Nordafrika.

* Zur weiblichen Form s. Vorwort S. XV.

Der Beruf, die Arbeit **18.2**

la main-d'œuvre
On manque, depuis des années, de main-d'œuvre qualifiée.

aller ...
  au travail
  à l'usine f

travailler ...
  comme vendeur/vendeuse
  dans un bureau
  dans un atelier
  dans un garage
  chez Renault
  à la chaîne
  en équipe
  à plein temps
  à mi-temps
  35 heures par semaine
  dur

l'horaire m **souple**
Les horaires souples ont été introduits dans de nombreuses entreprises.

les heures f **supplémentaires**
Le mois dernier, j'ai dû faire dix heures supplémentaires.

l'emploi m
créer
supprimer
La construction de cette usine a créé 500 emplois.
A la suite de mesures de rationalisation, on a supprimé trente emplois.

la demande d'emploi
J'ai déjà envoyé quinze demandes d'emploi.

poser sa candidature
J'ai posé ma candidature à ce poste.

embaucher
engager
La maison n'embauche (n'engage), pour l'instant, aucun personnel.

employer
Cette usine n'emploie que des femmes.

die Arbeitskräfte
Seit Jahren fehlt es an qualifizierten Arbeitskräften.

... gehen
  zur Arbeit
  in die Fabrik

... arbeiten
  als Verkäufer/~in
  im Büro
  in einer Werkstatt
  in einer Autowerkstatt
  bei Renault
  am Fließband
  im Team
  ganztags
  halbtags
  35 Stunden in der Woche
  hart

die flexible Arbeitszeit
In vielen Betrieben ist die flexible Arbeitszeit eingeführt worden.

die Überstunden
Im letzten Monat mußte ich 10 Überstunden machen.

die Arbeit, der Arbeitsplatz, die Stelle
schaffen
abschaffen, vernichten
Durch den Bau der Fabrik wurden 500 Arbeitsplätze geschaffen.
Infolge von Rationalisierungsmaßnahmen wurden 30 Arbeitsplätze abgebaut.

die Bewerbung
Ich habe schon 15 Bewerbungen abgeschickt.

sich bewerben
Ich habe mich um diese Stelle beworben.

einstellen

Die Firma stellt zur Zeit kein Personal ein.

beschäftigen
Diese Firma beschäftigt nur Frauen.

18.2 Der Beruf, die Arbeit

le licenciement
L'entreprise prévoit deux cents licenciements pour l'année à venir.

die Entlassung
Die Firma plant für das kommende Jahr 200 Entlassungen.

licencier
La direction a décidé de licencier 50 personnes.

entlassen
Die Direktion hat beschlossen, 50 Personen zu entlassen.

renvoyer
la période d'essai
Il a été renvoyé au bout de la période d'essai.

entlassen
die Probezeit
Nach der Probezeit wurde er entlassen.

le chômage
être au chômage
Voilà déjà plus de deux ans qu'il est au chômage.

die Arbeitslosigkeit
arbeitslos sein
Er ist schon über zwei Jahre arbeitslos.

le chômeur
Dans cette région, il y a 15% de chômeurs.

der Arbeitslose
In dieser Gegend gibt es 15% Arbeitslose.

la retraite

Elle part l'an prochain à la retraite.

Il est à la retraite depuis cinq ans.

der Ruhestand, die Pension, die Rente
Sie geht nächstes Jahr in Pension (in Rente).
Er ist seit fünf Jahren im Ruhestand.

le salaire
Les salaires ont été augmentés en moyenne de 5%.

das Gehalt, der Lohn
Die Löhne wurden durchschnittlich um 5% erhöht.

les salariés *m*
La majorité de la population active est composée de salariés.

die Lohn- und Gehaltsempfänger
Die Mehrzahl der Berufstätigen besteht aus Lohn- und Gehaltsempfängern.

le revenu
Il n'a pas de revenus fixes.

das Einkommen, die Einnahmen
Er hat keine festen Einnahmen.

gagner sa vie
Elle a déjà trente ans, et pourtant elle ne gagne toujours pas sa vie.

seinen Lebensunterhalt verdienen
Sie ist schon dreißig und verdient immer noch nicht ihren Lebensunterhalt.

être payé,e au SMIC[1] [smik]

den gesetzlich garantierten Mindestlohn erhalten

S. auch **Der Arzt, das Krankenhaus 4.3, Die Schule 17.1, Das Geschäftsleben 19.1, Die Presse 21.3, Die Waffen, das Militär 24.6, Das Recht, das Gesetz 25.1.**

[1] salaire minimum interprofessionnel de croissance

18.3 Die Gewerkschaften

le syndicat *m*
Les syndicats défendent les intérêts des ouvriers et des employés.

Les principaux syndicats français sont les suivants:
la CGT (Confédération générale du travail)
la FO (Force ouvrière)
la CFDT (Confédération française démocratique du travail)
la CGC (Confédération générale des cadres)

la confédération allemande des syndicats

l'adhérent *m*
La CGT a de moins en moins d'adhérents.

syndical,e;aux
Les mouvements syndicaux ont leur origine en Angleterre au XIXe siècle.

le délégué du personnel
Le délégué du personnel représente les intérêts des salariés d'une entreprise.

la grève
faire la grève
On fait moins la grève en Allemagne qu'en France.

la grève d'avertissement
La grève d'avertissement n'a duré qu'une heure.

le gréviste
Les grévistes se sont rassemblés devant les grilles de l'usine.

occuper des locaux *m*
Les ouvriers ont occupé les locaux de la direction.

négocier
le patronat
la convention collective

die Gewerkschaft
Die Gewerkschaften verteidigen die Interessen der Arbeiter und Angestellten.

Die wichtigsten französischen Gewerkschaften sind:
die CGT
die FO
die CFDT

die CGC

der Deutsche Gewerkschaftsbund

das Mitglied
Die CGT hat immer weniger Mitglieder.

Gewerkschafts-
Die Gewerkschaftsbewegung hat ihren Ursprung im 19. Jh. in England.

der Betriebsrat
Der Betriebsrat vertritt die Interessen der Arbeitnehmer eines Unternehmens.

der Streik
streiken
In Deutschland wird weniger gestreikt als in Frankreich.

der Warnstreik
Der Warnstreik hat nur eine Stunde gedauert.

der Streikende
Die Streikenden versammelten sich vor den Fabriktoren.

Räume besetzen
Die Arbeiter besetzten die Räume der Direktion.

ver-, aushandeln
die Arbeitgeber
der Tarifvertrag

Les conventions collectives sont négociées par les syndicats et le patronat.

Die Tarifverträge werden von den Gewerkschaften und den Arbeitgebern ausgehandelt.

le médiateur
les partenaires *m* **sociaux**
Quand les partenaires sociaux n'arrivent pas à se mettre d'accord, ils ont recours à un médiateur.

der Vermittler
die Sozialpartner
Wenn sich die Sozialpartner nicht einigen können, wenden sie sich an einen Vermittler.

revendiquer
Les syndicats revendiquent depuis des années la semaine de 35 heures.

fordern
Seit Jahren fordern die Gewerkschaften die 35-Stunden-Woche.

le lock-out
Les employeurs ont répondu à la grève par un lock-out.

der Ausschluß von der Arbeit
Die Arbeitgeber antworteten auf den Streik mit dem Ausschluß von der Arbeit.

Les revendications *f* **des syndicats:**

- La protection contre le licenciement
- L'augmentation *f* des salaires
- La réduction des heures de travail
- La prolongation des congés
- La participation des salariés aux bénéfices et à la gestion de l'entreprise
- La sécurité de l'emploi
- L'amélioration *f* des conditions de travail

Die Forderungen der Gewerkschaften:

- Kündigungsschutz
- Lohn-, Gehaltserhöhungen
- Arbeitszeitverkürzung
- Verlängerung des Urlaubs
- Beteiligung der Arbeitnehmer am Gewinn und an der Unternehmungsführung
- Sicherheit des Arbeitsplatzes
- Verbesserung der Arbeitsbedingungen

S. auch **Demonstrieren 24.5.**

18.4 Soziale Sicherheit, Versicherungen

la protection sociale
Cet Etat ne fait pas suffisamment pour la protection sociale de ses citoyens.

die soziale Sicherheit
Dieser Staat tut nicht genug für die soziale Sicherheit seiner Bürger.

la Sécurité Sociale (la Sécu *fam.***)**
cotiser à qc.

En France, chaque personne exerçant une profession, doit cotiser à la Sécurité Sociale.
Les prestations de la Sécurité Sociale s'appliquent entre autres

die staatliche Sozialversicherung
in etw. einbezahlen, bei etw. Beitrag bezahlen

In Frankreich muß jede berufstätige Person in die staatliche Sozialversicherung einbezahlen.
Die Leistungen der Sozialversicherung beziehen sich u.a. auf

Soziale Sicherheit, Versicherungen 18.4

- à la retraite
- au chômage
- à la maternité
- aux accidents *m* du travail
- au décès.

- **Ruhestand**
- **Arbeitslosigkeit**
- **Mutterschaft**
- **Betriebsunfall**
- **Todesfall.**

les charges *f* sociales
Les charges sociales sont supportées par les patrons et par les employés.

die Sozialabgaben
Die Sozialabgaben werden vom Arbeitgeber und vom Arbeitnehmer bezahlt.

toucher ...
  une allocation de chômage
  des allocations familiales

... beziehen
  Arbeitslosengeld
  Kindergeld

les travailleurs *m* sociaux
Notre société emploie de plus en plus de travailleurs sociaux.

die Sozialarbeiter
In unserer Gesellschaft werden immer mehr Sozialarbeiter beschäftigt.

l'assistante *f* sociale
En France, les élèves qui ont des problèmes scolaires ou familiaux peuvent s'adresser à l'assistante sociale de leur établissement.

die Sozialarbeiterin
In Frankreich können sich die Schüler, die schulische oder familiäre Probleme haben, an die Sozialarbeiterin ihrer Schule wenden.

l'aide *f* ménagère
Depuis que notre mère est à l'hôpital, une aide ménagère vient tous les jours une heure s'occuper du ménage.

die Haus- und Familienpflegerin
Seit unsere Mutter im Krankenhaus ist, kommt jeden Tag eine Haus- und Familienpflegerin für eine Stunde, um sich um den Haushalt zu kümmern.

l'assurance *f* ...
  vie
  maladie
  automobile
  contre les accidents

die ... Versicherung
  Lebens-
  Kranken-
  Kraftfahrzeug-
  Unfall-

contracter une assurance
J'ai contracté une assurance contre le vol.

eine Versicherung abschließen
Ich habe eine Diebstahlversicherung abgeschlossen.

être assuré,e contre ...
  l'incendie *m*
  les dégâts *m* des eaux

versichert sein gegen ...
  Feuer
  Wasserschäden

l'indemnisation *f* [ɛ̃dɛmnizasjɔ̃]
L'indemnisation versée par notre assurance n'a pas suffi à couvrir les frais de l'accident.

die Entschädigung
Die Entschädigung, die die Versicherung bezahlte, reichte nicht aus, die Unfallkosten zu decken.

S. auch **Die Krankheit, die Gesundheit** 4.2, **Der Verkehrsunfall** 11.5, **Der Beruf, die Arbeit** 18.2, **Das Geld** 20.1.

19.1 Das Geschäftsleben

les affaires f
En ce moment, les affaires marchent bien.

das Geschäftsleben, die Geschäfte
Zur Zeit gehen die Geschäfte gut.

**l'homme d'affaires/
la femme d'affaires**
Ce n'est pas ainsi que se comporte un homme d'affaires sérieux.

**der Geschäftsmann/
die Geschäftsfrau**
So verhält sich kein seriöser Geschäftsmann.

le chiffre d'affaires
Ils ont réussi à augmenter leur chiffre d'affaires de 5% grâce à une campagne de publicité.

der Umsatz
Durch eine Werbekampagne konnten sie ihren Umsatz um 5% steigern.

faire une bonne/mauvaise affaire

Elle a fait une bonne/mauvaise affaire en achetant ces actions.

ein gutes/schlechtes Geschäft machen
Mit dem Kauf dieser Aktien hat sie ein gutes/schlechtes Geschäft gemacht.

l'affaire f
Il travaille dans l'affaire de son père.

das Geschäft, der Betrieb
Er arbeitet im Geschäft seines Vaters.

la société
C'est une société anonyme (S.A.).

die Gesellschaft, der Konzern
Das ist eine Aktiengesellschaft (AG).

l'entreprise f
Elle emploie 50 ouvriers dans son entreprise.

das Unternehmen
Sie beschäftigt 50 Arbeiter in ihrem Unternehmen.

le chef d'entreprise*
le patron/la patronne
Ce patron/Ce chef d'entreprise se concerte une fois par semaine avec ses cadres.

**der Chef des Unternehmens
der Chef/die ~ in**
Der Chef bespricht sich einmal wöchentlich mit seinen leitenden Angestellten.

l'employeur/l'employeuse
Les Chambres de commerce et d'industrie sont financées par les employeurs.

der Arbeitgeber/die ~ in
Die Industrie- und Handelskammern werden von den Arbeitgebern finanziert.

le gérant/la gérante
Il n'est pas propriétaire de l'affaire, il n'en est que le gérant.

der Geschäftsführer/die ~in
Er ist nicht der Besitzer des Geschäfts, er ist nur der Geschäftsführer.

la direction
Les bureaux de la direction sont au 3e étage.

die Direktion, die Geschäftsleitung
Die Büros der Geschäftsleitung sind im dritten Stock.

* Zur weiblichen Form s. Vorwort S. XV.

Das Geschäftsleben 19.1

l'administration f
le groupe
L'administration centrale du groupe se trouve à Paris.

die Verwaltung
der Konzern
Die Hauptverwaltung des Konzerns befindet sich in Paris.

le personnel
Le patron peut compter sur son personnel.

das Personal
Der Chef kann sich auf sein Personal verlassen.

les effectifs m
Les effectifs ont été réduits de 20%.

die Belegschaft
Die Belegschaft wurde um 20% verringert.

s'établir
Elle s'est établie en 1970 à Rennes comme avocate.

sich niederlasssen
Sie ließ sich 1970 in Rennes als Rechtsanwältin nieder.

fonder
Cette usine a été fondée par mon arrière-grand-père.

gründen
Diese Firma wurde von meinem Urgroßvater gegründet.

rentable
Le commerce d'objets anciens est aujourd'hui très rentable.

rentabel, einträglich
Der Antiquitätenhandel ist heute sehr einträglich.

la prospérité
L'Europe vit une époque de prospérité.

der Wohlstand
In Europa herrscht zur Zeit Wohlstand.

prospérer
Les affaires prospèrent à nouveau.

gedeihen, florieren
Die Geschäfte florieren wieder.

prospère
Venise était au XVe siècle une ville commerçante prospère.

florierend, blühend
Venedig war im 15. Jahrhundert eine blühende Handelsstadt.

rapporter
Il fait toujours des affaires qui ne rapportent rien.

einbringen, erbringen
Er macht immer Geschäfte, die nichts einbringen.

les bénéfices m
être intéressé,e à
Les ouvriers et les employés sont intéressés aux bénéfices de l'entreprise.

der Gewinn
beteiligt sein
Die Arbeiter und Angestellten sind am Gewinn der Firma beteiligt.

le déficit [defisit]
Le bilan annuel a été en déficit.

der Verlust
Die Jahresbilanz hat mit Verlust abgeschlossen.

travailler à perte
L'année dernière, cette entreprise a travaillé à perte.

mit Verlust arbeiten
Im letzten Jahr hat das Unternehmen mit Verlust gearbeitet.

19.1 Das Geschäftsleben

la faillite
Cette entreprise est au bord de la faillite.

le contrat
Le contrat n'est pas encore signé.

négocier
On négocie encore dans cette affaire.

la négociation
conclure
L'affaire ne fut conclue qu'à l'issue de longues négociations.

la concurrence
La concurrence est de plus en plus forte sur le marché de l'informatique.

le concurrent
Renault et Peugeot sont concurrents sur le marché automobile.

concurrentiel, le
Ce produit n'est pas concurrentiel sur le marché mondial.

concurrencer qn.
L'industrie japonaise concurrence l'industrie européenne dans le domaine de la technologie.

investir
Cette entreprise a trop peu investi dans la recherche.

l'investissement m
Les investissements ont diminué dans la construction navale.

der Bankrott
Die Firma steht vor dem Bankrott.

der Vertrag
Der Vertrag ist noch nicht unterzeichnet.

ver-, aushandeln
In dieser Sache wird noch verhandelt.

die Verhandlung
abschließen
Das Geschäft wurde erst nach langen Verhandlungen abgeschlossen.

die Konkurrenz, der Wettbewerb
Die Konkurrenz auf dem Computermarkt wird immer stärker.

der Konkurrent
Renault und Peugeot sind Konkurrenten auf dem Automobilmarkt.

wettbewerbs-, konkurrenzfähig
Dieses Produkt ist auf dem Weltmarkt nicht konkurrenzfähig.

mit jdm. konkurrieren
Auf dem Gebiet der Technologie konkurriert die japanische mit der europäischen Industrie.

investieren
Diese Firma hat zu wenig in die Forschung investiert.

die Investition
Die Investitionen im Schiffsbau haben abgenommen.

● **Expressions**

se tirer d'affaire
Tu ne te tireras pas d'affaire comme ça!

être à son affaire
Quand il est question de football, là il est à son affaire.

sich aus der Affäre ziehen
Du wirst dich nicht so einfach aus der Affäre ziehen!

in seinem Element sein
Wenn es um Fußball geht, dann ist er in seinem Element.

Die Wirtschaft **19.2**

C'est mon affaire et non la tienne (et pas la tienne).
Ne te mêle pas de ça, s'il te plaît! C'est mon affaire et non la tienne (et pas la tienne).

Das ist meine Angelegenheit und nicht deine.
Misch dich hier bitte nicht ein! Das ist meine Angelegenheit und nicht deine.

Les affaires sont les affaires.

Que vient faire ici l'amitié? Les affaires sont les affaires.

Geschäft ist Geschäft. Business is business.
Was heißt hier Freundschaft? Geschäft ist Geschäft.

C'est une affaire de dix minutes.

Je vais régler cela tout de suite. C'est une affaire de dix minutes.

Das ist eine Sache von zehn Minuten.
Ich werde das sofort erledigen. Das ist eine Sache von zehn Minuten.

Ce sont des prix défiant toute concurrence.

Diese Preise sind sensationell.

S. auch **Kapitel 9, Kapitel 20**.

19.2 Die Wirtschaft

l'économie f
l'économie de marché
En Europe, c'est l'économie de marché qui s'est imposée.

die Wirtschaft
die (soziale) Marktwirtschaft
In Europa hat sich die (soziale) Marktwirtschaft durchgesetzt.

une économie ...
  planifiée
  libérale
  mixte[1]
  saine
  arriérée

eine ... Wirtschaft
  Plan-
  liberale
  Misch-[1]
  gesunde
  rückständige

économique
La situation économique s'est dégradée.

wirtschaftlich, Wirtschafts-
Die wirtschaftliche Lage hat sich verschlechtert.

l'inflation f
le pouvoir d'achat
diminuer
augmenter
Le pouvoir d'achat diminue avec l'inflation qui augmente.

die Inflation
die Kaufkraft
abnehmen, zurückgehen
steigen, zunehmen
Mit steigender Inflation nimmt die Kaufkraft ab.

1 Der Ausdruck bezeichnet eine Mischung aus Privat- und Planwirtschaft, die für das französische Wirtschaftssystem charakteristisch ist.

19.2 Die Wirtschaft

la croissance
Notre économie a pour l'instant un taux de croissance de 2,5%.

das Wachstum
Unsere Wirtschaft hat zur Zeit eine Wachstumsrate von 2,5%.

l'expansion f
la crise
L'industrie électronique est en expansion; par contre, la sidérurgie est en crise.

das Wachstum, der Aufschwung
die Krise
Die Elektronikindustrie ist im Aufschwung, die Stahlindustrie dagegen befindet sich in einer Krise.

la dépression
La dépression dure depuis trois ans déjà.

die wirtschaftliche Flaute
Die wirtschaftliche Flaute dauert schon drei Jahre.

la récession
L'industrie textile connaît depuis des années la récession.

die Rezession
Die Textilindustrie befindet sich seit Jahren in einer Rezession.

le redressement
Le redressement économique tarde à venir.

der Aufschwung, die Ankurbelung
Der wirtschaftliche Aufschwung läßt auf sich warten.

redresser
Seuls les investissements peuvent redresser l'économie.

ankurbeln
Nur Investitionen können die Wirtschaft ankurbeln.

relancer
Toutes les mesures prises pour relancer l'économie, ont échoué jusqu'ici.

in Schwung bringen, ankurbeln
Alle Maßnahmen, die Wirtschaft in Schwung zu bringen, sind bisher gescheitert.

la population active
La population active se répartit entre ...

die berufstätige Bevölkerung
Die berufstätige Bevölkerung verteilt sich auf ...

- **le secteur primaire** (exploitation de matières premières, agriculture, pêche)
- **le secteur secondaire** (production de marchandises)
- **le secteur tertiaire** (administration, banques, enseignement, recherche, santé, commerce, tourisme etc.)

- **den Primärsektor** (Gewinnung von Rohstoffen, Landwirtschaft, Fischfang)
- **den Sekundärsektor** (Herstellung von Waren)
- **den Tertiärsektor** (Verwaltung, Banken, Schulen, Forschung, Gesundheitswesen, Handel, Tourismus usw.)

le PNB [peɛnbe] (Produit National Brut)

das Bruttosozialprodukt

S. auch **Kapitel 20.**

19.3 Der Handel

le commerce
le commerce extérieur/intérieur
Le commerce extérieur de la Chine est insignifiant.

der Handel
der Außen-/der Binnenhandel
Der Außenhandel Chinas ist unbedeutend.

le commerçant
A l'époque de la Hanse, il y avait à Hambourg et à Lübeck beaucoup de riches commerçants.

der Kaufmann, der Geschäftsmann
Zur Zeit der Hanse gab es in Hamburg und Lübeck viele wohlhabende Kaufleute.

commercial,e;aux
La France est le premier partenaire commercial de l'Allemagne.

Handels-
Frankreich ist der erste Handelspartner Deutschlands.

les relations f commerciales
Cette entreprise entretient des relations commerciales avec la Norvège.

die Handelsbeziehungen
Diese Firma unterhält Handelsbeziehungen mit Norwegen.

le marché
Ce produit n'a pas réussi à s'imposer sur le marché.

der Markt
Dieses Produkt hat sich auf dem Markt nicht durchgesetzt.

la maison (de commerce)
Cette maison importe son café du Brésil.

die (Handels-)Firma
Diese Firma importiert ihren Kaffee aus Brasilien.

la marchandise
Ces marchandises sont transportées par avion.

die Ware
Diese Waren werden mit dem Flugzeug transportiert.

l'offre f
la demande
Dans l'économie de marché, c'est l'offre et la demande qui déterminent les prix.

das Angebot
die Nachfrage
In der freien Marktwirtschaft bestimmen Angebot und Nachfrage die Preise.

la vente
La vente d'ordinateurs a sensiblement diminué ces dernières années.

der Verkauf
Der Verkauf von Computern ist in den letzten Jahren merklich zurückgegangen.

vendre
Les montres suisses se vendent dans le monde entier.

verkaufen
Schweizer Uhren werden auf der ganzen Welt verkauft.

la livraison
La livraison sera effectuée dans les huit jours suivant la commande.

die Lieferung
Die Lieferung erfolgt innerhalb von 8 Tagen nach Auftragseingang.

livrer
fournir
C'est la maison Blanchamp qui nous a livré (fourni) la marquise.
Cette maison fournit les restaurants en poisson, légumes et vins.

(aus-)liefern
(be-)liefern
Die Firma Blanchamp hat uns die Markise geliefert.
Diese Firma beliefert Restaurants mit Fisch, Gemüse und Wein.

l'exportation f
Notre niveau de vie dépend de nos exportations.

der Export
Unser Lebensstandard hängt vom Export ab.

l'importation f
Nos importations ont augmenté l'année dernière.

der Import
Unsere Importe haben letztes Jahr zugenommen.

exporter
importer
Le Japon importe des matières premières et exporte des produits finis.

exportieren
importieren
Japan importiert Rohstoffe und exportiert Fertigprodukte.

S. auch **Einkaufen 7.1**.

19.4 Die Industrie

l'industrie f
implanter
Le gouvernement s'efforce d'implanter des industries dans cette région.

die Industrie
ansiedeln
Die Regierung bemüht sich, in dieser Gegend Industrie anzusiedeln.

l'industrie ...
  automobile
  textile
  alimentaire
  aéronautique
  aérospatiale
  électronique
  chimique

die ... Industrie
  Automobil-
  Textil-
  Nahrungsmittel-
  Flugzeug-
  Raumfahrt-
  Elektronik-
  chemische

l'implantation f **d'industrie**
la branche d'industrie
le secteur d'industrie
la sidérurgie
la métallurgie
la mine
la centrale électrique/nucléaire

die Industrieansiedlung
der Industriezweig
der Industriesektor
die Eisen- und Stahlindustrie
die metallverarbeitende Industrie
der Bergbau
das Elektrizitäts-/Atomkraftwerk

Die Industrie **19.4**

industriel,le
la zone industrielle
La zone industrielle est située au nord de la ville.

industriell, Industrie-
das Industriegebiet
Das Industriegebiet liegt im Norden der Stadt.

l'industriel m
Le Président de la République était accompagné de plusieurs industriels.

der Industrielle
Der Präsident der Republik war von mehreren Industriellen begleitet.

l'usine f
Cette usine est une filiale de Renault.

die Fabrik
Diese Fabrik ist ein Zweigwerk von Renault.

la manufacture
Limoges est connue pour sa manufacture de porcelaine.

die Manufaktur, die Fabrik
Limoges ist bekannt für seine Porzellanmanufaktur.

la maison
Il travaille pour les maisons de couture les plus réputées du monde.

die Firma
Er arbeitet für die berühmtesten Modehäuser der Welt.

la succursale
Cette société possède des succursales dans le monde entier.

die Niederlassung
Dieser Konzern besitzt auf der ganzen Welt Niederlassungen.

la production
la chaîne de montage
C'est Henry Ford qui a introduit les chaînes de montage dans la production automobile.

die Produktion
das Montageband
Henry Ford führte das Montageband in der Automobilproduktion ein.

le produit
Les produits anglais portent la marque «Made in England».

das Produkt
Englische Produkte tragen das Markenzeichen „Made in England".

produire
Moulinex produit des appareils ménagers.

herstellen, erzeugen
Moulinex stellt Haushaltsgeräte her.

la fabrication
Lyon est le centre de la fabrication de la soie.

die Herstellung
Lyon ist das Zentrum der Seidenfabrikation.

fabriquer
C'est en Forêt-Noire qu'on fabrique les pendules à coucou.

herstellen
Im Schwarzwald werden Kuckucksuhren hergestellt.

restructurer
Cette entreprise a été entièrement restructurée l'année dernière.

umstrukturieren
Das Unternehmen wurde letztes Jahr völlig umstrukturiert.

la rationalisation
Les frais ont pu être réduits par des mesures de rationalisation.

la robotisation
l'automatisation f
La robotisation représente le dernier stade du développement de l'automatisation industrielle.

le robot
Les robots qui peuvent penser n'existent jusqu'à présent que dans les romans et les films de science-fiction.

die Rationalisierung
Die Kosten konnten durch Rationalisierungsmaßnahmen gesenkt werden.

die Robotisierung
die Automatisierung
Die Robotisierung stellt den letzten Entwicklungsstand der industriellen Automatisierung dar.

der Roboter, der Automat
Roboter, die denken können, gibt es bisher nur in Science-fiction-Romanen und -Filmen.

S. auch **Die Wissenschaft, die Technik 17.3.**

19.5 Die Landwirtschaft

l'agriculture f
En agriculture, on remplace de plus en plus la main-d'œuvre par des machines.

l'agriculteur m
la terre
Il est agriculteur et vit sur ses terres.

agricole
la coopérative agricole
Les paysans sont organisés en coopératives agricoles.

le fermier/la fermière
le paysan/la paysanne

le village
Il n'y a plus, dans ce village, que trois familles qui vivent de l'agriculture.

rural,e;aux
les ruraux m/pl.
La population rurale (Les ruraux) vote (votent) la plupart du temps pour les partis conservateurs.

die Landwirtschaft
In der Landwirtschaft werden immer häufiger Arbeitskräfte durch Maschinen ersetzt.

der Landwirt
der Grund und Boden
Er ist Landwirt und lebt auf eigenem Grund und Boden.

Landwirtschafts-, Agrar-
die Landwirtschaftsgenossenschaft
Die Bauern sind in Landwirtschaftsgenossenschaften organisiert.

der Bauer (Hofbesitzer)**/die Bäuerin**
der Bauer/die Bäuerin

das Dorf
In diesem Dorf gibt es nur noch drei Familien, die von der Landwirtschaft leben.

ländlich, Land-
die Landbevölkerung
Die Landbevölkerung wählt meistens konservative Parteien.

Die Landwirtschaft **19.5**

le produit ⎫	das Agrarprodukt
l'exploitation *f* ⎬ agricole	der Landwirtschaftsbetrieb
l'équipement *m* ⎭	landwirtschaftliche Maschinen

la ferme — der Bauernhof
La ferme comprend ... — Der Bauernhof besteht aus ...
   la maison d'habitation — dem Wohnhaus
   l'étable *f* — dem (Kuh-)Stall
   l'écurie *f* — dem Pferdestall
   la grange — der Scheune
   le hangar — dem (Geräte-)Schuppen
   le grenier — dem Speicher
   la cave — dem Keller

la charrue — der Pflug
la charrette — der Karren
le tracteur — der Traktor
la moissonneuse-batteuse-lieuse — der Mähdrescher

le sol — der Boden
fertile — fruchtbar
stérile — unfruchtbar
Ce sol est fertile/stérile. — Dieser Boden ist fruchtbar/unfruchtbar.

le pré — die Wiese
le pâturage — die (Vieh-)Weide
Pendant la journée, les vaches sont dans les prés/au pâturage. — Tagsüber sind die Kühe auf der Wiese/auf der Weide.

la prairie — die Wiese(n)
faucher — mähen
On fauche la prairie deux fois par an. — Die Wiesen werden zweimal im Jahr gemäht.

le champ — das Feld
labourer — (um-)pflügen
Les champs sont labourés au printemps et en automne. — Die Felder werden im Frühjahr und im Herbst umgepflügt.

semer — säen
Le blé est déjà semé. — Das Korn ist schon gesät.

fertiliser — düngen
Ce paysan fertilise ses champs avec ... — Dieser Bauer düngt seine Felder mit ...
   des engrais *m* **chimiques** — Kunstdünger
   des engrais organiques, par ex. — organischem Dünger, z. B. mit
   le fumier — Mist

la culture — der Anbau
l'élevage *m* — die Zucht

19.5 Die Landwirtschaft

Dans cette région, on pratique...
  la culture de légumes/de fruits
  l'élevage de moutons/de bovins

In dieser Gegend betreibt man ...
  Gemüse-/Obstanbau
  Schafs-/Rinderzucht

élever
Dans cette région, on élève ...
  des porcs m [pɔr]
  des volailles f, par ex.: **des poulets** m/**des oies** f/**des canards** m

züchten
In dieser Gegend züchtet man ...
  Schweine
  Geflügel, z. B.: **Hühner/Gänse/ Enten**

cultiver
Dans cette région, on cultive ...
  des céréales f
  le blé/le seigle [sɛgl]
  l'avoine f/**l'orge** f
  le maïs [mais]/**le colza**

anbauen
In dieser Gegend wird ... angebaut.
  Getreide
  Weizen/Roggen
  Hafer/Gerste
  Mais/Raps

travailler ...
  à la ferme
  aux champs m

... arbeiten
  auf dem Bauernhof
  auf dem Feld

la récolte
la pomme de terre
En automne, j'aide à la récolte de pommes de terre/de fruits.

die Ernte
die Kartoffel
Im Herbst helfe ich bei der Kartoffelernte/bei der Obsternte.

récolter
Il est encore trop tôt pour récolter les asperges.

ernten
Es ist noch zu früh, um Spargel zu ernten.

mûr,e
Les pommes ne sont pas encore mûres.

reif
Die Äpfel sind noch nicht reif.

la moisson
faire les moissons
C'est en septembre qu'on fait les moissons.

die Getreideernte
das Getreide ernten
Im September wird das Getreide geerntet.

la viticulture
le vigneron/la vigneronne
le vignoble
la vigne
le raisin
les vendanges f
la coopérative viticole

der Weinanbau
der Winzer/die ~in
der Weinberg
die Rebe
die (Wein-)Traube
die Weinlese
die Winzergenossenschaft

● **Expressions**

On récolte ce qu'on a semé.

Was der Mensch sät, das wird er ernten.

Qui sème le vent, récolte la tempête.	Wer Wind sät, wird Sturm ernten.
Quand le vin est tiré, il faut le boire.	Wer A sagt, muß auch B sagen.
mettre de l'eau dans son vin	in seinen Ansprüchen bescheidener werden, zurückstecken
Depuis qu'il doit gagner sa vie, il a mis de l'eau dans son vin.	Seit er selbst sein Geld verdienen muß, ist er in seinen Ansprüchen bescheidener geworden.

S. auch **Die Ernährung, das Essen 7.3, Die Gartenarbeit 10.2, Das Wetter 14.1, Die Tiere 15.1, Die Pflanzen 15.2, Die französische Provinz und die Politik der Dezentralisierung 26.3.**

19.6 Die Energie

l'énergie *f*	die Energie
la source d'énergie	die Energiequelle
Il faut que nous découvrions de nouvelles sources d'énergie.	Wir müssen neue Energiequellen erschließen.
énergétique	Energie-
les ressources énergétiques *f*	die Energievorräte
Nous sommes en train d'épuiser les ressources énergétiques de la Terre.	Wir sind dabei, die Energievorräte der Erde aufzubrauchen.
la production d'électricité	die Elektrizitätserzeugung
En France, EDF (Electricité de France) a le monopole de la production d'électricité.	In Frankreich hat EDF das Monopol der Elektrizitätserzeugung.
la matière première	der Rohstoff
Notre pays doit importer de nombreuses matières premières.	Unser Land muß viele Rohstoffe importieren.
le charbon	die Kohle
la mine	das Bergwerk
le pétrole	das Rohöl
le port pétrolier	der Ölhafen
le pétrolier	der Öltanker
le pipeline [pajplajn] ou [piplin]	die Pipeline
l'oléoduc *m* [oleodyk]	die Erdölleitung
la raffinerie	die Raffinerie
les pays *m* producteurs de pétrole	die erdölfördernden Länder
le nucléaire	die Atomenergie

19.6 Die Energie

la centrale nucléaire
le gaz naturel
l'énergie *f* de l'eau
le barrage
l'usine *f* hydro-électrique
l'énergie *f* solaire
le capteur solaire
l'énergie *f* du vent

das **Atomkraftwerk**
das **Erdgas**
die **Wasserenergie**
der **Staudamm**
das **Wasserkraftwerk**
die **Sonnenenergie**
der **Sonnenkollektor**
die **Windenergie**

exploiter
On exploite la houille dans la Ruhr.

abbauen, fördern
Im Ruhrgebiet wird Steinkohle abgebaut.

consommer
Nous consommons beaucoup trop d'énergie.

verbrauchen
Wir verbrauchen viel zu viel Energie.

gaspiller
économiser
Nous avons trop longtemps gaspillé l'énergie et devons maintenant réapprendre à l'économiser.

verschwenden
sparen
Wir haben zu lange Energie verschwendet und müssen jetzt wieder lernen, Energie zu sparen.

le choc pétrolier
En 1973, les pays producteurs de pétrole ont augmenté leurs prix de 100 %. Cela a eu pour conséquence ce qu'on a appelé le choc pétrolier.

der Ölschock
1973 erhöhten die erdölfördernden Länder ihre Preise um 100 %. Dies hatte den sogenannten Ölschock zur Folge.

S. auch **Umweltprobleme 16.3, Natur- und Umweltschutz 16.4.**

20.1 Das Geld

l'argent *m*
Il n'a jamais d'argent sur soi (sur lui).

das Geld
Er hat nie Geld bei sich.

toucher de l'argent
Il a touché beaucoup d'argent pour son invention.

Geld bekommen, erhalten
Für seine Erfindung hat er viel Geld bekommen.

se faire de l'argent de poche
Elle se fait de l'argent de poche en faisant du baby-sitting.

sich Taschengeld verdienen
Sie verdient sich als Baby-Sitter ihr Taschengeld.

la monnaie
Je n'ai pas de monnaie pour le parcmètre.

das Münzgeld, das Kleingeld
Ich habe kein Kleingeld für die Parkuhr.

gagner
Combien gagnes-tu par mois?
Tu gagnes mieux ta vie que moi.

verdienen
Wieviel verdienst du im Monat?
Du verdienst mehr als ich.

joindre les deux bouts *fam.*
Il ne gagne pas mal sa vie, mais n'arrive tout de même pas à joindre les deux bouts.

mit seinem Geld auskommen
Er verdient nicht schlecht, kommt aber dennoch mit seinem Geld nicht aus.

le porte-monnaie
le portefeuille
le billet
la pièce (de 5 F)

das Portemonnaie, der Geldbeutel
die Brieftasche
der Geldschein
das (Fünf-Francs-)Stück

le budget
gérer
– Qui gère le budget chez vous?

– C'est ma mère.

das Budget, das Haushaltsgeld
verwalten
– Wer verwaltet bei euch das Haushaltsgeld?
– Meine Mutter.

la dépense
Nous avons eu de grosses dépenses le mois dernier.

die Ausgabe
Im letzten Monat hatten wir große Ausgaben.

faire le total
J'ai fait le total de nos dépenses.

zusammenzählen
Ich habe unsere Ausgaben zusammengezählt.

dépenser
Combien as-tu dépensé en cadeaux?

ausgeben
Wieviel hast du für Geschenke ausgegeben?

20.1 Das Geld

Ils dépensent beaucoup d'argent pour leurs voyages.	Sie geben viel Geld für Reisen aus.

les frais *m*
rembourser
Ses frais ne lui ont pas été remboursés.

die Kosten
zurückzahlen, erstatten
Die Kosten wurden ihm/ihr nicht erstattet.

aux frais de
à mes frais

auf Kosten von
auf meine Kosten

gaspiller
Comment peut-on gaspiller son argent de la sorte?

verschwenden
Wie kann man sein Geld so verschwenden?

les dettes *f*
As-tu déjà réglé tes dettes?

die Schulden
Hast du deine Schulden schon bezahlt?

devoir qc. à qn.
Combien est-ce que je vous dois?

jm. etw. schulden
Wieviel schulde ich Ihnen?

les économies *f*
Elle a placé ses économies en actions.

die Ersparnisse
Sie hat ihre Ersparnisse in Aktien angelegt.

faire des économies
Toute sa vie, il a fait des économies.

sparen
Sein ganzes Leben lang hat er gespart.

économiser (sur qc.)
Ils ont économisé pendant des années pour s'acheter un appartement.
Vous économiserez 200 F en prenant un ticket aller-retour.
Ils n'ont jamais économisé sur la nourriture.

(an etw.) sparen
Sie haben jahrelang gespart, um sich eine Wohnung zu kaufen.
Sie sparen 200 F, wenn Sie eine Rückfahrkarte nehmen.
Sie haben nie an der Nahrung gespart.

économe
C'est une maîtresse de maison économe.

sparsam
Sie ist eine sparsame Hausfrau.

épargner
Les Français épargnent beaucoup en ce moment.

sparen
Zur Zeit sparen die Franzosen sehr.

prêter qc. à qn.
Pourrais-tu me prêter 100 F?

jdm. etw. leihen, geben
Könntest du mir 100 F leihen?

emprunter qc. à qn.
Pour pouvoir faire construire leur maison, ils ont emprunté 300.000 F à la banque.

sich etw. von jdm. leihen
Um ihr Haus bauen zu können, haben sie sich 300.000 F bei der Bank geliehen.

la facture
la note

die Rechnung

Das Geld **20.1**

l'addition f	die Rechnung (im Restaurant)
la somme	die Summe
le montant	der Betrag
le reçu	die Quittung

payer ⎫
régler ⎭   bezahlen

Comment souhaitez-vous payer (régler)? — Wie möchten Sie gerne bezahlen?
- **En espèces?**
- **Par chèque?**
- **Avec une carte de crédit?**

- **Bar?**
- **Mit Scheck?**
- **Mit Kreditkarte?**

verser des arrhes f   **eine Anzahlung machen, anzahlen**
Pour ma commande, j'ai dû verser 500 F d'arrhes. — Bei meiner Bestellung mußte ich 500 F anzahlen.

la banque	die Bank
la caisse d'épargne	die Sparkasse
le compte (en banque)	das (Bank-)Konto
le crédit	der Kredit
les intérêts m	die Zinsen
le taux d'intérêt	der Zinssatz

virer   **überweisen**
Mon salaire est viré sur mon compte à la fin du mois. — Mein Gehalt wird am Monatsende auf mein Konto überwiesen.

prélever   **abheben**
Elle a prélevé une grosse somme sur son compte. — Sie hat von ihrem Konto eine große Summe abgehoben.

les finances f   **die Finanzen**
Il est responsable des finances dans son entreprise. — Er ist für die Finanzen der Firma verantwortlich.

le financement   **die Finanzierung**
Le financement est maintenant assuré. — Die Finanzierung ist jetzt gesichert.

financier, ière   **finanziell, Geld-**
La réunification de l'Allemagne a entraîné de gros problèmes financiers. — Die Wiedervereinigung Deutschlands hat große finanzielle Probleme mit sich gebracht.

financer   **finanzieren**
le crédit   **der Kredit**
Ils ont financé leur voiture en prenant un crédit. — Sie haben ihr Auto mit einem Kredit finanziert.

la Bourse   **die Börse**
l'action f   **die Aktie**
A la Bourse, on cote les actions. — An der Börse werden die Aktien notiert.

20.2 Die Währung

spéculer
Les employés de banque n'ont pas le droit de spéculer dans leur maison pour leur propre compte.

spekulieren
Bankangestellte dürfen im eigenen Haus nicht auf eigene Rechnung spekulieren.

la spéculation
la fortune
Il a bâti sa fortune sur la spéculation.

die Spekulation
das Vermögen
Er hat sein Vermögen durch Spekulation gemacht.

● **Expressions**

le fric [frik] *fam.*
le pognon *fam.*

die Moneten
der Zaster

faire fortune

ein Vermögen machen, reich werden

Il a fait fortune dans la publicité.

Er hat in der Werbung ein Vermögen gemacht.

rendre à qn. la monnaie de sa pièce

jdm. etw. mit gleicher Münze heimzahlen

Je vais lui rendre la monnaie de sa pièce.

Das werde ich ihm/ihr mit gleicher Münze heimzahlen.

prendre qc. pour argent comptant
Ne sois pas si naïf et ne prends pas pour argent comptant tout ce qu'on te raconte!

etw. für bare Münze nehmen
Sei nicht so naiv und nimm nicht alles für bare Münze, was man dir erzählt!

L'argent n'a pas d'odeur.
L'argent ne fait pas le bonheur.
Tu vas me le payer! *fam.*
Je suis bien payé pour le savoir.

Geld stinkt nicht.
Geld allein macht nicht glücklich.
Das sollst du mir büßen!
Das weiß ich aus eigener Erfahrung.

S. auch **Der Haushalt 6.2, Einkaufen 7.1, Soziale Sicherheit, Versicherungen 18.4, Das Geschäftsleben 19.1.**

20.2 Die Währung

la monnaie
Le franc et le mark passent pour être des monnaies fortes.

die Währung
Der Franc und die Mark gelten als harte Währungen.

dévaluer
Le franc français a été dévalué plusieurs fois dans les années 60.

abwerten
Der französische Franc wurde in den 60er Jahren mehrfach abgewertet.

réévaluer
Le mark allemand a été réévalué en 1978 pour la dernière fois.

aufwerten
Die deutsche Mark wurde 1978 zum letzten Mal aufgewertet.

le taux de change
le cours du change
Le taux de change (Le cours du change) du dollar fluctue en permanence.

der Wechselkurs
Der Wechselkurs des Dollars schwankt ständig.

changer
Il faudra que je change de l'argent à la frontière.

wechseln, umtauschen
An der Grenze muß ich Geld wechseln.

● **Expression**

payer qn. en monnaie de singe

Il a essayé, comme toujours, de me payer en monnaie de singe.

jdn. mit schönen Worten, mit leeren Versprechungen abspeisen
Wie immer versuchte er, mich mit schönen Worten abzuspeisen.

S. auch **Ferien, Reisen 8.3, Die Wirtschaft 19.2.**

20.3 Die Steuern

l'impôt *m*
Le gouvernement envisage d'augmenter les impôts.

die Steuer
Die Regierung beabsichtigt, die Steuern zu erhöhen.

la taxe
la TVA [tevea] (la taxe sur la valeur ajoutée)
La TVA est actuellement de 15 % en Allemagne.

die Steuer
die Mehrwertsteuer

Die Mehrwertsteuer beträgt in Deutschland zur Zeit 15 %.

la Trésorerie
Les bureaux de la Trésorerie sont fermés le lundi.

das Finanzamt
Montags ist das Finanzamt geschlossen.

le fisc [fisk]
Le fisc veille à ce que les citoyens paient leurs impôts.

die Steuerbehörde
Die Steuerbehörde wacht darüber, daß die Bürger ihre Steuern bezahlen.

20.3 Die Steuern

fiscal,e;aux
Monaco est un paradis fiscal.

Steuer-
Monaco ist ein Steuerparadies.

la recette fiscale
Les recettes fiscales ont augmenté de 10 %.

die Steuereinnahme
Die Steuereinnahmen sind um 10 % gestiegen.

déclarer ses revenus *m*
Par principe, tout citoyen doit déclarer ses revenus.

das Einkommen versteuern
Grundsätzlich muß jeder Bürger sein Einkommen versteuern.

la vignette auto
La taxe sur les automobiles s'appelle en France la «vignette auto».

die Kraftfahrzeugsteuer
Die Kraftfahrzeugsteuer heißt in Frankreich „vignette auto".

le contribuable
Je m'intéresse comme contribuable à ce que l'Etat fait de mon argent.

der Steuerzahler
Als Steuerzahler interessiere ich mich dafür, was der Staat mit meinem Geld macht.

21.1 Die Massenmedien

les médias m
Les médias comprennent:
la presse, la télévision, la radio ainsi que le cinéma, la vidéo etc.

die (Massen-)Medien
Die Medien umfassen:
Presse, Fernsehen, Radio sowie Film, Videofilm usw.

Les médias devraient avoir pour mission:
- d'informer le lecteur, l'auditeur et le spectateur.
- de commenter les événements pour permettre au public de se faire une opinion.
- de diffuser des émissions et de publier des reportages à contenu culturel/éducatif/divertissant.
- de veiller au respect des règles du jeu démocratique.
- de mettre à jour des dysfonctionnements dans tous les domaines.

Die Medien sollten zur Aufgabe haben:
- Leser, Zuhörer und Zuschauer zu informieren.
- die Ereignisse zu kommentieren, um der Öffentlichkeit zu ermöglichen, sich eine Meinung zu bilden.
- Sendungen auszustrahlen und Artikel zu veröffentlichen mit kulturellem/ erzieherischem/unterhaltendem Inhalt.
- über die Einhaltung der demokratischen Spielregeln zu wachen.
- Mißstände auf allen Gebieten aufzudecken.

21.2 Der Rundfunk, das Fernsehen

la radiodiffusion
France Musique, France Culture et France Inter sont des stations de radiodiffusion française.

der Rundfunk
France Musique, France Culture und France Inter sind französische Rundfunksender.

la radio
écouter
Je n'écoute pratiquement plus la radio que le matin au petit déjeuner.

das Radio
hören
Ich höre praktisch nur noch morgens beim Frühstück Radio.

le transistor
l'autoradio m
l'auditeur m

das Kofferradio
das Autoradio
der (Rundfunk-)Hörer

les ondes f
- Sur quelle longueur d'ondes prend-on ici France-Musique?
- Sur 95 MHz [megaɛrts]

die (Radio-)Welle
- Auf welcher Wellenlänge kommt hier France-Musique?
- Auf Wellenlänge 95.

la télévision
la télé fam.

das Fernsehen

21.2 Der Rundfunk, das Fernsehen

la télévision par câble	das Kabelfernsehen
la redevance de télévision	die Fernsehgebühr
le téléviseur (couleur)	der (Farb-)Fernseher
l'écran *m*	der Bildschirm
la télécommande	die Fernbedienung
le magnétoscope	das Videogerät
la cassette vidéo	die Videokassette
le poste de radio/de télévision	das Radio-/Fernsehgerät
le poste portatif	das tragbare Gerät
le programme de radio/de télévision	das Radio-/Fernsehprogramm
le présentateur/la présentatrice	der Nachrichtensprecher/die ~in
l'animateur/l'animatrice	der Moderator/die ~in
l'émission *f* ...	die ... Sendung
régionale	Regional-
politique	politische
de sport	Sport-
le feuilleton	die Fernsehserie, Fortsetzungsroman (im Radio)
le reportage	die Reportage
les jeux *m*	Spiele
la pub(licité) à la télé/à la radio	das Werbefernsehen/die Werbung im Radio
le journal télévisé	die Tagesschau, die Nachrichten
les informations *f*	die Nachrichten
le flash d'information	die Kurznachrichten
la station / le poste	der (Radio-, Fernseh-)Sender
la chaîne	das Programm, der Kanal, der Sender

diffuser

ausstrahlen, senden, bringen

Cette station (Ce poste) diffuse toutes les heures un flash d'information.

Dieser Sender bringt jede Stunde Kurznachrichten.

Nous avons une chaîne qui diffuse régulièrement des cours de mathématique et d'anglais.

Wir haben einen Kanal, der regelmäßig Unterricht in Mathematik und Englisch ausstrahlt.

La première chaîne s'appelle TF 1, la deuxième France 2 et la troisième France 3.

Das Erste Programm heißt TF 1, das Zweite France 2 und das Dritte France 3.

TF 1 est une chaîne privée.

TF 1 ist ein Privatsender.

regarder la télé(vision)

fernsehen

Nous regardons tous les soirs la télé(vision).

Wir sehen jeden Abend fern.

voir qc. à la télé
Est-ce que tu as vu le film policier hier soir à la télé?

passer
– Qu'est-ce qu'on passe ce soir à la télé?
– C'est un film avec Alain Delon qui passe ce soir sur TF 1 (sur la première chaîne).

présenter

France 2 présente les informations à 20 heures.
Anne Sinclair présente l'émission «7 sur 7».

zapper
Prends une chaîne, n'importe laquelle, mais arrête de zapper!

retransmettre en direct
Le tournoi sera retransmis en direct depuis Wimbledon.

capter
D'ici, on ne peut capter les postes anglais et américains que sur les ondes courtes.

Avec la télévision par câble, nous pouvons capter 36 chaînes différentes.

enregistrer
J'ai enregistré le film de Francois Truffaut «Le dernier métro» sur cassette vidéo.

etw. im Fernsehen sehen
Hast du gestern abend den Krimi im Fernsehen gesehen?

(im Fernsehen) **kommen**
– Was kommt heute abend im Fernsehen?
– Heute abend kommt ein Film mit Alain Delon in TF 1 (im Ersten Programm).

(im Fernsehen) **bringen, sprechen, moderieren**
France 2 bringt die Nachrichten um 20 Uhr.
Anne Sinclair moderiert die Sendung „7 sur 7".

hin und her schalten
Wähle ein Programm, ganz egal welches, aber höre auf, hin und her zu schalten!

übertragen live
Das Spiel wird live aus Wimbledon übertragen.

empfangen
Englische und amerikanische Sender kann man hier nur auf Kurzwelle empfangen.
Mit dem Kabelfernsehen können wir 36 verschiedene Programme empfangen.

aufnehmen
Ich habe den Film „Die letzte Metro" von François Truffaut auf Videokassette aufgenommen.

S. auch **Die Elektrotechnik im Haus 6.3, Die Musik 22.2, Das Kino 22.5.**

21.3 Die Presse

la presse
Grâce à sa variété, la presse satisfait aujourd'hui tous les goûts.

die Presse, das Zeitungswesen
Dank ihrer Vielfalt bietet die Presse heute etwas für jeden Geschmack.

21.3 Die Presse

La presse est souvent considérée comme le «quatrième pouvoir» en démocratie.

Die Presse wird oft als „vierte Gewalt" in der Demokratie angesehen.

la presse ...	
d'opinion	die **Meinungspresse**
de droite/de gauche/libérale	die **rechte/linke/liberale Presse**
à sensation	die **Sensations-**, die **Skandalpresse**
du cœur	die **Regenbogenpresse**
le journal, *pl.* **-aux**	die **Zeitung**
le quotidien ...	die **... Tageszeitung**
national/régional (de province)	überregionale/regionale
du soir, par ex.: Le Monde, France-Soir	das **Abendblatt**, z. B.: Le Monde, France-Soir
le magazine	die **Zeitschrift**, die **Illustrierte**
l'hebdomadaire *m*	die **(Wochen-)Zeitschrift**
le mensuel	die **Monatszeitschrift**
la revue	die **Fachzeitschrift**
le supplément	die **Beilage**

le lecteur/la lectrice — der **Leser**/die ~**in**
le/la journaliste — der **Journalist**/die ~**in**
le journalisme — der **Journalismus**
le langage journalistique — die **Journalistensprache**
le jargon journalistique — der **Journalistenjargon**
le reporter [rɔpɔrtœr] — der **Reporter**/die ~**in**
le reportage — die **Reportage**, der **Bericht**
le rédacteur/la rédactrice — der **Redakteur**/die ~**in**
le correspondant/la correspondante — der **Korrespondent**/die ~**in**
l'envoyé spécial/l'envoyée spéciale — der **Sonderberichterstatter**/die ~**in**
l'éditeur/l'éditrice — der **Herausgeber**/die ~**in**
l'édition *f,* par ex.: **l'~ du dimanche** — die **Ausgabe**, z. B.: die **Sonntags~**

l'article *m* — der **Artikel**
rédiger — **verfassen, schreiben**
Cet article a été rédigé par l'envoyé spécial du Figaro à Rome. — Dieser Artikel wurde vom Sonderberichterstatter des Figaro in Rom verfaßt.

traiter de qc. — **von etw. handeln**
Cet article que je viens de découper traite de l'avenir de l'Europe. — Der Artikel, den ich ausgeschnitten habe, handelt von der Zukunft Europas.

l'éditorial *m* — der **Leitartikel**
L'éditorial est signé A. Dubois. — Der Leitartikel ist mit A. Dubois unterzeichnet.

l'interview *f* [ɛ̃tɛrvju] — das **Interview**
paraître — **erscheinen**

Cet (Cette) interview a paru dans l'édition de samedi.

interviewer [ɛtɛrvjuve]
Il n'y a qu'un reporter qui ait réussi à interviewer cette star.

la nouvelle
Les nouvelles de la télévision sont souvent plus d'actualité que celles de la presse.
Cette nouvelle se trouve ...
   dans le journal/dans Le Monde
   à la une
   en page 3
   en (à la) première/dernière page
   en haut de la page
   en (au) bas de la page
   sous la rubrique ...

la rubrique
Les rubriques d'un journal sont les suivantes:
Politique
Affaires Etrangères
Economie
Faits divers
Carnet du jour
Feuilleton
Courrier du lecteur
Sports
Annonces etc.

le scoop [skup]
publier
Ce scoop a été publié dans Le Figaro du 3 septembre.

l'annonce f
mettre une annonce dans le journal
Tu veux vendre ton appareil photo? Alors, mets donc une annonce dans les journaux!

l'agence f **de presse**
Les agences de presse fournissent des nouvelles, mais aussi des articles directement bons à tirer.

Das Interview erschien in der Ausgabe vom (letzten) Samstag.

interviewen
Nur einem Reporter ist es gelungen, den Star zu interviewen.

die Nachricht
Die Nachrichten im Fernsehen sind oft aktueller als die in der Presse.

Diese Nachricht steht ...
   in der Zeitung/in Le Monde
   auf der ersten Seite
   auf Seite 3
   auf der ersten/letzten Seite
   oben auf der Seite
   unten auf der Seite
   unter der Rubrik ...

die Rubrik, die Spalte
Die Rubriken einer Zeitung sind:

Politik
Außenpolitik
Wirtschaft
Vermischtes
Geburts-, Heirats-, Todesanzeigen
Kultur, Fortsetzungsroman
Leserbriefe
Sport
Anzeigenteil usw.

Sensation(snachricht)
veröffentlichen
Diese Sensation wurde im Figaro vom 3. September veröffentlicht.

die Annonce, das Inserat
eine Anzeige aufgeben, inserieren
Du willst deinen Fotoapparat verkaufen? Dann gib doch eine Anzeige in der Zeitung auf! (Dann inseriere doch!)

die Presseagentur
Die Presseagenturen liefern Nachrichten, aber auch druckfertige Artikel.

21.3 Die Presse

la maison d'édition
l'imprimerie f
Cette maison d'édition possède sa propre imprimerie.

der Verlag
die Druckerei
Dieser Verlag besitzt eine eigene Druckerei.

imprimer
Le rédacteur en chef a refusé d'imprimer cet article.

drucken
Der Chefredakteur lehnte es ab, diesen Artikel zu drucken.

en petit (en petits caractères)
en gros (en gros caractères)
Cette annonce a été imprimée en gros (en gros caractères).

klein gedruckt, im Kleindruck
fett gedruckt, im Fettdruck
Diese Anzeige erschien im Fettdruck.

la présentation
sobre
tape-à-l'œil
La présentation des journaux est très différente de l'un à l'autre.
Le Monde est sobre dans sa présentation, France-Dimanche, au contraire, est tape-à-l'œil.

die Aufmachung
nüchtern, seriös
schreiend, reißerisch
Die Aufmachung der Zeitungen ist sehr unterschiedlich.
Le Monde ist seriös aufgemacht, France-Dimanche dagegen reißerisch.

la couverture
le titre
le gros titre
la manchette
la colonne
l'impression f
la maison de la presse
le kiosque à journaux

der Umschlag
die Überschrift
die große Überschrift
die Schlagzeile
die (Druck-)Spalte
der Druck
der Zeitungsladen
der Zeitungskiosk

le tirage
C'est Ouest-France qui a le plus gros tirage de tous les quotidiens en France.

die Auflage
Ouest-France hat die höchste Auflage aller Tageszeitungen in Frankreich.

distribuer chez les particuliers
En Allemagne, les quotidiens sont en général distribués chez les particuliers.
En France, par contre, la plupart du temps, on les achète dans un kiosque ou une maison de la presse.

austragen
In Deutschland werden im allgemeinen die Tageszeitungen ausgetragen.
In Frankreich dagegen kauft man sie meistens an einem Kiosk oder in einem Zeitungsladen.

l'abonnement m
L'abonnement (annuel) de ce journal coûte 1000 F.

das Abonnement
Das Jahresabonnement dieser Zeitung kostet 1000 F.

s'abonner à qc.
Si tu veux être au courant, il faut t'abonner à un quotidien.

etw. abonnieren
Wenn du auf dem laufenden sein willst, mußt du eine Tageszeitung abonnieren.

la concentration de la presse
la diversité des opinions
La concentration de la presse menace la diversité des opinions.

die Konzentration der Presse
die Meinungsvielfalt
Die Konzentration der Presse bedroht die Meinungsvielfalt.

l'empire m **de presse**
Robert Hersant a commencé à monter son empire de presse dans les années 70.

das Presseimperium
In den 70er Jahren begann Robert Hersant damit, ein Presseimperium aufzubauen.

le groupe de presse
le monopole de l'information
Il est inadmissible qu'un groupe de presse possède le monopole de l'information.

der Pressekonzern
das Informationsmonopol
Es ist unerträglich, daß ein Pressekonzern das Informationsmonopol besitzt.

la liberté de la presse
La liberté de la presse est un droit fondamental de la démocratie.

die Pressefreiheit
Die Pressefreiheit ist ein demokratisches Grundrecht.

la censure
Toute forme de censure est une entrave à la liberté de la presse.

die Zensur
Jede Form der Zensur verstößt gegen die Pressefreiheit.

● **Expressions**

avoir bonne/mauvaise presse
Actuellement, les banques n'ont pas bonne presse.

eine gute/schlechte Presse haben
Zur Zeit haben die Banken keine gute Presse.

faire les gros titres des journaux
Cette affaire faisait les gros titres de la presse depuis des semaines.

Schlagzeilen machen
Die Affäre machte seit Wochen Schlagzeilen in der Presse.

S. auch **Die Verfassung, die Menschenrechte 24.2.**

21.4 Die Werbung

la publicité
Cette entreprise fait de la publicité pour ses produits dans la presse/à la télé/à la radio.

die Werbung
Diese Firma macht für ihre Produkte Werbung in der Presse/im Fernsehen/im Radio.

21.4 Die Werbung

l'agence *f* de publicité
Cette agence de publicité entretient des bureaux à Londres, Paris et New York.

die Werbeagentur
Diese Werbeagentur unterhält Büros in London, Paris und New York.

publicitaire
Cette entreprise dépense chaque année un million de francs à des fins publicitaires.

Werbe-
Diese Firma gibt jedes Jahr eine Million Francs für Werbezwecke aus.

l'annonce *f*	die Werbeanzeige
l'annonceur *m*	der Inserent
le spot [spɔt]	der Werbespot
le slogan	der Werbeslogan
le film } publicitaire	der Werbefilm
l'émission *f*	die Werbesendung
le panneau	die Reklametafel
l'affiche *f*	das Werbeplakat
la campagne	die Werbekampagne

le/la publicitaire

Un bon publicitaire doit être un bon psychologue.

der Werbefachmann/ die Werbefachfrau

Ein guter Werbefachmann muß ein guter Psychologe sein.

la promotion
Le saumon est aujourd'hui en promotion.

das (Werbe-)Angebot
Lachs ist heute im Angebot.

promotionnel, le
Le supermarché organise en ce moment une semaine promotionnelle des produits alimentaires italiens.

Werbe-
Der Supermarkt veranstaltet zur Zeit eine Werbewoche für italienische Nahrungsmittel.

le prospectus [prɔspɛktys]
Les indications du prospectus ne correspondaient pas à la réalité.

der Prospekt
Die Angaben im Prospekt entsprachen nicht der Wirklichkeit.

Problèmes posés:

La publicité ...
– exagère au lieu de fournir des informations concrètes.
– voudrait pousser les gens à acheter des produits qu'ils ne peuvent en réalité pas s'offrir.
– fait souvent appel aux instincts les plus bas.

Folgende Probleme stellen sich:

Die Werbung ...
– übertreibt, anstatt sachliche Informationen zu geben.
– möchte die Menschen dazu bringen, sich Waren zu kaufen, die sie sich eigentlich nicht leisten können.
– appelliert oft an die niedrigsten Instinkte.

Die Werbung 21.4

- essaie de faire croire aux gens que le bonheur ne se trouve que dans la consommation.

Un slogan publicitaire ne doit pas être pris pour argent comptant.

- versucht, den Menschen weiszumachen, daß das Glück nur im Konsum besteht.

Ein Werbeslogan darf nicht für bare Münze genommen werden.

S. auch **Einkaufen 7.1.**

22.1 Die Kunst

l'art m
Que préfères-tu, l'art abstrait ou l'art figuratif?
«L'art pour l'art» est une théorie selon laquelle la beauté serait le but suprême de l'art.

die Kunst
Was gefällt dir besser, abstrakte oder gegenständliche Kunst?
„L'art pour l'art" (Die Kunst um der Kunst willen) ist eine Theorie, nach der die Schönheit das höchste Ziel der Kunst ist.

l'œuvre f **d'art**
Les Grecs ont créé les plus belles œuvres d'art.

das Kunstwerk
Die Griechen haben die schönsten Kunstwerke geschaffen.

l'art de vivre
J'envie l'art de vivre des Italiens.

die Lebenskunst
Ich beneide die Italiener um ihre Lebenskunst.

l'Ecole des Beaux-Arts
Il a fréquenté pendant trois ans l'Ecole des Beaux-Arts de Paris.

die Kunstakademie
Er besuchte drei Jahre lang die Kunstakademie in Paris.

les arts plastiques
Les arts plastiques comprennent:
le dessin, la peinture, la sculpture et l'architecture.

die bildenden Künste
Die bildenden Künste umfassen:
die Graphik, die Malerei, die Bildhauerei und die Architektur.

l'artiste m/f
C'est un artiste reconnu./C'est une artiste reconnue.

der Künstler/die ~in
Er ist ein anerkannter Künstler./Sie ist eine anerkannte Künstlerin.

artistique
Ces barbares ont détruit les trésors artistiques de ce pays.

künstlerisch, Kunst-
Diese Barbaren zerstörten die Kunstschätze des Landes.

l'auteur m*
la création
le créateur/la créatrice

der Autor
die Schöpfung
der Schöpfer/die ~in

créatif, ve
Il faut être créatif quand on travaille dans la publicité.

schöpferisch, kreativ
Wenn man in der Werbung arbeitet, muß man kreativ sein.

la peinture
le peintre*
le tableau
la toile

die Malerei
der Maler
das Bild
das Gemälde, die Leinwand

* Zur weiblichen Form s. Vorwort S. XV.

Die Kunst 22.1

le dessin
la gravure
la lithographie
le poster [pɔstɛr]
l'affiche f
l'original m, pl. -aux
la reproduction
le cadre

die Zeichnung
der Stich
die Lithographie
das Poster
das Plakat
das Original
der Druck
der Rahmen

peindre
Van Gogh a peint des tournesols.

malen
Van Gogh hat Sonnenblumen gemalt.

dessiner
Est-ce que tu aimes dessiner?

zeichnen
Zeichnest du gerne?

encadrer
Chez qui as-tu fait encadrer ce tableau?

(ein-)rahmen
Bei wem hast du das Bild rahmen lassen?

accrocher
mettre
Où voudrais-tu accrocher (mettre) ce tableau?

auf-, hinhängen

Wo möchtest du das Bild hinhängen?

la sculpture [skyltyr]
le sculpteur/la sculptrice [skyltœr]/[skyltris]

die Bildhauerei
der Bildhauer/die ~in

sculpter [skylte]
Ce groupe de personnages est sculpté dans un seul bloc de pierre.

in Stein hauen, meißeln
Diese Figurengruppe ist aus einem Steinblock gehauen.

la statue
le (bas-)relief

die Statue
das (Halb-)Relief

l'architecture f [arʃitɛktyr]
Le Centre Pompidou est un exemple d'architecture moderne.

die Architektur
Das Centre Pompidou ist ein Beispiel moderner Architektur.

l'architecte m/f [arʃitɛkt]
le plan
Les architectes modernes s'inspirent souvent pour leurs plans de constructions historiques.

der Architekt/die ~in
der Entwurf, der Plan
Die modernen Architekten lassen sich bei ihren Entwürfen oft von historischen Bauwerken inspirieren.

architectural,e;aux
Le cloître et l'église forment un ensemble architectural parfait.

Architektur-, baulich
Der Kreuzgang und die Kirche bilden eine vollkommene bauliche Einheit.

construire
John Sterling a construit la «Staatsgalerie» de Stuttgart.

(er-)bauen, entwerfen
John Sterling hat die Staatsgalerie in Stuttgart entworfen.

le style
Cette cathédrale a été construite dans le style gothique/dans le style de la Renaissance.

der Stil
Diese Kathedrale wurde im gotischen Stil/im Renaissancestil erbaut.

la façade
la colonne
la colonnade
le pilier
la voûte
le perron
la terrasse
le balcon
la galerie

die Fassade
die Säule
der Säulengang
der Pfeiler
das Gewölbe
die Freitreppe
die Terrasse
der Balkon
die Veranda, die Arkade, der überdachte Gang

le musée
La plupart des musées sont fermés le lundi.

das Museum
Die meisten Museen haben montags geschlossen.

la collection
Elle possède une riche collection de poupées anciennes.

die Sammlung
Sie besitzt eine wertvolle Sammlung alter Puppen.

collectionner
Il collectionne les verres anciens.

sammeln
Er sammelt alte Gläser.

l'exposition f
Etes-vous allés voir l'exposition sur le «Trésor de Saint Denis» au Louvre?

die Ausstellung
Haben Sie die Ausstellung „Der Schatz von Saint Denis" im Louvre gesehen?

exposer
La plupart des objets d'art exposés ici, proviennent de collections privées.

ausstellen
Die meisten Kunstgegenstände, die hier ausgestellt sind, stammen aus Privatsammlungen.

S. auch **Die Religion, die Kirche, die Mythologie 23.1.**

22.2 Die Musik

la musique
écouter qc.
J'aime bien écouter de la musique en voiture.

die Musik
hören, zuhören, anhören
Im Auto höre ich gerne Musik.

Die Musik 22.2

la musique ...	
classique	die klassische Musik
folklorique	die Volksmusik
pop	die Popmusik

le musicien/la musicienne — **der Musiker/die ~in**
Elle est musicienne et joue dans l'orchestre symphonique de la radio.
Sie ist Musikerin und spielt im Rundfunksinfonieorchester.

musical,e;aux — **Musik-, musikalisch**
Nous étions invités à une soirée musicale.
Wir waren zu einem musikalischen Abend eingeladen.

le jazz [dʒaz] — **der Jazz**
Le jazz vient de l'Amérique du Nord.
Der Jazz kommt aus Nordamerika.

la mélodie — **die Melodie**
Est-ce que tu te souviens de la mélodie du film «Le troisième homme»?
Erinnerst du dich an die Melodie aus dem Film „Der dritte Mann"?

l'air *m* — **die Melodie** (zu einem Text), **die Arie**
Cet air ne me sort pas de la tête.
Diese Melodie geht mir nicht aus dem Kopf.

chanter	singen
la chanson	das Lied, der Schlager
le chant	der Gesang
le tube *fam.*	der Schlager, der Hit

jouer d'un instrument (de musique) — **ein (Musik-)Instrument spielen**
– Est-ce que tu joues d'un instrument de musique?
– Spielst du ein Musikinstrument?
– Oui, de la guitare.
– Ja, Gitarre.

le piano	das Klavier
l'orgue *m* ou les orgues *f*	die Orgel
le violon	die Geige
la guitare	die Gitarre
la harpe	die Harfe
la trompette	die Trompete
la flûte	die Flöte
la clarinette	die Klarinette
le saxophone	das Saxophon
la batterie	das Schlagzeug
la voix	die Stimme
le chanteur/la chanteuse	der Sänger/die ~in
le/la pianiste	der Pianist/die ~in
le/la violoniste	der Geiger/die ~in
le/la guitariste	der Gitarrenspieler/die ~in
le/la saxophoniste	der Saxophonspieler/die ~in
le batteur*	der Schlagzeuger

* Zur weiblichen Form s. Vorwort S. XV.

22.2 Die Musik

le disque
le (disque) compact
le CD [sede]
la cassette
mettre
Est-ce que tu pourrais mettre un disque/un compact/une cassette?

faire écouter
faire entendre
Il faut absolument que je te fasse écouter (entendre) le nouveau compact de Whitney Houston.

enregistrer
l'électrophone m
le lecteur de cassettes
le magnétophone
la platine laser [lazɛr]
le lecteur de disques compacts
la chaîne stéréo
le recepteur
l'amplificateur m
le baffle
le play-back [plɛbak]

le festival, pl. ~s
Ils vont régulièrement au festival de Salzbourg.

diriger
Claudio Abbado dirige l'Orchestre Philharmonique de Berlin.

l'orchestre m [ɔrkɛstr]
le chef d'orchestre*
le/la soliste
le groupe
la chorale [kɔral]
le/la choriste [kɔrist]
l'opéra m
l'opérette f
la comédie musicale
le concert
le conservatoire (de musique)

composer
Beethoven a composé neuf symphonies.

die Schallplatte
die CD

die Kassette
auf-, einlegen
Könntest du eine Platte/eine CD auflegen/eine Kassette einlegen?

vorspielen
Ich muß dir unbedingt die neue CD von Whitney Houston vorspielen.

aufnehmen
der Plattenspieler
der Kassettenrekorder
das Tonbandgerät
der CD-Player

die Stereoanlage
der Empfänger
der Verstärker
der Lautsprecher
das Playback

das Festspiel, die Festspiele
Sie gehen regelmäßig zu den Salzburger Festspielen.

dirigieren
Claudio Abbado dirigiert die Berliner Philharmoniker.

das Orchester
der Dirigent
der Solist/die ~in
die Band, die Gruppe
der Chor
der Chorsänger/die ~in
die Oper
die Operette
das Musical
das Konzert
das Konservatorium

komponieren
Beethoven hat neun Sinfonien komponiert.

* Zur weiblichen Form s. Vorwort S. XV.

la composition	die Komposition
le compositeur/la compositrice	der Komponist/die ~in
la note	die Note
la partition	die Partitur
la mesure (à trois temps)	der (Dreiviertel-)Takt
le rythme	der Rhythmus
la symphonie	die Sinfonie
le concerto	das Konzert(stück)
la danse	der Tanz
le danseur/la danseuse	der Tänzer/die ~in
le ballet	das Ballett
la ballerine	die Ballerina
la chorégraphie [kɔregrafi]	die Choreographie

● **Expressions**

connaître la musique *fam.*
wissen, wo es langgeht; wissen, worum es geht

Je connais la musique!
Ich weiß, wo es langgeht!

C'était réglé comme du papier à musique.
Das war bis in alle Einzelheiten geplant.

En avant la musique!
Los geht's!

en avoir l'air et la chanson *fam.*
nicht nur so aussehen, auch so sein
Il n'a pas seulement l'air d'un fonceur, il en a aussi la chanson.
Er sieht nicht nur wie ein Draufgänger aus, er ist auch einer.

S. auch **Die fünf Sinne 1.3, Die Elektrotechnik im Haus 6.3, Freizeit, Hobbies 10.1.**

22.3 Die Literatur

la littérature
Elle s'y connaît bien en littérature française.

die Literatur
Sie kennt sich in der französischen Literatur gut aus.

les lettres *f.*
Il a fait des études de lettres.

die Literatur, die Philologie
Er hat Literatur studiert.

littéraire
le genre littéraire
Les genres littéraires les plus importants sont le roman, les œuvres dramatiques et la poésie.

Literatur-, literarisch
die literarische Gattung
Die wichtigsten literarischen Gattungen sind: der Roman, das Drama und die Lyrik.

22.3 Die Literatur

l'œuvre *f* littéraire	das literarische Werk
le prix littéraire	der Literaturpreis
l'auteur *m**	der Autor
l'écrivain *m**	der Dichter, der Schriftsteller
le romancier/la romancière	der Romanschriftsteller/die ~in
le poète/la poétesse	der Dichter/die ~in; der Lyriker/die ~in
le livre	das Buch
le volume	der Band
le bouquin *fam.*	das Buch, der Schmöker
le roman ...	der ... Roman
policier	Kriminal-
d'amour	Liebes-
d'aventures	Abenteuer-
de science fiction	Zukunfts-
le récit / le conte	die Erzählung
le conte de fées	das Märchen
la nouvelle	die Novelle
la biographie	die Biographie
l'épopée *f*, par ex. L'Odyssée	das Epos, z. B. Die Odyssee
le poème	das Gedicht
la poésie	die Lyrik, das Gedicht
la prose	die Prosa
la pièce de théâtre	das Theaterstück
le drame	das Drama
la tragédie	die Tragödie
la comédie	die Komödie
la bande dessinée / la BD [bede]	der Comic(strip), die Bildgeschichte

dramatique
L'histoire a pris un tour dramatique.

dramatisch
Die Geschichte nahm einen dramatischen Verlauf.

tragique
Il y a eu un enchaînement tragique de circonstances.

tragisch
Es gab eine tragische Verkettung von Umständen.

comique
Dans les tragédies de Shakespeare, on rencontre aussi des scènes comiques.

komisch
In den Tragödien Shakespeares gibt es auch komische Szenen.

épique
Balzac décrit le milieu de ses personnages de manière épique.

episch
Balzac beschreibt das Milieu seiner Figuren in epischer Breite.

* Zur weiblichen Form s. Vorwort S. XV.

poétique
La prose de Rilke est très poétique.

poetisch, lyrisch
Die Prosa Rilkes ist sehr poetisch.

regarder
Il faut que je regarde ce mot dans le dictionnaire.

nachschauen, nachschlagen
Ich muß das Wort im Lexikon nachschlagen.

consulter
l'ouvrage *m* **(spécialisé)**
J'ai dû consulter plusieurs ouvrages pour me renseigner sur cette question.

nachschlagen, benützen
das Fachbuch
Um mich in dieser Sache kundig zu machen, mußte ich in mehreren Fachbüchern nachschlagen.

le dictionnaire
le manuel scolaire
le guide
le traité
le rapport

das Lexikon
das Schulbuch
der (Reise-)Führer
die Abhandlung
der Bericht

Les grandes époques littéraires sont les suivantes:

Die großen literarischen Epochen sind:

l'antiquité *f*
le moyen-âge
le classicisme
le romantisme
le réalisme
le naturalisme

die Antike
das Mittelalter
die Klassik
die Romantik
der Realismus
der Naturalismus

S. auch **Freizeit, Hobbies 10.1, Die Sprache 27.1, Die Interpretation von Texten 27.2.**

22.4 Das Theater

le théâtre
Je vais rarement au théâtre.

das Theater
Ich gehe selten ins Theater.

la pièce de théâtre
le spectacle
l'acteur/l'actrice
la troupe
l'ensemble *m*

das Theaterstück
das Schauspiel
der Schauspieler/die ~in
die Theatertruppe
das Ensemble

jouer
interpréter

spielen

le rôle
Gérard Philipe jouait (interprétait) le rôle du Cid au Festival d'Avignon de 1951.

die Rolle
Gérard Philipe spielte 1951 bei den Festspielen in Avignon die Rolle des Cid.

22.4 Das Theater

le personnage
C'est une pièce à deux personnages seulement.

l'acte *m*
la scène

Le célèbre monologue de Hamlet se trouve dans la première scène du troisième acte.
A la fin de la pièce, il y a quatre morts sur la scène.

le metteur en scène*
la mise en scène

mettre en scène
J'aimerais savoir qui a mis en scène cette pièce.

la représentation
avoir lieu
La représentation aura lieu à la Comédie-Française.

la répétition
la générale
la première
le souffleur*
l'entracte *m*
le décor
les coulisses *f*
le costume
le monologue
le dialogue

die Person, die Figur
Das ist ein Stück für nur zwei Personen.

der Akt
die Szene, der Schauplatz; die Bühne
Hamlets berühmter Monolog steht in der ersten Szene des dritten Aktes.

Am Ende des Stückes liegen vier Tote auf der Bühne.

der Regisseur
die Inszenierung, die Regie

inszenieren, Regie führen
Ich würde gerne wissen, wer dieses Stück inszeniert hat.

die Aufführung
stattfinden
Die Aufführung findet in der Comédie Française statt.

die Probe
die Generalprobe
die Premiere
der Souffleur
die Pause
die Ausstattung
die Kulissen
das Kostüm
der Monolog
der Dialog

● **Expression**

aller dans le(s) décor(s) *fam.*

J'ai pris mon virage trop vite et je suis allé dans le décor.

(mit dem Auto) **von der Fahrbahn abkommen**

Ich fuhr zu schnell in die Kurve und bin von der Fahrbahn abgekommen.

S. auch **Freizeit, Hobbies 10.1, Die Interpretation von Texten 27.2.**

* Zur weiblichen Form s. Vorwort S. XV.

22.5 Das Kino

le cinéma
Je vais regulièrement au cinéma.

das Kino
Ich gehe regelmäßig ins Kino.

le film
Quel est le dernier film que tu es allé voir?

der Film
Welchen Film hast du zuletzt gesehen?

le film muet
le film parlant

der Stummfilm
der Tonfilm

le genre de films
On distingue les genres de films suivants:
le film ...
  policier
  d'aventures
  documentaire
  de science-fiction
le film comique
le western
le dessin animé

das Filmgenre
Man unterscheidet folgende Filmgenres:
den ... Film
  Kriminal-
  Abenteuer-
  Dokumentar-
  Science-Fiction-
die Filmkomödie
den Western
den Zeichentrickfilm

le réalisateur/la réalisatrice
le metteur en scène*
le producteur/la productrice

der Regisseur/die ~in

der Produzent/die ~in

le caméraman* [kameraman]
le cadreur*

der Kameramann

l'acteur/l'actrice
la star
la vedette
le second rôle
le figurant
le cascadeur
le scénario

der Schauspieler/die ~in
der Filmstar
der Star
die Nebenrolle
der Statist
der Stuntman
das Drehbuch

réaliser un film
C'est Louis Malle qui a réalisé le film «Au revoir les enfants».

einen Film machen, Regie führen
Louis Malle hat den Film „Auf Wiedersehen, Kinder" gemacht.

tourner ...
  un film/une scène
  en extérieur/en intérieur
  en studio

... drehen
  einen Film/eine Szene
  im Freien/in Innenräumen
  im Studio

filmer ...
  une scène
  un roman

  eine Szene filmen
  einen Roman verfilmen

* Zur weiblichen Form s. Vorwort S. XV.

22.5 Das Kino

cinématographique
Quels moyens d'expression cinématographique le réalisateur utilise-t-il?

Film-, filmisch
Welche filmischen Stilmittel verwendet der Regisseur?

le plan ...
  général
  d'ensemble
  moyen
  rapproché
le gros plan

die Einstellung
die Weite
die Totale
die mittlere Einstellung
die Nahaufnahme
die Großaufnahme

la plongée
la contre-plongée

die Draufsicht, die Vogelperspektive
die Untersicht, die Froschperspektive

Cette scène est tournée en plongée/en contre-plongée.

Diese Szene ist aus der Vogelperspektive/ aus der Froschperspektive gedreht.

le ralenti
l'accéléré *m*
la séquence
La dernière séquence est tournée au ralenti/en accéléré.

die Zeitlupe
der Zeitraffer
die Sequenz, die Bildfolge
Die letzte Bildfolge ist in Zeitlupe/ im Zeitraffer gedreht.

le panoramique
le travelling [travliŋ]
le retour en arrière
le flash-back [flaʃbak]

der Kameraschwenk
die Kamerafahrt
die Rückblende

la prise de vue
le champ (de vision)
off (= hors champ)
la profondeur de champ
le son
la musique
l'éclairage *m*
le trucage

die Aufnahme
der Bildausschnitt
off (= außerhalb des Bildes)
die Tiefenschärfe
der Ton
die Musik
die Beleuchtung, das Licht
die Trickaufnahme

le montage
Au montage, on assemble les images tournées par le caméraman pour en faire un film.

der Schnitt, die Montage
Bei der Montage werden die vom Kameramann gedrehten Bilder zu einem Film zusammengesetzt.

relier
Ce réalisateur relie les différentes scènes entre elles de manière très variée.

verbinden
Dieser Regisseur verbindet die verschiedenen Szenen sehr unterschiedlich miteinander.

la transition

der Übergang

juxtaposer
Ce metteur en scène juxtapose les scènes sans transition.

Festivals et prix:
le festival de Venise (prix: le Lion d'or)

le festival de Cannes (prix: la Palme d'or)

Hollywood décerne des oscars.
Paris décerne des césars.

nebeneinander stellen
Der Regisseur stellt die Szenen ohne Übergang nebeneinander.

Filmfestspiele und Preise:
die Filmfestspiele von Venedig (Preis: der Goldene Löwe)

die Filmfestspiele von Cannes (Preis: die Goldene Palme)

Hollywood verleiht die Oskars.
Paris verleiht die Césars.

● **Expression**

se faire du cinéma *fam.*

Tu te fais du cinéma quand tu penses qu'elle accepterait ta demande en mariage.

sich Illusionen machen, sich etw. vormachen
Du machst dir Illusionen, wenn du glaubst, sie würde deinen Heiratsantrag annehmen.

S. auch **Freizeit, Hobbies 10.1, Fotografieren, Filmen 10.3**.

23.1 Die Religion, die Kirche, die Mythologie

la religion
La religion représente, pour beaucoup de personnes, une consolation et un refuge.

die Religion
Für viele Menschen bedeutet die Religion Trost und Zuflucht.

religieux, se
Est-ce que les gens sont moins religieux aujourd'hui qu'autrefois?

religiös
Sind die Menschen heute weniger religiös als früher?

le chrétien/la chrétienne [kretjɛ̃]/[kretjɛn]
le Christ [krist]
Pour les chrétiens, le Christ est le Fils de Dieu et le Sauveur du monde.

der Christ/die ~in

Christus
Für die Christen ist Christus der Sohn Gottes und der Erlöser der Welt.

Jésus-Christ [ʒezykri]
le christianisme
chrétien, ne
juif, ve
islamique

Jesus Christus
das Christentum
christlich
jüdisch
islamisch

le judaïsme
La religion des Juifs s'appelle le judaïsme.

der Judaismus, das Judentum
Die Religion der Juden heißt Judaismus.

l'islam *m* [islam]
L'islam est la religion des Musulmans.

der Islam
Der Islam ist die Religion der Moslems.

l'hindouisme *m*
le bouddhisme

der Hinduismus
der Buddhismus

l'athéisme *m*
Sartre professait l'athéisme.

der Atheismus
Sartre bekannte sich zum Atheismus.

l'athée *m/f*
Les athées nient l'existence de Dieu.

der Atheist/die ~in
Die Atheisten leugnen die Existenz Gottes.

Dieu
croire
Il ne croyait plus en Dieu.

Gott
glauben
Er glaubte nicht mehr an Gott.

prier
Elle pria Dieu de l'aider.

beten
Sie betete zu Gott, daß er ihr helfen möge.

le diable
l'enfer *m*

der Teufel
die Hölle

Die Religion, die Kirche, die Mythologie

la confession
A quelle confession appartiens-tu?

die Konfession
Welcher Konfession gehörst du an?

la foi
la Bible
La foi chrétienne repose sur la Bible.

der Glaube
die Bibel
Der christliche Glaube beruht auf der Bibel.

l'église *f*
le temple
catholique
protestant,e
Dans presque tous les villages alsaciens, on trouve non seulement une église (catholique) mais aussi un temple (protestant).

die (katholische) Kirche
die (evangelische) Kirche
katholisch
evangelisch, protestantisch
In beinahe allen elsässischen Dörfern gibt es nicht nur eine katholische, sondern auch eine evangelische Kirche.

l'office *m* **(religieux)**
A quelle heure a lieu l'office du dimanche?

der Gottesdienst (ev. und kath.)
Wann ist am Sonntag Gottesdienst?

la messe
le culte
le/la catholique
le protestant/la protestante
Le dimanche, les catholiques vont à la messe et les protestants au culte.

die Messe
der evangelische Gottesdienst
der Katholik/die ~in
der Protestant/die ~in
Am Sonntag gehen die Katholiken zur Messe, die Protestanten in den evangelischen Gottesdienst.

le curé
la paroisse
La paroisse est sans curé depuis deux ans déjà.

der (Gemeinde-)Pfarrer
die (Pfarr-)Gemeinde
Die Gemeinde ist schon zwei Jahre ohne Pfarrer.

le prêtre/la prêtresse
le pasteur*
l'évêque *m*
l'archevêque *m* [arʃəvɛk]
le pape
l'enfant *m* **de chœur** [kœr]
le service divin

der Priester/die ~in
der Pastor
der Bischof
der Erzbischof
der Papst
der Ministrant; der Chorknabe
der Gottesdienst

le prêche ⎫
le sermon ⎭
Beaucoup venaient écouter le prêche (le sermon).

die Predigt

Viele kamen, um die Predigt zu hören.

bénir
le/la fidèle
A la fin de la messe, le prêtre bénit les fidèles.

segnen
der/die Gläubige
Am Ende der Messe segnet der Pfarrer die Gläubigen.

* Zur weiblichen Form s. Vorwort S. XV.

23.1 Die Religion, die Kirche, die Mythologie

se confesser
Il y a bien longtemps que je ne me suis plus confessé.

beichten
Ich habe schon lange nicht mehr gebeichtet.

la cathédrale	**die Kathedrale**
la nef [nɛf]	**das Kirchenschiff**
le chœur [kœr]	**der Chor**
l'autel *m*	**der Altar**
la chaire	**die Kanzel**
le vitrail [vitraj], *pl.* -aux	**das (Kirchen-)Fenster**
le portail, *pl.* ~s	**das Portal**
le clocher	**der Glockenturm**
la cloche	**die Glocke**
le crucifix [krysifi]	**das Kruzifix**
l'ange *m*	**der Engel**
le saint/la sainte	**der/die Heilige**
le monastère ⎫ **le couvent** ⎭	**das Kloster**
l'abbaye *f* [abei]	**die Abtei**
le cloître	**der Kreuzgang**

l'ordre *m*
Il est entré à 18 ans dans les ordres.

der (geistliche) Orden
Er ist mit 18 ins Kloster gegangen.

le moine, le religieux
la sœur, la religieuse
l'abbé *m*/**l'abbesse** *f*

der Mönch, der Ordensbruder
die Nonne, die Ordensschwester
der Abt/die Äbtissin

le pèlerinage
Lourdes est un lieu de pèlerinage.

die Wallfahrt
Lourdes ist ein Wallfahrtsort.

la mythologie
Les dieux de la mythologie grecque et romaine nous sont familiers grâce à l'art et à la littérature.

die Mythologie
Die Götter der griechischen und römischen Mythologie sind uns aus Kunst und Literatur vertraut.

le mythe
«Le mythe de Sisyphe» est le titre d'une œuvre philosophique de Camus.

der Mythos
„Der Mythos von Sisyphus" ist der Titel eines philosophischen Werkes von Camus.

le païen/la païenne [pajɛ̃]/[pajɛn]
la croisade
Les croisades contre les païens se sont déroulées entre les XIe et XIIIe siècles.

der Heide/die Heidin
der Kreuzzug
Die Kreuzzüge gegen die Heiden fanden vom 11. bis 13. Jahrhundert statt.

païen,ne
le dieu, *pl.* ~x
sacrifier
Les Anciens sacrifiaient des animaux à leurs dieux païens.

heidnisch
der Gott
opfern
Die Griechen und die Römer opferten ihren heidnischen Göttern Tiere.

la déesse
Cette statue représente une déesse grecque.

die Göttin
Diese Statue stellt eine griechische Göttin dar.

● **Expressions**

beau comme un dieu

Il était danseur et beau comme un dieu.

strahlend schön; schön wie ein junger Gott

Er war Ballettänzer und schön wie ein junger Gott.

Dieu seul le sait!
On lui donnerait le bon Dieu sans confession!
Il ne craint ni Dieu ni diable!
Va-t'en au diable!

Das weiß Gott allein!
Er/Sie sieht aus, als ob er/sie kein Wässerchen trüben könnte.
Er fürchtet weder Tod noch Teufel.
Scher dich zum Teufel!

tirer le diable par la queue *fam.*
Dans notre société de consommation, il y a paradoxalement de plus en plus de gens qui tirent le diable par la queue.

am Hungertuch nagen
In unserer Wohlstandsgesellschaft gibt es paradoxerweise immer mehr Menschen, die am Hungertuch nagen.

à la saint-glinglin *fam.*
Ça n'arrivera qu'à la saint-glinglin.

am Sankt-Nimmerleinstag, nie
Das wird sicher nie wahr.

S. auch **Die Lebensauffassung 2.6, Feste, Feierlichkeiten 8.4.**

23.2 Die Philosophie

la philosophie
La philosophie traite de la morale, de la métaphysique, de la logique, de la psychologie et de l'esthétique.

die Philosophie
Die Philosophie beschäftigt sich mit der Moral, der Metaphysik, der Logik, der Psychologie und der Ästhetik.

philosophique
la doctrine
Chaque doctrine philosophique essaie d'expliquer par la raison l'homme, le monde, la connaissance.

philosophisch
die Lehre, das System
Jedes philosophische System versucht, den Menschen, die Welt, die menschliche Erkenntnis mit der Vernunft zu erklären.

le/la philosophe
Le philosophe Sartre disait: «L'enfer, c'est les autres.»

der Philosoph/die ~in
Der Philosoph Sartre sagte: „Die Hölle, das sind die anderen."

23.2 Die Philosophie

l'élément *m*
Les philosophes grecs croyaient que le monde se composait de quatre éléments: le feu, l'air, l'eau et la terre.

das Element, der (Ur-)Baustein
Die griechischen Philosophen glaubten, die Welt bestehe aus vier Elementen, aus Feuer, Luft, Wasser und Erde.

le monde
le néant
surgir
Nous ne sommes pas capables d'expliquer rationnellement comment le monde a surgi du néant.

die Welt
das Nichts
auftauchen, entstehen
Wir können rational nicht erklären, wie die Welt aus dem Nichts entstand.

créer
le chaos [kao]
Avant que Dieu n'ait créé le monde, régnait le chaos.

schaffen
das Chaos
Bevor Gott die Welt schuf, herrschte das Chaos.

la création
le créateur
la créature
l'existence *f*

die Schöpfung
der Schöpfer
das Geschöpf
die Existenz, das Dasein

existentiel,le
Il s'agit là pour moi d'un problème existentiel.

existentiell, Existenz-
Für mich ist das ein existentielles Problem.

exister
L'homme n'existera pas éternellement.

existieren, dasein
Der Mensch wird nicht ewig existieren.

le siècle des Lumières
(le XVIIIe siècle)

das Zeitalter der Aufklärung
(das 18. Jh.)

Quelques doctrines philosophiques:
- **le cartésianisme** (Descartes)
- **le kantisme** (Kant)
- **le positivisme** (Comte)
- **l'existentialisme** *m* (Sartre)
- **le marxisme** (Marx)

Einige philosophische Lehren:
- **der Cartesianismus** (Descartes)
- **der Kantianismus** (Kant)
- **der Positivismus** (Comte)
- **der Existentialismus** (Sartre)
- **der Marxismus** (Marx)

● Expressions

depuis que le monde est monde
Depuis que le monde est monde, les hommes se sont aimés ou haïs, et les guerres ont alterné avec la paix.

seit es die Welt gibt; schon immer
Seit es die Welt gibt, haben die Menschen geliebt und gehaßt, gab es Krieg und Frieden.

s'en faire tout un monde

Il se faisait tout un monde de cet examen.

sich etw. schlimmer vorstellen, als es tatsächlich ist
Er stellte sich die Prüfung schlimmer vor, als sie tatsächlich war.

se prendre pour le nombril du monde	sich für den **Mittelpunkt** (den Nabel) der Welt halten, sich sehr wichtig nehmen
Il ne faudrait pas te prendre pour le nombril du monde!	Du solltest dich nicht zu wichtig nehmen!
le monde à l'envers	**eine verkehrte Welt**
C'est vraiment le monde à l'envers!	Das ist wirklich eine verkehrte Welt!
Il faut de tout pour faire un monde.	**Jeder soll nach seiner Fasson selig werden.**

S. auch **Der Verstand, der Geist, die Seele** 1.4, **Die Lebensauffassung** 2.6, **Die Wissenschaft, die Technik** 17.3.

23.3 Die Wahrheit, die Gewißheit, die Lüge, der Irrtum

la vérité	**die Wahrheit**
Dis-moi la vérité!	Sage mir die Wahrheit!
vrai, e	**wahr, echt**
C'est un vrai problème.	Das ist ein echtes Problem.
Je ne crois pas que cette histoire soit vraie.	Ich glaube nicht, daß diese Geschichte wahr ist.
faux, fausse	**falsch**
– Goethe est né en 1749 à Weimar. Vrai ou faux?	– Goethe ist 1749 in Weimar geboren. Richtig oder falsch?
– Faux. Il est né à Francfort.	– Falsch. Er ist in Frankfurt geboren.
véritable	**wirklich, echt**
Ne veux-tu pas me donner la véritable raison?	Willst du mir nicht den wirklichen Grund sagen?
vérifier	**überprüfen**
Il faut d'abord que je vérifie cela.	Ich muß das erst überprüfen.
sûr, e	**sicher**
Je suis sûr qu'elle viendra.	Ich bin sicher, daß sie kommt.
certain, e	**sicher**
Est-ce que tu es certain de ce que tu avances?	Bist du sicher, daß das stimmt, was du sagst?
incertain, e	**unsicher**
Cela me paraît tout simplement trop incertain.	Das ist mir ganz einfach zu unsicher.

23.3 Die Wahrheit, die Gewißheit, die Lüge, der Irrtum

inquiet, ète
Je suis toujours inquiet quand je le sais sur la route en moto.

(s')inquiéter
Cette affaire m'inquiète.

sincère
Tu n'es pas sincère.

la certitude
l'incertitude f
l'inquiétude f
la sincérité

le mensonge
Ça, c'est un sacré mensonge!

mentir
Il ment quand il prétend ne rien avoir su.

l'erreur f
Il a dû payer cher son erreur.

se tromper
Je me suis trompé sur ton compte.

unruhig, unsicher
Ich bin immer unruhig, wenn er mit dem Motorrad unterwegs ist.

(sich) beunruhigen
Diese Sache beunruhigt mich.

aufrichtig
Du bist nicht aufrichtig.

die Gewißheit
die Ungewißheit
die Unruhe
die Aufrichtigkeit, die Offenheit

die Lüge
Das ist eine verdammte Lüge!

lügen, die Unwahrheit sagen
Er lügt, wenn er behauptet, nichts gewußt zu haben.

der Irrtum
Er mußte seinen Irrtum teuer bezahlen.

sich täuschen, sich irren
Ich habe mich in dir getäuscht.

● **Expressions**

C'est la minute de vérité.
Il n'y a que la vérité qui blesse.
La vérité sort de la bouche des enfants.
Le mensonge ne mène pas loin.
Elle ment comme elle respire.

Das ist die Stunde der Wahrheit.
Die Wahrheit tut weh.
Kinder und Narren sagen die Wahrheit.
Lügen haben kurze Beine.
Sie lügt, wenn sie den Mund aufmacht.

dire ses quatre vérités à qn.

Je lui ai dit ses quatre vérités.

jdm. seine Meinung ins Gesicht sagen

Ich habe ihm/ihr meine Meinung ins Gesicht gesagt.

mentir comme un arracheur de dents
Ne crois pas un mot de ce qu'il raconte! Il ment comme un arracheur de dents.

lügen, daß sich die Balken biegen

Glaube kein Wort von dem, was er sagt! Er lügt, daß sich die Balken biegen.

S. auch **Die Gefühle 1.5, Die Lebensauffassung 2.6.**

23.4 Die Wirklichkeit, der Schein, die Möglichkeit

la réalité
La réalité est tout autre.

die Wirklichkeit
Die Wirklichkeit ist ganz anders.

en réalité
En réalité, les faits se sont déroulés de façon toute différente.

in Wirklichkeit
In Wirklichkeit haben sich die Dinge ganz anders zugetragen.

réel, le
Dans ce roman, il y a des personnages réels et des personnages inventés.

wirklich
In diesem Roman kommen wirkliche und erfundene Personen vor.

réaliser
Il ne sera pas simple de réaliser ce projet.

verwirklichen
Es wird nicht leicht sein, dieses Projekt zu verwirklichen.

mettre en pratique
L'idée est bonne, mais comment la mettre en pratique?

in die Praxis umsetzen, verwirklichen
Die Idee ist gut, aber wie kann man sie in die Praxis umsetzen?

être comblé,e
J'espère que tes souhaits seront comblés.

in Erfüllung gehen, sich erfüllen
Ich hoffe, daß deine Wünsche in Erfüllung gehen.

l'objectivité f
Son objectivité n'est pas mise en doute.

die Objektivität
Seine/Ihre Objektivität wird nicht in Zweifel gezogen.

objectif, ve
Voici un compte-rendu objectif.

objektiv
Das ist ein objektiver Bericht.

subjectif, ve
Il décrit les faits de manière très subjective.

subjektiv
Er stellt die Ereignisse sehr subjektiv dar.

l'apparence f
Les apparences trompent.

der Schein
Der Schein trügt.

en apparence
Ils formaient, en apparence, un couple heureux.

scheinbar, dem Schein nach
Dem Schein nach waren sie ein glückliches Paar.

l'imagination f
Cet enfant ne manque pas d'imagination.

die Phantasie, die Einbildung
Diesem Kind fehlt es nicht an Phantasie.

imaginaire
Les enfants vivent souvent dans un monde imaginaire.

eingebildet
Kinder leben oft in einer eingebildeten Welt.

23.4 Die Wirklichkeit, der Schein, die Möglichkeit

(s')imaginer
Peux-tu (t')imaginer qu'il existe une vie après la mort?

sich vorstellen, sich einbilden
Kannst du dir vorstellen, daß es ein Leben nach dem Tod gibt?

rêver de qc.
Il rêve d'une vie insouciante.

von etw. träumen
Er träumt von einem sorglosen Leben.

le rêve
Depuis mon enfance, je fais toujours le même rêve.

der Traum
Seit meiner Kindheit habe ich immer denselben Traum.

l'illusion *f*
Ne te fais pas d'illusions sur la vie!

die Illusion, die falsche Vorstellung
Mache dir keine falschen Vorstellungen vom Leben!

illusoire
Il est illusoire de penser que la science parvienne à tout expliquer.

illusorisch
Es ist illusorisch zu glauben, die Wissenschaft könne alles erklären.

utopique
Cela est parfaitement utopique.

utopisch
Das ist vollkommen utopisch.

l'utopie *f*
l'utopiste *m/f*

die Utopie
der Utopist/die ~in

irréaliste
Ta conception de la vie est totalement irréaliste.

irrealistisch
Deine Vorstellung vom Leben ist vollkommen irrealistisch.

possible
Est-ce que vous pensez vraiment que cela soit possible?

möglich
Glauben Sie wirklich, daß das möglich ist?

impossible
Tu m'as mis dans une situation impossible.

unmöglich
Du hast mich in eine unmögliche Situation gebracht.

la possibilité
l'impossibilité *f*

die Möglichkeit
die Unmöglichkeit

● **Expressions**

«Impossible» n'est pas français.
(On attribue cette phrase à Napoléon.)

Das Wort „unmöglich" gibt es im Französischen nicht. (Dieser Satz wird Napoleon zugeschrieben.)

A l'impossible nul n'est tenu!

Unmögliches wird von niemandem verlangt!

S. auch **Die Lebensauffassung 2.6.**

23.5 Die Magie, das Geheimnis

la magie [maʒi]
Ce n'est pas de la science, c'est de la magie.

die Magie
Das ist keine Wissenschaft, das ist Magie.

magique
Les peuples primitifs croient à la force magique de la nature.

magisch
Primitive Völker glauben an die magische Kraft der Natur.

le magicien/la magicienne [maʒisjɛ̃]/maʒisjɛn]
Faust était homme de science et magicien.

der Zauberer/die Zauberin; der Magier/die ~in
Faust war Wissenschaftler und Magier.

le sorcier/la sorcière
Je ne connais les sorcières que par les contes.

der Zauberer/die Zauberin; die Hexe
Ich kenne Hexen nur aus Märchen.

la sorcellerie
Au Moyen Age, les gens croyaient à la sorcellerie.

die Hexerei
Im Mittelalter glaubten die Menschen an Hexerei.

le mystère
Ceci restera toujours un mystère.

das Geheimnis
Das wird immer ein Geheimnis bleiben.

mystérieux,se
Il régnait une atmosphère mystérieuse.

geheimnisvoll
Es herrschte eine geheimnisvolle Atmosphäre.

le secret
confier qc. à qn.
Puis-je te confier un secret?

das Geheimnis
jdm. etw. anvertrauen
Kann ich dir ein Geheimnis anvertrauen?

secret,ète
Il s'agit de documents secrets.

geheim
Es handelt sich um geheime Dokumente.

l'énigme f [enigm]
Œdipe a résolu l'énigme du Sphinx.

das Rätsel
Ödipus hat das Rätsel der Sphinx gelöst.

énigmatique
Jeanne Moreau a souvent interprété dans ses films des rôles de femmes énigmatiques.

rätselhaft
Jeanne Moreau hat in ihren Filmen oft rätselhafte Frauen gespielt.

le miracle
par miracle
Il ne leur est, par miracle, rien arrivé.

das Wunder
wie durch ein Wunder, zum Glück
Wie durch ein Wunder ist ihnen nichts passiert.

23.6 Die Astrologie

conjurer
l'esprit *m*
Il conjurait les esprits en prononçant des formules magiques.

beschwören
der Geist
Er beschwor die Geister mit Zauberformeln.

être hanté,e par
le fantôme
le revenant
Ce château est hanté par des fantômes/des revenants.

heimgesucht werden
das Gespenst, das Phantom
das Gespenst
Dieses Schloß wird von Gespenstern heimgesucht.

être obsédé,e par
Il est obsédé par l'idée qu'il est le sauveur de l'humanité.

besessen sein von
Er ist von der Vorstellung besessen, der Erlöser der Menschheit zu sein.

le martien [marsjɛ̃]
les extra-terrestres *m*
la rencontre du 3ᵉ type

der Marsmensch
die Außerirdischen
die Begegnung der dritten Art

● Expressions

faire grand mystère de qc.

C'était sa manière de faire grand mystère de tout.

aus etw. ein Geheimnis machen, nicht offen über etw. sprechen
Es war seine/ihre Art, aus allem ein Geheimnis zu machen.

Mystère et boule de gomme! *fam.*
– Qui a adressé cet énorme bouquet de roses à Julie?
– Mystère et boule de gomme!

Ich habe keine Ahnung!
– Wer hat Julia den riesigen Rosenstrauß geschickt?
– Ich habe keine Ahnung.

S. auch **Die Lebensauffassung 2.6.**

23.6 Die Astrologie

l'astrologie *f*
Est-ce que tu crois à l'astrologie?

die Astrologie
Glaubst du an die Astrologie?

l'astrologue *m/f*
Les astrologues lisent notre destin dans les étoiles.

der Astrologe/die Astrologin
Die Astrologen lesen unser Schicksal in den Sternen.

l'horoscope *m*
Donne-moi, s'il te plaît, le journal! Je voudrais lire mon horoscope.

das Horoskop
Gib mir bitte die Zeitung! Ich möchte mein Horoskop lesen.

Die Astrologie 23.6

le signe (du zodiaque)	das Sternbild, das Tierkreiszeichen
– De quel signe es-tu?	– Was für ein Tierkreiszeichen bist du?
– Du Capricorne.	– Ich bin Steinbock.

le Capricorne	**Steinbock**
le Verseau	**Wassermann**
les Poissons	**Fische**
le Bélier	**Widder**
le Taureau	**Stier**
les Gémeaux	**Zwillinge**
le Cancer	**Krebs**
le Lion	**Löwe**
la Vierge	**Jungfrau**
la Balance	**Waage**
le Scorpion	**Skorpion**
le Sagittaire	**Schütze**

S. auch **Die Lebensauffassung 2.6, Die Astronomie 14.6.**

24.1 Der Staat, die Regierung

l'Etat *m*
Une «Europe unie» suppose que ses Etats-membres renoncent à une part de leur souveraineté nationale.
Les Chefs d'Etat et de gouvernement du Commonwealth se sont rencontrés à Londres.

der Staat
Ein „Vereintes Europa" setzt voraus, daß die Mitgliedstaaten auf einen Teil ihrer nationalen Souveränität verzichten.
Die Staats- und Regierungschefs des Commonwealth trafen sich in London.

la nationalité
Il est de nationalité française/allemande.
(Il a la nationalité ...)

die Staatsangehörigkeit
Er hat die französische/deutsche Staatsangehörigkeit.

le ressortissant/la ressortissante
Il est ressortissant britannique.

der/die Staatsangehörige
Er ist britischer Staatsangehöriger.

la République française
républicain,e
Le Président de la République française était escorté de la Garde républicaine.

die französische Republik
republikanisch
Der französische Staatspräsident war von der republikanischen Garde eskortiert.

le drapeau, *pl.* **~x**
Le drapeau national français est bleu, blanc, rouge; on l'appelle «le drapeau tricolore».

die Fahne, die Flagge
Die französische Nationalflagge ist blau, weiß, rot; sie heißt „Trikolore".

l'hymne [imn] *m* **national**
La Marseillaise est l'hymne national français.

die Nationalhymne
Die Marseillaise ist die französische Nationalhymne.

la devise
La devise de la République française est «Liberté, Egalité, Fraternité».

die Devise
Die Devise der französischen Republik lautet „Freiheit, Gleichheit, Brüderlichkeit".

le territoire
Le territoire français se compose

– de la métropole et
– des DOM-TOM, c.-à-d. des départements et territoires d'outre-mer.

das Staatsgebiet
Das französische Staatsgebiet besteht aus

– dem Mutterland und
– den DOM-TOM, d.h. den überseeischen Departements und Verwaltungsgebieten.

le gouvernement
le ministère
le conseil des ministres

die Regierung
das Ministerium
der Ministerrat, das Kabinett

Der Staat, die Regierung 24.1

le (Premier) ministre*	der (Premier-)Minister
le Chancelier*	der Kanzler
le/la secrétaire d'Etat	der Staatssekretär/die ~in

le ministère ...   das ...Ministerium
- des Affaires Etrangères — Außen-
- de l'Economie — Wirtschafts-
- des Finances — Finanz-
- de la Défense — Verteidigungs-
- des Affaires Culturelles — Kultus-
- de l'Education nationale — Erziehungs-
- de l'Intérieur — Innen-
- de la Justice — Justiz-

l'ambassade *f*	die Botschaft
l'ambassadeur *m*/l'ambassadrice *f*	der Botschafter/die ~in
le/la diplomate	der Diplomat/die ~in

gouverner — **regieren**
En Allemagne, c'est le Chancelier qui gouverne entouré de ses ministres.
In Deutschland regiert der Kanzler zusammen mit seinen Ministern.

régner — **herrschen**
La reine d'Angleterre règne, mais ne gouverne pas.
Die englische Königin herrscht, aber sie regiert nicht.

le pouvoir — **die Macht**
C'est en 1981 que le parti socialiste est arrivé au pouvoir en France.
1981 ist die sozialistische Partei in Frankreich an die Macht gekommen.
Celui qui détient le pouvoir, risque d'en abuser.
Wer die Macht hat, läuft Gefahr, sie zu mißbrauchen.

démissionner — **zurücktreten**
Le ministre a dû démissionner après ce scandale.
Nach dem Skandal mußte der Minister zurücktreten.

renverser — **stürzen**
le coup d'Etat — **der Staatsstreich**
Le gouvernement a été renversé par un coup d'Etat.
Die Regierung wurde durch einen Staatsstreich gestürzt.

le parlement	das Parlament
le député*	der Abgeordnete
la législation	die Gesetzgebung
la majorité	die Mehrheit, die Regierungspartei
l'opposition *f*	die Opposition
la coalition	die Koalition

le projet de loi	die Gesetzesvorlage
présenter	einbringen, vorlegen
rejeter	ablehnen

Zur weiblichen Form s. Vorwort S. XV.

24.1 Der Staat, die Regierung

Le gouvernement vient de présenter un projet de loi concernant le service militaire.	Die Regierung hat eine Gesetzesvorlage zum Wehrdienst eingebracht.
L'Assemblée nationale a rejeté le projet de loi.	Die Nationalversammlung hat die Gesetzesvorlage abgelehnt.

voter une loi } **adopter une loi** }	**ein Gesetz verabschieden**
Le parlement vient de voter (d'adopter) la loi de l'augmentation de la TVA.	Das Parlament hat das Gesetz über die Erhöhung der Mehrwertsteuer verabschiedet.

la démocratie	die Demokratie
démocratique	demokratisch
le régime ...	das ... Regime
libéral	liberale
socialiste	sozialistische
le royaume	das Königreich
le roi/la reine	der König/die ~in
l'empire *m*	das (Kaiser-)Reich
l'empereur/l'impératrice	der Kaiser/die ~in
le prince/la princesse	der Prinz/die ~essin; der Fürst/die ~in
l'aristocratie *f*	der (Hoch-)Adel
la monarchie ...	die ... Monarchie
constitutionnelle	konstitutionelle
absolue	absolute
la dictature	die Diktatur
l'anarchie *f*	die Anarchie

la République Fédérale d'Allemagne	die Bundesrepublik Deutschland
la Grande-Bretagne	Großbritannien
les Etats-Unis (les USA [yəsa])	die Vereinigten Staaten (die USA)
la CEI [seəi] (la Communauté des Etats Indépendants)	die GUS (die Gemeinschaft unabhängiger Staaten)

Zu weiteren Staaten s. **Die Europäische Union 26.6**.

● **Expressions**

«L'Etat, c'est moi!» (On attribue cette phrase à Louis XIV.)	„Der Staat bin ich!" (Dieser Satz wird Ludwig XIV. zugeschrieben.)
en faire une affaire d'Etat	**aus etw. eine Staatsaffäre machen**
On ne va pas en faire une affaire d'Etat.	Wir werden daraus keine Staatsaffäre machen.

Die Verfassung, die Menschenrechte 24.2

être plus royaliste que le roi	**päpstlicher als der Papst sein** (= übertrieben streng sein, etw. übertrieben genau nehmen)
Tu ne vas tout de même pas être plus royaliste que le roi.	Du wirst doch nicht päpstlicher als der Papst sein.
travailler pour le roi de Prusse	**um Gotteslohn arbeiten, umsonst arbeiten**
Si je comprends bien, j'ai travaillé pour le roi de Prusse.	Wenn ich richtig verstehe, habe ich um Gotteslohn gearbeitet.
Au royaume des aveugles, les borgnes sont rois.	**Unter den Blinden ist der Einäugige König.**
être/se montrer bon prince	**großzügig, entgegenkommend sein/ sich ~ zeigen**
Le patron a été/s'est montré bon prince aujourd'hui et nous a tous invités à déjeuner.	Der Chef war/zeigte sich heute großzügig und hat uns alle zum Mittagessen eingeladen.
aux frais de la princesse	**auf Betriebs-, Staatskosten**
Le voyage s'est fait aux frais de la princesse.	Die Reise ging auf Betriebskosten.

S. auch **Die Verfassung der V. Republik 26.1**.

24.2 Die Verfassung, die Menschenrechte

la constitution	**die Verfassung**
La constitution de la République Fédérale d'Allemagne date de 1949 et s'appelle «Loi fondamentale».	Die Verfassung der Bundesrepublik Deutschland datiert von 1949 und heißt „Grundgesetz".

une constitution ...
  centralisatrice
  fédérale
  démocratique
	eine ... Verfassung
	  zentralistische
	  föderative
	  demokratische

constitutionnel, le	**Verfassungs-, verfassungsmäßig**
Contrairement à la France et à la Grande-Bretagne, l'Allemagne possède un tribunal constitutionnel fédéral.	Im Gegensatz zu Frankreich und Großbritannien gibt es in Deutschland ein Bundesverfassungsgericht.
le peuple	**das Volk**
En démocratie, le peuple est souverain.	In der Demokratie ist das Volk der Souverän.

24.2 Die Verfassung, die Menschenrechte

le citoyen/la citoyenne [sitwajɛ̃]/[sitwajɛn]
Tous les citoyens jouissent des mêmes droits.

der Bürger/die ~in

Alle Bürger haben die gleichen Rechte.

la séparation des pouvoirs
La séparation des pouvoirs signifie que
- l'exécutif (le gouvernement)
- le législatif (le parlement) et
- le judiciaire (la Justice)
sont indépendants les uns des autres et se contrôlent mutuellement.

die Gewaltenteilung
Die Gewaltenteilung bedeutet, daß
- die Exekutive (Regierung)
- die Legislative (Parlament) und
- die Judikative (Justiz)
voneinander unabhängig sind und sich gegenseitig kontrollieren.

la charte
La Charte des Nations unies a été signée en 1945 à San Francisco par 51 Etats.

die Charta, die Verfassungsurkunde
Die Charta der Vereinten Nationen wurde 1945 in San Franzisko von 51 Staaten unterzeichnet.

les Droits *m* de l'homme
Les Droits de l'homme et du citoyen furent proclamés en 1789 par les révolutionnaires et admis dans la Constitution française en 1793. Ces droits sont par ex.:
l'égalité devant la loi
la résistance à l'oppression

la liberté ...
  d'opinion
  d'expression
  de presse
  de religion
  de réunion
  de circulation
le droit au respect de la vie privée et à la propriété

die Menschenrechte
Die Menschen- und Bürgerrechte wurden 1789 von den Revolutionären proklamiert und 1793 in die französische Verfassung aufgenommen. Diese Rechte sind z. B.:
die Gleichheit vor dem Gesetz
der Widerstand gegen Unterdrückung
die ... Freiheit
  Meinungs-
  Rede-
  Presse-
  Religions-
  Versammlungs-
  Bewegungs-
das Recht auf die Privatsphäre und auf Eigentum

garantir
La Charte des Nations unies garantit les Droits de l'homme.

garantieren
Die Charta der Vereinten Nationen garantiert die Menschenrechte.

S. auch **Der einzelne und die Gesellschaft 3.1, Die Massenmedien 21.1, Die Presse 21.3, Das Recht, das Gesetz 25.1, Der Rassismus, die Verfolgung von Minderheiten 25.4, Die Verfassung der V. Republik 26.1, Seine Meinung sagen 27.3.**

24.3 Die Politik, die Parteien

la politique	**die Politik**
Le gouvernement pratique une politique de réformes sociales.	Die Regierung betreibt eine Politik der sozialen Reformen.
Il y a de plus en plus de femmes qui font de la politique.	Immer mehr Frauen sind politisch aktiv.
politique	**politisch**
Je ne partage pas tes opinions politiques.	Ich teile deine politischen Ansichten nicht.
l'homme politique/la femme politique	**der Politiker/die ~in**
L'homme politique s'engage à servir le bien public.	Der Politiker verpflichtet sich, dem Gemeinwohl zu dienen.
le parti	**die Partei**
Si tu veux t'engager politiquement, il faut que tu adhères à un parti.	Wenn du dich politisch engagieren möchtest, mußt du in eine Partei eintreten.

le parti ...
   conservateur
   libéral
   écologiste

die ... Partei
   konservative
   liberale
   Umwelt-

le chef de parti — **der Parteiführer**
le membre d'un parti — **das Parteimitglied**

Les principaux partis français sont les suivants:

Die wichtigsten französischen Parteien sind:

le RPR	Rassemblement pour la République	**die RPR**	Sammlung für die Republik
l'UDF	Union pour la Démocratie Française	**die UDF**	Union für die französische Demokratie
le PS	Parti Socialiste	**die PS**	Sozialistische Partei
le PC	Parti Communiste	**die PC**	Kommunistische Partei
le FN	Front National	**die FN**	Nationale Front
les Ecologistes, les Verts		**die Umweltschützer, die Grünen**	

la droite	**die Rechte**
la gauche	**die Linke**
le centre	**das Zentrum, die Mitte**
Politiquement, elle est de droite/de gauche/du centre.	Politisch steht sie rechts/links/in der Mitte.
l'extrême-droite *f*	**die äußerste Rechte**
l'extrême-gauche *f*	**die äußerste Linke**

Il y a de plus en plus de groupes politiques qui sont d'extrême-droite ou d'extrême-gauche.

En Allemagne, on parle des ...
Chrétiens-Démocrates
Sociaux-Démocrates
Verts
Libéraux
Républicains

Es gibt immer mehr politische Gruppen auf der äußersten Rechten oder der äußersten Linken.

In Deutschland spricht man von den ...
Christdemokraten
Sozialdemokraten
Grünen
Liberalen
Republikanern

● **Expression**

la politique de l'autruche
Le gouvernement pratique depuis des années la politique de l'autruche dans cette affaire.

die Vogel-Strauß-Politik
Die Regierung betreibt in dieser Sache seit Jahren eine Vogel-Strauß-Politik.

S. auch **Kapitel 26.**

24.4 Die Wahlen

l'élection f
En France se pratiquent les types d'élections politiques suivants:
la présidentielle (où l'on élit le Président de la République)
les législatives (où l'on élit les députés)

les régionales (où l'on élit les conseillers régionaux)
les cantonales (où l'on élit les conseillers généraux)
les communales (où l'on élit les conseillers municipaux)

l'électeur/l'électrice
En tant qu'électeur, on devrait s'informer sur les programmes des différents partis.

électoral,e;aux
la campagne électorale
La campagne électorale s'achève la veille du jour des élections.

die Wahl
In Frankreich werden folgende Arten von politischen Wahlen abgehalten:
die Präsidentschaftswahl (bei der der Präsident der Republik gewählt wird)
die Parlamentswahlen (bei denen die Abgeordneten gewählt werden)
die Regionalwahlen (bei denen die Regionalräte gewählt werden)
die Kreisratswahlen (bei denen die Generalräte gewählt werden)
die Stadtratswahlen (bei denen die Stadträte gewählt werden)

der Wähler/die ~in
Als Wähler sollte man sich über die Programme der verschiedenen Parteien informieren.

Wahl-
die Wahlkampagne
Die Wahlkampagne endet am Vortag des Wahltags.

Die Wahlen 24.4

élire
le suffrage universel

Il a été élu au suffrage universel.

le suffrage majoritaire
le suffrage proportionnel
En France, on pratique le suffrage majoritaire, alors qu'en Allemagne, il existe un mélange de suffrage majoritaire et de suffrage proportionnel.

voter
– Est-ce que tu as déjà voté?
– Non, j'irai voter dans l'après-midi.

Cette fois-ci, j'ai voté pour les Verts.

le vote
le vote par correspondance
En Allemagne, il y a de plus en plus d'électeurs qui font usage du vote par correspondance.

obtenir ...
   plus de 50% des voix
   la majorité absolue
   la majorité relative

le droit de vote
le bureau de vote
le bulletin [byltɛ̃] **de vote**

être candidat,e
Elle est candidate à une place de conseiller municipal.

poser sa candidature
Il a posé sa candidature à la fonction de maire.

la circonscription
Il soigne le contact avec les habitants de sa circonscription.

L'abstention f
L'abstention peut être un signe d'insatisfaction des citoyens vis-à-vis de leurs hommes politiques.

wählen
die allgemeine Wahl; das allgemeine Wahlrecht
Er wurde in allgemeiner Wahl gewählt.

die Mehrheitswahl, das ~recht
die Verhältniswahl, das ~recht
In Frankreich wird das Mehrheitswahlrecht praktiziert, während in Deutschland eine Mischung zwischen Mehrheits- und Verhältniswahlrecht besteht.

wählen, stimmen
– Hast du schon gewählt?
– Nein, ich gehe heute nachmittag wählen.

Dieses Mal habe ich für die Grünen gestimmt.

die Wahl, die Stimme
die Briefwahl
In Deutschland machen immer mehr Wähler von der Briefwahl Gebrauch.

... erhalten
   mehr als 50% der Stimmen
   die absolute Mehrheit
   die relative Mehrheit

das Wahlrecht
das Wahllokal
der Wahlzettel

sich bewerben
Sie bewirbt sich um einen Sitz im Stadtrat.

sich bewerben
Er bewarb sich um das Amt des Bürgermeisters.

der Wahlkreis
Er pflegt den Kontakt mit den Bewohnern seines Wahlkreises.

die Stimmenthaltung
Die Stimmenthaltung kann ein Zeichen sein für die Unzufriedenheit der Bürger mit ihren Politikern.

S. auch **Die Rolle der Frau in der Gesellschaft 3.2, Die Verfassung der V. Republik 26.1.**

24.5 Demonstrieren

la manifestation
la manif *fam.*
La manifestation s'est déroulée sans violence.
Est-ce que tu iras demain à la manif?

die Demonstration
die Demo
Die Demonstration verlief friedlich.
Gehst du morgen zur Demo?

le manifestant/la manifestante
Les manifestants se sont rassemblés à 11 heures devant l'hôtel de ville.
Le cortège des manifestants s'est dirigé vers le centre-ville.

der Demonstrant/die ~in
Die Demonstranten versammelten sich um 11 Uhr vor dem Rathaus.
Der Demonstrationszug bewegte sich in Richtung Innenstadt.

manifester
En 1968, des centaines de milliers d'élèves et d'étudiants ont manifesté à Paris contre l'ordre établi.

demonstrieren
1968 demonstrierten in Paris Hunderttausende von Schülern und Studenten gegen die bestehende Ordnung.

le comité de défense
Les habitants de la région ont créé un comité de défense pour empêcher la construction d'une centrale nucléaire.

die Bürgerinitiative
Die Bewohner der Gegend gründeten eine Bürgerinitiative, um den Bau eines Atomkraftwerks zu verhindern.

l'affrontement *m*
Il y a eu, au cours de la manifestation, des affrontements avec la police.

der Zusammenstoß
Während der Demonstration kam es zu Zusammenstößen mit der Polizei.

l'extrémiste *m/f*
le casseur*
Ce sont toujours les mêmes extrémistes (casseurs) qui commettent des actes de violence.

der/die Radikale; der Chaot/die ~in
der Chaot
Es sind immer die gleichen Chaoten, die Gewalttaten begehen.

protester
Les riverains ont protesté contre la construction d'une autoroute.

protestieren
Die Anwohner protestierten gegen den Bau einer Autobahn.

la banderole
Les manifestants se sont postés avec des banderoles devant l'entrée de l'ambassade.

das Spruchband, das Transparent
Die Demonstranten postierten sich mit Spruchbändern vor dem Eingang der Botschaft.

le slogan [slɔgã]
Je n'ai pas réussi à comprendre les slogans qu'ils criaient.

die Parole
Ich konnte die Parolen, die sie schrien, nicht verstehen.

le tract
Des étudiants distribuaient des tracts devant la fac.

das Flugblatt
Studenten verteilten vor der Uni Flugblätter.

S. auch **Der einzelne und die Gesellschaft 3.1, Die Gewerkschaften 18.3**.

* Zur weiblichen Form s. Vorwort S. XV.

24.6 Die Waffen, das Militär

l'armement *m*	die Rüstung, die Bewaffnung
le désarmement	die Abrüstung
l'arme *f*	die Waffe
le fusil [fyzi]	das Gewehr
le pistolet	die Pistole
la mitrailleuse	das Maschinengewehr
la mitraillette	die Maschinenpistole
la balle	die Kugel
la cartouche	die Patrone
la grenade	die Granate
le poignard	der Dolch
l'épée *f*	das Schwert, der Degen
le sabre	der Säbel

armer — **bewaffnen, rüsten**
Il était armé d'un pistolet.
Er war mit einer Pistole bewaffnet.
Les Etats du Proche-Orient sont fortement armés.
Die Staaten im Vorderen Orient sind hoch gerüstet.

charger — **laden**
Il ne savait pas que ce fusil était chargé.
Er wußte nicht, daß das Gewehr geladen war.

viser — **zielen**
la cible — **die (Ziel-)Scheibe**
Vise le point noir au milieu de la cible!
Ziele auf den schwarzen Punkt in der Mitte der Scheibe!

tirer (sur qn./sur qc.) — **(auf jdn./auf etw.) schießen**
Il a tiré deux coups de pistolet.
Er hat zweimal mit der Pistole geschossen.
Les soldats tiraient sur tout ce qui bougeait dans la rue.
Die Soldaten schossen auf alles, was sich auf der Straße bewegte.

se tirer une balle dans la tête — **sich erschießen**
Personne n'a jamais su pourquoi il s'était tiré une balle dans la tête.
Niemand wußte genau, warum er sich erschossen hatte.

faire feu — **schießen, feuern**
L'artillerie a fait feu plusieurs fois sur le centre de la ville.
Die Artillerie feuerte mehrere Schüsse auf das Zentrum der Stadt.

atteindre / **toucher** — **teffen**
La balle l'a atteint (touché) à l'épaule.
Die Kugel hat ihn an der Schulter getroffen.

24.6 Die Waffen, das Militär

l'armée f	die Armee, das Militär
Après son bac, il est entré dans l'armée pour devenir officier.	Nach dem Abitur ging er zum Militär, um Offizier zu werden.
L'armée a été mise en état d'alerte.	Die Armee wurde in Alarmbereitschaft versetzt.

la troupe	die Truppe, die Armee
l'armée f de terre	das Heer
l'armée de l'air	die Luftwaffe
la marine	die Marine
militaire	Militär-, Wehr-
le service militaire	der Wehrdienst
le service civil	der Zivildienst
l'uniforme f	die Uniform
le casque	der Helm
le soldat	der Soldat
le sous-officier*	der Unteroffizier
le sergent*	der Feldwebel
l'adjudant m*	der Oberfeldwebel
l'officier m*	der Offizier
le lieutenant*	der Leutnant
le capitaine*	der Hauptmann, der Kapitän
le commandant*	der Major, der Kommandant
le colonel*	der Oberst
le général, pl. -aux*	der General
l'amiral m, pl. -aux	der Admiral
le maréchal, pl. -aux	der Marschall
le quartier général	das Hauptquartier
le char blindé	der Panzer
le navire de guerre	das Kriegsschiff
le croiseur	der Kreuzer
le sous-marin	das U-Boot
le porte-avions	der Flugzeugträger
le chasseur	der Jäger
le bombardier	der Bomber
le missile nucléaire	die Atomrakete
la bombe atomique	die Atombombe
la force de frappe	die (französischen) Atomstreitkräfte

S. auch **Die Verfassung der V. Republik 26.1.**

* Zur weiblichen Form s. Vorwort S. XV.

24.7 Der Krieg

la guerre
Pendant la guerre, les aliments étaient rationnés.

der Krieg
Im Krieg waren die Nahrungsmittel rationiert.

la guerre civile
Combien de temps a duré la guerre civile en ex-Yougoslavie?

der Bürgerkrieg
Wie lange dauerte der Bürgerkrieg im ehemaligen Jugoslawien?

faire la guerre

Mon père a fait la guerre de 39–45[1].

den Krieg mitmachen, im Krieg sein
Mein Vater war von 39 bis 45 im Krieg.

déclarer la guerre
La guerre n'avait jamais été déclarée officiellement.

den Krieg erklären
Der Krieg war nie offiziell erklärt worden.

l'après-guerre *m*
Le marché noir a régné pendant tout l'après-guerre.

die Nachkriegszeit
Während der ganzen Nachkriegszeit blühte der Schwarzmarkt.

l'entre-deux-guerres *m*

Pendant l'entre-deux-guerres, l'Allemagne a connu en même temps une culture florissante et la récession économique.

die Zeit zwischen den beiden Weltkriegen
In der Zeit zwischen den beiden Weltkriegen herrschte in Deutschland eine kulturelle Blüte und gleichzeitig eine wirtschaftliche Flaute.

le prisonnier de guerre
La Croix-Rouge a inspecté le camp de prisonniers de guerre.

der Kriegsgefangene
Das Rote Kreuz inspizierte das Kriegsgefangenenlager.

le front
Il a été au front pendant deux ans.

die Front
Er war zwei Jahre lang an der Front.

l'ennemi *m*
L'ennemi s'est retiré dans la nuit.

der Feind
Der Feind zog sich in der Nacht zurück.

ennemi,e
Les parachutistes sautaient derrière les lignes ennemies.

feindlich
Die Fallschirmjäger sprangen hinter den feindlichen Linien ab.

le combat
Le combat débuta à 5 heures du matin.

der Kampf
Der Kampf begann um 5 Uhr morgens.

combattre
Les Anglais ont combattu les Allemands aux côtés des Français.

kämpfen
Die Engländer haben an der Seite der Franzosen gegen die Deutschen gekämpft.

---

[1] Gesprochen: de trente-neuf quarante-cinq.

24.7 Der Krieg

la bataille
Qui a gagné la bataille de Waterloo?

die Schlacht
Wer hat die Schlacht bei Waterloo gewonnen?

l'attaque f
Il y a eu une attaque surprise.

der Angriff
Es gab einen Überraschungsangriff.

attaquer
Les soldats attaquèrent la ville au petit matin.

angreifen
Die Soldaten griffen die Stadt im Morgengrauen an.

défendre
Les habitants de la ville se sont défendus avec succès.

verteidigen
Die Bewohner der Stadt verteidigten sich erfolgreich.

l'invasion f
L'invasion de l'Allemagne en Pologne a entraîné la seconde guerre mondiale.

der Einmarsch, der Überfall
Der Überfall Deutschlands auf Polen hat den Zweiten Weltkrieg zur Folge gehabt.

envahir un pays
Le pays fut envahi dans la nuit par l'ennemi.

ein Land überfallen
Das Land wurde in der Nacht vom Feind überfallen.

pénétrer dans qc.
entrer dans qc.
Ce sont les chars qui ont pénétré (sont entrés) les premiers dans la ville.

in etw. eindringen

Die Panzer sind als erste in die Stadt eingedrungen.

occuper
Le Tibet est toujours occupé par la Chine.

besetzen
Tibet ist immer noch von China besetzt.

la retraite
C'est à la fin de l'année 1812 que commença la retraite de Russie pour l'armée napoléonienne.

der Rückzug
Am Ende des Jahres 1812 begann der Rückzug der napoleonischen Armee aus Rußland.

le vainqueur
le vaincu
Les vainqueurs n'avaient aucune pitié pour les vaincus.

der Sieger
der Besiegte
Die Sieger hatten kein Mitleid mit den Besiegten.

vaincre
Personne n'a, en fait, vaincu personne.

(be-)siegen
Niemand hat im Grunde genommen gesiegt.

la victoire
remporter la victoire
L'armée a remporté une victoire éclatante.

der Sieg
siegen, den Sieg erringen
Die Armee hat einen glänzenden Sieg errungen.

Der Krieg 24.7

victorieux,se
L'armée victorieuse reçut un accueil triomphal.

siegreich
Der siegreichen Armee wurde ein triumphaler Empfang bereitet.

la gloire
Rien n'est plus éphémère que la gloire.

der (Kriegs-)Ruhm
Nichts ist vergänglicher als Kriegsruhm.

la défaite
subir une défaite
Ils ont subi une défaite, mais ils n'ont pas perdu la guerre pour autant.

die Niederlage
eine Niederlage erleiden
Sie haben eine Niederlage erlitten, aber deshalb nicht den Krieg verloren.

l'armistice *m*
belligérant,e
Les Etats belligérants ont signé un armistice.

der Waffenstillstand
kriegführend
Die kriegführenden Staaten schlossen einen Waffenstillstand.

la paix [pɛ]
signer la paix
Cinq ans après la fin de la guerre, les deux pays ont enfin signé la paix.

der Frieden
Frieden schließen
Fünf Jahre nach Kriegsende haben die beiden Länder endlich Frieden geschlossen.

● **Expressions**

C'est de bonne guerre.

Das ist nicht unfair. Das entspricht den Spielregeln.

En Amérique, la publicité comparative est considérée comme de bonne guerre.

In Amerika gilt vergleichende Produktwerbung nicht als unfair.

faire la guerre à qc.
Je fais la guerre à sa paresse.

etw. bekämpfen, etw. austreiben
Ich werde ihm/ihr die Faulheit schon austreiben.

de guerre lasse
De guerre lasse, elle lui a acheté un jouet.

schließlich nachgeben
Schließlich hat sie nachgegeben und ihm ein Spielzeug gekauft.

Fiche-moi la paix! *fam.*

Laß mich in Ruhe!

S. auch **Die deutsch-französischen Beziehungen 26.5.**

25.1 Das Recht, das Gesetz

la loi
respecter
Celui qui ne respecte pas la loi, risque d'être puni.

enfreindre ⎫ **la loi**
violer ⎭
En faisant cela, il a nettement enfreint (violé) la loi.

légal,e;aux
L'usage de certaines drogues est légal aux Pays-Bas.

illégal,e;aux
Le trafic d'armes est illégal.

la Justice
La Justice doit être indépendante.

la justice
Est-ce que tu crois à la justice dans le monde?

le tribunal, pl. **-aux**
L'affaire est venue devant le tribunal.

le procès
le juge (d'instruction)*
le juré/la jurée
le procureur*
l'accusation f
l'accusé/l'accusée

l'avocat/l'avocate

la défense

porter plainte f

Elle a porté plainte à cause de son licenciement.

accuser qn. de qc.
Il a été accusé d'escroquerie.

das Gesetz
beachten, befolgen
Wer das Gesetz nicht beachtet, läuft Gefahr, bestraft zu werden.

gegen das Gesetz verstoßen

Er hat damit eindeutig gegen das Gesetz verstoßen.

gesetzlich, legal
In den Niederlanden ist der Gebrauch bestimmter Drogen legal.

ungesetzlich, illegal
Waffenhandel ist illegal.

das Rechtswesen, die Justiz
Die Justiz muß unabhängig sein.

die Gerechtigkeit
Glaubst du an eine Gerechtigkeit in der Welt?

das Gericht
Die Sache kam vor Gericht.

der Prozeß
der (Untersuchungs-)Richter
der/die Geschworene
der Staatsanwalt
die Anklage
der/die Angeklagte;
der/die Beschuldigte
der Rechtsanwalt/die Rechtsanwältin; der Verteidiger/die ~in
die Verteidigung

(vor Gericht) **klagen,**
Klage einreichen
Sie hat wegen ihrer Entlassung Klage eingereicht.

anklagen, beschuldigen
Er wurde wegen Betrugs angeklagt.

* Zur weiblichen Form s. Vorwort S. XV.

Das Recht, das Gesetz 25.1

défendre
Son avocat l'a vraiment bien défendu.

verteidigen
Sein Anwalt hat ihn wirklich gut verteidigt.

le témoin*
Il a été le seul témoin de ce crime.

der Zeuge
Er war der einzige Zeuge des Verbrechens.

témoigner
Elle a été appelée à témoigner devant le tribunal.

bezeugen, als Zeuge aussagen
Sie wurde aufgefordert, als Zeugin vor Gericht auszusagen.

citer qn.
Il a été cité comme témoin.

jdn. vorladen
Er wurde als Zeuge vorgeladen.

le jugement (du tribunal)
C'est demain que le jugement sera prononcé.

das (Gerichts-)Urteil
Morgen wird das Urteil verkündet.

être jugé,e pour …
   vol
   trafic de drogue

wegen … verurteilt werden
   Diebstahls
   Handels mit Drogen

la condamnation [kɔ̃danasjɔ̃]
La condamnation de cet homme nous a tous surpris.

die Verurteilung
Die Verurteilung dieses Mannes hat uns alle überrascht.

être condamné,e [kɔ̃dane] **…**
   à un an de prison
   à la prison à vie

… verurteilt werden
   zu einem Jahr Gefängnis
   zu lebenslänglich

la peine (de mort, de prison)
A quelle peine a-t-il été condamné?
La peine de mort a été abolie en France en 1981.

die (Todes-, Gefängnis-)Strafe
Zu welcher Strafe wurde er verurteilt?
Die Todesstrafe wurde 1981 in Frankreich abgeschafft.

la punition
Je trouve qu'il a bien mérité cette punition.

die Bestrafung, die Strafe
Ich bin der Meinung, daß er die Strafe sehr wohl verdient hat.

punir
l'infraction *f*
Toute infraction à la loi sera sévèrement punie.

bestrafen
der Verstoß
Jeder Verstoß gegen das Gesetz wird streng bestraft.

sanctionner
Il sera certainement sévèrement sanctionné.

bestrafen
Er wird sicher schwer bestraft werden.

acquitter
Est-ce qu'elle a été condamnée ou acquittée?

freisprechen
Wurde sie verurteilt oder freigesprochen?

---

* Zur weiblichen Form s. Vorwort S. XV.

25.1 Das Recht, das Gesetz

la culpabilité
l'innocence f
- Etes-vous convaincu de son innocence?
- Non, je suis, au contraire, convaincu de sa culpabilité.

die Schuld
die Unschuld
- Sind Sie von seiner/ihrer Unschuld überzeugt?
- Nein, im Gegenteil, ich bin von seiner/ihrer Schuld überzeugt.

coupable
innocent,e
A ton avis, est-il coupable ou innocent?

schuldig
unschuldig
Ist er deiner Meinung nach schuldig oder unschuldig?

la légitime défense
Elle a agi en état de légitime défense.

die Notwehr
Sie hat in Notwehr gehandelt.

agir avec préméditation f
accorder les circonstances f atténuantes
S'il a agi avec préméditation, le tribunal ne lui accordera pas les circonstances atténuantes.

vorsätzlich handeln
mildernde Umstände gewähren
Wenn er vorsätzlich gehandelt hat, wird ihm das Gericht keine mildernden Umstände gewähren.

le repentir
le remords
Il n'a montré aucun repentir (aucun remords) pendant son procès.

die Reue
Er zeigte keinerlei Reue während des Prozesses.

regretter qc.
Est-ce qu'au moins tu regrettes ce que tu as fait?

etw. bedauern, bereuen
Bedauerst du wenigstens, was du getan hast?

se repentir de qc.
J'ai fait une bêtise dont je me repens encore aujourd'hui.

etw. bereuen
Ich habe eine Dummheit begangen, die ich heute noch bereue.

● **Expressions**

Nul n'est censé ignorer la loi.

Unwissenheit schützt vor Strafe nicht.

faire la loi
Ici, ce n'est pas toi qui vas faire la loi!

befehlen, bestimmen
Hier bestimmst nicht du!

Nécessité fait loi.

Not kennt kein Gebot.

tomber sous le coup de la loi
Ce que tu fais là est non seulement moralement condamnable mais tombe, en plus, sous le coup de la loi.

strafbar, gesetzwidrig sein
Was du da tust, ist nicht nur moralisch verwerflich, sondern darüber hinaus gesetzwidrig.

sans foi ni loi
Cet homme est un criminel sans foi ni loi.

zu allem fähig, skrupellos
Dieser Mensch ist ein Krimineller und zu allem fähig.

S. auch **Die Straßenverkehrsordnung 11.4, Die Verfassung, die Menschenrechte 24.2, Demonstrieren 24.5.**

25.2 Die Polizei

la police
Le numéro de téléphone de secours de la police est le 110 en Allemagne et le 17 en France.

die Polizei
Der telefonische Notruf der Polizei ist in Deutschland 110 und in Frankreich 17.

policier, ière
On mène actuellement une enquête policière sur cette affaire.

Polizei-, polizeilich
In dieser Angelegenheit wird zur Zeit eine polizeiliche Untersuchung durchgeführt.

l'agent *m* **de police***
le commissariat de police
l'inspecteur/l'inspectrice
le commissaire*
le gendarme/la gendarmette *fam.*

la gendarmerie

der Polizist
das Polizeirevier
der Inspektor/die ~in
der Kommissar
der Polizist/die ~in, der Gendarm/die ~in
die (kasernierte) Polizei

rechercher ...
  un gangster
  des témoins *m*
  des indices *m*

... suchen
  einen Verbrecher
  Zeugen
  Indizien

le suspect/la suspecte [syspɛ]/[syspɛkt]
Il y a plus d'un suspect dans cette affaire de meurtre.

der/die Verdächtige

Es gibt in diesem Mordfall mehr als einen Verdächtigen.

le soupçon
Est-ce que vous avez des soupçons, Monsieur l'Inspecteur?

der Verdacht
Haben Sie schon einen Verdacht, Herr Inspektor?

soupçonner qn. de qc. (de faire qc.)
Le police la soupçonne d'avoir quelque chose à voir dans cette histoire.

verdächtigen
Die Polizei verdächtigt sie, mit dieser Sache etwas zu tun zu haben.

l'interrogatoire *m*
L'interrogatoire a duré plusieurs heures.

das Verhör
Das Verhör dauerte mehrere Stunden.

* Zur weiblichen Form s. Vorwort S. XV.

25.2 Die Polizei

interroger
Il a été interrogé par la police.

la preuve
Ils ne possèdent aucune preuve de sa culpabilité.

prouver
Cela ne prouve absolument rien.

l'aveu *m, pl.* ~x
Il a fini par passer aux aveux.

avouer
Elle a avoué les faits.

nier
Il nie les faits.

la plainte
déposer une plainte
Son voisin a déposé une plainte pour tapage nocturne.

poursuivre
Les gangsters ont été poursuivis par la police.

saisir
La police vient de saisir deux kilos de haschisch.

l'arrestation *f*
Il y a eu de nombreuses arrestations au cours de la manifestation.

arrêter
Six personnes ont été arrêtées au cours de la rafle.

la prison
Le criminel a été mis en prison après son interrogatoire.

le détenu
le prisonnier
s'évader
Trois détenus/prisonniers se sont évadés de prison.

emprisonner
La police a emprisonné cet ivrogne pour la nuit.

befragen, verhören
Er wurde von der Polizei verhört.

der Beweis
Sie haben keine Beweise für seine/ihre Schuld.

beweisen
Das beweist absolut nichts.

das Geständnis
Schließlich legte er ein Geständnis ab.

gestehen
Sie hat die Tat gestanden.

leugnen
Er leugnet die Tat.

die Klage, die Anzeige
Anzeige erstatten
Sein/Ihr Nachbar hat wegen nächtlicher Ruhestörung Anzeige erstattet.

verfolgen
Die Gangster wurden von der Polizei verfolgt.

beschlagnahmen
Die Polizei hat zwei Kilo Haschisch beschlagnahmt.

die Festnahme, die Verhaftung
Bei der Demonstration gab es mehrere Verhaftungen.

festnehmen, verhaften
Bei der Razzia wurden sechs Personen verhaftet.

das Gefängnis
Nach dem Verhör wurde der Verbrecher ins Gefängnis gebracht.

der Häftling
der Gefangene
ausbrechen
Drei Häftlinge/Gefangene sind aus dem Gefängnis ausgebrochen.

einsperren
Die Polizei sperrte den Betrunkenen über Nacht ein.

● Expressions

le flic *fam.*
der Polizist

se faire la belle *fam.*
C'est déjà la deuxième fois qu'il se fait la belle.

aus dem Gefängnis ausbrechen
Das ist schon zum zweiten Mal, daß er aus dem Gefängnis ausbricht.

être derrière les barreaux
– Où est donc notre voisin? Cela fait des mois que je ne le vois plus.
– Mais comment? Tu ne sais pas qu'il est derrière les barreaux?

hinter Gittern sein, sitzen
– Wo ist denn unser Nachbar? Ich habe ihn seit Monaten nicht gesehen.
– Ja, weißt du denn nicht, daß er hinter Gittern sitzt?

le violon *fam.*
Il faisait un tel raffut au poste qu'on la mis au violon.

der Polizeiarrest, die Arrestzelle
Er randalierte dermaßen auf dem Polizeirevier, daß man ihn in die Arrestzelle steckte.

S. auch **Die Straßenverkehrsordnung 11.4, Der Verkehrsunfall 11.5.**

25.3 Das Verbrechen

le crime
Ce crime n'a jamais été éclairci.

das Verbrechen
Dieses Verbrechen ist nie aufgeklärt worden.

les lieux *m* **du crime**
La police a trouvé une cartouche vide sur les lieux du crime.

der Tatort
Die Polizei fand am Tatort eine Patronenhülse.

la criminalité
La criminalité a augmenté en Europe de façon alarmante.

die Kriminalität
Die Kriminalität hat in Europa erschreckend zugenommen.

le criminel/la criminelle
Ce sont des criminels qui se présentent comme d'inoffensifs hommes d'affaires.

der Verbrecher/die ~in
Das sind Verbrecher, die wie harmlose Geschäftsleute auftreten.

criminel,le
La mafia est une association criminelle qui a son origine en Sicile.

verbrecherisch, kriminell
Die Mafia ist eine kriminelle Vereinigung, die ihren Ursprung in Sizilien hat.

le délit
Les délits de ce genre sont, depuis peu, sanctionnés avec plus de sévérité.

das Vergehen, das Delikt
Vergehen dieser Art werden seit kurzem härter bestraft.

25.3 Das Verbrechen

la délinquance (juvénile) — die (Jugend-)Kriminalität

le délinquant/la délinquante — der Straftäter/die ~in
L'Etat s'efforce de réintrégrer les jeunes délinquants dans la société. — Der Staat bemüht sich, jugendliche Straftäter zu resozialisieren.

commettre ... — ... begehen
  un crime — ein Verbrechen
  un vol — einen Diebstahl
  un cambriolage — einen Einbruch
  un meurtre — einen Mord
  une fraude — einen Betrug
  des actes violents — Gewalttaten

le voleur/la voleuse — der Dieb/die ~in
le cambrioleur* — der Einbrecher
le meurtrier/la meurtrière
l'assassin *m** — der Mörder/die ~in
le bandit* — der Verbrecher
le gangster* [gɑ̃gstɛr] — der Gangster
l'attentat *m* (à la bombe) — der (Bomben-)Anschlag, das Attentat

le kidnapping [kidnapiŋ] — die Entführung
la rançon — das Lösegeld

l'otage *m* — die Geisel
Les gangsters ont pris un employé de banque en otage. — Die Gangster nahmen einen Bankangestellten als Geisel.

voler — stehlen
se faire voler — gestohlen werden
Il y a de plus en plus de bandes organisées qui volent des voitures. — Es gibt immer mehr organisierte Banden, die Autos stehlen.
On lui a volé son sac à main sur la plage. (Elle s'est fait voler son sac à main sur la plage.). — Ihr wurde am Strand die Handtasche gestohlen.

cambrioler qc. — in etw. einbrechen
C'est déjà la deuxième fois qu'on cambriole cette villa. — Schon zum zweiten Mal wird in dieser Villa eingebrochen.

dévaliser — ausplündern
Leur maison a été dévalisée pendant qu'ils étaient en vacances. — Während sie im Urlaub waren, wurde ihr Haus ausgeplündert.

assassiner — ermorden
Il a été trouvé assassiné dans son appartement. — Er wurde ermordet in seiner Wohnung aufgefunden.

* Zur weiblichen Form s. Vorwort S. XV.

Das Verbrechen **25.3**

tuer
Personne n'a été tué au cours du hold-up.

töten
Bei dem Überfall wurde niemand getötet.

la violence
On ne devrait pas montrer de films de violence à la télévision.

die Gewalt(tat)
Im Fernsehen sollte man keine Gewaltfilme zeigen.

violent,e
Bien des gens deviennent violents quand ils ont bu.

gewalttätig
Manche Menschen werden gewalttätig, wenn sie getrunken haben.

le vandalisme
Cinq jeunes gens ont été arrêtés pour actes de vandalisme.

die Zerstörungswut, der Vandalismus
Fünf Jugendliche wurden wegen Vandalismus festgenommen.

maltraiter
On n'a pas le droit de maltraiter les animaux.

mißhandeln
Man darf Tiere nicht mißhandeln.

torturer
Les adversaires du régime ont été nombreux à être torturés.

foltern
Viele Gegner des Regimes wurden gefoltert.

le chantage
C'est du chantage.

die Erpressung
Das ist Erpressung.

faire chanter
C'est un ancien collaborateur qui essayait de le faire chanter.

erpressen
Ein ehemaliger Mitarbeiter versuchte, ihn zu erpressen.

extorquer qc. à qn.
Ils n'ont pas réussi à lui extorquer d'aveux.

(durch Folter) erpressen
Es gelang ihnen nicht, durch Folter ein Geständnis von ihm/ihr zu erpressen.

● **Expression**

se faire violence
Nous nous sommes fait violence pour regarder ce film jusqu'au bout.
J'ai dû me faire violence pour ne pas sortir de mon rôle.

sich zwingen; sich beherrschen
Wir mußten uns zwingen, den Film bis zum Ende anzusehen.
Ich mußte mich beherrschen, nicht aus der Rolle zu fallen.

S. auch **Der einzelne und die Gesellschaft 3.1, Die Waffen, das Militär 24.6**

25.4 Der Rassismus, die Verfolgung von Minderheiten

le racisme
Le racisme est un fléau de notre siècle.

der Rassismus, der Fremdenhaß
Rassismus ist eine Plage unseres Jahrhunderts.

le/la raciste
Les racistes prêchent l'intolérance, le mépris et la haine.

der Rassist/die ~in
Rassisten predigen Intoleranz, Verachtung und Haß.

raciste
Les hommes politiques qui poursuivent des buts racistes ne devraient pas être élus.

rassistisch
Politiker, die rassistische Ziele verfolgen, dürften nicht gewählt werden.

racial,e;aux
Une politique raciale ne résout à terme aucun problème.

Rasse-, rassisch
Rassenpolitik löst auf Dauer keine Probleme.

la discrimination raciale
Ce parti pratique systématiquement la discrimination raciale.

die Rassendiskriminierung
Diese Partei betreibt systematisch Rassendiskriminierung.

être victime de discrimination (raciale/sociale)
De nombreux travailleurs immigrés sont victimes de discrimination raciale/sociale.

(rassisch/sozial) diskriminiert werden
Viele Gastarbeiter werden rassisch/sozial diskriminiert.

la minorité
les Blancs
les Noirs
l'homme de couleur/la femme de couleur
la population de couleur

die Minderheit
die Weißen
die Schwarzen
der/die Farbige

die farbige Bevölkerung

persécuter
Il y a encore aujourd'hui des minorités qui se voient persécutées.

verfolgen
Auch heute gibt es noch Minderheiten, die verfolgt werden.

traiter en inférieur,e

Personne n'a le droit de traiter quelqu'un d'une race différente en inférieur.

als minderwertige Person behandeln
Niemand hat das Recht, einen Angehörigen einer anderen Rasse als minderwertige Person zu behandeln.

se considérer comme supérieur,e à qn.

sich jdm. gegenüber als überlegen betrachten

Der Rassismus, die Verfolgung von Minderheiten 25.4

De quel droit ces personnes se considèrent-elles comme supérieures aux autres?

Mit welchem Recht betrachten sich diese Menschen anderen gegenüber als überlegen?

le préjugé
Tu n'es pourtant pas raciste. Comment peux-tu avoir de tels préjugés vis-à-vis de ces personnes?

das Vorurteil
Du bist doch kein Rassist. Wie kannst du solche Vorurteile gegenüber diesen Menschen haben?

l'immigration f
Beaucoup d'hommes politiques sont d'avis qu'il faut limiter l'immigration.

die Einwanderung
Viele Politiker sind der Meinung, daß man die Einwanderung beschränken muß.

l'immigré/l'immigrée
La plupart des immigrés vivant en France sont originaires d'Afrique du Nord.

der Einwanderer/die ~in
Die meisten in Frankreich lebenden Einwanderer stammen aus Nordafrika.

immigrer
Ses ancêtres ont immigré en France au XIXe siècle.

einwandern
Seine/Ihre Vorfahren sind im 19. Jahrhundert in Frankreich eingewandert.

l'émigration f
la persécution
L'émigration constitua souvent la seule possibilité d'échapper à la persécution des nazis.

die Auswanderung, die Emigration
die Verfolgung
Auswanderung war oft die einzige Möglichkeit, der Verfolgung durch die Nazis zu entkommen.

l'émigré/l'émigrée
Beaucoup d'émigrés ont trouvé refuge à Paris, Londres et New York.

der Emigrant/die ~in
Viele Emigranten haben in Paris, London und New York Zuflucht gefunden.

émigrer
De nombreux artistes ont émigré dans les années 30 de l'Allemagne vers l'Amérique.

auswandern
In den 30er Jahren wanderten viele Künstler von Deutschland nach Amerika aus.

l'extermination f
exterminer
Le but de la politique raciale nazie était d'exterminer le peuple juif. (... était l'extermination du peuple juif.)

die Ausrottung
ausrotten, vernichten
Ziel der nazistischen Rassenpolitik war es, das jüdische Volk auszurotten. (... war die Ausrottung des jüdischen Volkes.)

déporter
ethnique
Au cours de la seconde guerre mondiale, des millions d'êtres humains furent déportés sous le couvert de motifs politiques ou ethniques.

deportieren, verschleppen
ethnisch
Im Verlauf des 2. Weltkrieges wurden Millionen von Menschen aus politischen oder ethnischen Gründen deportiert.

l'antisémitisme m
l'antisémite m/f

der Antisemitismus
der Antisemit/die ~in

antisémite	antisemitisch
le camp de concentration	das Konzentrationslager
la déportation	die Deportation
la ségrégation raciale	die Rassentrennung

S. auch Zwischenmenschliche Beziehungen 2.5, Der einzelne und die Gesellschaft 3.1, Die Rolle der Frau in der Gesellschaft 3.2, Die Verfassung, die Menschenrechte 24.2.

25.5 Das Rauchen, der Alkohol, die Drogen

le tabac [taba]
la nicotine
Le tabac contient de la nicotine.
Le tabac peut être très dangereux et provoquer un cancer du poumon.

der Tabak, das Rauchen
das Nikotin
Tabak enthält Nikotin.
Rauchen kann sehr gefährlich sein und Lungenkrebs hervorrufen.

fumer
Est-ce que cela vous dérangerait que je fume?
Depuis 1992, il est interdit de fumer en France dans les lieux publics.
On ne peut contester que (le fait de) fumer soit malsain.
Défense de fumer!

rauchen
Würde es Sie stören, wenn ich rauche?

Seit 1992 ist es in Frankreich verboten, in öffentlichen Räumen zu rauchen.
Es ist unbestritten, daß Rauchen ungesund ist.
Rauchen verboten!

le fumeur/la fumeuse
le non-fumeur/la non-fumeuse
Est-ce que c'est un compartiment fumeurs ou non-fumeurs?

der Raucher/die ~in
der Nichtraucher/die ~in
Ist das ein Raucher- oder Nichtraucherabteil?

la fumée
La fumée de cigarettes est dangereuse même pour les non-fumeurs.

der Rauch
Zigarettenrauch ist sogar für Nichtraucher gefährlich.

les risques *m* **du tabac**
le bureau de tabac
la cigarette
le paquet de cigarettes
le cigare
la pipe
le briquet
l'allumette *f*

die Gefahren des Rauchens
der Tabakwarenladen
die Zigarette
die Schachtel Zigaretten
die Zigarre
die Pfeife
das Feuerzeug
das Streichholz

Das Rauchen, der Alkohol, die Drogen 25.5

l'alcool *m* [alkɔl]
Je peux t'offrir une bière sans alcool.

der Alkohol
Ich kann dir ein alkoholfreies Bier anbieten.

l'eau *f* **de vie**
le vin
la liqueur

der Schnaps
der Wein
der Likör

l'alcoolique *m/f* [alkɔlik]
Il fait partie d'un groupe d'alcooliques anonymes.

der Alkoholiker/die ~in
Er gehört einer Gruppe von anonymen Alkoholikern an.

l'alcoolisme *m*
L'alcoolisme est l'un des fléaux de notre civilisation.

der Alkoholismus, die Trunksucht
Alkoholismus ist eine der Plagen unserer Zivilisation.

l'ivresse *f*
Son permis de conduire lui a été retiré pour ivresse au volant.

die Trunkenheit
Wegen Trunkenheit am Steuer wurde ihm/ihr der Führerschein entzogen.

ivre
éméché,e
J'étais un petit peu éméché, mais pas ivre.

betrunken
beschwipst
Ich war ein klein bißchen beschwipst, aber nicht betrunken.

saoûl,e [su], [sul]
Il était complètement saoûl.

besoffen, blau
Er war total blau.

l'alcootest *m* [alkɔtɛst]
Il a été arrêté par la police et a dû se soumettre à l'alcootest.

der Alkoholtest
Er wurde von der Polizei angehalten und mußte sich einem Alkoholtest unterziehen.

ne pas boire
– Est-ce que je peux vous offrir un whisky?
– Non, merci, je ne bois pas.
Le test a été négatif car il n'avait rien bu.

keinen Alkohol trinken
– Kann ich Ihnen einen Whisky anbieten?
– Nein, danke. Ich trinke keinen Alkohol.
Der Test war negativ, denn er war nüchtern[1].

la drogue (douce/dure)
le trafic de la drogue
Le trafic de la drogue augmente constamment en Europe.

die (weiche/harte) Droge
der Drogenhandel
Der Drogenhandel nimmt in Europa ständig zu.

le haschisch
l'opium *m* [ɔpjɔm]
la cocaïne

das Haschisch
das Opium
das Kokain

le trafiquant (de drogue)
On attrape les petits trafiquants, mais on laisse courir les gros.

der Dealer
Die kleinen Dealer werden geschnappt, aber die großen läßt man laufen.

---

1 Für *nüchtern* im Sinne von *nichts getrunken haben* gibt es im Französischen kein entsprechendes Adjektiv. Es muß mit *n'avoir rien bu* übersetzt werden.

25.5 Das Rauchen, der Alkohol, die Drogen

le drogué
C'est une clinique spécialisée dans le traitement des drogués.

se droguer
En Europe, il y a de plus en plus de jeunes qui se droguent.

dépendant,e
Les drogues fortes vous rendent très rapidement dépendant.

être mauvais,e pour la santé
L'usage du tabac/de l'alcool/de la drogue est mauvais pour la santé.

être nocif,ve pour qc.
L'alcool est particulièrement nocif pour le foie.

réduire l'espérance f de vie
La consommation de drogues fortes réduit de façon dramatique l'espérance de vie.

der Drogenabhängige, der Drogensüchtige
Das ist eine Spezialklinik für die Behandlung von Drogensüchtigen.

Drogen nehmen
In Europa nehmen immer mehr Jugendliche Drogen.

süchtig
Harte Drogen machen sehr schnell süchtig.

gesundheitsschädlich sein
Rauchen/Alkohol/Der Genuß von Drogen ist gesundheitsschädlich.

für etw. schädlich sein
Alkohol schadet besonders der Leber.

die Lebenserwartung verkürzen
Der Konsum von harten Drogen verkürzt dramatisch die Lebenserwartung.

S. auch **Die Krankheit, die Gesundheit 4.2, Die Straßenverkehrsordnung 11.4.**

26.1 Die Verfassung der V. Republik

la constitution de la Ve République
La constitution de la Ve République date de 1958. Ses institutions sont les suivantes:

- **Le Président de la République**
  Il est élu par le peuple pour 7 ans.
  Il nomme le Premier ministre,
  préside le conseil des ministres,
  négocie les traités,
  commande l'armée,
  dirige la politique extérieure,
  est le garant de l'unité de la France,
  peut s'adresser directement au peuple par voie de référendum,
  peut dissoudre l'Assemblée Nationale.

- **Le Premier ministre**
  Il forme le gouvernement,
  dirige l'action du gouvernement,
  est responsable devant le Parlement.

- **L'Assemblée Nationale**
  Les députés sont élus par le peuple pour 4 ans.
  Ils votent les lois,
  contrôlent le gouvernement.

- **Le Sénat**
  Les sénateurs sont élus pour 9 ans au suffrage indirect.
  Ils défendent les intérêts des régions, des départements et des communes.

- **Le Conseil Constitutionnel**
  Le Conseil Constitutionnel comprend 9 membres parmi lesquels on trouve les anciens présidents de la République.

die Verfassung der V. Republik
Die Verfassung der V. Republik stammt aus dem Jahre 1958. Ihre Organe sind:

- **Der Präsident der Republik**
  Er wird vom Volk auf 7 Jahre gewählt.
  Er ernennt den Premierminister,
  führt den Vorsitz im Kabinett,
  handelt Verträge aus,
  befiehlt die Armee,
  leitet die Außenpolitik,
  garantiert die Einheit Frankreichs,
  kann sich mit dem Referendum direkt ans Volk wenden,
  kann die Nationalversammlung auflösen.

- **Der Premierminister**
  Er bildet die Regierung,
  leitet die Regierungsgeschäfte,
  ist dem Parlament gegenüber verantwortlich.

- **Die Nationalversammlung**
  Die Abgeordneten werden vom Volk auf 4 Jahre gewählt.
  Sie verabschieden die Gesetze,
  kontrollieren die Regierung.

- **Der Senat**
  Die Senatoren werden auf 9 Jahre in indirekter Wahl gewählt.
  Sie verteidigen die Interessen der Regionen, Departements und Gemeinden.

- **Der Verfassungsrat**
  Der Verfassungsrat umfaßt 9 Mitglieder. Unter diesen befinden sich die ehemaligen Präsidenten der Republik.

les collectivités locales
On entend par ce terme:
- la région
- le département
- la commune.

En Allemagne, il existe
- **une Loi fondamentale**
- **un gouvernement fédéral**
- **16 Etats fédérés (16 Länder)**
- **un Ministre-Président par Land.**

die Gebietskörperschaften
Man versteht unter diesem Ausdruck:
- die Region
- das Departement
- die Gemeinde.

In Deutschland gibt es
- **ein Grundgesetz**
- **eine Bundesregierung**
- **16 Bundesländer**
- **einen Ministerpräsidenten in jedem Land.**

S. auch **Der Staat, die Regierung 24.1, Die Verfassung, die Menschenrechte 24.2, Die Wahlen 24.4.**

26.2 Paris

la capitale
La capitale est le centre économique de la France et le siège des institutions politiques et culturelles les plus importantes.

die Hauptstadt
Die Hauptstadt ist das wirtschaftliche Zentrum Frankreichs und der Sitz der wichtigsten politischen und kulturellen Institutionen.

le carrefour

Paris constitue le carrefour de tous les courants d'esprit français.

der Schnittpunkt, der Ort der Begegnung
Paris ist der Ort, an dem alle geistigen Strömungen Frankreichs zusammentreffen.

la ville tentaculaire
On dit de Paris que c'est une ville tentaculaire qui attire tout à elle et engloutit tout.

der Moloch (Großstadt)
Man sagt von Paris, es sei ein Moloch, der alles an sich reißt und verschlingt.

la centralisation
la concentration
La centralisation (La concentration) du pouvoir à Paris remonte à l'Ancien Régime.

die Zentralisierung
die Konzentration
Die Zentralisierung (Die Konzentration) der Macht in Paris geht auf das Ancien Régime zurück.

centraliser
L'administration française est centralisée à Paris.

zentralisieren
Die französische Verwaltung ist in Paris zentralisiert.

se concentrer
La vie économique, culturelle et politique se concentre essentiellement à Paris.

sich konzentrieren
Das wirtschaftliche, kulturelle und politische Leben konzentriert sich im wesentlichen in Paris.

converger vers
La plupart des autoroutes françaises convergent vers Paris.

zusammenlaufen
Die meisten französischen Autobahnen laufen in Paris zusammen.

en étoile
Le réseau ferroviaire et autoroutier français est construit en étoile à partir de Paris.

sternförmig
Das französische Eisenbahn- und Autobahnnetz ist von Paris aus sternförmig angelegt.

attirer
Paris attire tous les ans des centaines de milliers de touristes.

anziehen
Paris zieht jedes Jahr Hunderttausende von Touristen an.

l'attraction f
La tour Eiffel constitue pour beaucoup de touristes la principale attraction de Paris.

der Anziehungspunkt, die Sehenswürdigkeit
Für viele Touristen ist der Eiffelturm der Hauptanziehungspunkt von Paris.

le rayonnement
Aucune autre capitale européenne n'a, à mon avis, le rayonnement culturel ni le prestige de Paris.

die Ausstrahlung
Meiner Meinung nach hat keine andere europäische Hauptstadt die kulturelle Ausstrahlung und das Ansehen von Paris.

monter à Paris
Celui qui veut faire carrière en France, doit «monter» à Paris.

nach Paris gehen
Wer in Frankreich Karriere machen will, muß nach Paris gehen.

● **Expression**

métro, boulot, dodo
La vie à Paris se résume pour de nombreuses personnes au slogan: «Métro, boulot, dodo».

Metro, Arbeit, Schlafen
Für viele läßt sich das Leben in Paris mit dem Slogan „Metro, Arbeit, Schlafen" zusammenfassen.

S. auch **Die Stadt 11.1.**

26.3 Die französische Provinz und die Politik der Dezentralisierung

la province
Pour les Parisiens, le reste de la France représente la province.

die Provinz
Für die Bewohner von Paris ist das übrige Frankreich Provinz.

provincial, e; aux
Bien qu'il ait fait carrière à Paris, il ne peut cacher ses origines provinciales.

provinziell, Provinz-
Obwohl er Karriere in Paris gemacht hat, kann er seine provinzielle Herkunft nicht verbergen.

le provincial, *pl.* **-aux**
Il existe une certaine rivalité entre les Parisiens et les provinciaux.

der Bewohner der Provinz
Zwischen den Parisern und den Bewohnern der Provinz besteht eine gewisse Rivalität.

l'exode *m* **rural**
L'exode rural n'est que partiellement la conséquence des difficultés de l'agriculture.

die Landflucht
Die Landflucht ist nur zum Teil die Folge der Schwierigkeiten in der Landwirtschaft.

le «désert français»
On entend par «désert français» certaines régions des Alpes et du Massif-Central qui se dépeuplent de plus en plus depuis les années 60.

die „französische Wüste"
Unter „französischer Wüste" versteht man bestimmte Gegenden in den Alpen und im Zentralmassiv, die sich seit den 60er Jahren immer mehr entvölkern.

l'appauvrissement *m*
L'appauvrissement ne touche pas seulement les campagnes, mais aussi les villes de province.

die Verarmung
Die Verarmung betrifft nicht nur das Land, sondern auch die Provinzstädte.

s'appauvrir
La province s'appauvrit depuis de nombreuses années sur les plans économique et culturel.

verarmen
Seit vielen Jahren verarmt die Provinz wirtschaftlich und kulturell.

le déclin
Beaucoup de Français vivant dans le Centre et le Sud-Ouest, se plaignent du déclin de leur région.
C'est une région en déclin qui souffre du manque d'emplois, d'investissements et d'infrastructure.

der Niedergang, die Rückständigkeit
Viele Franzosen, die im Centre und im Südwesten leben, beklagen die Rückständigkeit ihrer Gegend.
Das ist eine rückständige Gegend, die unter dem Mangel an Arbeitsplätzen, Investitionen und Infrastruktur leidet.

le déséquilibre
La politique menée en faveur de Paris au détriment de la province, conduit

das Ungleichgewicht
Die Politik zu Gunsten von Paris und auf Kosten der Provinz führt heute zu dem

Die französische Provinz und die Politik der Dezentralisierung 26.3

aujourd'hui au déséquilibre entre la Capitale et le reste du pays.

Ungleichgewicht zwischen der Hauptstadt und dem übrigen Land.

la décentralisation
Certaines tâches ont été transférées aux régions dans le cadre de la politique de décentralisation.

die Dezentralisierung
Im Rahmen der Politik der Dezentralisierung wurden bestimmte Aufgaben auf die Regionen übertragen.

décentraliser

Le gouvernement est décidé à décentraliser une partie de ses services administratifs.

dezentralisieren, in die Provinz verlegen
Die Regierung ist entschlossen, einen Teil der Staatsbehörden in die Provinz zu verlegen.

la régionalisation

die Regionalisierung (= Wiederbelebung der Provinz)

l'implantation *f* **d'industrie**
La régionalisation ne peut réussir que grâce à l'implantation de nouvelles industries.

die Industrieansiedlung
Die Regionalisierung kann nur gelingen durch die Ansiedlung neuer Industrien.

l'aménagement *m* **du territoire**
Il va falloir améliorer l'aménagement du territoire.

die Raumplanung
Man wird die Raumplanung verbessern müssen.

aménager
Cap d'Agde et La Grande Motte sont des stations balnéaires qui ont été aménagées dans les années 70.

gestalten, herrichten, anlegen
Cap d'Agde und La Grande Motte sind Badeorte, die in den 70er Jahren angelegt wurden.

l'ouverture *f* **de la province**
L'ouverture de la province est aujourd'hui facilitée par des moyens de communication modernes.

die Erschließung der Provinz
Durch die modernen Kommunikationsmittel ist die Erschließung der Provinz heute leichter geworden.

implanter
Si aucune industrie ne s'implante ici, les jeunes continueront à quitter la région.

ansiedeln
Wenn hier keine Industrie angesiedelt wird, wird die Jugend weiter abwandern.

se reconvertir
Si cette région veut survivre, elle devra se reconvertir économiquement.

sich umstellen, sich anpassen
Wenn diese Gegend überleben will, muß sie sich wirtschaftlich umstellen.

la reconversion

die (wirtschaftliche) Umstellung, die Anpassung

La reconversion du Nord-Pas-de-Calais et de la Lorraine ne se fait que très lentement.

Die wirtschaftliche Umstellung des Nord-Pas-de-Calais und Lothringens geht nur sehr langsam voran.

26.4 Die französische Sprache und die Frankophonie

la langue française
La langue française est actuellement parlée par environ 118 millions de personnes.

die französische Sprache
Die französische Sprache wird gegenwärtig von ungefähr 118 Millionen Personen gesprochen.

la francophonie

On entend par «francophonie» tout ce qui touche à la langue et à la culture françaises en France et dans les pays où se parle le français.

die Frankophonie, die französischsprachige Welt

Unter „Frankophonie" versteht man alles, was die französische Sprache und Kultur in Frankreich und den Ländern, in denen Französisch gesprochen wird, betrifft.

francophone
Les principaux pays et régions francophones en dehors de la France sont ...
la Belgique
le Luxembourg
la Suisse romande
la province du Québec au Canada
les anciennes colonies françaises (principalement en Afrique)
les départements et territoires d'outre-mer.

französischsprachig
Französischsprachige Länder und Gebiete sind neben Frankreich insbesondere:
Belgien
Luxemburg
die französische Schweiz
die Provinz Quebec in Kanada
die ehemaligen französischen Kolonien (vor allem in Afrika)
die überseeischen Departements und Verwaltungsgebiete.

le rayonnement de la langue française
La France entretient dans le monde entier des Instituts Français dont la mission principale est le rayonnement de la langue française.

die Verbreitung der französischen Sprache
Frankreich unterhält in der ganzen Welt Instituts Français, deren Hauptaufgabe die Verbreitung der französischen Sprache ist.

le franglais
On désigne sous le terme de «franglais» un français auquel se mêle de l'anglais. On peut citer comme exemples les mots suivants:
le week-end
la nurse [nœrs]
le brain-trust [brɛntrœst]

das Franglais
Man bezeichnet mit dem Ausdruck „Franglais" ein mit Englisch vermischtes Französisch. Als Beispiele kann man folgende Wörter anführen:
le week-end (das Wochenende)
la nurse (die Kinderschwester)
le brain-trust (die Expertengruppe)

anglo-saxon, ne
L'influence anglo-saxonne sur la langue française dérange de nombreux Français.

angelsächsisch
Der angelsächsische Einfluß auf die französische Sprache stört viele Franzosen.

l'Académie Française (fondée en 1634 par Richelieu) Ses 40 membres – rédigent le «Dictionnaire de la langue française» – veillent à l'usage correct du français.	die Französische Akademie (1634 von Richelieu gegründet) Ihre 40 Mitglieder – redigieren den „Dictionnaire de la langue française" – wachen über den korrekten Gebrauch des Französischen.
Les caractéristiques principales de la langue française sont les suivantes: – un ordre relativement fixe des mots dans la phrase (sujet – verbe – complément) – un accent de phrase qui se traduit par une courbe d'intonation différente selon que la phrase est affirmative, interrogative ou négative.	**Die Hauptkennzeichen der französischen Sprache sind:** – eine verhältnismäßig feste Wortstellung im Satz (Subjekt – Verb – Ergänzung) – eine Satzbetonung, die durch verschiedene Intonationskurven zum Ausdruck kommt, je nach dem ob der Satz bejaht, fragend oder verneint ist.
Les caractéristiques principales de la langue allemande sont les suivantes: – une utilisation plus fréquente de l'inversion du sujet (verbe – sujet) – la possibilé de mettre en relief un seul mot de la phrase par une accentuation particulière sans pour autant modifier la construction de la phrase.	**Die Hauptkennzeichen der deutschen Sprache sind:** – ein häufigerer Gebrauch der Umstellung des Subjekts (Verb – Subjekt) – die Möglichkeit, ein einzelnes Wort im Satz durch besondere Betonung hervorzuheben, ohne dabei die Satzkonstruktion zu verändern.

S. auch **Die Sprache 27.1.**

26.5 Die deutsch-französischen Beziehungen

les relations f Aujourd'hui, les relations sont amicales entre l'Allemagne et la France.	**die Beziehungen** Heute bestehen zwischen Deutschland und Frankreich freundschaftliche Beziehungen.
l'amitié f **franco-allemande** L'amitié franco-allemande s'est avérée durable.	**die deutsch-französische Freundschaft** Die deutsch-französische Freundschaft hat sich als stabil erwiesen.

26.5 Die deutsch-französischen Beziehungen

la frontière
De Lauterbourg à Bâle, le Rhin constitue la frontière entre l'Allemagne et la France.

die Grenze
Von Lauterburg bis Basel ist der Rhein die Grenze zwischen Deutschland und Frankreich.

la province frontalière
La France et l'Allemagne se sont disputé aux XIXe et XXe siècles les provinces frontalières de l'Alsace, de la Lorraine et de la Sarre.

die Grenzprovinz
Frankreich und Deutschland haben sich im 19. und 20. Jh. um die Grenzprovinzen Elsaß, Lothringen und Saarland gestritten.

l'hégémonie f
Au XVIIIe siècle, la France avait conquis l'hégémonie en Europe.

die Vorherrschaft
Im 18. Jh. hatte Frankreich die Vorherrschaft in Europa erlangt.

la rivalité
Au XIXe siècle régnait une forte rivalité entre la France et l'Allemagne.

die Rivalität
Im 19. Jh. herrschte zwischen Frankreich und Deutschland eine starke Rivalität.

l'ennemi m **héréditaire**
La notion d'«ennemi héréditaire» est une invention du XIXe siècle.

der Erbfeind
Der Begriff „Erbfeind" ist eine Erfindung des 19. Jahrhunderts.

ennemi,e
L'Allemagne et la France ont longtemps été des Etats ennemis.

verfeindet, feindlich
Deutschland und Frankreich waren lange Zeit verfeindete Staaten.

annexer
La France a commencé à annexer l'Alsace après la guerre de Trente Ans.

annektieren
Nach dem Dreißigjährigen Krieg begann Frankreich, das Elsaß zu annektieren.

germaniser
Après 1870 et 1940, les Allemands essayèrent de germaniser l'Alsace en interdisant l'usage de la langue française.

germanisieren, verdeutschen
Nach 1870 und 1940 versuchten die Deutschen, das Elsaß zu germanisieren, indem sie den Gebrauch der französischen Sprache untersagten.

franciser
Après 1918, les Français essayèrent de franciser l'Alsace en interdisant l'usage de la langue allemande.

französieren
Nach 1914 versuchten die Franzosen, das Elsaß zu französieren, indem sie den Gebrauch der deutschen Sprache untersagten.

Les guerres entre la France et l'Allemagne:
1870-1871 La guerre franco-allemande

1914-1918 La 1re guerre mondiale
1939-1945 La 2e guerre mondiale

Die Kriege zwischen Frankreich und Deutschland:
1870-1871 Der deutsch-französische Krieg (Der Siebziger Krieg)
1914-1918 Der 1. Weltkrieg
1939-1945 Der 2. Weltkrieg

Die deutsch-französischen Beziehungen 26.5

L'annexion de l'Alsace alternativement à la France et à l'Allemagne:

1648 L'Alsace devient en grande partie française.
1681 La ville de Strasbourg est réunie à la France.
1870 L'Alsace est rattachée à l'Allemagne.
1918 Elle redevient française.
1940 Elle est annexée par l'Allemagne.'
1944 Elle est libérée par les Alliés et devient française.

La 2ᵉ guerre mondiale:
1939 La France déclare la guerre à l'Allemagne.
1940 L'Allemagne envahit la France.
1940-1944 L'Occupation.

L'Etat Français (= le régime de Vichy), **1940-1944:**
Capitale: Vichy
Président: le Maréchal Pétain

collaborer
Pendant l'Occupation entre 1940 et 1944, de nombreux Français ont collaboré avec les Allemands.

la Collaboration (1940-1944)
L'époque de la Collaboration est une tache sombre de l'Histoire de France.

le collaborateur
la Libération (1944)
De nombreux collaborateurs ont été exécutés après la Libération.

libérer
C'est en juin 1944 que la France a été libérée par les Alliés.

la Résistance
La Résistance a été organisée par le général de Gaulle à partir de Londres.

Die abwechselnde Annektierung des Elsaß durch Frankreich und Deutschland:

1648 Das Elsaß wird zum großen Teil französisch.
1681 Straßburg kommt zu Frankreich.
1870 Das Elsaß wird Deutschland wieder einverleibt.
1918 Es wird wieder französisch.
1940 Es wird von Deutschland annektiert.
1944 Es wird von den Alliierten befreit und wird französisch.

Der 2. Weltkrieg:
1939 Frankreich erklärt Deutschland den Krieg.
1940 Deutschland überfällt Frankreich.
1940-1944 Die Besatzungszeit.

Der Französische Staat (= das Regime von Vichy), **1940-1944:**
Hauptstadt: Vichy
Präsident: Marschall Pétain

zusammenarbeiten
Während der Besatzungszeit (1940-1944) haben viele Franzosen mit den Deutschen zusammengearbeitet.

die Kollaboration (1940-1944)
Die Zeit der Kollaboration ist ein dunkler Fleck in der französischen Geschichte.

der Kollaborateur
die Befreiung (1944)
Nach der Befreiung wurden viele Kollaborateure hingerichtet.

befreien
Im Juni 1944 wurde Frankreich von den Alliierten befreit.

die Résistance, der Widerstand
Der Widerstand wurde von General de Gaulle von London aus organisiert.

26.5 Die deutsch-französischen Beziehungen

le débarquement
Les Allemands ont été complètement surpris par le débarquement des Alliés en Normandie le 6 juin 1944.

die Landung
Die Deutschen wurden von der Landung der Alliierten am 6. Juni 1944 in der Normandie völlig überrascht.

la défaite de l'Allemagne (1945)
la zone d'occupation
Après la défaite de 1945, l'Allemagne a été divisée en 4 zones d'occupation.

die Niederlage Deutschlands (1945)
die Besatzungszone
Nach der Niederlage 1945 wurde Deutschland in 4 Besatzungszonen aufgeteilt.

se réconcilier
Après la guerre, les deux Etats se sont rapidement réconciliés.

sich aussöhnen
Nach dem Krieg söhnten sich die zwei Staaten rasch aus.

le rapprochement
Le rapprochement était la condition sine qua non d'un avenir européen commun.

die Aussöhnung
Die Aussöhnung war die unabdingbare Voraussetzung für eine gemeinsame europäische Zukunft.

Le traité franco-allemand (1963)

Il prévoit:
– des rencontres régulières entre les gouvernements français et allemand pour coordonner la politique
– une coopération au niveau de l'enseignement, de la recherche, de la défense, de l'industrie
– la création de l'OFAJ (l'Office franco-allemand pour la jeunesse) pour favoriser les échanges des jeunes entre les deux pays.

Der deutsch-französische Vertrag (1963)
Er sieht vor:
– regelmäßige Treffen der französischen und deutschen Regierung, um die Politik abzustimmen
– eine Zusammenarbeit auf dem Gebiet des Unterrichtswesens, der Forschung, der Verteidigung, der Industrie
– die Schaffung des Deutsch-Französischen Jugendwerkes zur Förderung des Austausches unter den Jugendlichen der beiden Länder.

le jumelage
Il existe de nombreux jumelages entres les villes des deux pays.

die Partnerschaft
Es gibt viele Partnerschaften zwischen den Städten der beiden Länder.

être jumelé,e
– Quelle est la ville française avec laquelle Mayence est jumelée?
– Dijon.

Partnerstadt sein
– Welches ist die französische Partnerstadt von Mainz?
– Dijon.

l'échange *m* **scolaire**
Notre lycée effectue chaque année un échange scolaire avec le collège George-Sand de Paris.

der Schüleraustausch
Unsere Schule führt jedes Jahr einen Schüleraustausch mit dem Collège George-Sand in Paris durch.

<u>**Exemples de coopération franco-allemande**</u>

<u>**Beispiele deutsch-französischer Zusammenarbeit**</u>

- La construction de l'Airbus et de la fusée Ariane
- La création d'un corps d'armée franco-allemand (1991)

- Der Bau des Airbus und der Rakete Ariane
- Die Gründung eines deutsch-französischen Armeekorps (1991)

S. auch **Der Krieg 24.7.**

26.6 Die Europäische Union (Die EU)

l'Union européenne	die Europäische Union (die EU)
le drapeau européen (un cercle formé de douze étoiles jaunes sur fond bleu)	die Europafahne (ein Kreis von 12 gelben Sternen auf blauem Untergrund)
le Conseil de l'Europe (1949)	der Europarat (1949)
le Marché commun (1957)	der Gemeinsame Markt (1957)
le traité de Rome (1957)	die Römischen Verträge (1957)
le traité de Maastricht (1993)	der Vertrag von Maastricht (1993)

Les quinze pays-membres de l'Union européenne sont ...
la France, l'Allemagne, l'Italie, le Benelux (la Belgique, les Pays-Bas, le Luxembourg), le Danemark, l'Irlande, la Grande-Bretagne, la Grèce, le Portugal, l'Espagne, la Suède, la Finlande et l'Autriche.

Die 15 Mitgliedsstaaten der EU sind:
Frankreich, Deutschland, Italien, die Benelux-Staaten (Belgien, die Niederlande, Luxemburg), Dänemark, Irland, Großbritannien, Griechenland, Portugal, Spanien, Schweden, Finnland und Österreich.

le système monétaire européen (SME), appelé «serpent monétaire»

das Europäische Währungssystem (EWS), genannt „Währungsschlange"

l'Ecu m (l'unité de compte du SME)

der Ecu (die Verrechnungseinheit des EWS)
(Ecu = European currency unity)

L'Union européenne a pour objectifs

Die EU hat zum Ziel,

- de réunir tous les pays européens dans une communauté
- de supprimer les barrières douanières au sein de l'Europe
- de créer une union politique européenne
- de réaliser un grand marché européen
- de permettre la libre circulation des hommes, des marchandises et des capitaux

- alle europäischen Länder in einer Gemeinschaft zu vereinigen
- die Zollschranken innerhalb Europas abzuschaffen
- eine europäische politische Union zu schaffen
- einen großen europäischen Markt zu schaffen
- den freien Verkehr der Menschen, der Waren und des Kapitals zu ermöglichen

- de fixer des normes européennes pour les produits
- d'harmoniser la fiscalité (par ex. établir le même taux de TVA dans tous les pays européens)
- d'aboutir à l'équivalence des diplômes
- de renforcer la coopération, par ex. au niveau de la production aéronautique et aérospatiale (Airbus, la fusée Ariane), de la recherche, de l'environnement, de la politique sociale, de la politique extérieure
- de préserver le patrimoine européen
- de créer une monnaie européenne convertible

- europäische Normen für Produkte festzulegen
- die Steuergesetzgebung zu harmonisieren (z.B. den gleichen Mehrwertsteuersatz in allen europäischen Ländern festzusetzen)
- die gegenseitige Anerkennung der Zeugnisse zu erreichen
- die Zusammenarbeit zu verstärken, z. B. im Bereich des Flugzeugbaus und der Raumfahrt (Airbus, Rakete Ariane), der Forschung, der Umwelt, der Sozialpolitik, der Außenpolitik
- das europäische Erbe zu erhalten
- eine konvertible europäische Währung zu schaffen.

Les institutions de l'Union européenne:

Le Conseil européen
- Il réunit les chefs d'Etat et de gouvernement.
- Il fixe les grandes lignes de la politique européenne.

La Commission européenne
- Elle siège à Bruxelles.
- Elle constitue une sorte de gouvernement européen.
- Elle prépare les lois et veille à leur application.
- Elle n'a aucun pouvoir de décision.

Le Conseil des ministres
- Il regroupe les 16 ministres (par ex. les ministres de l'Agriculture, des Finances) concernés par les questions traitées.
- Il a pouvoir de décision.

Le Parlement européen
- Il siège à Strasbourg.
- Ses députés sont élus au suffrage universel par les peuples de leurs pays respectifs (pour 5 ans).
- Il vote le budget.

Die Einrichtungen der EU:

Der Europäische Rat
- Ihm gehören die Staats- und Regierungschefs an.
- Er legt die großen Linien der europäischen Politik fest.

Die Europäische Kommission
- Sie hat ihren Sitz in Brüssel.
- Sie stellt eine Art europäische Regierung dar.
- Sie bereitet die Gesetze vor und überwacht ihre Anwendung.
- Sie hat keine Entscheidungsgewalt.

Der Ministerrat
- Ihm gehören die für die behandelten Themen zuständigen 16 Minister an (z.B. die Landwirtschafts-, die Finanzminister).
- Er hat Entscheidungsgewalt.

Das Europaparlament
- Es hat seinen Sitz in Straßburg.
- Die Abgeordneten werden in den jeweiligen Ländern direkt vom Volk gewählt (auf 5 Jahre).
- Es verabschiedet das Budget.

- Il contrôle le travail de la Commission.
- Il n'a pas le pouvoir de voter les lois.

La Cour de justice européenne
- Elle a son siège au Luxembourg.
- Elle décide en cas de litige et veille au respect du droit européen.

- Es überwacht die Arbeit der Kommission.
- Es hat nicht das Recht, Gesetze zu verabschieden.

Der Europäische Gerichtshof
- Er hat seinen Sitz in Luxemburg.
- Er entscheidet in Streitfällen und wacht über die Einhaltung des europäischen Rechts.

S. auch **Geographie 16.1, Geschichte 16.2**

26.7 Die Dritte Welt

le tiers-monde [tjɛrmɔ̃d]
le pays en voie de développement
le pays sous-développé
On entend par tiers-monde les pays en voie de développement (les pays sous-développés). Il s'agit surtout de pays africains, sud-américains et d'Amérique centrale.

die Dritte Welt
das Entwicklungsland
das unterentwickelte Land
Man versteht unter Dritter Welt die Entwicklungsländer (die unterentwickelten Länder). Es handelt sich vor allem um Länder in Afrika, Süd- und Mittelamerika.

La situation dans les pays du tiers-monde se caractérise par
- **un niveau de vie très bas**
- **un développement industriel très faible**
- **un taux de natalité très élevé**
- **la sous-alimentation, la famine**
- **le manque de soins médicaux**
- **les maladies et les épidémies**
- **un pourcentage élevé d'analphabètes.**

Die Lage in den Ländern der Dritten Welt ist gekennzeichnet durch
- **einen sehr niederen Lebensstandard**
- **einen sehr niederen industriellen Entwicklungsstand**
- **eine sehr hohe Geburtenrate**
- **Unterernährung, Hungersnot**
- **Mangel an ärztlicher Versorgung**
- **Krankheiten und Epidemien**
- **einen hohen Prozentsatz von Analphabeten.**

l'aide f
L'aide apportée au tiers-monde peut être financière/technologique/humanitaire.

die Hilfe
Die der Dritten Welt geleistete Hilfe kann finanziell/technologisch/humanitär sein.

venir en aide à qn.
Les pays riches (Les nations industrialisées) devraient davantage venir en aide aux pays pauvres.

jdm. zu Hilfe kommen
Die reichen Länder (Die Industrienationen) müßten den armen Ländern mehr zu Hilfe kommen.

26.7 Die Dritte Welt

Problèmes posés:

- Destruction du patrimoine culturel
- Inadaptation des méthodes de travail et de gestion
- Non-assimilation de la civilisation occidentale

Probleme, die sich stellen:

- Zerstörung des kulturellen Erbes
- Unangepaßtheit der Arbeits- und Verwaltungsmethoden
- Keine Aneignung der westlichen Zivilisation

27.1 Die Sprache

la langue
parler
Elle parle trois langues couramment:
l'anglais, le français, l'espagnol.

die Sprache
sprechen
Sie spricht fließend drei Sprachen:
Englisch, Französisch, Spanisch.

la langue ...
  maternelle
  étrangère
  de communication

die Muttersprache
die Fremdsprache
die Kommunikationssprache

la langue parlée
la langue écrite
En français, la langue parlée se distingue
nettement de la langue écrite.

die gesprochene Sprache
die geschriebene Sprache
Im Französischen unterscheidet sich die
gesprochene Sprache deutlich von der
geschriebenen Sprache.

les niveaux *m* **de langue**
En français, on distingue différents
niveaux de langue, par ex.:
la langue soutenue
*Vous seriez bien aimables de faire silence,
s'il vous plaît.*
la langue courante
*Est-ce que vous pourriez-vous taire, s'il vous
plaît?*
la langue familière
Silence, s'il vous plaît!
la langue vulgaire
Fermez-la!

die Sprachebenen
Im Französischen unterscheidet man
verschiedene Sprachebenen, z. B.:
die gehobene Sprache
*Es wäre sehr freundlich von euch, wenn ihr
ruhig sein würdet.*
die Standardsprache
Könntet ihr bitte ruhig sein?
die Umgangssprache
Ruhe, bitte!
die vulgäre Sprache
Haltet die Klappe!

parler distinctement
De nombreux acteurs ne savent plus
aujourd'hui parler distinctement.

deutlich sprechen
Viele Schauspieler können heute nicht
mehr deutlich sprechen.

bas
Il parlait trop bas pour qu'on le
comprenne.

leise
Er sprach zu leise, als daß man ihn
verstehen konnte.

fort
moins fort
Parle, s'il te plaît, plus fort/moins fort.

laut
leiser
Sprich bitte etwas lauter/etwas leiser.

à voix basse/haute
Il a lu son texte à voix basse/haute.

mit leiser/lauter Stimme
Er las den Text mit leiser/lauter Stimme
vor.

27.1 Die Sprache

prononcer
Comment prononces-tu ce mot?

aussprechen
Wie sprichst du dieses Wort aus?

exprimer
Tu as des idées, mais tu ne sais pas les exprimer.

ausdrücken
Du hast Ideen, aber du kannst sie nicht ausdrücken.

le langage
Les enfants ont souvent un langage imagé.

die Sprache, die Ausdrucksweise
Kinder haben oft eine bildhafte Sprache.

le jargon
Chaque profession a son jargon.

der Jargon, die Fachsprache
Jeder Beruf hat seine Fachsprache.

l'argot *m*
Cet écrivain emploie de nombreuses expressions d'argot dans ses romans.

das Argot, der Slang
Dieser Schriftsteller verwendet in seinen Romanen viele Argotausdrücke.

le patois
Les paysans parlaient patois entre eux; je n'ai pas réussi à les comprendre.

die Mundart, der Dialekt
Die Bauern sprachen unter sich Dialekt; ich konnte sie nicht verstehen.

le dialecte
Les Alsaciens sont de moins en moins nombreux à parler le dialecte.

der Dialekt
Immer weniger Elsässer sprechen Dialekt.

linguistique [lɛ̃gɥistik]
Cet organisme offre des séjours linguistiques en Angleterre.

Sprach-
Diese Organisation bietet Sprachkurse in England an.

bilingue [bilɛ̃g]
Elle est parfaitement bilingue.

zweisprachig
Sie ist perfekt zweisprachig.

écrire[1]
l'écriture *f*
l'orthographe *f*
la lettre
la consonne
la voyelle
la syllabe

schreiben
die Schrift
die Rechtschreibung
der Buchstabe
der Konsonant
der Vokal
die Silbe

épeler
Pourriez-vous, s'il vous plaît, épeler votre nom?

buchstabieren
Könnten Sie bitte Ihren Namen buchstabieren?

le mot
Le mot «haine» s'écrit avec un «h».

das Wort
Das Wort „haine" wird mit „h" geschrieben.

la parole
Je te donne ma parole.

das Wort
Ich gebe dir mein Wort.

[1] *Zu écrire* s. auch **Schreiben 9.1.**

Die Sprache **27.1**

Il a eu des paroles aimables pour nous remercier.	Er hat uns mit freundlichen Worten gedankt.

la phrase
Indique le sujet et le verbe de cette phrase!

der Satz, das Satzgefüge
Bestimme Subjekt und Prädikat in diesem Satz!

la proposition ...
  principale
  subordonnée
- Combien y a-t-il de propositions dans cette phrase?
- Deux: une (proposition) principale et une (proposition) subordonnée.

der ... Satz
  Haupt-
  Glied-
- Wie viele Sätze enthält dieses Satzgefüge?
- Zwei: einen Haupt- und einen Gliedsatz.

la grammaire
En grammaire, on distingue la morphologie (= étude de la forme des mots) et la syntaxe (= étude de l'emploi des mots dans la phrase).

die Grammatik
In der Grammatik unterscheidet man die Morphologie (= Lehre von der Form der Wörter) und die Syntax (= Lehre vom Gebrauch der Wörter im Satz).

grammatical,e;aux
Voilà un exercice grammatical particulièrement facile.

Grammatik-, grammatikalisch
Das ist eine besonders leichte Grammatikübung.

<u>**les classes *f* de mots**</u>
le nom
les déterminants *m* **du nom,** *par ex.*:
  l'article *m*
  l'adjectif *m* **démonstratif**
  l'adjectif possessif
l'adjectif *m* **(qualificatif)**
l'adverbe *m*
le pronom
la préposition
la conjonction
le verbe

<u>**die Wortklassen**</u>
das Substantiv
die Begleiter des Substantivs, z. B.:
  der Artikel
  der Demonstrativbegleiter
  der Possessivbegleiter
das Adjektiv
das Adverb
das Pronomen
die Präposition
die Konjunktion
das Verb

<u>**les termes** *m* **de la proposition**</u>
le sujet
le verbe
le complément d'objet direct
le complément d'objet indirect
le complément circonstanciel
l'attribut *m*
l'épithète *m*

<u>**die Satzglieder**</u>
das Subjekt
das Prädikat
das Akkusativobjekt
das indirekte Objekt
die Umstandsbestimmung
das Prädikatsnomen
das Attribut

Expressions

la langue verte

En langue verte, un révolver s'appelle un «pétard».

La parole est d'argent et le silence est d'or.

mot à mot [motamo]
C'est une traduction mot à mot.

avoir des mots avec qn.
Nous avons eu des mots ensemble.

ne pas mâcher ses mots
Elle est bien connue pour ne pas mâcher ses mots.

manger la moitié des mots (de ses mots)
Les Texans ont la réputation de manger la moitié de leurs mots.

couper la parole à qn.

Je te prie de ne pas me couper sans arrêt la parole.

tenir (sa) parole
Il n'a pas tenu parole.

Qui ne dit mot consent.

parler/dire à mots couverts

Il lui a dit à mots couverts qu'il n'avait plus besoin de son concours.

der Jargon der Landstreicher, die Gaunersprache
In der Gaunersprache heißt Revolver „Ballermann".

Reden ist Silber, Schweigen ist Gold.

wörtlich, Wort für Wort
Das ist eine wörtliche Übersetzung.

mit jdm. streiten
Wir haben uns gestritten.

kein Blatt vor den Mund nehmen
Sie ist dafür bekannt, daß sie kein Blatt vor den Mund nimmt.

die Worte verschlucken, undeutlich sprechen
Die Texaner sind dafür bekannt, daß sie die Worte verschlucken.

jdm. ins Wort fallen, jdn. beim Sprechen unterbrechen
Ich bitte dich, mich nicht ständig zu unterbrechen.

(sein) Wort halten
Er hat sein Wort nicht gehalten.

Wer nicht ausdrücklich dagegen ist, ist dafür.

etw. durch die Blume sagen, in Andeutungen sprechen
Er sagte ihm/ihr durch die Blume, daß er seine/ihre Mitarbeit nicht mehr benötige.

S. auch **Die französische Sprache und die Frankophonie 26.4**

27.2 Die Interpretation von Texten

l'analyse f
Il faut étayer votre analyse de citations tirées du texte.

die Interpretation, die Analyse
Sie müssen Ihre Interpretation mit Zitaten aus dem Text belegen.

Die Interpretation von Texten 27.2

analyser
Je vais maintenant analyser la forme du poème.

interpretieren, analysieren
Ich werde nun die Form des Gedichts analysieren.

expliquer
Je n'arrive pas à m'expliquer le comportement de ce personnage.

erklären
Ich kann mir das Verhalten dieser Person nicht erklären.

étudier
En cours, nous étudions également depuis peu, des films français.

durchnehmen, interpretieren
Seit kurzem nehmen wir auch französische Filme im Unterricht durch.

dégager
Je vais d'abord dégager les idées principales de ce texte.

herausstellen, herausarbeiten
Ich werde zunächst die Hauptgedanken des Textes herausstellen.

relever
Relevez les mots-clefs de ce texte!

heraussuchen
Suchen Sie aus dem Text die Schlüsselwörter heraus!

distinguer
Dans la tragédie classique, on peut distinguer les éléments suivants: l'exposition, le conflit, le dénouement.

unterscheiden, erkennen
In der klassischen Tragödie kann man folgende Teile unterscheiden: die Exposition, den Konflikt, die Auflösung.

le résumé
Un résumé de texte contient les idées principales et se fait au présent.

die Inhaltsangabe
Eine Inhaltsangabe enthält die Hauptgedanken des Textes und wird im Präsens abgefaßt.

résumer
Résumez en trois points le contenu de ce texte!

zusammenfassen
Fassen Sie den Inhalt des Textes in drei Punkten zusammen!

l'auteur *m**
De l'avis de l'auteur (D'après l'auteur), la Terre ne va cesser de se réchauffer.

der Autor
Nach Meinung des Autors wird sich die Erde immer weiter erwärmen.

le narrateur/la narratrice
Le narrateur fait son récit à la première personne.

der Erzähler/die ~in
Der Erzähler erzählt seine Geschichte in der ersten Person.

parler de qn./de qc.
Dans son livre «Les Mots», Sartre parle de son enfance dans la maison de son grand-père.

über jdn./etw. sprechen, von jdm./etw. erzählen
In seinem Buch „Les Mots" erzählt Sartre von seiner Kindheit im Haus des Großvaters.

raconter qc.
Dans ses mémoires, l'auteur raconte un épisode qui s'est déroulé en 1873 à Saint-Pétersbourg.

etw. erzählen
In seinen Memoiren erzählt der Autor eine Episode, die sich 1873 in St. Petersburg ereignete.

* Zur weiblichen Form s. Vorwort S. XV.

27.2 Die Interpretation von Texten

traiter de qc.
Dans son ouvrage, l'auteur traite de la situation politique en Chine.
Ce roman traite d'une jeune fille qui a fait une fugue.

etw. behandeln, von etw. handeln
In seinem Buch behandelt der Autor die politische Lage in China.
Der Roman handelt von einem Mädchen, das von zu Hause ausgerissen ist.

le thème
le sujet
Cet article a pour thème (pour sujet) les tensions politiques au Proche-Orient.

das Thema, der Gegenstand

Der Bericht hat die politischen Spannungen im Nahen Osten zum Thema.

mentionner
Il n'a pas mentionné cet incident.

erwähnen
Er hat diesen Vorfall nicht erwähnt.

évoquer
Ce sujet n'a pas été évoqué.

darstellen, zur Sprache bringen
Dieses Thema wurde nicht zur Sprache gebracht.

présenter
Anouilh présente Antigone comme une jeune fille du XXe siècle.

darstellen
Anouilh stellt Antigone als ein Mädchen des 20. Jh. dar.

décrire
Marcel Pagnol décrit avec amour la Provence et la vie de ses habitants.

beschreiben
Marcel Pagnol beschreibt mit Liebe die Provence und das Leben ihrer Bewohner.

la description
Balzac donne une description détaillée du milieu dans lequel vivent ses personnages.

die Beschreibung
Balzac gibt eine ausführliche Beschreibung des Milieus, in dem seine Figuren leben.

faire le portrait (physique et moral) de qn.
Dans ses récits, Maupassant fait le portrait des paysans et des petits bourgeois normands.

jdn. charakterisieren, beschreiben, porträtieren
Maupassant charakterisiert in seinen Erzählungen Bauern und Kleinbürger in der Normandie.

le personnage
Quels sont les personnages principaux de la pièce?

die Person, die Figur
Welches sind die Hauptpersonen in dem Stück?

la composition
la structure
le plan
la partie
l'élément *m*
le vers
la strophe
la rime
le rythme

der Aufbau
der Aufbau, die Struktur
der Plan, die Gliederung
der Teil, der Abschnitt
das Element, der Teil
der Vers, die (Vers-)Zeile
die Strophe
der Reim
der Rhythmus

la césure	der Einschnitt, die Zäsur
le chapitre	das Kapitel
l'acte *m*	der Akt
la scène	die Szene

se diviser en
Cet article se divise en quatre parties.

sich gliedern, sich einteilen lassen
Der Artikel gliedert sich in vier Abschnitte.

se composer de qc.

Ce roman se compose de douze chapitres.

aus etw. bestehen, sich zusammensetzen
Der Roman besteht aus 12 Kapiteln.

comprendre
Chaque strophe comprend six vers.

umfassen
Jede Strophe umfaßt 6 Zeilen.

contenir
Cet article ne contient rien de nouveau.

enthalten
Dieser Artikel enthält nichts Neues.

l'action *f*
se dérouler
se passer
– Où et quand se déroule l'action?
– L'action se passe dans l'Espagne de Charles-Quint.

die Handlung
spielen
sich ereignen
– Wo und wann spielt die Handlung?
– Die Handlung spielt im Spanien Karls V.

se situer
L'histoire se situe en Angleterre, en France et en Italie.

spielen, liegen
Die Geschichte spielt in England, Frankreich und Italien.

transposer
Dans le roman, les événements se passent en Russie. Dans son adaptation, le réalisateur les a transposés en France.

verlegen
Im Roman spielen die Ereignisse in Rußland. In der Verfilmung verlegte der Regisseur sie nach Frankreich.

transporter
Ce roman nous transporte à l'époque de la Révolution française.

versetzen
Der Roman versetzt uns in die Zeit der Französischen Revolution.

le début
Au début de son roman «La Peste», Camus présente Oran comme une ville tout à fait ordinaire.

der Anfang, der Beginn
Zu Beginn des Romans „La Peste" stellt Camus Oran als eine ganz gewöhnliche Stadt dar.

la fin ...
   heureuse
   malheureuse
   tragique
à la fin du roman

das Happy-End
der schlechte Ausgang
der tragische Ausgang
am Ende des Romans

27.2 Die Interpretation von Texten

au cours de
L'intrigue se complique au cours du roman.

l'exposition f
Qu'apprenons-nous dans l'exposition?

évoluer
Comment évolue l'action?

l'épisode m
Quels sont les différents épisodes de cette histoire?

le conflit
Quelles sont les causes du conflit?

le point culminant
Comment le conflit atteint-il son point culminant?

le tournant de l'action
Où se situe le tournant de l'action?

se terminer
Comment la pièce se termine-t-elle?

le symbole
La rose est un symbole de l'amour.

symbolique
Quels sont les gestes, les incidents, les situations qui ont une valeur symbolique?

la signification
Quelle est la signification profonde de ce geste?

s'exprimer
Cet auteur ne s'exprime que très vaguement sur cette question.

le moyen d'expression
- Quels moyens d'expression l'auteur utilise-t-il?
- L'auteur utilise ...
  la métaphore f
  la périphrase
  la comparaison
  un langage ...

im Verlauf
Im Verlauf des Romans wird die Intrige verwickelter.

die Exposition
Was erfahren wir in der Exposition?

sich entwickeln
Wie entwickelt sich die Handlung?

die Episode
Welches sind die einzelnen Episoden dieser Geschichte?

der Konflikt
Welches sind die Ursachen des Konfliktes?

der Höhepunkt
Wie erreicht der Konflikt seinen Höhepunkt?

der Wendepunkt der Handlung
Wo ist der Wendepunkt der Handlung?

enden, ausgehen
Wie geht das Stück aus?

das Symbol
Die Rose ist ein Symbol für die Liebe.

symbolisch
Welche Gesten, Vorfälle, Situationen haben symbolische Bedeutung?

die Bedeutung
Welche tiefere Bedeutung hat diese Geste?

sich ausdrücken, sich äußern
Der Autor äußert sich nur sehr vage zu dieser Frage.

das Stilmittel
- Welche Stilmittel gebraucht der Autor?
- Der Autor verwendet ...
  die Metapher
  die Umschreibung
  den Vergleich
  eine ... Sprache

abstrait	abstrakte
descriptif	beschreibende
direct	direkte
ironique	ironische
métaphorique	bildhafte
sobre	nüchterne

Son style est ... — **Sein/Ihr Stil ist ...**
- concis — knapp
- clair — klar
- simple — einfach
- réaliste — realistisch
- lourd — schwerfällig
- narratif — erzählend
- familier — umgangssprachlich
- lyrique — poetisch

le genre littéraire — **die literarische Gattung**
A quel genre littéraire le texte appartient-il?
Zu welcher literarischen Gattung gehört der Text?

l'époque *f* **littéraire** — **die literarische Epoche**
A quelle époque littéraire ce texte se rattache-t-il?
Welcher literarischen Epoche gehört der Text an?

● **Expressions**

sans rime ni raison — **grundlos, unverständlich**
Elle est partie sans rime ni raison.
Niemand kann verstehen, warum sie abgereist ist.

Cela (Il) ne rime à rien. — **Das (Es) hat keinen Sinn.**
Il ne rime à rien de s'énerver pour si peu.
Es hat keinen Sinn, sich wegen einer solchen Kleinigkeit aufzuregen.

S. auch **Der Verstand, der Geist, die Seele 1.4, Die Person 2.1, Der einzelne und die Gesellschaft 3.1, Die Schule 17.1, Die Literatur 22.3.**

27.3 Seine Meinung sagen, argumentieren

l'avis *m* — **die Meinung, die Ansicht**
Je n'ai pas hésité à donner mon avis.
Ich habe nicht gezögert, meine Meinung zu sagen.

27.3 Seine Meinung sagen, argumentieren

être d'avis
Nous ne sommes pas toujours du même avis.
Il est, par principe, d'un autre avis.

der Meinung sein
Wir sind nicht immer der gleichen Meinung.
Er ist grundsätzlich anderer Meinung.

à mon avis
A mon avis, tu as bien agi.

meiner Meinung nach
Meiner Meinung nach hast du richtig gehandelt.

l'opinion f
Quelle est votre opinion à ce sujet?
Elle a une opinion sur tout.

die Meinung
Was ist Ihre Meinung zu diesem Thema?
Sie hat zu allem eine Meinung.

se faire une opinion
J'aimerais bien me faire une opinion par moi-même.

sich eine Meinung bilden
Ich würde mir gerne selber eine Meinung bilden.

le sentiment
Je ne partage pas ton sentiment, mais je le respecte.

die Ansicht
Ich teile deine Ansicht nicht, aber ich respektiere sie.

l'idée f
Je n'ai pas d'idées sur la question.

die Meinung
Ich habe dazu keine Meinung.

le point de vue
De ton point de vue, tu as, bien sûr, raison.

die Meinung, der Standpunkt
Von deinem Standpunkt aus hast du natürlich recht.

penser[1]
– Qu'en penses-tu?
– Je pense que tu t'es mal comporté./ Je ne pense pas que tu te sois mal comporté.

meinen, finden
– Was meinst du dazu?
– Ich finde, du hast dich schlecht benommen./Ich finde nicht, daß du dich schlecht benommen hast.

considérer comme
Je le considère comme quelqu'un d'intelligent.
Je considère cela comme réglé.

halten für, betrachten als
Ich halte ihn für eine intelligente Person.

Ich betrachte das als erledigt.

tenir pour
Je le tiens pour un menteur.

halten für
Ich halte ihn für einen Lügner.

prendre pour
Il ne faudrait pas me prendre pour plus bête que je ne suis.

(fälschlich) halten für
Du mußt mich nicht für dümmer halten, als ich bin.

passer pour
Cette invention passe pour sensationnelle.

gelten als
Diese Erfindung gilt als sensationell.

---

[1] **Beachte:** Nach einer bejahten Form von *penser, croire, trouver, être d'avis* wird im *que*-Satz der Indikativ gebraucht, nach einer verneinten Form der Subjonctif.

Seine Meinung sagen, argumentieren

trouver
Je trouve ce film passionnant/captivant/ennuyeux.

finden
Ich finde den Film spannend/fesselnd/langweilig.

la discussion
la critique
l'affirmation f
la contestation
la preuve
la conviction

die Diskussion
die Kritik
die Behauptung
der Einwand
der Beweis
die Überzeugung

discuter de qc./sur qc.
– De quoi discutez-vous?
– Nous sommes justement en train de discuter de (sur) la question de savoir si les filles devraient ou non effectuer un service civil.

über etw. diskutieren
– Worüber diskutiert ihr?
– Wir diskutieren gerade über die Frage, ob Mädchen Zivildienst leisten sollten oder nicht.

critiquer (le fait que)
Tu ne sais que critiquer.
Il critique le fait qu'aucune décision n'ait été prise.
Il ne cesse de critiquer son patron.

kritisieren (daß)
Du kannst nur kritisieren.
Er kritisiert, daß keine Entscheidung getroffen wurde.
Er kritisiert ständig seinen Chef.

affirmer
Ce que tu affirmes ne correspond pas à la réalité.

behaupten
Was du behauptest, entspricht nicht der Wirklichkeit.

contester
Tu ne peux pourtant pas contester que les choses se soient bien passées ainsi.

in Frage stellen, bestreiten
Du kannst doch nicht bestreiten, daß es sich so zugetragen hat.

prouver
Il faudrait d'abord que tu me le prouves.

beweisen
Das mußt du mir erst einmal beweisen.

justifier
Pourrais-tu justifier ton attitude?

begründen
Könntest du dein Verhalten begründen?

convaincre
l'argument m
Les arguments que tu avances ne m'ont pas du tout convaincu.

überzeugen
das Argument
Die Argumente, die du vorbringst, haben mich keineswegs überzeugt.

l'exemple m
par exemple
Le Japon, par exemple, est un pays sans ressources naturelles.

das Beispiel
zum Beispiel
Japan zum Beispiel ist ein Land ohne Energievorkommen.

citer qc. comme exemple
Je pourrais citer l'Airbus comme exemple de collaboration franco-allemande.

etw. als Beispiel anführen
Als Beispiel für die deutsch-französische Zusammenarbeit könnte ich den Airbus anführen.

27.3 Seine Meinung sagen, argumentieren

illustrer
J'aimerais, pour illustrer ma pensée, citer un événement qui s'est passé récemment.

veranschaulichen
Um meinen Gedanken zu veranschaulichen, möchte ich ein Ereignis anführen, das sich neulich zugetragen hat.

comme
On continue à lire des auteurs comme Shakespeare, Goethe et Molière.

wie
Autoren wie Shakespeare, Goethe und Molière werden weiterhin gelesen.

tel, le que
Des pays tels que l'Allemagne, la France et l'Italie ont à peu près le même niveau de vie.

wie
Länder wie Deutschland, Frankreich und Italien haben in etwa den gleichen Lebensstandard.

le pour et le contre
les avantages *m* **et les inconvénients** *m*
Pèse bien le pour et le contre/les avantages et les inconvénients avant de prendre ta décision!

das Für und Wider
die Vor- und Nachteile

Bevor du eine Entscheidung triffst, wäge gut das Für und Wider/die Vor- und Nachteile ab!

le bilan
faire le bilan
Dans ce livre, l'auteur fait le bilan de sa vie.

die Bilanz
die Bilanz ziehen
In diesem Buch zieht der Autor die Bilanz seines Lebens.

prendre en considération
Nous n'avions pas pris cette possibilité en considération.

berücksichtigen, in Betracht ziehen
Wir hatten diese Möglichkeit nicht in Betracht gezogen.

tenir compte de qc./du fait que
Il faut que tu tiennes compte de son âge.
Tu dois tenir compte du fait qu'il est étranger.

berücksichtigen
Du mußt sein/ihr Alter berücksichtigen.
Du mußt berücksichtigen, daß er Ausländer ist.

d'une part ... d'autre part

- Est-ce tu viens avec nous? Nous allons faire un tour en vélo.
- Non, sûrement pas. D'une part, je n'ai pas de vélo, d'autre part, je n'ai pas non plus le temps.

einerseits ... andererseits,
zum einen ... zum anderen

- Kommst du mit uns? Wir machen eine Fahrradtour.
- Sicher nicht. Zum einen habe ich kein Fahrrad, zum anderen habe ich auch keine Zeit.

d'un côté ... d'un autre côté
(de l'autre)
D'un côté, je suis heureux d'avoir trouvé un emploi à Lyon, mais d'un autre côté (de l'autre) je regrette de devoir quitter Paris.

einerseits ... andererseits

Einerseits bin ich froh, in Lyon eine Stelle gefunden zu haben, andererseits bedauere ich, Paris verlassen zu müssen.

être d'accord avec qn.
Je suis tout à fait d'accord avec toi.

mit jdm. einverstanden sein, jdm. zustimmen
Ich stimme dir voll zu.

se mettre d'accord sur qc.
Ils ont fini par se mettre d'accord sur le prix.

sich über etw. einigen
Schließlich haben sie sich über den Preis geeinigt.

accepter
Je ne peux pas accepter cet argument.

annehmen, akzeptieren
Ich kann dieses Argument nicht akzeptieren.

refuser
Il a maintenu son point de vue et refusé tout compromis.

ablehnen
Er beharrte auf seinen Standpunkt und lehnte jeden Kompromiß ab.

27.4 Texte gliedern

d'abord
J'ai d'abord cru qu'il s'agissait d'une plaisanterie.

zuerst, zunächst
Zunächst glaubte ich, es handele sich um einen Scherz.

ensuite
puis
Ensuite (Puis), j'ai commencé à prendre la chose au sérieux.

dann
Dann nahm ich die Sache doch ernst.

par la suite
Par la suite, l'affaire me sembla assez inquiétante.

danach
Danach schien mir die Angelegenheit ziemlich beunruhigend.

de plus
en outre
De plus/En outre, je ne me sentais pas non plus tout à fait innocent.

darüber hinaus
außerdem
Darüber hinaus/Außerdem fühlte ich mich auch nicht ganz unschuldig.

enfin
Enfin, j'ai découvert que tu avais monté tout cela pour me jouer un tour.

schließlich
Schließlich entdeckte ich, daß du das Ganze inszeniert hattest, um mir einen Streich zu spielen.

pour commencer
J'aimerais, pour commencer, résumer les idées principales du texte.

zunächst, zu Beginn
Ich möchte zunächst die Hauptgedanken des Textes zusammenfassen.

commencer par
Je voudrais commencer par répondre à votre question.

damit anfangen, zunächst
Ich möchte zunächst auf Ihre Frage antworten.

en venir à
J'en viens maintenant à traiter de la forme de ce poème.

dazu übergehen
Ich gehe nun dazu über, die Form des Gedichts zu behandeln.

passer à
Je vais passer maintenant au second point.

kommen zu, dazu übergehen
Ich komme nun zum zweiten Punkt.

pour conclure
Pour conclure, on peut dire que de Gaulle croyait à l'amitié franco-allemande.

zum Schluß, abschließend
Abschließend kann man sagen, daß de Gaulle an die deutsch-französische Freundschaft glaubte.

en conclusion
En conclusion, on peut affirmer que la politique française des années 60 était vraiment conservatrice.

zum Schluß
Zum Schluß kann man sagen, daß die französische Politik der 60er Jahre recht konservativ war.

bref
Nous sommes allés à Strasbourg, avons visité la cathédrale et fait une promenade le long de l'Ill. Puis nous avons consommé dans un café. Bref, nous avons passé une journée merveilleuse.

kurz gesagt, mit einem Wort
Wir fuhren nach Straßburg, besichtigten das Münster und machten an der Ill entlang einen Spaziergang. Dann kehrten wir in einem Café ein. Kurz gesagt, wir haben einen herrlichen Tag verbracht.

dans l'ensemble
Je ne suis pas d'accord avec le projet dans tous ses détails, mais dans l'ensemble, je le trouve bon.

im großen und ganzen
Ich bin nicht mit allen Einzelheiten des Projekts einverstanden, aber im großen und ganzen finde ich es gut.

en somme
En somme, tu ne crois pas un mot de ce que je te raconte.

alles in allem, im Grunde
Im Grunde glaubst du kein Wort von dem, was ich dir erzähle.

27.5 Räumlich zuordnen

au premier plan
Au premier plan de la photo, on voit des enfants qui jouent au ballon.

im Vordergrund
Im Vordergrund des Fotos sieht man Kinder, die Ball spielen.

au milieu
Il y a un grand arbre au milieu de la cour.

in der Mitte
In der Mitte des Hofes steht ein großer Baum.

au fond
Au fond, on reconnaît un village.
Au fond du jardin, il y a une petite cabane.

im Hintergrund, hinten
Im Hintergrund erkennt man ein Dorf.
Hinten im Garten steht eine kleine Hütte.

à l'arrière-plan *m*
On reconnaît les Alpes à l'arrière-plan du tableau.

im Hintergrund
Im Hintergrund des Bildes erkennt man die Alpen.

devant
Vous ne pouvez pas garer votre voiture devant l'hôtel.

vor
Sie können Ihr Auto nicht vor dem Hotel parken.

derrière
Il y a un jardin derrière la maison.

hinter
Hinter dem Haus befindet sich ein Garten.

à gauche
La cuisine est située à gauche de l'entrée.

links
Die Küche befindet sich links vom Hauseingang.

à droite
L'issue de secours est à droite de l'ascenseur.

rechts
Der Notausgang ist rechts vom Fahrstuhl.

à côté de
Le garage se trouve à côté de la maison.

neben
Die Garage befindet sich neben dem Haus.

du côté de
La route se situe de l'autre côté de la rivière.

auf der Seite
Die Straße liegt auf der anderen Seite des Flusses.

Zu *en haut* und *en (au) bas* s. **Die Presse 21.3.**

27.6 Zeitlich einordnen

actuellement
L'industrie automobile américaine traverse actuellement une crise.

zur Zeit
Zur Zeit macht die amerikanische Automobilindustrie eine Krise durch.

en ce moment
En ce moment, je lis «Guerre et Paix» de Tolstoï.

im Augenblick, gerade, zur Zeit
Im Augenblick lese ich „Krieg und Frieden" von Tolstoi.

maintenant
Maintenant, c'est moi qui voudrais placer un mot.

jetzt
Jetzt möchte ich etwas sagen.

de nos jours
De nos jours, presque tout le monde possède un téléviseur.

heute, heutzutage
Heute besitzt fast jeder ein Fernsehgerät.

27.6 Zeitlich einordnen

aujourd'hui
Il n'y a presque plus personne aujourd'hui qui parle encore de la «guerre froide».

heute
Heute spricht kaum noch jemand vom „kalten Krieg".

à l'époque de
Cette ville existait déjà à l'époque des Romains.

zur Zeit
Diese Stadt existierte schon zur Zeit der Römer.

autrefois
Autrefois, j'aurais cru cette histoire.

früher
Früher hätte ich diese Geschichte geglaubt.

ces dernières années
Le tourisme a augmenté, ces dernières années, dans cette région.

in den letzten Jahren
Der Tourismus hat in den letzten Jahren in dieser Gegend zugenommen.

dans le présent
dans le passé
Il vit plus dans le passé que dans le présent.

in der Gegenwart
in der Vergangenheit
Er lebt mehr in der Vergangenheit als in der Gegenwart.

depuis
Elle vit depuis 1990 en Espagne.

seit
Sie lebt seit 1990 in Spanien.

voilà ... que
il y a ... que
cela fait ... que
Voilà trois ans (Il y a trois ans/Cela fait trois ans) que je ne l'ai plus vu.
Cela fait longtemps que ce problème me travaille.

seit

Seit drei Jahren habe ich ihn nicht mehr gesehen.
Ich beschäftige mich schon seit langem mit diesem Problem.

il y a
Elle s'est mariée il y a deux ans.

vor
Sie hat vor zwei Jahren geheiratet.

dans
Je terminerai ce travail dans quelques jours.

in
Ich werde mit der Arbeit in einigen Tagen fertig sein.

désormais
Désormais, il ne faut plus compter sur moi.

von jetzt an, in Zukunft, künftig
In Zukunft können Sie nicht mehr mit mir rechnen.

à l'avenir
A l'avenir, ceci ne devra plus se reproduire.

in Zukunft
In Zukunft darf das nicht mehr vorkommen.

à partir de
Il y aura de nouveaux horaires (de trains) à partir du 1er mai.

von nun an, ab
Ab dem 1. Mai gibt es neue Fahrpläne.

pendant
Pendant ses études, il menait une vie insouciante.

pendant la période de
Il a été absent pendant la période du 15 au 26 janvier.

au cours de
Beaucoup de choses ont changé au cours des dernières années.

d'ici une semaine/un mois
Je connaîtrai le résultat d'ici une semaine.

während
Während seines Studiums führte er ein sorgloses Leben.

in der Zeit
Er war in der Zeit vom 15. bis 26. Januar abwesend.

im Verlauf, im Laufe
Vieles hat sich im Laufe der letzten Jahre geändert.

in einer Woche/einem Monat
In einer Woche erfahre ich das Ergebnis.

27.7 Sich auf jdn./etw. beziehen

faire référence à qc.
se référer à qc.
Je fais référence (Je me réfère) à votre lettre du 10 octobre 1995.

se rapporter à qc.
Ce texte se rapporte à la photo de couverture.

faire allusion à qc.
A quoi veux-tu faire allusion par cette remarque?

concerner
Cette affaire te concerne tout autant que moi.

être lié,e à qc.
Mes souvenirs de la guerre sont étroitement liés à cette ville.

correspondre à qc.
Le résultat n'a pas correspondu à notre attente.

en ce qui concerne
Je ne suis pas de ton avis en ce qui concerne la valeur artistique de ce film.

sich auf etw. beziehen
Ich beziehe mich auf Ihr Schreiben vom 10. Oktober 1995.

sich auf etw. beziehen
Dieser Text bezieht sich auf das Foto auf dem Umschlag.

auf etw. anspielen
Worauf möchtest du mit dieser Bemerkung anspielen?

betreffen
Diese Sache betrifft dich ebenso wie mich.

mit etw. verbunden sein
Meine Erinnerungen an den Krieg sind eng mit dieser Stadt verbunden.

entsprechen
Das Ergebnis entsprach nicht unseren Erwartungen.

was (an-)betrifft
Was den künstlerischen Wert des Films anbetrifft, bin ich nicht deiner Meinung.

quant à
Quant à moi, je ne poserai pas ma candidature.

à l'égard de
Il est plein de préjugés à l'égard des étrangers.

vis-à-vis de
Son intolérance vis-à-vis de ceux qui ne pensent pas comme lui est effrayante.

en vue de
Actuellement, les hommes politiques s'agitent beaucoup en vue des prochaines élections.

was (an-)betrifft, hinsichtlich
Was mich betrifft, so werde ich nicht kandidieren.

gegenüber, zu
Er ist Ausländern gegenüber voller Vorurteile.

gegenüber
Seine Intoleranz Andersdenkenden gegenüber ist erschreckend.

im Hinblick auf, hinsichtlich
Die Politiker sind zur Zeit sehr rührig im Hinblick auf die nächsten Wahlen.

27.8 Vergleichen

comparer à (avec)
Cette exposition donne l'occasion de comparer les tableaux de Picasso à (avec) ceux de Braque.

établir une comparaison entre
établir un parallèle entre
Il est intéressant d'établir une comparaison/un parallèle entre le comportement de certains animaux et celui de l'être humain.

par comparaison avec
Par comparaison avec les Allemands, les Français me semblent s'intéresser davantage au cinéma.

comparable à
Ces deux choses ne sont absolument pas comparables.

aussi ... que
Elle est aussi mignonne que sa sœur.

autant que
Elle ne mange pas autant que lui.
J'ai tout à fait autant de travail que toi.

vergleichen
Diese Ausstellung gibt Gelegenheit, die Bilder Picassos mit denen von Braque zu vergleichen.

einen Vergleich anstellen
eine Parallele ziehen
Es ist interessant, einen Vergleich anzustellen/eine Parallele zu ziehen zwischen dem Verhalten bestimmter Tiere und dem Verhalten des Menschen.

im Vergleich zu
Im Vergleich zu den Deutschen scheinen die Franzosen sich mehr für das Kino zu interessieren.

vergleichbar
Diese beiden Dinge sind absolut nicht vergleichbar.

(eben)so ... wie
Sie ist so hübsch wie ihre Schwester.

soviel wie
Sie ißt nicht soviel wie er.
Ich habe genau soviel Arbeit wie du.

plus ... que
Elle est plus âgée que moi.
Elle a plus d'imagination que son frère.

mehr ... als
Sie ist älter als ich.
Sie besitzt mehr Phantasie als ihr Bruder.

moins... que
Il est moins doué que son frère.
Elle voyage moins qu'autrefois.
J'ai commis moins d'erreurs que toi.

weniger ... als
Er ist weniger begabt als sein Bruder.
Sie reist weniger als früher.
Ich habe weniger Fehler gemacht als du.

préférer qc. à qc./faire qc. (plutôt) que de faire qc.
Elle préfère la bière au vin.
Je préfère aller au cinéma qu'au théâtre.
Je préfère manger à la maison plutôt que d'aller au restaurant.
Elle préféra ne pas s'exprimer sur cette question.

etw. lieber tun als, eine Sache einer anderen vorziehen
Sie trinkt lieber Bier als Wein.
Ich gehe lieber ins Kino als ins Theater.
Ich esse lieber zu Hause als im Restaurant.
Sie zog es vor, sich dazu nicht zu äußern.

aimer mieux
J'aime mieux les romans que la poésie.

lieber
Ich lese lieber Romane als Gedichte.

27.9 In einen Zusammenhang stellen

dans le contexte de
Il prétend avoir employé ce mot dans un tout autre contexte.

im Zusammenhang
Er behauptet, dieses Wort in einem ganz anderen Zusammenhang gebraucht zu haben.

la relation
Il existe bien une relation entre la mort de la forêt et les pluies acides.

der Zusammenhang
Es besteht sehr wohl ein Zusammenhang zwischen dem Waldsterben und dem sauren Regen.

le rapport
Je ne vois pas le rapport entre ces deux événements.

die Verbindung, der Zusammenhang, die Beziehung
Ich sehe keinen Zusammenhang zwischen diesen beiden Ereignissen.

sur le plan de
La collaboration de l'Allemagne et de la France sur le plan militaire est de plus en plus étroite.

auf der Ebene, auf dem Gebiet
Die Zusammenarbeit zwischen Deutschland und Frankreich auf militärischem Gebiet wird immer enger.

au niveau de
Ces décisions se prennent au niveau de la commune.

im Bereich, auf der Ebene
Diese Entscheidungen werden auf Gemeindeebene gefällt.

27.10 Unterstreichen, hervorheben
27.11 Eine Erklärung hinzufügen

dans le domaine de
Les progrès dans le domaine de l'utilisation de l'énergie solaire sont minimes.

im Bereich, auf dem Gebiet
Die Fortschritte auf dem Gebiet der Nutzung der Sonnenenergie sind sehr gering.

dans le cadre de
Ce voyage aura lieu dans le cadre d'un échange scolaire.

im Rahmen
Diese Reise findet im Rahmen eines Schüleraustausches statt.

27.10 Unterstreichen, hervorheben

souligner
Il a souligné dans son discours l'idée de solidarité.

unterstreichen, hervorheben
In seiner Rede hob er den Gedanken der Solidarität hervor.

il faut noter
on peut noter
Il faut noter (On peut noter) également le problème de la surpopulation.

ich möchte anführen, hervorheben

Ich möchte auch das Problem der Übervölkerung anführen.

mettre l'accent sur qc.
Cette pédagogie met l'accent sur la créativité, l'esprit d'initiative et l'esprit d'équipe.

den Nachdruck auf etw. legen
Diese Pädagogik legt den Nachdruck auf Kreativität, Initiative und Teamgeist.

insister sur qc.
Je ne tiens pas à insister plus longtemps sur ce point.

auf etw. beharren, bestehen
Ich möchte nicht länger auf diesem Punkt beharren.

attacher (attribuer) de l'importance à qc.
Elle attache (attribue) beaucoup d'importance à la ponctualité.

auf etw. Wert legen, einer Sache Bedeutung beimessen
Sie legt großen Wert auf Pünktlichkeit.

27.11 Eine Erklärung hinzufügen

cela veut dire que
Le franc a été dévalué de 5%; cela veut dire que les marchandises françaises seront meilleur marché à l'étranger.

das bedeutet, das heißt
Der Franc wurde um 5 % abgewertet; das bedeutet, daß die französischen Waren im Ausland billiger werden.

c'est-à-dire (que)
Ils habitent rue de France, c'est-à-dire à deux pas de la mer.

das heißt
Sie wohnen in der rue de France, d.h. zwei Schritte vom Meer entfernt.

J'ai fait 575 km avec 46 litres (d'essence), c'est-à-dire que j'ai consommé 8 litres aux cent.	Ich bin mit 46 Litern (Benzin) 575 km gefahren, d. h. ich habe 8 Liter auf 100 km verbraucht.
à savoir	**nämlich, und zwar**
J'y suis allé deux fois déjà, à savoir lundi et hier.	Ich war schon zweimal dort, nämlich am Montag und gestern.
à cela s'ajoute	**hinzu kommt, daß**
A cela s'ajoute que les freins de la voiture étaient en mauvais état.	Hinzu kommt, daß die Bremsen des Autos in schlechtem Zustand waren.

27.12 Zeigen, zum Ausdruck bringen

montrer[1]	**zeigen**
Cette photo montre des vignerons lors des vendanges.	Das Foto zeigt Winzer bei der Weinlese.
représenter	**darstellen**
Cette toile représente une jeune paysanne.	Das Bild stellt eine junge Bäuerin dar.
se manifester	**sich zeigen**
Cette réaction se manifeste chez lui quand il est stressé.	Diese Reaktion zeigt sich bei ihm, wenn er gestreßt ist.
(s')exprimer	**(sich) ausdrücken**
Il est incapable d'exprimer ses sentiments.	Er ist unfähig, seine Gefühle auszudrücken.
Elle n'a que trois ans, mais s'exprime déjà très bien.	Sie ist erst drei Jahre alt, drückt sich aber schon sehr gut aus.
traduire	**zum Ausdruck bringen**
Ce rêve traduit ses angoisses.	Dieser Traum bringt seine/ihre Ängste zum Ausdruck.
se traduire par qc.	**zum Ausdruck kommen, sich äußern**
Son insatisfaction se traduit par une permanente agressivité.	Seine/Ihre Unzufriedenheit äußert sich in ständiger Aggressivität.
révéler	**enthüllen**
Il a, par là, révélé son véritable caractère.	Er hat damit seinen wahren Charakter enthüllt.
se révéler	**sich erweisen**
Cette idée s'est révélée géniale.	Diese Idee hat sich als genial erwiesen.

1 Zu *se montrer* (= *sich zeigen* in bezug auf Personen) s. **Zwischenmenschliche Beziehungen 2.5.**

(se) refléter
Sa déception se reflétait sur son visage.

Cet ouvrage reflète la vie de société de cette époque.

(sich) widerspiegeln
Seine/Ihre Enttäuschung spiegelte sich in seinem/ihrem Gesicht wider.
Dieses Buch spiegelt das Gesellschaftsleben jener Zeit wider.

trahir
Un léger tremblement trahissait son excitation.

verraten
Ein leichtes Zittern verriet seine/ihre Erregung.

témoigner de qc.
Cet acte témoigne de sa générosité.

von etw. zeugen
Diese Tat zeugt von seiner/ihrer Großmut.

signifier
Que signifie ce panneau?

bedeuten
Was bedeutet dieses Schild?

vouloir dire
Qu'est-ce que cela veut dire?

bedeuten
Was bedeutet das?

27.13 Die Ursache, der Grund

la cause
On ne connaît pas encore la cause de cet accident.

die Ursache
Die Ursache des Unglücks ist noch nicht bekannt.

causer
Cela nous a causé bien du tracas.

verursachen
Das hat uns viel Ärger verursacht.

la raison
Tu n'as vraiment aucune raison de te plaindre.
Il y a de nombreuses raisons à l'échec (pour expliquer l'échec) de ce projet.

der Grund, die Ursache
Du hast wirklich keinen Grund, dich zu beklagen.
Es gibt viele Gründe für das Scheitern dieses Projekts.

pour quelle raison
Pour quelle raison a-t-il changé d'emploi?

aus welchem Grund
Aus welchem Grund hat er die Stelle gewechselt?

la raison pour laquelle
Je ne connais pas la raison pour laquelle elle n'a pas accepté cette invitation.

der Grund, weshalb
Ich kenne den Grund nicht, weshalb sie die Einladung nicht angenommen hat.

le motif
Pour quel motif cette réunion a-t-elle été reportée à la semaine suivante?
Je ne connais pas les motifs de son comportement.

der (Beweg-)Grund, das Motiv
Aus welchem Grund wurde das Treffen auf nächste Woche verschoben?
Ich kenne die Gründe für sein/ihr Verhalten nicht.

Die Ursache, der Grund 27.13

provoquer
La tempête a provoqué de gros dégâts.

hervorrufen, verursachen
Der Sturm hat großen Schaden verursacht.

être dû (due; dus, dues) à qc.

Le déficit est dû à des dépenses imprévues.

von etw. herrühren, durch etw. verursacht sein
Das Defizit rührt von unvorhergesehenen Ausgaben her.

se fonder sur qc.
se baser sur qc.
Sur quoi se basent (se fondent) tes soupçons?
La force de cette monnaie se fonde (se base) sur une économie saine.

sich auf etw. gründen, auf etw. beruhen
Worauf gründet sich dein Verdacht?

Die Stärke dieser Währung beruht auf einer gesunden Wirtschaft.

reposer sur qc.
Ses succès sportifs reposent sur un entraînement intensif.

auf etw. beruhen
Seine/Ihre sportlichen Erfolge beruhen auf intensivem Training.

être à l'origine de qc.
La sécheresse de cet été est à l'origine de la mauvaise récolte.

für etw. die Ursache, der Grund sein
Die Trockenheit im Sommer ist der Grund für die schlechte Ernte.

parce que
Je ne l'apprécie pas parce qu'il prétend toujours tout savoir.

weil
Ich mag ihn nicht, weil er immer behauptet, alles zu wissen.

comme
Comme il ne trouvait pas de travail ici, il a émigré en Australie.

da
Da er hier keine Arbeit fand, wanderte er nach Australien aus.

car
Je ne pouvais pas le savoir, car personne ne m'en avait parlé.

denn
Ich konnte es nicht wissen, denn niemand hatte mir etwas gesagt.

puisque
Puisque demain c'est dimanche, nous pourrons faire la grasse matinée.

da, da ja
Da morgen Sonntag ist, können wir ausschlafen.

à cause de
C'est à cause de toi que cela est arrivé!
Le concert en plein air n'a pu avoir lieu à cause du mauvais temps.

wegen
Deinetwegen ist das passiert.
Wegen des schlechten Wetters konnte das Open-air-Konzert nicht stattfinden.

grâce à
C'est grâce à ton aide que j'y suis parvenu.

dank
Dank deiner Hilfe habe ich es geschafft.

en effet
Je suis assez déçu; j'attendais, en effet, davantage de ce stage.

nämlich, tatsächlich, denn
Ich bin ziemlich enttäuscht, denn ich erwartete mehr von diesem Lehrgang.

27.14 Die Folge

la conséquence
Si tu fais cela, il faudra aussi que tu en tires les conséquences!
Cette affaire eut pour conséquence le retrait du ministre concerné.

die Folge, die Konsequenz
Wenn du das tust, mußt du auch die Konsequenzen daraus ziehen.
Diese Affäre hatte den Rücktritt des zuständigen Ministers zur Folge.

l'effet *m*
On connaît très exactement les effets de ces gaz sur la couche d'ozone.

die Folge, die Auswirkung
Man kennt die Auswirkungen dieser Gase auf die Ozonschicht sehr genau.

le résultat
Ce résultat n'est pas satisfaisant.

das Ergebnis, die Folge
Dieses Ergebnis ist nicht zufriedenstellend.

il en résulte
Il n'en résultera pour toi aucun inconvénient.

daraus ergibt sich
Daraus ergibt sich für dich kein Nachteil.

entraîner
Ce scandale a entraîné son licenciement.

zur Folge haben
Dieser Skandal hat seine/ihre Entlassung zur Folge gehabt.

de sorte que
Il parlait lentement de sorte que chacun l'a bien compris.

so daß
Er sprach langsam, so daß ihn jeder gut verstehen konnte.

si bien que
Je m'étais endormi, si bien que je n'ai pas entendu la sonnette.

so daß
Ich war eingeschlafen, so daß ich die Klingel nicht hörte.

donc
Je n'ai pas suivi cette affaire; je ne peux donc rien en dire.

folglich, daher, also
Ich habe die Sache nicht verfolgt; ich kann also nichts dazu sagen.

c'est pourquoi
Ils ont des goûts communs c'est pourquoi ils s'entendent si bien.

deshalb
Sie haben gemeinsame Neigungen, deshalb verstehen sie sich so gut.

27.15 Die Absicht, das Ziel, der Zweck

l'intention *f*
Je suis allé le voir avec l'intention de me réconcilier avec lui.

die Absicht
Ich suchte ihn mit der Absicht auf, mich mit ihm auszusöhnen.

le but
Nous n'avons malheureusement pas atteint notre but.
La commune a acheté ce château dans le but d'y installer un foyer de jeunes.

das Ziel, die Absicht
Wir haben unser Ziel leider nicht erreicht.
Die Gemeinde hat das Schloß mit der Absicht gekauft, dort ein Jugendzentrum einzurichten.

avoir pour but
Ces mesures ont pour but d'améliorer la rentabilité de l'entreprise.

zum Ziel haben
Diese Maßnahmen haben zum Ziel, die Rentabilität des Unternehmens zu verbessern.

la fin
Crois-tu vraiment que la fin justifie les moyens?

der Zweck
Glaubst du wirklich, daß der Zweck die Mittel heiligt?

envisager de faire qc.
J'envisage d'aller passer un an en Amérique après mon bac.

beabsichtigen, vorhaben etw. zu tun
Ich beabsichtige, nach dem Abitur für ein Jahr nach Amerika zu gehen.

compter faire qc.
Que comptes-tu faire pendant les vacances?

beabsichtigen, gedenken etw. zu tun
Was gedenkst du, in den Ferien zu tun?

faire qc. exprès [ɛksprɛ]
Tu l'as certainement fait exprès.

etw. absichtlich tun
Du hast das sicher absichtlich getan.

au profit de
Ce concert a été organisé au profit d'enfants atteints du cancer.

zugunsten
Das Konzert wurde zugunsten krebskranker Kinder veranstaltet.

en faveur de
Il a modifié son testament en faveur de sa plus jeune fille.

zugunsten
Er hat sein Testament zugunsten seiner jüngsten Tochter geändert.

au détriment de
aux dépens de
Ce programme de restrictions se fait au détriment (aux dépens) des économiquement faibles.

auf Kosten von

Dieses Sparprogramm geht auf Kosten der sozial Schwachen.

27.16 Die Ähnlichkeit, der Unterschied, der Gegensatz

la ressemblance
Il présente une grande ressemblance avec sa sœur.

die Ähnlichkeit
Er hat große Ähnlichkeit mit seiner Schwester.

27.16 Die Ähnlichkeit, der Unterschied, der Gegensatz

(se) ressembler
Le Centre Pompidou ressemble beaucoup à un bâtiment d'usine.

(sich) ähnlich sein, gleichen
Das Centre Pompidou ähnelt sehr einem Fabrikgebäude.

ressemblant,e
Ce portrait de l'oncle Léon n'est pas très ressemblant.

ähnlich
Das Porträt ist Onkel Léon nicht sehr ähnlich.

semblable
Il sont parvenus à des résultats semblables.

gleich, ähnlich
Sie sind zu ähnlichen Ergebnissen gekommen.

la différence
Je ne constate aucune différence.

der Unterschied, die Verschiedenheit
Ich kann keinen Unterschied feststellen.

à la différence de
A la différence de la France, l'Allemagne ne possède pas de territoires d'outre-mer.

im Unterschied zu
Im Unterschied zu Frankreich besitzt Deutschland keine überseeischen Gebiete.

différent,e
Ils ont traité le même sujet sous différents angles.

verschieden, unterschiedlich
Sie haben das gleiche Thema unter verschiedenen Gesichtspunkten behandelt.

différer
En quoi le style roman diffère-t-il essentiellement du style gothique?

sich unterscheiden, voneinander abweichen
Worin unterscheidet sich im wesentlichen der romanische Baustil vom gothischen?

(se) distinguer
– Je n'arrive pas à distinguer ces jumeaux l'un de l'autre.
– Ils se distinguent très peu sur le plan physique mais beaucoup sur le plan du caractère.

(sich) unterscheiden
– Ich kann die Zwillinge nicht voneinander unterscheiden.
– Sie unterscheiden sich sehr wenig im Äußeren, jedoch sehr in ihrem Charakter.

le contraste
Ce que j'aime particulièrement dans le Midi, c'est le contraste entre la mer et la montagne.

der Gegensatz, der Kontrast
Was ich an Südfrankreich besonders liebe, ist der Gegensatz von Meer und Gebirge.

contraster avec qc.
Les rideaux foncés contrastent avec les meubles blancs.

einen Kontrast, einen Gegensatz bilden
Die dunklen Vorhänge bilden einen Kontrast zu den weißen Möbeln.

Die Ähnlichkeit, der Unterschied, der Gegensatz 27.16

l'opposition f
Il y a opposition totale entre l'empirisme et le rationalisme.

der Gegensatz
Es besteht ein völliger Gegensatz zwischen Empirismus und Rationalismus.

s'opposer à qc.
Il faut s'opposer à de tels projets.

sich etw. entgegenstellen, widersetzen
Man muß sich solchen Vorhaben widersetzen.

la contradiction
Ses paroles sont en contradiction avec ses actes.

der Widerspruch
Seine/Ihre Worte stehen im Widerspruch zu seinen/ihren Handlungen.

le contraire
Il est tout le contraire de sa sœur.

das Gegenteil
Er ist ganz das Gegenteil von seiner Schwester.

contraire à
Ceci est contraire à nos accords.

gegen, entgegengesetzt
Das ist gegen unsere Vereinbarungen.

contrairement à
Contrairement à ce qu'avait prévu la météo, il fait beau aujourd'hui.

im Gegensatz zu
Im Gegensatz zur Wettervorhersage ist es heute schön.

au contraire
Chez nous, on ne peut passer le permis de conduire qu'à 18 ans; en Amérique, au contraire, on peut le passer dès l'âge de 16 ans.

dagegen, im Gegensatz dazu
Bei uns kann man den Führerschein erst mit 18 machen, in Amerika dagegen schon mit 16 Jahren.

par contre
Je ne peux pas aller te voir mardi; cela me serait possible, par contre, vendredi.

dagegen
Am Dienstag kann ich nicht zu Dir kommen; am Freitag dagegen wäre es möglich.

incompatible avec
Ses goûts de luxe sont incompatibles avec ses revenus.

unvereinbar
Sein/Ihr Hang zum Luxus ist unvereinbar mit seinem/ihrem Einkommen.

alors que
Il mène grand train alors que ses revenus sont bien modestes.

während
Er lebt auf großem Fuß, während seine Einkünfte recht bescheiden sind.

tandis que
Elle voudrait aller au bord de la mer tandis qu'il veut aller en montagne.

während
Sie möchte ans Meer, während er ins Gebirge will.

27.17 Die Einschränkung, das Zugeständnis

la concession
Je ne suis pas prêt à faire d'autres concessions.

das Zugeständnis, der Kompromiß
Ich bin nicht bereit, weitere Zugeständnisse zu machen.

les réserves f
J'approuve sans réserves.
Avez-vous des réserves (à émettre) sur son honnêteté?

der Vorbehalt, die Bedenken
Ich stimme ohne Vorbehalt zu.
Haben Sie Bedenken bezüglich seiner/ihrer Ehrlichkeit?

admettre
J'admets avoir fait une erreur.

zugeben, einräumen
Ich gebe zu, einen Fehler gemacht zu haben.

bien que
On ne me croit pas, bien que je ne dise que la vérité.

obgleich, obwohl
Man glaubt mir nicht, obwohl ich nur die Wahrheit sage.

pourtant
Cette histoire semble peut-être incroyable, elle est pourtant vraie.

dennoch
Diese Geschichte klingt vielleicht unglaublich, sie ist dennoch wahr.

toutefois
Je ne suis pas libre pendant le week-end; tu peux toutefois m'appeler dimanche.

jedoch
Ich habe am Wochenende keine Zeit; du kannst mich jedoch am Sonntag anrufen.

cependant
Ses tableaux ne me plaisent pas; cependant je reconnais que c'est un grand peintre.

jedoch, dennoch
Seine Bilder gefallen mir nicht; ich erkenne jedoch an, daß er ein großer Maler ist.

du moins
Il s'y connaît dans ce domaine; c'est du moins ce qu'il prétend.

wenigstens, zumindest
Er kennt sich auf diesem Gebiet aus; das behauptet er wenigstens.

en tout cas
Tu ne peux en tout cas pas nous faire de reproches.

auf jeden Fall, jedenfalls
Auf jeden Fall kannst du uns keine Vorwürfe machen.

certes ... mais
Cela est certes grave, mais il n'y a pas lieu de se désespérer.

sicher ... aber
Das ist sicher schlimm, aber es gibt keinen Grund zu verzweifeln.

malgré
Malgré tous ses défauts, on ne peut s'empêcher de l'aimer.

trotz
Trotz all seiner/ihrer Fehler muß man ihn/sie gern haben.

en dépit de
En dépit de ses bonnes résolutions, il n'a pas changé.

trotz
Trotz seiner guten Vorsätze hat er sich nicht geändert.

27.18 Die Bedingung, die Voraussetzung

la condition
Je ne suis d'accord qu'à cette condition.

die Bedingung, die Voraussetzung
Ich bin nur unter dieser Bedingung einverstanden.

à condition que

Je te fais cette course à condition que tu me prêtes ta voiture.

unter der Bedingung, der Voraussetzung, daß
Ich mache die Besorgung für dich, unter der Bedingung, daß du mir dein Auto gibst.

supposer
Supposez que vous soyez immensément riche!

annehmen, voraussetzen
Nehmen Sie an, Sie wären unermeßlich reich!

si
S'il pleut, nous resterons à la maison.

wenn
Wenn es regnet, bleiben wir zu Hause.

dans ce cas
Dans ce cas, il faut que j'y réfléchisse encore.

in diesem Fall
In diesem Fall muß ich mir das noch einmal überlegen.

27.19 Mittels, mit Hilfe von

au moyen de
La question fut tranchée au moyen d'un référendum [referɛ̃dɔm].

mittels
Über diese Frage wurde mittels eines Referendums entschieden.

à l'aide de qc.
Ce calcul compliqué peut être effectué très rapidement à l'aide d'une calculatrice électronique.

mit Hilfe von etw.
Mit Hilfe eines elektronischen Rechners kann diese komplizierte Rechnung sehr schnell gemacht werden.

avec l'aide de qn.
Il a réparé sa moto avec l'aide de son ami.

mit jds. Hilfe
Er hat sein Motorrad mit Hilfe seines Freundes repariert.

par l'intermédiaire de
Elle a obtenu cette place au pair par l'intermédiaire d'une agence.

durch Vermittlung; über
Sie bekam die Au-Pair-Stelle durch die Vermittlung einer Agentur.

grâce à
J'y suis arrivé grâce à ton aide.

dank
Dank deiner Hilfe habe ich es geschafft.

Alphabetisches Inhaltsverzeichnis

Absicht, Die ~, das Ziel, der Zweck 27.15
Ähnlichkeit, Die ~, der Unterschied, der Gegensatz 27.16
Alkohol, Das Rauchen, der ~, die Drogen 25.5
Arbeit, Der Beruf, die ~ 18.2
argumentieren, Seine Meinung sagen, ~ 27.3
Arzt, Der ~, das Krankenhaus 4.3
Astrologie 23.6
Astronomie 14.6
Ausbildung, Die ~, die Fortbildung 18.1
Ausdruck, Zeigen, zum ~ bringen 27.12
Auto 12.2
Baumaschinen, Baustoffe, ~ 6.5
Baustoffe, ~, Baumaschinen 6.5
Bedingung, Die ~, die Voraussetzung 27.18
Beerdigung, Der Tod, die ~ 4.4
Begriffe, Geometrische ~ 13.2
Bekanntschaft, Freundschaft, ~ 8.1
Beruf, Der ~, die Arbeit 18.2
beziehen, Sich ~ 27.7
Beziehungen, Die deutsch-französischen ~ 26.5; Die zwischenmenschlichen ~ 2.5
Bildung, Die Intelligenz, die ~ 2.4
Briefe, ~ schreiben, die Post 9.2

Charakter, Der ~, das Temperament 2.3
Datum 14.4
Demographie 3.3
Demonstrieren 24.5
Dezentralisierung, Die französische Provinz und die Politik der ~ 26.3
Dritte Welt 26.7
Drogen, Das Rauchen, der Alkohol, die ~ 25.5
Einkaufen 7.1
einordnen, Zeitlich ~ 27.6
Einschränkung, Die ~, das Zugeständnis 27.17
einzelne, Der ~ und die Gesellschaft 3.1
Eisenbahn 12.3
Elektrotechnik, Die ~ im Haus 6.3
Energie 19.6
Entwicklung, Die ~ der Person 2.7
Erdkunde 16.1
Erklärung, Eine ~ hinzufügen 27.11
Ernährung, Die ~, das Essen 7.3
Erscheinung, Die äußere ~ 2.2
Essen, Die Ernährung, das ~ 7.3
Europäische Union 26.6
Fahrrad, Das ~, das Motorrad 12.1
Familie 4.1
Farben 15.4
Faxen, Telefonieren, ~ 9.3
Feierlichkeiten, Feste, ~ 8.4

Ferien, ~, Reisen 8.3
Fernsehen, Der Rundfunk, das ~ 21.2
Feste, ~, Feierlichkeiten 8.4
Filmen, Fotografieren, ~ 10.3
Flugzeug 12.4
Folge 27.14
Fortbildung, Die Ausbildung, die ~ 18.1
Fotografieren, ~, Filmen 10.3
Frankophonie, Die französische Sprache und die ~ 26.4
Frau, Die Rolle der ~ in der Gesellschaft 3.2
Freizeit, ~, Hobbies 10.1
Freundschaft, ~, Bekanntschaft 8.1
Gartenarbeit 10.2
Gefühle 1.5
Gegensatz, Die Ähnlichkeit, der Unterschied, der ~ 27.16
Geheimnis, Die Magie, das ~ 23.5
Geist, Der Verstand, der ~, die Seele 1.4
Geld 20.1
Geographie 16.1
geometrisch , ~e Begriffe 13.2
Geschäftsleben 19.1
Geschichte 16.2
Gesellschaft, Der einzelne und die ~ 3.1; Die Rolle der Frau in der ~ 3.2
Gesetz, Das Recht, das ~ 25.1
Gesundheit, Die Krankheit, die ~ 4.2

325

Gewerkschaften 18.3
Gewicht 13.4
Gewißheit, Die Wahrheit, die ~, die Lüge, der Irrtum 23.3
gliedern, Texte ~ 27.4
Grund, Die Ursache, der ~ 27.13
Handel 19.3
Haus, Das ~, die Wohnung 6.1; Die Elektronik im ~ 6.3
Haushalt 6.2
hervorheben, Unterscheiden, ~ 27.10
Hilfe, Mittels, mit ~ von 27.19
hinzufügen, Eine Erklärung ~ 27.11
Hobbies, Freizeit, ~ 10.1
Industrie 19.4
Intelligenz, Die ~, die Bildung 2.4
Interpretation, Die ~ von Texten 27.2
Irrtum, Die Wahrheit, die Gewißheit, die Lüge, der ~ 23.3
Jahr, Das ~, der Monat, die Woche, der Tag 14.5
Kino 22.5
Kirche, Die Religion, die ~, die Mythologie 23.1
Kleidung 5.2
Kochen 7.2
Körperpflege 5.1
Körperteile 1.2
Krankenhaus, Der Arzt, das ~ 4.3
Krankheit, Die ~, die Gesundheit 4.2
Krieg 24.7
Kunst 22.1
Lachen, ~, Scherzen, Spotten 8.2

Landwirtschaft 19.5
Lebensauffassung 2.6
Literatur 22.3
Lüge, Die Wahrheit, die Gewißheit, die ~, der Irrtum 23.3
Magie, Die ~, das Geheimnis 23.5
Massenmedien 21.1
Maße 13.3
Meinung, Seine ~ sagen, argumentieren 27.3
Mensch 1.1
Menschenrechte, Die Verfassung, die ~ 24.2
Militär, Die Waffen, das ~ 24.6
Minderheiten, Der Rassismus, die Verfolgung von ~ 25.4
mittels, ~, mit Hilfe von 27.19
Möglichkeit, Die Wirklichkeit, der Schein, die ~ 23.4
Monat, Das Jahr, der ~, die Woche, der Tag 14.5
Motorrad, Das Fahrrad, das ~ 12.1
Musik 22.2
Mythologie, Die Religion, die Kirche, die ~ 23.1
Natur- und Umweltschutz 16.4
öffentlich, Die ~en Verkehrsmittel 11.3
Paris 26.2
Partei, Die Politik, die ~en 24.3
Person 2.1; Die Entwicklung der ~ 2.7
Pflanzen 15.2
Philosophie 23.2
Politik, Die ~, die Parteien 24.3
Polizei 25.2

Post, Briefe schreiben, die ~ 9.2
Presse 21.3
Provinz, Die französische ~ und die Politik der Dezentralisierung 26.3
Rassismus, Der ~, die Verfolgung von Minderheiten 25.4
Rauchen, Das ~, der Alkohol, die Drogen 25.5
räumlich, ~ zuordnen 27.5
Recht, Das ~, das Gesetz 25.1
Regierung, Der Staat, die ~ 24.1
Reisen, Ferien, ~ 8.3
Religion, Die ~, die Kirche, die Mythologie 23.1
Reparaturen, Werkzeuge, ~ 6.4
Republik, Die Verfassung der V. ~ 26.1
Restaurant, Im ~ 7.4
Rundfunk, Der ~, das Fernsehen 21.2
Schein, Die Wirklichkeit, der ~, die Möglichkeit 23.4
Scherzen, Lachen, ~, Spotten 8.3
Schiff 12.5
Schmuck 5.3
Schreiben 9.1; Briefe ~, die Post 9.2
Schule 17.1
Seele, Der Verstand, der Geist, die ~ 1.7
Sicherheit, Soziale ~, Versicherungen 18.4
Sinne, Die fünf ~ 1.3
sozial, ~e Sicherheit, Versicherungen 18.4
Sport 10.4

Spotten, Lachen, Scherzen, ~ 8.2
Sprache 27.1; Die französische ~ und die Frankophonie 26.4
Staat, Der ~, die Regierung 24.1
Stadt 11.1
Statistik 13.5
Steuern 20.3
Stoffe 15.3
Straßenverkehr 11.2
Straßenverkehrsordnung 11.4
Tag, Das Jahr, der Monat, die Woche, der ~ 14.5
Technik, Die Wissenschaft, die ~ 17.3
Telefonieren, ~, Faxen 9.3
Temperament, Der Charakter, das ~ 2.3
Texte, ~ gliedern 27.4; Die Interpretation von ~n 27.2
Theater 22.4
Tiere 15.1
Tod, Der ~, die Beerdigung 4.4
Uhrzeit 14.3
Umweltprobleme 16.3
Umweltschutz, Natur- und ~ 16.4
Universität 17.2

unterscheiden, ~, hervorheben 27.10
Unterschied, Die Ähnlichkeit, der ~, der Gegensatz 27.16
Ursache, Die ~, der Grund 27.13
Verbrechen 25.3
Verfassung, Die ~, die Menschenrechte 24.2; Die ~ der V. Republik 26.1
Verfolgung, Der Rassismus, die ~ von Minderheiten 25.4
vergleichen 27.8
Verkehrsmittel, Die öfentlichen ~ 11.3
Verkehrsunfall 11.5
Versicherungen, Soziale Sicherheit, ~ 18.4
Verstand, Der ~, der Geist, die Seele 1.4
Voraussetzung, Die Bedingung, die ~ 27.18
Waffen, Die ~, das Militär 24.6
Wahlen 24.4
Wahrheit, Die ~, die Gewißheit, die Lüge, der Irrtum 23.3
Währung 20.2
Werbung 21.4

Werkzeuge, ~, Reparaturen 6.4
Wetter 14.1
Wirklichkeit, Die ~, der Schein, die Möglichkeit 23.4
Wirtschaft 19.2
Wissenschaft, Die ~, die Technik 17.3
Woche, Das Jahr, der Monat, die ~, der Tag 14.5
Wohnung, Das Haus, die ~ 6.1
Zahlen 13.1
zeigen, ~, zum Ausdruck bringen 27.12
Zeit 14.2
zeitlich, ~ einordnen 27.6
Ziel, Die Absicht, das ~, der Zweck 27.15
Zugeständnis, Die Einschränkung, das ~ 27.17
zuordnen, Räumlich ~ 27.5
Zusammenhang, In einen ~ stellen 27.9
Zweck, Die Absicht, das Ziel, der ~ 27.15
zwischenmenschlich, Die ~en Beziehungen 2.5

Alphabetisches Verzeichnis der Stichwörter

A
abbaye *f* 244
abbé *m* 244
abbesse *f* 244
abeille *f* 162
abîmé,e 73
abîmer 181
abondance *f* 37
abonnement *m* 226
abonner, s'~ 226
abord *m*, d'~ 307, les ~s 119
aboutir, ~ à un compromis 39
aboyer 160
absolu,e, la monarchie ~ 256
abstention *f* 261
abstrait,e, un langage ~ 303
absurde 12
absurdité *f* 12
abus *m*, les ~ de la science 191
Académie Française 287
accélérateur *m* 130
accéléré *m* 240
accélérer 131
accent *m*, mettre l'~ sur 314
accepter 92, 307, se faire ~ 38
accident *m* 34, ~ de la route 126, le lieu de l'~ 126, ~ pétrolier/nucléaire 181, 182, ~ du travail 201, l'assurance contre les ~s 201
accord *m*, être/se mettre d'~ 307
accorder, ~ les circonstances atténuantes 270
accrocher 231
accueillant,e 27
accumuler, ~ des déchets 183
accusation *f* 268
accusé,e *m/f* 268
accuser 268
acharné,e 21
acharnement *m* 21

achat *m* 76, le pouvoir d'~ 205
acheter 76
acide, les pluies ~s 180
acier *m* 75, 168
acoustique *f* 8
acquarium *m* 164
acquérir 24
acquitter 269
acte *m* 238, 301, commettre des ~s violents 274
acteur,trice *m/f* 237, 239
actif,ve, la population ~ 206
action *f* 217, 301, le tournant de l'~ 302
activité *f*, ~ de loisirs 110
actuellement 309
adaptation *f* 38
adapter, s'~ 38
addition *f* 89, 139, 217
additionner 140
adhérent *m* 199
adhésif,ve, pansement ~ 49
adjectif *m*, ~ démonstratif etc. 297
adjudant *m* 264
admettre 322
administration *f* 203
adolescence *f* 1
adolescent,e *m/f* 1
adopter, ~ une loi 256
adorer 28
adresse *f* 17, 105
adresser 106
adroit,e 21
adulte *m/f* 1, *adj.* 17
adverbe *m* 297
aérien,ne, le trafic ~, la compagnie ~ 134
aérodrome *m* 135
aéronautique, l'industrie ~ 208
aéroport *m* 135
aérospatial,e, l'industrie ~ 208
affaire *f*, les ~s d'école 186,

les ~s, l'homme/la femme d'~s, le chiffre d'~s, faire une bonne/mauvaise ~ 202, A~s étrangères 225, 255, A~s Culturelles 255; les ~s de bain 59; 204 exp., 205 exp., 256 exp.
affection *f* 13
affectueusement, bien ~ 106
affiche *f* 231, ~ publicitaire 228
affirmation *f* 305
affirmer 305
affluent *m* 172
affrontement *m* 262
Afrique *f* 174
âge *m* 16, le moyen-~ 177, 237, ~ de la pierre etc. 176; 18 exp.
âgé,e 16, les personnes ~s 37, être plus ~ 44
agence *f*, ~ de voyages 96, ~ de presse 225, ~ de publicité 228
agenda *m* 154
agent *m*, ~ de police 271
agglomération *f* 119
aggraver, s'~ 47, 181
agir, ~ avec préméditation 270
agneau *m* 86, 161
agrafe *f* 104
agréable 26
agressif,ve 27
agricole, la coopérative ~ 210, le produit etc. ~ 211
agriculteur *m* 210
agriculture *f* 210
aide *f* 293, ~ ménagère 201, venir en ~ 293, à/avec l'~ de 323
aigle *m* 161
aigu,ë 8
aiguille 60, 152
aiguilleur *m*, ~ du ciel 135
aile *f* 129, 163

aimable 26
aimer 27, 28, 83, ~ mieux 313
aîné,e m/f 44
air m 18, 167, 233, avoir l'~ heureux,se etc., avoir l'~ d'un artiste 18, en plein ~ 147; 235 exp.
aire f 141, ~ de repos 123
aise f, à l'~/mal à l'~ 13
ajouter 80, à cela s'ajoute 315
alcool m 279
alcoolique m/f 279
alcoolisme m 279
alcootest m 125, 279
algèbre f 139
algue f 166
alimentaire 82, l'industrie ~ 208
alimentation f 82, le rayon ~ 77
aliments m/pl 82
Allemagne f, la République Fédérale d'~ 256, la défaite de l'~ 290
aller , ~ au marché etc. 76, ~ au restaurant etc. 88, ~ à la piscine etc. 110, ~ à Lyon etc. 120, ~ à pied, ~ tout droit 123, ~ en voiture 128, ~ à la chasse etc.163, ~ à l'´école etc. 184, ~ à l'école de commerce etc. 194, ~ au travail etc. 197, ~ bien etc. 47, ~ avec qc. 58, ~ voir 91, un ticket ~ 133
allergique 48
aller-retour, un ticket ~ 133
alliance f 61
allocation f, toucher une ~ de chômage, des ~s familiales 201
allongé,e 19
allumer 71
allumette f 278, la boîte d'~s 77
allure f 19, 19 exp.
allusion f, faire ~ 311
alors, ~ que 321

alouette f 161
Alpes f/pl 174
alphabétique, par ordre ~ 103
alpinisme m, faire de l'~ 115
Alsace f, l'annexion de l'~ ... 289
alternativement 289
aluminium m 168
ambassade f 255
ambassadeur,drice m/f 255
ambiance f 26
ambiguité f 22
ambitieux,se 20
ambition f 22
ambivalent,e 13
ambulance f 51
âme f 10, 12 exp., 54 exp.
amélioration f, ~ des conditions de travail 200
améliorer 183, s'~ 47
aménagement m, ~ urbain 120, ~ du territoire 285
aménager 67, 285
amende f 125
amer,ère 84
Amérique f 174
ameublement m 66
ami,e m/f 90, être ~s, se faire des ~s 90, la chambre d'~s 91, loger chez des ~s 97, Chers ~s 106; 92 exp.
amical,e 90
amicalement, bien ~ 106
amiral m 264
amitié f 27, 90, se lier d'~ 90, ~ franco-allemande 287, ~s 106
amour m 13, 28, le roman d'~ 236; 29 exp.
amoureux,se 28, tomber ~ 28
amplificateur m 234
ampoule f, ~ électrique 71
amusant,e 27, 93
an m 154, le nouvel ~ 101
analphabète m 293
analyse f 298
analyser 299
anarchie f 256

anchois m 162
ancien,ne 177, l'A~ Régime 176
âne m 100, 161
ange m 100, 244
anglais m, faire de l'~ 186
angle m 141, ~ de la rue 122
anglo-saxon,ne 286
angoisse f 14
angoissé,e 14
animal m 160, ~ domestique/sauvage 159
animateur,trice m/f 222
année f 154, la nouvelle ~, Bonne ~! 101, ~ scolaire 184, la fin de l'~ scolaire 185, ces dernières ~s 310
annexer 288
annexion f, ~ de l'Alsace ... 289
anniversaire m 99, bon ~ 99
annonce f 225, ~s, mettre une ~ dans le journal 225, ~ publicitaire 228
annonceur m, ~ publicitaire 228
annuaire m 107
annuel,le 155
annuler, ~ une réservation 97
anorak m 58
anthropologie f 1
antibiotique m 51
anti-doping, le contrôle ~ 118
antipathique 18
antiquaire m 177
antique 177
antiquité f 237, A~ 177
antisémite m/f 277, adj. 278
antisémitisme m 277
août m 155
apathique 21
apercevoir 7, s'~ 25
apéritif m 84
apogée m 179
appareil m 109, ~-ménager 67, ~ à micro-ondes 69, ~ électrique 71, ~ photo 114
apparence f 19, 249, en ~ 249

appartement *m* 63, ~ de vacances 97
appauvrir 284
appauvrissement *m* 284
appel *m*, ~ téléphonique 108
appeler 107, s'~ 16
appétit *m*, manger de bon ~ 83
application *f*, les ~s de la science 191
appliqué,e 21
appliquer, s'~ 200
apprécier 28
apprendre, ~ à connaître 98, ~ par cœur 187, ~ qc. à qn. 187; 18 exp.
apprenti,e *m/f* 194
apprentissage *m* 194
apprivoiser 163
appuyer, ~ sur le bouton 71, ~ sur le frein etc. 130
après-demain 156
après-guerre *m* 265
après-midi *m/f*, dans l'~, cet ~ 156
arbitre *m/f* 117
arbre *m* 165, ~ fruitier 165, tailler les ~s 113, ~ de Noël 100; 166 exp.
arbuste *m* 165, tailler les ~s 113
arc-en-ciel *m* 148
archéologie *f* 177
archevêque *m* 243
architecte *m/f* 231
architectural,e 231
architecture *f* 231
argent *m* 168, 215, toucher de l'~ 215, se faire de l'~ de poche 215; 151 exp., 218 exp., 298 exp.
argile *f* 167
argot *m* 296
argument *m* 305
aristocratie *f* 256
arithmétique *f* 139
arme *f* 263
armée *f* 264, ~ de terre/de l'air 264, faire carrière dans l'~ 196

armement *m* 263
armer 263
armistice *m* 267
armoire *f* 66
arracher, ~ les mauvaises herbes 113
arracheur *m*, ~ de dents 148 exp.
arrestation *f* 272
arrêt *m*, attendre à l'~ de bus 124
arrêter 272, s'~ 131
arrhes *f/pl*, verser des~ 217
arrière, le retour en ~ 240
arriéré,e, une économie ~ 205
arrière-plan *m*, à l'~ 309
arrivée *f* 133
arriver, ~ à un tournant 34, ~ à temps etc. 153
arrogant,e 26
arrosage *m*, le tuyau d'~ 112
arroser 112, 113 exp.
art *m*, l'œuvre d'~, l'~ de vivre 230, les ~s plastiques 186, 230, l'Ecole des Beaux-A~s 230
artère *f* 5
article *m* 224, 297
articulation *f* 4
artisan *m* 196
artisanal,e 195
artisanat *m* 195
artiste *m/f* 18, 230
artistique 230
ascenseur *m* 65
ascension *f* 179
Asie *f* 174
asperge *f* 86
aspirateur *m* 67, passer l'~ 68
assaisonner 81
assassin *m* 274
assassiner 274
Assemblée Nationale 281
assiette *f*, ~ plate/creuse 69
assistante *f*, ~ sociale 201
assister 101
assumer, s'~ 36
assurance *f* 30, contracter une ~ 201, ~ vie etc. 201

assuré,e, être ~ contre l'incendie etc. 201
astre *m* 158
astrologie *f* 252
astrologue *m/f* 252
astronaute *m/f* 192
astronomie *f* 158, 190
atelier *m*, travailler dans un ~ 197
athée *m/f, adj.* 30, 242
athéisme *m* 242
athlète *m/f* 117
athlétisme *m* 116
atlantique, à l'Océan ~ 95, l'A ~ *m* 174
atlas *m* 171
atmosphère *f*, le réchauffement de l'~ 181
atomique, la bombe ~ 193, 264
attaché,e, être ~ à qn. 28
attacher 73, 314
attaque *f* 266
attaquer 266
atteindre 263
attentat *m*, ~ à la bombe 274
attente *f*, dans l'~ de de ... 106
attentif,ve 27
attention *f*, à l'~ de 105, faire ~ 123
atterrir 135
atterrissage *m*, la piste d'~ 135
attirer 283
attitude *f* 26
attraction *f* 283
attrait *m*, faire l'~ 98
attraper 160, ~ froid 48, ~ un coup de soleil 49; 50 exp.
attribuer 314
attribut *m* 297
auberge *f*, ~ de jeunesse 97
aubergine *f* 86
au-dessous, ~ de la moyenne 145
au-dessus, ~ de la moyenne 145
audio-visuel,le 8
auditeur *m* 221

augmentation f, ~ des salaires 200
augmenter 205
aujourd'hui 156, 310
aurore f 147
aussi, ~ ... que 312
Australie f 174
autant, ~ que 312
autel m 244
auteur m 230, 236, 299
auto f 128, la vignette ~ 220
automatique, le distributeur ~ 77, la transmission ~ 130, la consigne ~ 134
automatisation f 210
automne m 157, à l'~ 157
automobile f 128, l'assurance ~ 201, l'industrie ~ 208
automobiliste m/f 128
autonomie f, prendre son ~ 36
autoradio m 221
autoritaire 21
autoroute f 123
autrefois 310
autruche f 260 exp.
avaler 50 exp.
avance f, à l'~ 106, arriver en ~ 153
avancer 131, 152
avant-hier 156
avantage m, les ~s et les inconvénients 306
avare 21
avarice f 22
avenir m 150, à l'~ 310
aventure f, le roman d'~s 236, le film d'~ s 239
avenue f 121
aversion f 13
avertissement m, la grève d'~ 199
aveu m 272
aveugle m 257 exp.; adj. 7, 29 exp.
aviation f 134
avion m 134, ~ à réaction etc. 134
aviron m 116
avis m 303, être d'~ 304, à mon ~ 304; 61 exp.

avocat,e m/f 268
avoine f 212
avouer 272
avril m 155
azote m 167

B
babysitting m, faire du ~ 46
bac m 136
baccalauréat m 188
bachoter 189
baffle m 234
bagage m 133, le chariot à ~s 134, 134 exp.
bague f 61
baguette f 85
bahut m 189
baigner, aller se ~ 110
baignoir f 65
bain m, prendre un ~ 55, la salle de ~(s) 56, le maillot de ~, les affaires de ~ 59; 56 exp.
bal m 101
balai m 67, donner un coup de ~ à qc. 68
balance f 143, B~ 253
balayer 68
balayette f 67
balcon m 65, 232
baleine f 161, 94 exp.
balise f, ~ de priorité 125
balle f 263
ballerine f 235
ballet m 235
ballon m 126 exp.
balnéaire, la station ~ 98
Baltique f 174
banal,e 21
bandage m 49
bande f, ~ dessinée 236
banderole f 262
bandit m 274
banlieue f 63, la cité de ~ 119
banque f 217, le compte en ~ 217
banquette f 130
baptême m 99
baromètre m 149

barrage m 214
barre f, ~ de fer 168
barreau m 273 exp.
barrière f 65
bas m 59; adj. ~,se 145, à voix ~ 295, la marée ~ 171, un niveau de vie très ~ 293, parler ~ 295, en ~ de la page 225
bas-relief m 231
baser, se ~ 317
basketball m 116
bassin m 172
bataille f 266, ~ de fleurs 101
bateau m 136, ~ à voiles 136
bâti,e, bien/mal ~ 19
bâtiment m 63
bâton m, ~ de rouge à lèvres 56
batterie f 233
batteur m 233
battre, ~ un record 118
BCBG 58
BD f 236
beau, bel, belle 19, il fait ~ 146
beau-frère m 44
beau-père m 44
beauté f, le produit de ~ 56
beaux-parents m/pl 44
bébé m 45
bébé-éprouvette m 193
bec m 162, 164 exp.
bêche f 112
bêcher 112
Bélier m 253
belle f 273 exp.
belle-fille f 44
belle-mère f 44
belle-sœur f 44
belligérant,e 267
bénéfices m/pl 203, ~ de l'entreprise 200
bénir 243
béret m 59
berger m 100, 163, l'étoile du ~ 159
bermuda m 59
bête f 160, 6 exp.; adj. 23
béton m 74

331

beurre *m* 85
Bible *f* 243
bibliothèque *f* 121
bicyclette *f* 127
bien 188, c'est quelqu'un de très ~ 27, aller ~, se porter ~ , se sentir ~ 47, s'entendre ~ 91, si ~ que 318, ~ que 322
bière *f* 84, la caisse de ~ 77
bifteck *m* 86
bijou *m*, ~ phantaisie 61
bijoutier *m* 61
bikini *m* 59
bilan *m*, faire le ~ 306
bilingue 296
billet *m* 215, composter son ~ 124
biographie *f* 236
biologie *f* 190
biologique, équilibre ~ 183
biscuit *m* 85
bistro(t) *m* 88
bizarre 26
blague *f* 93
blaguer 93
blagueur *m* 93
blanc,che 169
Blancs *m/pl* 276
blasé,e 21
blé *m* 212
blesser 15, se ~ 49
blessure *f* 49
bleu,e 19, ~ foncé/clair 169; *f* 170 exp.
blond,e 19
blouse *f* 60
blue-jean(s) *m* 59
bobsleigh *m* 116
boire 83, ne pas ~ 279; 175 exp.
bois *m* 74, 165, 164 exp.
boisson *f* 83
boîte *f* 104, ~ à outils 72, ~ d'allumettes etc. 77, mettre à la ~ aux lettres 104, ~ à gants 130
bol *m* 69, un ~ de café au lait 85
bombardier *m* 264

bombe *f*, ~s sans CFC 183, ~ atomique 193, 264, l'attentat à la ~ 274
bon,ne 27, 84, ~ marché 78
bonheur *m* 14
bonjour *m*, donner le ~ 108
bonnet *m* 59, 60 exp.
bonté *f* 21
bord *m*, au ~ de la Méditerranée, sur les ~s de la Loire 95, au ~ de la mer 172, le tableau de ~ 130, monter à ~ 135
borgne *m* 257 exp.
borné,e 23
botanique *f* 190
botte *f* 59
bouche *f* 3
bouché,e 74
boucher *m*, aller chez le ~ 76
boucherie-charcuterie *f* 76
bouchon *m* 123
boucle *f*, ~ d'oreille 62
bouddhisme *m* 242
bœuf *m* 86, 100
bouillir 80
boulangerie *f*, aller à la ~ 76
boule *f* 141, 142 exp., ~ de gomme 252 exp.
bouleau *m* 165
boulevard *m* 121
bouleverser 34
boulot *m* 283 exp.
bouquin *m* 236
bourgeois,e *m/f* 37
bourgeoisie *f* 37
Bourse *f* 217
bouteille *f* 77, ~ de vin etc. 77
bouton *m* 60, 71
bovin *m*, l'élévage de ~s 212
boxe *f* 116
bracelet *m* 61
branche *f* 166, ~ d'industrie 208
brancher 71
bras *m* 3
brasserie *f* 88
bref 308

Bretagne *f*, en ~ 95
bretelle *f* 123
brevet *m* 188
bricolage *m*, faire du ~ 111
bricoler 111
briller 158, 168 exp.
brique *f* 74
briquet *m* 278
brochet *m* 162
bronchite *f* 48
bronze *m*, l'âge du ~ 176
bronzer, se faire ~ 110
brosse *f*, ~ à dents etc. 56
brosser, se ~ les dents 55
brouette *f* 112
brouillard *m* 146, 149 exp.
brouiller, se ~ 92
brouillon *m* 187
broussailles *f/pl* 165
bruit *m* 121
brûler 70 exp., 123 exp.
brume *f* 146
brun,e 19, 169
brushing *m* 56
bruyant,e 45
bûche *f*, ~ de Noël 100
budget *m* 215
buffet *m*, ~ de la gare 133
bulldozer *m* 75
bulletin *m*, ~ scolaire 184, ~ de vote 261
bureau *m* 65, 66, 104, ~ du professeur 186, l'employé de ~ 195, travailler dans un ~ 197, ~ de vote 261
bus *m* 124
but *m* 97, avoir pour ~ 319, le gardien de ~ 111, marquer un ~ 111
buvard *m* 187

C

cabine *f*, ~ téléphonique 108
câble *m* 71, la télévision par ~ 222
cache-cache, jouer à ~ 111
cacher 13
cachet *m* 48, 105
cadre *m* 127, 196, 231, ~ de vie 182, dans le ~ de 314

cadreur *m* 239
café *m* 84, 88
cafetière *f*, ~ électrique 69
cage *f* 163
cahier *m* 186
caillou *m* 167
caisse *f* 129, ~ d'épargne 217, passer à la ~ 78, ~ de bière etc. 77
calcaire *m* 167
calcul *m* 139, ~ mental 139
calculatrice *f* 139, 187
calculer 139
calculette *f* 139, 187
caleçon *m* 59
calendrier *m* 154
calme 21, 64
camarade *m/f*, ~ de classe 90
cambriolage *m*, commettre un ~ 274
cambrioler 274
cambrioleur *m* 274
caméra *f* 114
caméraman *m* 239
caméscope *m* 114
camion *m* 75, 128
camionnette *f* 128
camp *m*, ~ de concentration 278
campagne *f* 63, à la ~ 95, ~ électorale 260, ~ publicitaire 228
camper 97
camping *m*, faire du ~ 97
canapé *m* 66
canard *m* 86, 161, 212; 149 exp.
canari *m* 161
cancer *m* 48, C~ 253
candidat,e *m/f* 261
candidature *f* 261, poser sa ~ 197, 261
canicule *f* 146
canne *f*, ~ à pêche 163
canot *m*, ~ à rames 136
cantonales *f/pl* 260
caoutchouc *m* 168
cap *m*, changer de ~ 35
capitaine *m* 136, 264
capitale *f* 63, 119, 282

capot *m* 129
Capricorne *m* 253
capter 223
capteur *m*, ~ solaire 214
car *m* 124; *conj.* 317
caractère *m* 20, le trait de ~ 20, en petits/en gros ~s 226
caractériser 20
caractéristique *f*, les ~s principales de la langue française/allemande 287
carafe *f*, ~ d'eau 85
cardiaque, une crise ~ 48
cargo *m* 136
caricature *f* 93
carnaval *m* 101, le défilé du ~ 101
carnet *m* 124, ~ du jour 225
carotte *f* 86
carpe *f* 162
carré *m* 141; *adj.* ~,e 141, le mètre ~ 142
carreau *m* 75, un tissu à ~x 60; 75 exp.
carrefour *m* 122, 282
carrelage *m* 75
carrière *f*, faire ~ dans la politique etc. 196
carrosse *m* 140 exp.
carrosserie *f* 129
cartable *m* 186
carte *f* 88, ~ d'identité 17, ~ des vins 88, ~ postale 105, ~ de téléphone 108, ~ heddomadaire etc. 124, ~ géographique 171, ~ de crédit 217, jouer aux ~s 111
cartésianisme *m* 246
cartouche *f* 263, ~ d'encre 187
cas *m*, en tout ~ 322, dans ce ~ 323
cascadeur *m* 239
casier *m* 66
casque *m* 264, ~ moto/vélo 127
casquette *f* 59
casser 73, se ~ 73

casserole *f* 68
cassette *f* 234, ~ vidéo 114, 222, le lecteur de ~s 234
casseur *m* 262
cassis *m* 87
catalytique, à pot ~ 183
catastrophe *f*, ~s écologiques 182
catéchisme *m* 186
cathédrale *f* 244
catholique *m/f*, *adj.* 243
cause *f* 316, à ~ de 317
causer 316, ~ des dégâts 126
cave *f* 65, 211
CD *m* 234
CEI *f* 256
ceinture *f* 59, ~ de sécurité 130
célébrer 99
célibataire 17, 43
cellier *m* 65
celte 176, C ~ *m/f*
celtique 176
censure *f* 227
cent 138, pour ~ 145
centaine *f* 139
centimètre *m* 142
centrale *f*, ~ électrique/nucléaire 193, 208, 214; *adj.* le chauffage ~ 66
centralisateur,trice, une constitution ~ 257
centralisation *f* 181
centraliser 282
centre *m* 121, 259, ~ de recherche 191
centre-ville *m* 63, aller au ~ 120
cependant 322
céramique *f* 168
cercle *m* 141, ~ vicieux 141 exp.
cercueil *m* 53
céréales *f/pl* 212
cérémonie *f* 101
cerf *m* 162
cerise *f* 87
cerisier *m* 165
certain,e 247
certes, ~ ... mais 322

333

certitude f 248
cerveau m 5
cervelle f 5
c'est-à-dire 315
césure f 301
CFC 183
CFDT f 199
CGC f 199
CGT f 199
chaîne f 61, 127, 222, ~ de montagnes 172, travailler à la ~ 197, ~ de montage 209, ~ stéréo 234
chair f 6, 164 exp.
chaire f 244
chaise f 66
chalet m 63, 97
chaleur f 146
chambre f 65, ~ d'amis 65, 91, ~ à air 127
champ m 211, travailler aux ~s 212, ~ de vision 240, la profondeur de ~ 240
champignon m 86, ~ de Paris 86
champion m, ~ du monde 117
championnat m, ~ du monde etc. 117
chance f 40
Chancelier m 255
change m, le taux de ~, le cours du ~ 219
changer 219, ne rien ~ à ses habitudes f etc. 34, ~ de vitesse 130, ~ de train 132, se ~ 58
chanson f 233, 235 exp.
chant m 233
chantage m 275
chanter 160, 233, faire ~ 275
chanteur,se m/f 233
chantier m 75, ~ naval 136
chaos m 246
chapeau m 59, 60 exp.
chapitre m 301
char m, le défilé de ~s 101, ~ blindé 264
charbon m 213
charcuterie f 86, 88

charge f, les ~s sociales 201
charger 263
chariot m 77, ~ à bagages 134
Charlemagne 176
charpente f 75
charpentier m 196
charrette f 211
charrue f 211
charte f 258
chasse f, aller à ~ 163
chasser 163
chasseur m 264
chat,te m/f 160
châtaignier m 165
châtain 19
chaud,e, un climat ~ 173, il fait ~ 146, avoir ~ 147; le ~ 50 exp.
chaudière f 66
chauffage m 66, ~ central 66
chauffer, faire ~ 80
chauffeur m 128
chaussette f 59
chaussure f, les ~s de tennis etc. 59; 61 exp.
chavirer 137
chef m, ~ de train 133, ~ d'entreprise 202, ~ d'orchestre 234, ~ de parti 259
chemin m, faire son ~ 35, ~s de fer 132
cheminée f 66
chemise f 59, ~ de nuit 59; 104; 61 exp.
chemisier m 59
chêne m 165
chenille f 162
chèque m, par ~ 217
cher,ère 78, coûter ~ 78, ~ Monsieur etc. 106
chercheur m 192
cheval m 160, faire du ~ 115; 33 exp.
cheveu m 2, 19, la brosse à ~x 56, se sécher les ~x au séchoir 55
cheville f 4, se fouler la ~ 49; 6 exp.

chèvre f 161
chevreuil m 162
chic 58
chien,ne m/f 160, 149 exp., 164 exp..
chiffon m 186, ~ à poussière 68
chiffre m 144, ~ d'affaires 202
chimie f 186, 190
chimique, l'industrie ~ 208, des engrais ~s 180, 211
chirurgien,ne m/f 51
choc m, ~ pétrolier 214
chocolat m, une tablette de ~ 85, la boîte de ~s 77; les ~s 85
chœur m 244, l'enfant de ~ 243
choisir 77
chômage m 201, être au ~ 198
chômeur m 198
chorale f 234
chorégraphie f 235
choriste m/f 234
chose f, bien des ~s 106
chou m 86, ~ de Bruxelles 86
choucroute f 128 exp.
chou-fleur m 86
chouette f 161
chrétien,ne m/f, adj. 242
Chrétiens-Démocrates m/pl 260
Christ m 242
christianisme m 242
chronique, avoir une toux ~ 48
chute f, ~ d'eau 172
ciboulette f 81
cidre m 84
ciel m 146, ~ étoilé 159
cigale f 162
cigare m 278
cigarette f, le paquet de ~s 278
cigogne f 161
ci-joint 105
cil m 2

ciment *m* 74
cimetière *m* 53
cinéma *m* 239, 241 exp.
cinématographique 240
cinquième *m/f* 139, 184; *adj.* 140 exp.
cintre *m* 60
circonscription *f* 261
circonstance *f*, accorder les ~s atténuantes 270
circonstanciel,le, le complément ~ 297
circulation *f* 122, des problèmes de ~ 48, la liberté de ~ 258
ciseaux *m/pl* 72
citadin,e *m/f* 120
cité *f*, ~-dortoir etc. 119, ~ universitaire 189
citer 269, ~ qc. comme exemple 305
citoyen,ne *m/f* 258
citron *m* 87
civil,e, l'état ~ 17, le service ~ 264, la guerre ~ 265
civilisation *f* 177
clair *m*, ~ de lune 147
clair,e 7, 19, 64, le style ~ 303, bleu,e ~ 169
clarinette *f* 233
clarté *f* 7
classe *f* 185, avoir ~, redoubler une ~, la salle de ~, le conseil de ~, la rentrée/la sortie des ~s 185, les ~s de mots 297, un ticket de 1re ~ 133
classer 103
classeur *m* 103, 186
classicisme *m* 237
classique, la musique ~ 233
clavier *m* 103
clé *f* 72, fermer à ~ 66
client,e *m/f* 76
clignotant *m* 129
climat *m*, un ~ chaud etc. 173
climatique, la station ~ 98
climatisation *f* 129
clochard,e *m/f* 18, 37

cloche *f* 244
clocher *m* 244
cloître *m* 244
clou *m* 73, 74 exp.
club *m* 115, ~ de sport etc. 115
coalition *f* 255
cocaïne *f* 279
cochon *m* 149 exp., ~ d'Inde 161
cocorico *m* 160
cocotte *f* 68
code *m*, ~ de la route 125
cœur *m* 5, avoir mal au ~ 48, apprendre par ~ 187, la presse du ~ 224; 144 exp.
coffre *m* 129
coiffer, se ~ 55
coiffeur,se *m/f* 196
col *m* 60
colère *f* 22, 23 exp.
colis *m* 105
collaborateur *m* 289
Collaboration *f* 289
collaborer 289
collant *m* 59
colle *f* 73, 104
collectif,ve, la convention ~ 199
collection *f* 232
collectionner 111, 232
collectivité *f*, les ~s locales 282
collège *m* 184, aller au ~ 184
coller 73
collier *m* 61
colline *f* 172
colonel *m* 264
colonie *f*, ~ de vacances 97
colonnade *f* 232
colonne *f* 226, 232, ~ vertébrale 5
coloré,e 169
colorier 169
colza *m* 212
combat *m* 265
combattre 265
comblé,e 249
comédie *f* 236, ~ musicale 234

comète *f* 159, 159 exp.
comique, le film ~ 239
comité *m*, ~ de défense 262
commandant *m* 264, ~ de bord 135
commande *f* 76
commander 76
comme 306, 317
commencer, pour ~ 307, ~ par 397
commerçant,e *m/f* 76, 207; *adj.* la rue/le quartier ~ 121
commerce *m* 207, ~ extérieur/intérieur 207, l'école de ~ 194
commercial,e 207, les relations ~s 207
commettre, ~ un crime etc. 274
commissaire *m* 271
commissariat *m*, ~ de police
commission *f*, faire des ~s 76, ~ européenne 292
commode *f* 66
commun,e 37, le Marché ~ 291
communales *f/pl* 260
communauté *f* 37
commune *f* 120
communication *f* 108, la langue de ~ 295
compagne *f* 90
compagnie *f* 27, ~ aérienne 134
compagnon *m* 90
comparable 312
comparaison *f* 302, établir une ~ 312, par ~ 312
comparer 312
compartiment *m*, ~ fumeurs etc. 133
compas *m* 187
compatible 32
compétition *f* 117
complément *m*, ~ d'objet direct/indirect etc. 297
compliqué,e 21
comportement *m* 26, 34
comporter, se ~ 26

335

composer 234, ~ le numéro 107, se ~ 301
compositeur,trice m/f 235
composition f 235, 300
composter, ~ son billet 124
compréhensif,ve 27
comprendre 301
comprimé m 48
compromis m, aboutir à un ~ 39
comptable m/f 196
compte m, se rendre ~ 25, ~ en banque 217, tenir ~ 306
compte-rendu m 188
compte-tours m 130
compter 139, ~ faire qc. 319
compteur m 130
concentration f 282, ~ de la presse 227, le camp de ~ 278
concentrer, se ~ 283
conception f, la ~ de la vie 29
concerner 311, en ce qui concerne 311
concert m 234
concerto m 235
concession f 39, 322
concilier 32
concilliant,e 21
concis,e, le style ~ 303
conclure 204, pour ~ 308
conclusion f 187, en ~ 308
concombre m 86
concours m, ~ d'entrée 190
concurrence f 204, 205 exp.
concurrencer 204
concurrent,e m/f 117, 204
concurrentiel,le 204
condamnation f 269
condamné,e, être ~ à un an de prison etc. 269
condition f 323, à ~ que 323, les ~s de travail 200
condoléances f/pl, présenter ses ~ 53
conducteur,trice m/f 128, 133
conduire 129, le permis de ~ 17, 125

confédération f, ~ allemande des syndicats 199
confesser, se ~ 244
confession f 243, 245 exp.
confetti m 101
confiance f 28, la ~ en soi 30, avoir ~ 91
conflit m 32, 38, 302
conformiste m/f 37
confortable 64
confronté,e, être ~ à des difficultés f etc. 33
congé m, les ~s 95, la prolongation des ~s 200
congélateur m 69
conjonction f 297
conjurer 252
connaissance f 24, 90, faire la ~ 90
connaître 24, 98, apprendre à ~ 98, ~ la pauvreté etc. 34, ~ des épreuves 34; 25 exp.
conquête f, les ~s de la science 191
consacrer, ~ du temps 150
conscience f 30, prendre ~ 35; 33 exp.
consciencieux,se 30
conscient,e, ~ de sa valeur 30
conseil m, ~ de classe 185, ~ municipal 120, C~ des ministres 254, 292, C~ européen 292, C~ de l'Europe 291, C ~ Constitutionnel 281; 149 exp.
conséquence f 318
conservateur,trice, le parti ~ 259
conservatoire m 234
considération f, prendre en ~ 306
considérer, se ~ comme supérieur,e 276, ~ comme 304
consigne f, ~ automatique 134
consommation f 37
consommer 214
consonne f 296

constant,e 21
constellation f 158
constitution f 19, 257, ~ centralisatrice etc. 257, ~ de la Ve République 281
constitutionnel, le 257, la monarchie ~ 256, le Conseil C~ 281
construire 231
consulter 237, ~ un médecin 50
contact m 91
contacter 107
contagieux,se 46
contamination f 182
conte m 236, ~ de fées 236
contemporain,e m/f 1, adj. l'époque ~ 177
contenir 301
content,e 21, 26
contestation f 305
contester 38, 305
contexte m, dans le ~ 313
continent m 171
continu,e, la formation ~ 194
continuation f, Bonne ~! 106
contracter, ~ une assurance 201
contractuelle f 125
contradiction f 21, 321
contraire m 321, au ~ 321; adj. ~ à 321
contrairement 321
contraste m 320
contraster 320
contrat m 204
contravention f 125
contre, le pour et le ~ 306, par ~ 321
contre-plongée f 240
contribuable m 220
contrôle m 188, ~ des naissances 42, ~ des passeports 96, ~ anti-doping 118, la tour de ~ 135
contrôle-radar f 125
contrôleur,se m/f 124, 133, ~ du ciel 135
controversé,e, recherches ~s 193

convaincre 30, 305
convention f 37, ~ collective 199
conventionnel,le 21
converger 173, 283
conviction f 30, 305
coopération f, exemples de ~ franco-allemande 290
coopérative f, ~ agricole 210, ~ viticole 212
coordonnées f/pl 17
copain m 90
copilote m/f 135
copine f 90
coq m 161
coquillage m 162
corbeau m 161
corbillard m 52
corde f 73
cordon-bleu m 79
corne f 164 exp.
corneille f 161
cornichon m 86
corps m, les parties du ~ 2
correspondance f 105, 133, des cours par ~ 194, le vote par ~ 261
correspondant,e m/f 90, 105, 224
correspondre 311
cosmonaute m/f 192
costaud,e 19
costume m 58, 238, ~ de carnaval 101
costumer, se ~ 101
Côte d'Azur f, sur la ~ 95
côte f 171, sur la ~ 172
côté m, d'un ~ ... d'un autre ~ 306, à ~ de, du ~ de 309
côtelette f 86
coton f 49, 57, 168
cou m 3, 6 exp.
couche f, ~ d'ozone 181
coucher m, ~ du soleil 147; v. 97
couchette f 133
coude m 3
coudre 60, la machine à ~ 60
couette f 69, l'enveloppe de ~ 69

couler 137, 173, 175 exp.
couleur f 169, en ~ s, la télé en ~ s, la photo en ~ s, de toutes les ~ s 169, le crayon de ~ 186, l'homme etc. de ~ 276; 170 exp.
coulisses f/pl 238
couloir m 65
coup m, ~ de fil, passer un ~ de fil 108, ~ d'Etat 255; 149 exp., 269 exp.
coupable 270
couper 71, 73, ~ le moteur 130, se ~ les ongles 56
couple m 43
cour f 65, C ~ de justice européenne 293
courage m 20
courageux,se 20
courant m, se tenir au ~ 24, ~ électrique, la prise de ~ 71; 72 exp.; adj. ~,e, la langue ~ 295
courbe f 141
courgette f 86
courir 116, 118 exp.
courrier m 105, ~ du lecteur 225
cours m 186, avoir ~ 185, ~ d'eau 172, au ~ de 178, 302, 311, suivre des ~s 194, ~ du change 219
course f, faire des ~s 76, ~ de sprint etc. 116, la voiture de ~ 128
court m, ~ de tennis 115
court-circuit m 71
cousin,e m/f 44
couteau m 69
coûter 18, ~ cher 78
coutume f 37
couture f, faire de la ~ 111
couvent m 244
couvert m, mettre le ~, les ~s 69
couvert,e 146
couverture f 69, 226; 70 exp.
craie m 186
craindre 14
crainte f 14

craintif,ve 14
crâne m 5
cravate f 59
crayon m, ~ de couleur 186
créateur,trice m/f 230, 246
créatif,ve 23, 24, 230
création f 230, 246
créature f 246
crèche f 45, 100
crédit m 217, une carte de ~ 217
créer 197, 246
crème f, ~ fraîche 85, se mettre de la ~ 56
crêpe f 85
creux,se, l'assiette ~ 69
crever, ~ un pneu 128
crime m 273, les lieux du ~ 273, commettre un ~ 274
criminalité f 273
criminel,le m/f, adj. 273
crise f 34, 206, une ~ de foie etc. 48
critique f 305
critiquer 305
crocodile m 162
croire 242
croisade f 244
croisement m 122
croiseur m 264
croisière f 137
croissance f 206
croissant m 85
Croix-Rouge f 51
croyant,e 30
crucifix m 244
crudités f/pl 88
cruel,le 27
cube m 141, le mètre ~ 142
cueillir, ~ des fleurs etc. 113
cuillière f 69
cuir m, le manteau en ~ 58
cuire, mettre à ~ 80
cuisine f 65, 79, ~ intégrée 68, faire la ~, le livre de ~ 79
cuisinier,ière m/f 79, f. ~ électrique/à gaz 69
cuisse f 4
cuit,e 79, un bifteck bien ~ 88, la terre ~ 168

337

cuivre *m* 168
culminant,e, le point ~ 302
culotte *f* 59, 60 exp.
culpabilité *f* 270
culte *m* 243
cultivé,e 23
cultiver, ~ des céréales etc. 212
culture *f* 178, 211, ~ de légumes etc. 212, la ~ générale 23, sans ~ 23, la maison de la ~ 121
cure *f* 50
curé *m* 243
curieux,se 23
curiosité *f* 98, 121
curriculum *m*, le ~ vitae 18
C.V. *m* 18
cyclisme *m*, faire du ~ 115
cycliste *m/f* 127
cyclomoteur *m* 127
cylindre *m* 141
cylindrique 141
cyprès *m* 165

D

d'abord 307
dalle *f* 75
dans 310
danse *f* 235
danseur,se *m/f* 235
date *f* 154, le lieu et la ~ 105 ; 154 exp.
dater, ~ de 178
dauphin *m* 161
débarquement *m* 137, 290
débarquer 136
débarrasser, ~ la table 69
déboiser, ~ la forêt vierge 181
débrancher 71
début *m* 301, ~ juin 155, au ~ de 178
décembre *m* 155
décentralisation *f* 285
décentraliser 285
décès *m* 201
décharge *f* 180
déchets *m/pl* 180, accumuler des ~ 183
déchirer 60

déclarer 96, ~ ses revenus 220, ~ la guerre 265
déclin *m* 179, 284
décollage *m*, la piste de ~ 135
décoller 135
décontracté,e 19, 21
décor *m* 238, 238 exp.
décorer 100
découragement *m* 34
décourager, se ~ 15
découvrir 98
décrire 300
décrocher 107
décuple *m* 139
décupler 140
déesse *f* 245
défaite *f* 118, subir une ~ 267, ~ de l'Allemagne 290
défaut *m* 20
défendre 266, 269, ~ les espèces en voie de disparition 183
défense *f* 268, la légitime ~ 270, le comité de ~ 262
déficit *m* 203
défilé *m*, ~ du carnaval/de chars 101
dégagé,e 146
dégager 181, 299
dégâts *m/pl*, causer des ~ 126, être assuré,e contre les ~ des eaux 201
dégradation *f* 180
dégrader, se ~ 180
degré *m* 149
déguiser, se ~ 101
déjeuner *m* 82, le petit ~ 82 ; v. 82
délaissé,e 13
délégué *m*, ~ du personnel 199
délicieux,se 84
délinquance *f*, ~ juvénile 274
délinquant,e *m/f* 274
délit *m* 273
deltaplane *m*, faire du ~ 115
demain 156, 157 exp.
demande *f* 207, ~ d'emploi 197
démarrer 131

démarreur *m* 130
déménager 64
demi,e 139
demi-cercle *m* 141
demi-kilo *m* 143
démissionner 255
démocratie *f* 256
démocratique 256, une constitution ~ 257
démodé,e 58
démographie *f* 41
démographique 41
démonstratif,ve, l'adjectif ~ 297
dénatalité *f* 42
densité *f* 41
dent *f* 3, avoir mal aux ~s 48, se laver/se brosser les ~s 55, la brosse à ~s 56
dentifrice *m* 56
dentiste *m/f*, 51
départ *m* 133
dépasser 131
dépendant,e 21, 280
dépens *m/pl*, aux ~ de 319
dépense *f* 215
dépenser 215
dépensier,ière 21
dépit *m*, en ~ de 322
déplacer, se ~ 124
déportation *f* 278
déporter 277
déposer, ~ une plainte 272
dépression *f* 206
déprimé,e 14
depuis 310
député *m* 255
dérailler 128, 128 exp.
dérailleur *m* 127
dernier,ière *m/f* 139 ; *adj.* être ~ 118
dérouler, se ~ 301
derrière 309, le ~ 3
désagréable 26
désarmement *m* 263
désarroi *m* 31
descendre 66, 124, 173
descente *f*, la piste de ~ 116
descriptif,ve, un langage ~ 303

description f 300
déséquilibre m 284
déséquilibré,e 21
désert m 172, ~ français 284; 175 exp.
désertique, la zone ~ 172
désespérer, se ~ 15
désespoir m 14
déshabiller, s'~ 57
déshérités,ées m/f/pl 37
désirer 77
désobligeant,e 26
désorienté,e 31
désormais 310
désœuvrement m 122
dessert m 88
desservir 125
dessin m 186, 231, ~ animé 239
dessiner 111, 231
dessous m 140 exp.
destinataire m/f 105
déteindre 170
détendu,e 21, 27
détenu m 272
déterminant m, les ~s du nom 297
déterminé,e 21
détester 28
détriment m, au ~ de 319
dette f 216
deuxième m/f 138
deux-pièces m 63
dévaliser 274
dévaluer 219
devant 309
développement m 187, ~ industriel 293, le pays en voie de ~ 293
développer 10, 114, se ~ 33
devenir 195
déverser 181
déviation f 122
devise f 254
dévisser 73
devoir m 187; v. ~ qc. à qn. 216
dévoué,e 20
diable m 242, 245 exp.
dialecte m 296

dialogue m 238
diamant m 62
diapo f 114
dictature f 256
dictionnaire m 237
dieu m 244, D~ 242; 245 exp.
différence f 320, à la ~ de 320
différent,e 320
différer 320
difficile 34
difficulté f 33
diffuser 222
dimanche m 155
dimension f 141
diminuer 205
dinde f 161
dindon m 161
dîner m 83; v. 83
diplomate m/f 255
diplôme m 195
dire, cela veut ~ que 314, vouloir ~ 316
direct,e, un langage ~ 303, en ~ 223
directeur,trice m/f 185
direction f 202, ~ assistée 129
diriger 196, 234, se ~ vers 173
discipline f, ~ sportive 117
discret,ète 27
discrimination f, ~ raciale, être victime de ~ 276
discussion f 305
discuter 305
disparition f, en voie de ~ 183
dispute f 91
disputer, se ~ 92
disque m 234, ~ compact 234, le lancer du ~ 116
disquette f, mettre sur ~ 103
dissimuler 13
distance f, se trouver à une ~ 142
distinctement, parler ~ 295
distingué,e 26
distinguer 299, se ~ 320

distraire, se ~ 98
distribuer, ~ chez les particuliers 226
distributeur m, ~ automatique 77, ~ de timbres 105
diversité f, ~ des opinions 227
divin,e, le service ~ 243
diviser 140, se ~ 301
division f 139
divorce m 43
divorcé,e 17, 43
divorcer 44
dizaine f 139
doctrine f 245
documentaire, le film ~ 239
documentation f 96
dodo m 283 exp.
doigt m 4, le ~ de pied 4; 25 exp.
domaine m, dans le ~ de 314
domestique, l'animal ~ 160
domicile m 17
donc 318
données f/pl, ~ statistiques 144
donner, ~ un sens à sa vie 36, ~ sur la rue etc. 65
dopage m 118
doping m 118
dormir 159 exp.
dortoir m, la cité-~ 119
dossier m 104
douane f 96
douanier m 96
double m 139
doubler 131, 140, l'interdiction de ~ 125
doublure f 60
doucement, rouler ~ 129
douche f 56, 65, prendre une ~ 55
doué,e, pas ~ 23
doute m 31, 34
douter 31
doux,ce 21, 27, 84, il fait ~ 146, un climat ~ 173
douzaine f 139
dramatique 236

drame *m* 236
drap *m* 69
drapeau *m* 254, ~ européen 291
drogue *f* 34, 279, le trafic de la ~, le trafiquant de ~ 279
drogué *m* 280
droguer, se ~ 280
droit *m*, jouir des mêmes ~s 39, ~ de vote 41, 261, faire des études en ~ 189, ~ au respect de la vie privée ..., les ~s de l'homme 258,
droite, prendre/tourner à ~ 123, la presse de ~ 224, à ~ 309; la ~ 259
drôle 93, l'histoire ~ 93
dû, due, être ~ à 317
dur, travailler ~ 197
durée *f* 151
durer, ~ de ... à 178
dynamique 21

E

eau *f* 167, ~ potable 181, ~ minérale 84, la caisse d'~ minérale 77, le cours/la chute d'~ 172, les ~x usées 180, ~ de vie 279; 213 exp.
éblouir 7
échafaudage *m* 75
échange *m*, ~ scolaire 96, 184, 290
échappement *m*, les gaz d'~ 181
écharpe *f* 59
échecs *m/pl*, jouer aux ~ 111
échouer 137, 188
éclair *m* 148, la fermeture ~ 60
éclairage *m* 71, 240
éclater 94 exp.
éclipse *f*, ~ de soleil/de lune 158
école *f* 184, ~ maternelle/ primaire 184, la grande ~ 189, ~ de commerce/de secrétariat 194, E~ des Beaux-Arts 230, aller à l'~,
quitter l'~ 184, avoir ~ 185, les affaires d'~ 186
écologie *f* 180
écologique 180, catastrophes ~ s 182
écologiste *m* 180, les ~s, le parti ~ 259
économe 216
économie *f* 225, 255, ~ de marché, une ~ planifiée etc. 205, les ~s 216, faire des ~ s 216
économique 205, les sciences ~ s 189
économiser 214, 216
écouter 221, 232, faire ~ 234
écran *m* 103, 114, 222
écraser, se faire ~ 126
écrevisse *f* 162, 170 exp.
écrire 103, 104, 296, la machine à ~ 103; 194 exp.
écrit *m* 188
écriture *f* 296
écrivain *m* 236
Ecu *m* 291
écurie *f* 211
eczéma *m* 49
éditeur,trice *m/f* 224
édition *f*, l'~ du dimanche 214, la maison d'~ 226
éditorial *m* 224
édredon *m* 69
éducation *f* 23, le ministre de l'E~ nationale 185, ~ physique et sportive 186, E~ nationale 255
effaceur *m* 187
effectifs *m/pl* 203
effet *m* 318, en ~ 317
effronté,e 21
égal,e, être l'~ de l'homme 40
égalité *f* 40, l'~ entre hommes et femmes etc. 40, ~ devant la loi 258
égard *m*, à l'~ de 312
église *f* 243
égoïste 27
élargir 24, ~ son horizon 98
élastique *m* 73, *adj.* 33 exp.
électeur,trice *m/f* 260
élection *f* 260
électoral,e 260, la campagne ~ 260
électricien,ne *m/f* 196
électricité *f* 70, la panne d'~ 71, la production d'~ 213
électrique 71, le courant etc. ~ 71, le séchoir ~ 70, la cuisinière ~, la cafetière ~ 69, le rasoir ~ 56, la centrale ~ 208, jouer au train ~ 111
électronique, jouer aux jeux ~s 111, l'industrie ~ 208
électrophone *m* 234
élégant,e 58
élément *m* 167, 246, 300
éléphant *m* 161, 164 exp.
élevage *m* 211, ~ de moutons etc. 212
élève *m/f* 185
élevé,e 145, bien/mal ~ 45
élever 45, 163, ~ des porcs etc. 212
élire 261
élite *f* 37
éloigné,e, les parents ~s 44
émancipation *f* 39
émancipé,e 39
émanciper, s'~ 39
emballage *m* 78
embarquement *m* 137
embarquer 136, s'~ 35
embaucher 197
embouchure *f* 172, à l'~ de la Seine 172
embouteillage *m* 122
embrasser 106
embrayage *m* 130
éméché,e 279
émeraude *f* 62
émigration *f* 277
émigré,e *m/f* 277
émigrer 277
émission *f*, ~ régionale etc. 222, ~ publicitaire 228
emmener 129
émotion *f* 13
empereur *m* 256

empire *m* 256, ~ romain 176, ~ de presse 227
emploi *m* 197, la demande d'~ 197, ~ du temps 186, la sécurité de l'~ 200
employé,e *m/f*, ~ de bureau 195
employer 197
employeur,se *m/f* 202
emporter, se laisser ~ 20, l'~ 117
emprisonner 272
emprunter 92, 216
ému,e 13
en, ~ 1789 etc. 178, 154, ~ mai 155
encadrer 231
enceinte 45
encre *f* 187, la cartouche d'~ 187
endommager 181
énergétique, les ressources ~s 213
énergie *f* 21, la source d'~ 213, ~ de l'eau, ~ solaire, ~ du vent 214
enfance *f* 1
Enfant Jésus 100
enfant *m* 1, 45, les petits ~s 44, un ~ sage etc., mettre un ~ au monde, le jardin d'~s, surveiller/garder un ~ 45, ~ de chœur 243
enfer *m* 242
enfin 307
enflé,e 49
enfoncer 73
enfreindre, ~ la loi 268
engager 197, s'~ 31, 35
engrais *m/pl*, ~ chimiques etc. 180, 211
énigmatique 251
énigme *f* 251
enlever 57
ennemi,e *m/f*, ~ héréditaire 288, *adj.* 265, 288
ennuyeux,se 27
enquête *f* 145
enregistrement *m*, se présenter à l'~ 135

enregistrer 223, 234
enrhumé,e 48
enseignant,e *m/f* 185
enseignement *m* 185, tirer des ~s du passé etc. 34
enseigner 185, 187
ensemble *m* 121, 237, le grand ~ 63, le plan d'~ 240, dans l'~ 308
ensolleilé,e 173
ensuite 307
entendre 7, faire ~ 234, s'~ bien/mal 91
enterrement *m* 53
enterrer 53
enthousiasme *m* 22
enthousiaste 21
entourage *m* 37
entracte *m* 238
entraînement *m* 117
entraîner 318, s'~ 117
entraîneur *m* 117
entre-deux-guerres *m* 265
entrée *f* 65, 88, 123, le concours d'~ 190
entreprise *f* 202, le chef d'~ 202
entrer 66, 266
envahir, ~ un pays 266
enveloppe *f* 105, ~ de couette 69
envers *m* 247 exp.
envie *f*, avoir ~ 83
environnement *m* 37, 180, la protection de la nature et de l'~ 182, protéger/respectant l'~ 183
envisager 319
envoi *m*, ~ postal 105
envoyé,e *m/f*, ~ spécial,e 224
envoyer 104, ~ en recommandé 105; 56 exp.
épanouir, s'~ 36
épanouissement *m* 36
épargner 216
épaule *f* 3
épée *f* 263
épeler 296
éphémère 151
épice *f* 81

épicé,e 84
épicéa *m* 165
épidémie *f* 293
épine *f* 166, 166 exp.
épingle *f* 60, ~ de sûreté 60
épique 236
épisode *m* 302
épithète *m* 297
éplucher 80
éponge *f* 186
épopée *f* 236
époque *f* 178, ~ contemporaine 177, à l'~ de 178, 310, ~ littéraire 303
épouser 43
époux,se *m/f* 43
épreuve *f* 187, ~ de sport 117, connaître des ~s 34
éprouver 13, ~ de la sympathie 27, 91
EPS 186
épuiser 181
épuration *f*, la station d'~ 183
épurer 183
équateur *m* 174
équation *f* 140
équerre *f* 187
équilibre *m* 180, ~ biologique 183
équilibré,e 21
équipe *f* 116, travailler en ~ 197
équipement *m* 66, ~ agricole 211, ~s collectifs 122
équiper 67
équitation *f* 116
erreur *f* 248
escalade *f*, faire de l'~ 115
escale *f*, faire ~ 135, 137
escalier *m* 65
escalope *f* 86
escargot *m* 86, 88, 162
escrime *f* 116
espace *m* 192, les ~s verts 121
espèce *f*, défendre les ~s en voie de disparition 183, en ~s 217
espérance *f*, réduire l'~ de vie 280

341

espérer 15
espoir m 14, 33 exp.
esprit m 10, 252, l'état d'~ 10, ~ créatif, la présence/ l'ouverture d'~ 24
essai m, la période d'~ 198
essayer 77, 81
essence f, ~ sans plomb, prendre de l'~ 130
essuie-glace m 129
essuyer 68
est m 171
esthéticienne f 196
estomac m 5, avoir des maux d'~ 48
étable f 211
établi,e, l'ordre ~ 38
établir, ~ un record 118, s'~ 120, 203
établissement m 185
étage m 63
étagère f 66
étain m 168
étape f, marquer une ~ 34, 179
état m, l'~ civil 17, ~ de santé 47; E~ 254, le coup d'E~, le/la secrétaire d'E~ 255, les E~s fédérés 282, l'E~ Français 289; 256 exp.
Etats-Unis m/pl 256
été m 157
éteindre 71
étendre, s'~ 173
éternel,le 151
éternité f 151
ethnique 277
étoffe f 168
étoile f 147, 158, ~ filante 158, ~ du berger 159, en ~ 283; 159 exp.
étoilé,e 146, le ciel ~ 159
étonné,e 15
étonnement m 14
étonner, s'~ 15
étranger m, à l'~ 95; adj. ~,ère, la langue ~ 186, 295
être m, ~ humain 1, v. ~ d'une grande bonté etc. 21
étroit, vivre à l'~ 64

étude f, ~ de marché 145, faire des ~s en lettres etc. 189
étudiant,e m/f 189
étudier 299
Europe f 174, le Conseil de l'~ 291
européen,ne, l'Union ~, le drapeau ~, le système ~ 291, le Conseil ~, les institutions de l'Union ~, la Commission ~, le Parlement ~ 292, la Cour de justice ~ 293
évader, s'~ 272
évanouir, s'~ 49
événement m 34, ~ historique 175
évêque m 243
évier m 65
évoluer 33, 179, 302
évolution f 33, 179
évoquer 300
exact,e , les sciences ~s 190
examen m 51, 188, présenter un ~ 190
examiner, se faire ~ 51
excité,e 21
exclu,e 38
exécutif m 258
exemplaire 26
exemple m, par ~, citer qc. comme ~ 305
exercice m 117, ~ de grammaire 187
existence f 246
existentialisme m 246
existentiel,le 246
exister 246
exode m, ~ urbain 41, 120, ~ rural 42, 284
expansif,ve 27
expansion f 206
expéditeur,trice m/f 105
expérience f 33, 192
expliquer 299
exploitation f 181, ~ agricole 211
exploiter 181, 214
explorateur,trice m/f 171

explorer 171
exportation f 208
exporter 208
exposé m 188
exposer 232, être exposé,e au vent etc. 174
exposition f 232, 302
exprès, faire qc. ~ 319
express m 132
expression f, la liberté d'~ 258, le moyen d'~ 302
exprimer 10, 296, s'~ 302, 315
extérieur,e, le commerce ~ 207, tourner en ~ 239
extermination f 277
exterminer 277
extorquer 275
extra-terrestres m/pl 252
extrême-droite f 259
extrême-gauche f 259
Extrême-Orient m 174
extrémiste m/f 262

F
fabrication f 209
fabriquer 209
fac f 189
façade f 64, 232
fâché,e 26, 92
facteur,trice m/f 105
facture f 216
faculté f 189
fade 84
faible 21, 188
faïence f, le poêle en ~ 66
faillite f 204
faim f, avoir ~ 83
faire 79, ~ cuire 79, ~ les lits etc. 68, ~ le numéro 107, ~ du sport etc. 111, ~ de l'anglais etc. 186, ~ du cheval etc. 115, il fait beau etc. 146, cela fait ... que 310; s'en ~ 15
faisan m 162
fait m, ~s divers 225
fait,e, bien/mal ~ 19
familial,e 43, des allocations ~s 201

familier,ière, la langue ~ 295, le style ~ 303
famille f 43, avoir de la ~, les membres de la ~ 44, le nom de ~ 16
famine f 293
faner, se ~ 166
fantaisie f, le bijou ~ 61
fantôme m 252
farine f 81
fast-food m, aller dans un ~ 88
faucher 211
faune f 160, 172
fauteuil m 66
faux,sse 247
faveur f, en ~ de 319
favori,te 110
fax m 109, par ~ 109
faxer 109
fédéral,e, une constitution ~ 257, un gouvernement ~ 282
fée f, le conte de ~s 236
félicitation f 101
féliciter 102
femelle 160
femme f 1, 20, 43, 39, une ~ émancipée etc. 39, ~ de ménage 67, ~ d'affaires 202
fenêtre f 65
fer m 75, 168, ~ à repasser 70, le fil de ~ 72, la barre de ~ 168, l'âge de ~ 176; 50 exp.
ferme f 211, loger à la ~ 97, travailler à la ~ 212; adj. 21
fermé,e 23
fermer, ~ à clé 66
fermeture f, ~ éclair 60
fermier,ière m/f 210
ferroviaire, le réseau ~ 132
ferry-boat m 136
fertile 211
fertilizer 211
fesses f/pl 3
festival m 234, ~s et prix 241
fête f 99, la Fête Nationale, les ~s de fin d'année, le jour de ~ 99; 102 exp.

fêter 99
feu m, ~ d'artifice 100, ~ de signalisation 122, faire ~ 263; 123 exp.
feuillage m 166
feuille f, ~ de papier 104, les ~s mortes 166
feuilleté m 88
feuilleton m 222, 225
feutre m 186
février m 155
fiançailles f/pl 43
fiancé,e m/f, adj. 43
fiancer, se ~ 43
ficelle f 73
fiche f 71, 104
fichier m 104
fidèle m/f 243
fièvre f, avoir de la ~ 47
figurant m 239
figure f 2
fil m 60, ~ électrique 71, ~ de fer 72, le coup de ~, passer un coup de ~ 108; 61 exp.
file f, prendre la ~ de droite/de gauche 131
filet m 86, ~ à provisions 77
fille f 19, 44, jeune ~ 1, une jeune ~ au pair 45
film m 239, ~ muet/parlant, le genre de ~s, ~ policier etc., réaliser/tourner un ~ 239, ~ publicitaire 228
filmer, ~ une scène etc. 239
fils m 44
fin f 319, ~ septembre 155, ~ de l'année scolaire 185, ~ heureuse etc., à la ~ du roman 301, vers la ~ de 178
fin,e 164 exp.
financement m 217
financer 217
finances f/pl 217, 255
financier,ière 217
firmament m 159
fisc m 219
fiscal,e 220, la recette ~ 220
flan m 142 exp.

flash m, ~ d'information 222
flash-back m 240
flatté,e 27
flatteur,se 27
fleur f 165, cueillir des ~s 113, être en ~s 166, la bataille de ~s 101; 166 exp.
fleurir 166
fleuve m 172
flic m 273 exp.
flocon m, ~ de neige 148
flore f 165, 172
flûte f 233
fluvial,e, le port ~ 136
FN m 259
FO f 199
foi f 243, 271 exp.
foie m 5, avoir une crise de ~ 48
folklorique, la musique ~ 233
foncé, bleu,e ~ 169
foncer 149 exp.
fonction f, occuper une ~ 196
fonctionnaire m/f 196
fond m, la course de ~ 116, la toile de ~ 176, ~ de la mer 171, au ~ 308
fonder 203, se ~ 317
fondre 148
fontaine f 121
football m, jouer au ~ 116
footing m 117
force f, ~ de frappe 264; 18 exp.
forêt f 165, déboiser la ~ vierge 181, 182, respecter la ~ 183; 166 exp
Forêt-Noire f 174
formation f, ~ scolaire 184, ~ professionnelle/continue 194
forme f, ~ géométrique 141
formulaire m 104
fort,e 188, 295, moins ~ 295
fortune f 218, 218 exp.
foudre f 148, 149 exp.
fouilles f/pl 177
foulard m 59
foule f 2

fouler, se ~ la cheville 49
four m, mettre au (dans le) ~ 80
fourchette f 69
fourmi f 162
fournir 208
fourrure f, le manteau de ~ 58
foyer m, une femme au ~ 39, ~ d'étudiants 97, ~ de jeunes 121
fraction f 139
fragile 19
frais m 216, aux ~ de, à mes ~ 216; 257 exp.
frais, fraîche 19, il fait ~ 146
fraise f 87, 87 exp.
framboise f 87
franc,che 21
français m, faire du ~ 186
franchise f 22
franciser 288
franco-allemand,e, l'amitié ~ 287, le traité ~ 290, exemples de coopération ~ 290
francophone 286
francophonie f 286
franglais m 286
fraude f, commettre une ~ 274
frein m 127, 130
freiner, ~ sec 131
frère m 44, les ~s et sœurs 44
friandise f 85
fric m 218 exp.
frigidaire m 69
frigo m 69
froid,e 146, manger ~ 83, avoir ~ 146, prendre/attraper ~ 48, il fait ~ 146, un climat ~ 173; 50 exp., 149 exp.
fromage m 85, un plateau de ~s 88
front m 2, 265
frontalier,ière, la province ~ 288
frontière f 96, 288, ~ naturelle 173

fruit m 86, le jus de ~ 84, cueillir des ~s 113, la culture de ~s 212
fruitier,ière, l'arbre ~ 165
fugue f, faire une ~ 46
fuite f, ~ du temps 150
fumée f 181, 278
fumer 278
fumeur,se m/f 278, le compartiment ~s 133
fumier m 211
funèbre, entreprise de pompes ~s 53
funérailles f/pl 53
fusible m 71
fusil m 263
futur m 150

G

gâcher, ~ sa vie 35
gagner 118, 215, ~ sa vie 198
gai,e 14
gaîté f 14
galaxie f 159
galerie f 130, 232
galette f, ~ des Rois 101
gangster m 271, 274
gant m 59, ~ de toilette 56, la boîte à ~s 130
garage m 63, 130, travailler dans un ~ 197
garagiste m/f 130, 196
garantir 258
garçon m 1, 20, 88
garde-boue m 127
garder 57, 163, ~ un enfant 45
garderie f 45
gardien m, ~ de but 117
gare f 121, 132, le hall/le buffet de ~ 133
garer, ~ la voiture, se ~ 131
garni,e, le plat ~ 88
garnir 80
garniture f 88
Garonne f 174
gaspiller 214, 216
gâteau m 85
gauche 259, prendre/tourner à ~ 123, à ~ 309, la presse de ~ 224

Gaule f 176
gaulois,e 176, G~ m/f 176
gaz m 167, la cuisinière à ~ 69, ~ naturel 214, les ~ d'échappement 181
gaze f 49
gazeux,se 167
gazole m 130
gazon m 112
geler 148
Gémeaux m/pl 253
gendarme,tte m/f 271
gendarmerie f 271
gendre m 44
gène m, la manipulation de ~s 193
général m 264; f ~e 238; adj.~,e, le plan ~ 240, le quartier ~ 264,
génération f 45
généreux,se 20, 27
générosité f 22
génétique f 193
genou m 4
genre m, ~ humain 1, ~ littéraire 235, 303, ~ de films 239
gens m/pl 1
gentil,le 26
gentillesse f 27
géographie f 171, 186, faire de la ~ 186
géographique 171, la carte ~ 171
géologie f 190
géométrie f 141
géométrique, la forme ~ 141
gérant,e m/f 202
gérer 215
Germain,e m/f 176
Germanie f 176
germaniser 288
gestion f, ~ de l'entreprise 200
gibier m 86, 162
girafe f 161
glace f 65, 85, 88
glacial,e, un froid ~ 146
glacier m 172
globe m 171

gloire f 267
gobelet m, un ~ de lait 85
golf m 116, le terrain de ~ 115
gomme f 187
gonfler 127
gorge f, avoir mal à la ~ 48
goudron m 74
goût m 8, avoir un ~ 8, avec ~ 58; 170 exp.
goûter m 83, v. 81
goutte f, ~ de pluie 148, les ~s 48
gouvernement m 254, ~ fédéral 282
gouverner 255
grâce f, ~ à 317, 323
graine f 112
graisse f 85
grammaire f 297, l'exercice de ~ 187
grammatical,e 297
gramme m 143
grand,e 19
grand-mère f 44
Grande-Bretagne f 256
grand-père m 44
grands-parents m/pl 44
grange f 211
granit m 167
graphique, la représentation ~ 145
gras,se 84
grave 8, 46
gravier m 74
gravure f 231
grec m 186
grêle f 148
grenade f 263
grenier m 65, 211
grès m 167
GRETA 194
grève f, faire la ~, ~ d'avertissement 199
gréviste m 199
grille f 163
grille-pain m 69
griller 123 exp.
grillon m 162
grippe f 48

gris,e 168 exp.
gros,se 19, en ~ 226, le ~ plan 240
groseille f 87
grossesse f 45
grossier,ière 26
grossir 143
groupe m 203, 234, ~ de presse 227
grue f 75
gruyère m 85
guépard m 161
guêpe f 162
guérir 50
guerre f 265, ~ civile, faire la ~, déclarer la ~, le prisonnier de ~ 265, les ~s entre la France et l'Allemagne 288, la 2e ~ mondiale 289; 267 exp.
gueule f 162, 164 exp.
guichet m 105, 133
guide m 237
guider 31
guidon m 127
guitare f 233
guitariste m/f 233
gymnase m 185
gymnaste m/f 117
gymnastique f 117, 185

H

habillé,e 58
habiller, s'~ 57
habitant,e m/f 63, 120, loger chez l'~ 97
habitation f, le lieu d'~ 17
habiter 63, 120
habitude f 34, 37
habituer, s'~ 38
haie f 165
haine f 13, 28
haïr 28
hall m, ~ de gare 133
haltérophilie f 116
hanche f 3
handball m 116
hangar m 211
hanté,e 252
haricot m, ~ vert 86

harpe f 233
haschisch m 279
haut,e 142, en ~ de 225, à voix ~ 295, la marée ~ 171
hauteur f 142, le saut en ~ 116
hebdomadaire m 224, adj. 156, la carte ~ 124
héberger 64, 97
hégémonie f 288
hélice f 134
hélicoptère m 134
herbe f 166, les fines ~s, les ~s de Provence 81, arracher les mauvaises ~s 113
héréditaire, l'ennemi ~ 288
héritage m 46
hériter 46
héritier,ière m/f 46
hésitant,e 21
hêtre m 165
heure f 152, Quelle ~ est-il? 152, mettre à l'~ 152, les ~s supplémentaires 197, les ~s de pointe 122, arriver à six ~s pile 153, être à l'~ 153, travailler 35 ~s par semaine 197, la réduction des ~s de travail 200; 153 exp.
heureux,se 18, la fin ~ 301
Hexagone m 174
hibou m 161
hier 156
hindouisme m 242
hirondelle f 161, 164 exp.
histoire f 175, 186, 190, ~ drôle 93
historique, l'événement ~ 175
hiver m 157
HLM f 63
homard m 162
homme m 1, 19, ~ d'affaires 202, les Droits de l'~ 258
honnête 27
honnêteté f 27
honte f 13
hôpital m 51, 121
horaire m 133, ~ souple 197

horizon *m* 24, élargir son ~ 98
horloge *f* 153, 153 exp.
horloger *m* 153
horoscope *m* 252
hors-d'œuvre *m* 88
hospitaliser 51
hôte *m* 91
hôtel *m*, ~ de ville 119
hôtesse *f* 91, ~ de l'air 135
huile *f* 167
humain,e 1, les sciences ~ s 190
humanité *f* 1
humeur *f*, de bonne/mauvaise ~ 20
humide 146, un climat ~ 173
humidité *f* 149
humoristique 93
humour *m* 93
hydro-électrique, l'usine ~ 214
hydrogène *m* 167
hymne *m*, ~ national 254
hypocrite 21

I
ici, d'~ une semaine etc. 311
idéal *m* 29
idéalisme *m* 29
idéaliste 29
idée *f* 10, 304
identité *f* 17, les papiers/la carte d'~ 17
ignorant,e 23
ignorer 270 exp.
il y a 310, ~ ... que 310
île *f* 171
illégal,e 268
illusion *f* 250
illusoire 250
illustrer 306
imaginaire 249
imagination *f* 11, 24, 249
imaginer, s'~ 11, 250
immatriculation *f*, la plaque d'~ 129
immeuble *m* 63
immigration *f* 277

immigré,e *m/f* 277; *adj.* le travailleur ~ 196
immigrer 277
immoral,e 32
immortel,le 53
impair,e 138
impératrice *f* 256
imperceptible 9
imperméable *m* 58
implantation *f*, ~ d'industrie 208, 285
implanter 208, 285
impoli,e 26
importance *f*, attacher/attribuer de l'~ 314
importation *f* 208
importer 208
imposer, s'~ 35
impossibilité *f* 250
impossible 250, 250 exp.
impôt *m* 219
impression *f* 226
imprimante *f* 103, sortir sur ~ 103
imprimé *m* 105
imprimer 226
imprimerie *f* 226
inadaptation *f* 294
inattendu,e 33
inattentif,ve 27
incapable 23
incendie *m*, être assuré,e contre l'~ 201
incertain,e 247
incertitude *f* 248
incolore 169
incompatible 32, 321
inconvénient *m*, les avantages et les ~s 306
incurable 46
Inde *f*, le cochon d'~ 161
indemnisation *f* 201
indépendant,e 21, 36, 195
indicatif *m* 108
indice *m* 271
indifférence *f* 21
indifférent,e 21, 23
individu *m* 37
individualiste *m/f* 37
individuel,le 37

industrie *f* 208, ~ automobile etc., la branche/le secteur d'~ 208, l'implantation d'~ 208, 285
industriel *m* 209; *adj.* ~,e, la ville ~ 119, la zone ~ 121, 209, le développement ~ 293
inégalité *f*, l'~ sociale 40
infecter, s'~ 49
inférieur,e 144, traiter en ~ 276
infirmier,ière *m/f* 51
inflation *f* 205
informaticien,ne *m/f* 196
information *f*, le flash d'~, les ~ s 222
informatique *f* 191
informer, s'~ 24
infraction *f* 269
ingénieur *m* 196
ingénieux,se 23
ingrédient *m* 81
inhumain,e 126
initiative *f* 20, le syndicat d'~ 96
innocence *f* 270
innocent,e 270
inorganique 167
inquiet,ète 248
inquiéter, s'~ 248
inquiétude *f* 248
insatisfaction *f* 22
insatisfait,e 21
insecte *m* 162, être piqué par un ~ 49
insecticide *m* 180
insensibilité *f* 14
insensible 14, 23
insister 314
insolent,e 26
inspecteur,trice *m/f* 271
instable 21
installateur,trice *m/f* 196
installation *f* 66
installer 67, s'~ 64, 120
instant *m* 109
instituteur,trice *m/f* 185
institution *f*, les ~ s de l'Union européenne 292

instruire, s'~ 24
instruit,e 23
instrument m, jouer d'un ~ 233
intact,e, la nature ~ 182
intellectuel,le m/f 23; adj. 10
intelligence f 23
intelligent,e 23
intention f 318
interdiction f, ~ de doubler, le panneau d'~ de stationnement 125
intéressé,e 20, 24, être ~ à 203
intéresser, s'~ 24
intérêt m, les ~s, le taux d'~ 217
intérieur m 255, tourner en ~ 239; adj. ~,e 10, le commerce ~ 207
intermédiaire m, par l'~ de 323
internat m 185
interpréter 237
interrogation f, ~ écrite 188
interrogatoire m 271
interroger 272
interrupteur m 71
intersection f, le point d'~ 141
interview f 224
interviewer 225
intolérant,e 27
intoxication f 182
intoxiquer, s'~ 182
intransigeant,e 21, 27
introduction f 187
invasion f 266
inventer 192
inventeur,trice m/f 192
invention f 192
investir 204
investissement m 204
invitation f 91
invité,e m/f 91
inviter 91
ironique 27, un langage ~ 303
irradié,e 182
irréaliste 250

islam m 242
islamique 242
itinéraire m 97
ivre 279
ivresse f 279

J

jalousie f 13, 14
jaloux,se 14
jambe f 4
jante f 127
janvier m 155
jardin m 112, ~ public 121, le ~ d'enfants 45
jardinage m 112
jardiner 112
jardinier,ière m/f 112
jargon m 296, ~ journalistique 224
jaune 169, 94 exp.
javelot m, le lancer du ~ 116
jazz m 233
jean(s) m 59
Jésus-Christ 242
jeter, se ~ dans 173; 123 exp.
jeu m, le rayon de ~x 77, le terrain de ~x 121, jouer aux ~x électroniques 111, les J~x olympiques 117, les ~x 222
jeudi m 155, 158 exp.
jeune 1, 19, être plus ~ 44, les ~s, le foyer de ~s 121
jeunesse f 1, une auberge de ~ 97; 98 exp.
jogging m 117
joie f 13
joindre 107, ~ les deux bouts 215
joli,e 19
jonc m 166
jonquille f 165
jouer 237, ~ au football etc. 111, 116, ~ d'un instrument de musique 233
jouet m, le rayon de ~s 77
joueur,se m/f 116
jouir, ~ des mêmes droits 39
jour m 156, ~ de fête, ~ férié 99, ~ de l'An 100, quinze

~ s, une quinzaine de ~ s 156, de nos ~s 309, le plat du ~ 88; 149 exp., 157 exp.
journal m 224, ~ intime 103, ~ télévisé 222, dans le ~ 225; 227 exp.
journalisme m 224
journaliste m/f 224
journalistique, le langage ~, le jargon ~ 224
journée f 156
joyeux,se 14
judaïsme m 242
judiciaire m 258
juge m 268
jugé,e, être ~ pour vol etc. 269
jugement m 269
juif,ve 242
juillet m 155
juin m 155
jumelage m 290
jumelé,e 290
jupe f 59
Jura m 174
juré,e m/f 268
jus m, ~ de fruit 84
justice f 255, 268
justifier 305
juvénile, la délinquance ~ 274
juxtaposer 240

K

kantisme m 246
kidnapping m 274
kilo m 143
kilomètre m 142
kiosque m 77, ~ à journaux 226
klaxon m 130
klaxonner 131

L

laboratoire m 192
labourer 211
lac m 172
laid,e 19
laideur f 121
laine f 57, 168, le vêtement en ~ etc. 57

lait *m* 85
laiton *m* 168
lampadaire *m* 71
lampe *f* 71, ~ de poche 71
lancer 116, le ~ du poids etc. 116
Land *m* 282
langage *m* 296, ~ journalistique 224, un ~ abstrait etc. 302
langouste *f* 162
langue *f* 3, 295, ~ étrangère/morte 186, ~ française, le rayonnement de la ~ française 286, les caractéristiques de la ~ française/allemande 287, ~ maternelle etc., ~ parlée/écrite, les niveaux de ~, ~ soutenue/courante/familière/vulgaire 295; ~ verte 298 exp.
lapin *m* 86, 161
large 142
largeur *f* 142
latin *m* 186, faire du ~ 186
lavabo *m* 56, 65
lave-vaisselle *m* 69
laver 68, se ~, se ~ les dents 55, la machine à ~ 70
le patron,ne *m/f* 202
lèche-vitrines *m*, faire du ~ 120
leçon *f*, tirer des ~s du passé etc. 34
lecteur *m*, ~ de cassettes/de disques/de compacts 234, le courrier du ~ 225
lecteur,trice *m/f* 224
légal,e 268
léger,ère 84, 143, 144 exp.
législatif *m* 258
législation *f* 255
législatives *f/pl* 260
légitime, la ~ défense 270
légume *m* 86, cueillir des ~s 113, la culture de ~s 212
lendemain *m* 157, 157 exp.
lentement, rouler ~ 129
léopard *m* 161

lessive *f* 181, faire la ~ 68, ~s sans phosphate 183
lettre *f* 104, 296, ~ recommandée 105, mettre à la boîte aux ~s 104, les ~s 235, faire des études en ~s 189
lever *m*, ~ du soleil 147; *v*. se ~ 6 exp.
levier *m*, ~ de vitesse 130
lèvre *f* 3, le tube de rouge à ~s 56
levure *f* 81
lézard *m* 162
liaison *f* 90
libéral,e, les professions ~s 195, une économie ~ 205, la presse ~ 224, le régime ~ 256, le parti ~ 259
Libération *f* 289
Libéraux *m/pl* 260
libérer 289
liberté *f* 27, ~ de la presse 227, ~ d'opinion etc. 258
librairie *f* 76
libre 110, le temps ~ 110
licenciement *m* 198, la protection contre le ~ 200
licencier 198
lié,e, être ~ 311
lier, se ~ d'amitié 90
lieu *m*, le ~ d'habitation 17, ~ et la date 105, ~ de l'accident 126, ~ de travail 196, avoir ~ 238, les ~x du crime 273
lieutenant *m* 264
lièvre *m* 162, 118 exp., 164 exp.
ligne *f* 108, 141
lilas *m* 165
lime *f* 72
limer, se ~ les ongles 56
limitation *f*, ~ de vitesse 125
limite *f*, les ~s de la science 191
linge *m* 69
linguistique 296
lion *m* 161, L~ 253
liqueur *f* 279

liquide *m*, *adj*. 167
lis *m* 165
lit *m* 66, rester au ~ 47, faire les ~s 68
lithographie *f* 231
litre *m* 142
littéraire, le genre ~ 235, 303, l'œuvre/le prix ~ 236, l'époque ~ 303
littérature *f* 235
littoral *m* 171
livraison *f* 207
livre *f* 143
livre *m* 236, ~ de cuisine 79
livrer 208
local *m*, occuper des locaux 199, *adj*. 268, les collectivités ~s 282
locataire *m/f* 63
location *f*, mettre en ~ 64
lock-out *m* 200
locomotive *f* 133
logement *m* 63
loger 64, 97, ~ chez des amis etc. 97
logique *f*, *adj*. 11
loi *f* 268, le projet de ~ 255, voter/adopter une ~ 256, enfreindre/violer la ~ 268, une ~ fondamentale 282; 270 exp., 271 exp.
Loire *f* 174
loisirs *m/pl*, le temps de ~, l'activité de ~ 110
long,ue 142
longueur *f* 142, le saut en ~ 116
losange *m* 141
louer 64, 97
loup *m* 161, 164 exp.
lourd,e, 84, 143, il fait ~ 146, le style ~ 303; 144 exp.
loyer *m* 63
luge *f*, faire de la ~ 115
lumière *f* 7; L~s 177, le siècle des L~s 246
lundi *m* 155
lune *f* 147, 158, le clair de ~ 147; l'éclipse de ~ 158, 149 exp., 150 exp.

348

lutte f 116
lutter, ~ contre la pollution 183
lycée m 184, aller au ~ 184
lycéen,ne m/f 185
lyrique, le style ~ 303

M

Maastricht, le traité de ~ 291
mâcher 298 exp.
machine f, ~ à coudre 60, ~ à laver 70, ~ à écrire 103
maçon m 196
Madame, Chère ~ 106
magasin m, ~ de meubles etc., le grand ~, avoir qc. en ~ 76
magazine m 224
magicien,ne m/f 251
magie f 251
magique 251
magnétophone m 234
magnétoscope m 114, 222
mai m 155
maigrir 143
maillot m, ~ de bain etc. 59
main f 4
main-d'œuvre f 197
maintenant 309
maire m 119
mairie f 119
maïs m 212
maison f 63, 209, ~ de la presse 76, ~ de la culture 121, ~ de commerce 207, ~ d'habitation 211, ~ d'édition 226, manger à la ~ 83
maître m, être ~ de la situation 35
maîtresse f, ~ de maison 67
majeur,e 17
majoritaire, le suffrage ~ 261
majorité f 255, ~ absolue/relative 261
mal, ne pas être ~ 18, aller ~, se faire ~, se porter ~ 47, avoir ~ au cœur, avoir ~ à la tête etc. 48, s'entendre ~ 91

malade m/f, adj. 47, tomber ~ 47
maladie f 46, 293, avoir une ~ grave etc. 46, l'assurance ~ 201; 50 exp.
maladroit,e 21
mâle m, adj. 160
malgré 322
malheur m 14, 15 exp.
malheureusement 109
malheureux,se, la fin ~ 301
malhonnête 27
malin,igne 23
maltraiter 275
mammifère m 160
manche f 60, M~ 174
manchette f 226
manger, la salle à ~ 65, ~ froid etc. 83, donner à ~ 163; 298 exp.
manif f 262
manifestant,e m/f 262
manifestation f 262, ~ sportive 115
manifester 13, 262, se ~ 315
manipulation f, ~ de gènes 193
manque m, ~ de soins médicaux 293
manquer 21, 24, ~ le train 132
manteau m 58, ~ de fourrure etc. 58
manuel m, ~ scolaire 186, 237
manufacture f 209
maquiller, se ~ 55
marais m 172
marbre m 167
marchand,e m/f 76
marchandise f 207
marche f, les chaussures de ~ 59, passer la ~ arrière 130
marché m 207, aller au ~ 76, bon/meilleur ~ 78, la place du ~ 121, l'étude de ~ 145, l'économie de ~ 205, ~ commun 291, 78 exp., 79 exp.

marcher 111
mardi m 155
mardi-gras m 101
maréchal m 264
marée f, ~s 171, ~ haute, ~ basse 171, ~ noire 181
margarine f 85
marge f, vivre en ~ de la société 38
marginal,e m/f 37, adj. les groupes ~aux 37
marguerite f 165
mari m 43
mariage m 43
Marie et Joseph 100
marié,e 17, 43
marier, se ~ 43
marin m 136
marine f 136, 264
marquer 178, ~ une étape 34, 179, ~ un but 117
marron 19, 169
mars m 155
marteau m 72
marteler 73
martien m 252
marxisme m 246
masque m 101
masse f 2
Massif Central m 174
mat,e 19
match m 117, faire ~ nul 118
matelot m 136
matérialiste 30
matériau m 74, ~ synthétique 168
matériel m, ~ photo 114
maternel,le, la protection ~ 40, l'école ~ 184, la langue ~ 295
maternité f 201
mathématiques f/pl 186, 190
matière f 167, 185 ~ première 167, 213, ~ plastique 168, les ~ s grasses 85, des ~ s recyclables 183; 168 exp.
matin m, le ~, ce ~ 156
matinée f 156
mauvais,e 84, il fait ~ 146, être ~ pour la santé 280

349

mauve 169
maux *m/pl*, avoir des ~ d'estomac 48
mayonnaise *f*, le tube de ~ 77
mécanicien,ne *m/f* 196
méchant,e 26
mécontent,e 26
médecin *m* 50, consulter un ~ 50
médias *m/pl* 221
médiateur *m* 200
médical,e 51
médicament *m* 51
médiéval,e 177
Méditerranée *f* 174, au bord de la ~ 95
méfiant,e 27
méfier, se ~ 28
meilleur, ~ marché 78
mélancholie *f* 14
mélancholique 14
mélanger 80
mélodie *f* 233
membre *m* 3, les ~s de la famille 44, ~ d'un parti 259
mémoire *f* 12, 103
ménage *m* 67, la femme de ~ 67
ménager,ère 67, les appareils ~s, la ~ 67, les ordures ~s 180, l'aide ~ 201
mensonge *m* 248, 248 exp.
mensuel,le 155, la carte ~ 124; le ~ 224
mental,e 10, le calcul ~ 139
mentalité *f* 29
menteur,se 21
mentionner 300
mentir 248, 248 exp.
menu *m* 88
menuisier *m* 196
mépris *m* 13
mépriser 28
mer *f* 171, à la ~ (au bord de la ~) 95, le fond de la ~ 171, ~ du Nord 174; 175 exp.
mercredi *m* 155
mère *f* 44

merle *m* 161
Mesdames 106
mesquin,e 27
message *m* 105, ~ téléphonique 108
messe *f* 243
Messieurs 106
mesure *f* 142, ~ à trois temps 235; 143 exp.
mesurer 142
métal *m* 168
métallurgie *f* 208
métaphore *f* 302
métaphorique, un langage ~ 303
meteo *f* 149
météore *m* 158, 159 exp,
météorologique, les prévisions ~s 149
métier *m* 195
mètre *m*, ~ carré/cube 142
métro *m* 124, la station de ~ 121; 283 exp.
métropole *f* 119
metteur *m*, ~ en scène 139, 238
mettre 57, 80, 231, 234, ~ la table/le couvert 69, ~ en marche 71, ~ du temps 150, ~ à l'heure 152, ~ en scène 238, ~ en pratique 249
meuble *m* 66, le magasin de ~s 76
meubler 66
meurtre *m*, commettre un ~ 274
meurtrier,ière *m/f* 274
mi-août 155
miauler 160
mi-bas *m* 59
midi *m* 152, à ~ 156, dans le ~ 95; 153 exp.
mieux, aller ~ 47
milieu *m*, ~ naturel 180, au ~ 308
militaire, le service ~ 264
mille 138
milliard *m* 138
millier *m* 139

millimètre *m* 142
million *m* 138
mince 19
mine *f* 187, 208, 213, avoir bonne ~ 47
minérai *m* 168
minéral *m* 167; *adj.* ~e 167, l'eau ~ 84
mineur,e 16
ministère *m* 254, ~ des Affaires Etrangères etc. 255
ministre *m*, le conseil des ~s 254, le Premier ~ 255, 281, le Conseil des ~s 292
Ministre-Président *m* 282
minorité *f* 276
minuit *m* 152, à ~ 156
minute *f* 152, 153 exp.
miracle *m*, par ~ 251
mirador *m* 163
mircro-ondes *m* 69
mise *f*, ~ en scène 238
missile *m*, ~ nucléaire 264
mistral *m* 148
mi-temps *f* 117, travailler à ~ 197
mitraillette *f* 263
mitrailleuse *f* 263
mixeur *m* 69
mixte, une économie ~ 205
mobile *m* 31
mode *f*, à la ~ 58
mode *m*, le ~ de vie 34
moderne, les temps ~s 177
modeste 21
modestie *f* 21
moine *m* 244
moineau *m* 161
moins, du ~ 322, ~ ... que 313
mois *m* 155, au ~ de mai 155; 157 exp.
moisson *f*, faire les ~s 212
moissonneuse-batteuse-lieuse *f* 211
molécule *f* 167
mollet *m* 4
mollusque *m* 162
moment *m*, en ce ~ 309
monarchie *f*, ~ constitutionnelle etc. 256

350

monastère m 244
monde m 171, 246, la vision du ~ 29, le champion du ~ 117, mettre un enfant au ~ 45, venir au ~ 45; 246 exp., 247 exp.
mondial,e, la 2ᵉ guerre ~ 289
monétaire, le système ~ européen 291
monnaie f 215, 218; 218 exp., 219 exp.
monologue m 238
monopole m, ~ de l'information 227
Monsieur, Cher ~ 106
montage m 240, la chaîne de ~ 209
montagne f, à la ~ 95, la chaîne de ~s 172; 175 exp.
montant m 217
monter 66, 124, 173, ~ à bord 135, ~ à Paris 283
montre f 62, 152
montrer 315, se ~ généreux, se etc. 20, se ~ intransigeant,e etc. 27
monument m 121
moquer, se ~ 94
moquerie f 94
moquette f 66
moqueur,se 94
moral,e m/f 31, adj. 10, 32; 32 exp.
mordre 160
mort f 52, la peine de ~ 269; 53 exp., 54 exp.
mort m 52, 54 exp.
mort,e 52, les langues ~ s 186, les feuilles ~ s 166; 54 exp.
mortel,le 52
Moselle f 174
mot m 296, le petit ~ 104, faire des ~s croisés 111, les classes de ~ s 297; 298 exp.
motard,e m/f 127
moteur m 129, couper le ~ 130

motif m 316, un tissu à ~ s 60
motivation f 31
motiver 31
motocyclette f 127
motocycliste m/f 127
mou, mol, molle 21
mouche f 162, 164 exp.
mouette f 161
moule f 162
mourir 53, 53 exp.
mœurs f/pl 38
mousse f 166, ~ au chocolat 88
moustique m 162
moutarde f, le tube de ~ 77
mouton m 100, 161, l'élevage de ~s 212
mouvement m 151 exp.
moyen m, les ~s de transport 124, ~ d'expression 302, au ~ de 323
moyen,ne 145, le plan ~ 240
moyen-âge m 177, 237
moyenâgeux,se 177
moyenne f, au-dessus/au-dessous de la ~ 145, en ~ 145
muet,te, le film ~ 239
muguet m 165
multicolore 169, un tissu ~ 60
multiplication f 139
multiplier 140
municipal,e, le conseil ~ 120
municipalité f 119
mur m 64
mûr,e 212
muscle m 5
musée m 121, 232
musical,e 233, la comédie ~ 234
musicien,ne m/f 233
musique f 186, 232, 240, ~ classique etc. 233; 235 exp.
myosotis m 166
mystère m 251, 252 exp.
mystérieux,se 251
mythe m 244
mythologie f 244

N

nager, aller ~ 110
naissance f 16, le contrôle des ~ s 42
naître 16
nappe f 69, ~ phréatique 181
narrateur,trice m/f 299
narratif,ve, le style ~ 303
natalité f, le taux de ~ 42, 293
natation f, faire de la ~ 115
national,e, l'hymne ~ 254, l'Assemblée N ~ 281, le quotidien ~ 224
nationalité f 17, 254
naturalisme m 237
nature f, ~ intacte 182, la protection de la ~ 182
naturel,le, la frontière ~ 173, le milieu ~ 180, les sciences ~ s 186, 190
naufragé m 136
naufrage m 136, faire ~ 137
naval,e 136, le chantier ~ 136
navette f, ~ spatiale 192
navire m, ~ à vapeur 136, ~ de guerre 264
né,e 159 exp.
néant m 246
nef f 244
négatif m 114
négliger, se ~ 56
négociation 204
négocier 199, 204
neige f 146, le flocon de ~ 148
neiger 148
nerf m 5, une crise de ~ s 48
nettoyer 68, faire ~ 70
neveu m 44
nez m 2
nicotine f 278
nid m 163
nièce f 44
nier 272
nihiliste 30
niveau m, le ~ de vie 37, 293, au ~ de 313
noces f/pl, le voyage de ~ 43
nocif,ve 280

351

Noël, joyeux ~, le Père ~, l'arbre de ~, la bûche de ~, le réveillon de ~ 100
noir,e 169, 170 exp.
Noirs m/pl 276
nom m 297, le ~ de famille 16, les déterminants du ~ 297
nombre m 138
nombril m 247 exp.
non-assimilation f 294
non-fumeur,se m/f 278, le compartiment ~s 133
nord m 171, au ~, dans le ~ de la France, au ~ de Paris 172
nord-est m 171
note f 89, 188, 216, 235, prendre des ~s 187
noter 187, il faut ~/on peut ~ 314
notion f 12
nourisson m 45
nourrice f 45
nourrir, se ~ 82
nourriture f 82
nouveau, nouvel, nouvelle, la ville ~ 119
nouvelle f 225, 236
novembre m 155
nuage m 146
nuageux,se 146
nucléaire m 213, adj. l'accident ~ 181, 182, la centrale ~ 193, 208, 214, le missile ~ 264
nuisances f/pl 121
nuit f 156, ta tombée de la ~, dans la ~ 156, la table de ~ 66, passer la ~ 97; 149 exp.
numéro m, ~ de téléphone 107, composer/faire le ~ 107, se tromper de ~ 108

O

objectif,ve 249
objectivité f 249
objet m, ~ précieux 62, le complément d'~ direct etc. 297

obscur,e 7
obscurité f 7
obsédé,e 252
observation f 158
observatoire m 159
obtenir, ~ plus de 50 % des voix etc. 261
Occident m 174
occidental,e 178
occupation f, la zone d'~ 290
occupé,e 108
occuper 266, ~ une fonction etc. 196, ~ des locaux 199, s'~ 45
Océan m, à l'~ atlantique 95, à l'~ 172
octobre m 155
odeur f 8
odorat m 8
off 240
offensant,e 26
office m 243, ~ du tourisme 96
officier m 264
offre f 207
offrir 92
oie f 161, 212
oignon m 81, la soupe à l'~ 88; 81 exp.
œil m 2
œillet m 165
oiseau m 161, 135 exp.
oisiveté f 23 exp.
oléoduc m 213
olympique, les Jeux ~s 117
ombre f 147
omelette f 81 exp.
omnibus m 132
oncle m 44
ondes f/pl 221
ongle m 4, se couper/se limer les ~s 56; 6 exp.
opaque 170
opéra m 121, 234
opération f 51
opéré,e, être ~ de qc. 51
opérette f 234
opinion f 304, se faire une ~ 304, le sondage d'~ 145, la presse d'~ 224, la diversité des ~s 227, la liberté d'~ 258
opium m 279
opposé,e 32
opposer, s'~ 32, 321
opposition f 255, 321
oppression f 258
or m 168; 168 exp., 298 exp.
orage m 148
orageux,se 146
oral m 188
orange f 87
orbite m 159
orchestre m 234, le chef d'~ 234
ordinateur m 103, mettre sur ~ 103
ordonnance f 51
ordre m 244, l'~ établi 38, par ~ alphabétique 103
ordures f/pl, ~ ménagères 180
oreille f 2, la boucle d'~ 62
oreiller m 69
organe m 4
organique 167, des engrais ~s 211
orge f 212
orgue m 233
Orient m 174
oriental,e 178
orientation f, changer d'~ 35
original m 231; adj. ~,e 21
origine f, être à l'~ de 317
orphelin,e m/f 45
orteil m 4
orthographe f 296
OS 196
os m 5
otage m 274
ouest m 171, à l'~ 172
œuf m 85, 81 exp., 87 exp.
ouïe f 7
ourlet m 60
ours m 161
ourse f, la Grande O~ 159
outil m 72, la boîte à ~s 72
outre, en ~ 307
ouvert,e 23

ouverture f, l'~ d'esprit 24, ~ de la province 285
ouvrage m, ~ spécialisé 237
œuvre f, ~ d'art 230, ~ littéraire 236
ouvrier,ière m/f 196, ~ qualifié, ~ spécialisé 196
ovale 19
oxygène m 167
ozone m, la couche d'~ 181

P

Pacifique m 174
page f, en ~ ..., en première etc. ~, en haut de la ~, en bas de la ~ 225
pain m 85, ~ complet, le petit ~, la tranche de ~ 85; 75 exp.
païn,ne m/f, adj. 244
pair m, une jeune fille au ~ 45
pair,e 138
paix f, signer la ~ 267; 267 exp.
pâle 19
panier m 77
panne f 192, en ~ 74, avoir une ~, tomber en ~ 130
panneau m, ~ de signalisation etc. 125, ~ publicitaire 228
panoramique m 240
pansement m 49, ~ adhésif 49
pantalon m 59
panthère f 161
pape m 243
papeterie f 104, le rayon ~ 77
papier m, les ~s d'identité 17, ~ peint 66, la feuille de ~ 104, ~ recyclé 183
papillon m 162, 153 exp.
paquebot m 136
pâquerette f 166
Pâques m 101
paquet m 105, faire un ~ 77, ~ de cigarettes 278
paquet-cadeau m, faire un ~ 77

paraître 23, 224
parallèle m, établir un ~ 312
parapente m, faire du ~ 115
parasol m, le pin ~ 165
parc m 121, ~ technologique 191
parce que 317
parcours m, ~ de santé 117
pare-brise m 129
pare-chocs m 129
pareil,le, par un temps ~ 147
parents m/pl 44, les ~ proches/éloignés 44
paresse f 21, 23 exp.
paresseux,se 21
parfum m 8
Paris, à ~ 95
parking m 63, 131, ~ souterrain 131
parlement m 255, ~ européen 292
parler 295, 299, ~ distinctement 295; 175 exp.
paroisse f 243
parole f 296, 298 exp.
part f, de la ~ de 109, d'une ~ ... d'autre ~ 306
partager 41
partenaire m, les ~s sociaux 200
parti m 259, ~ conservateur etc., le chef de ~, le membre d'un ~ 259
participation f, ~ des salariés aux bénéfices ... 200
particuliers m/pl 226
partie f 300, les ~s du corps 2, dans la première ~ 178
partir 156, à ~ de 310
partition f 235
passable 188
passage m 179, ~ pour piétons 122
passager,ère m/f 133, adj. 151
passé m 34, 150, dans le ~ 310
passeport m 17, le contrôle des ~s 96
passer 76, 107, 129, 188, 223, ~ voir 91, ~ par une phase de 34, ~ son temps 150, ~ prendre 129, ~ pour 304, ~ à 308, se ~ 301
passe-temps m 110
passionné,e m/f 110, adj. 21
passionner, se ~ 110
pasteur m 243
pastille f 48
pâté m 86
pâtes f/pl 85
patinage m, faire du ~ 115
patinoire f 116
pâtisserie f 76
patois m 296
patrimoine m, ~ culturel 294
patron,ne m/f 88
patronat m 199
pâturage m 211
pauvreté f 34
pavillon m 63
payer 78, 217; 218 exp.
pays m, ~ en voie de développement 293, ~ sous-développé 293
paysan,ne m/f 210
pays-membre m, les ~s de l'Union européenne 291
péage m 123
peau f 5, 163, bien/mal dans sa ~ 13
pêche f 86, aller à la ~, la canne à ~ 163, le port de ~ 136
pêcheur m 163
pédale f 127, 128 exp.
pédaler 127, 128 exp.
peigne m 56, 57 exp.
peigner, se ~ 55
peindre 72, 231
peine f, ~ de mort etc. 269
peintre m 196, 230
peinture f 75, 230
pèlerinage m 244
pelle f 68, 112
pelleteuse f 75
pellicule f 114
pelouse f 112
pendant 311, ~ la période de 311

pendule *f* 153
pénétrer 266
pensée *f* 11, affectueuses ~s 106
penser 11, 304
Pentecôte *f* 101
perceptible 9
percer 73
perceuse *f* 72
percevoir 9
perche *f*, le saut à la ~ 116
perdre 118, ~ du poids 143
perdrix *f* 162
père *m* 44
période *f* 34, 178, pendant la ~ de 178, 311, ~ d'essai 198
périphérie *f* 63, 119
périphrase *f* 302
perle *f* 62
permanente *f* 56
permis *m*, ~ de conduire 17, 125
perron *m* 232
perroquet *m* 161
persécuter 276
persécution *f* 277
persil *m* 81
personnage *m* 16, 238, 300
personnalité *f* 33
personne *f* 16, la ~ seule, les ~s âgées 37
personnel *m* 203, le délégué du ~ 199
personnel,le 16
perspective *f* 29
perte *f*, travailler à ~ 203
peser 143, 144 exp.
petit *m* 160, en ~ 226, *adj.* ~,e 19
petite-fille *f* 44
petit-fils *m* 44
pétrole *m* 213, les pays producteurs de ~ 213
pétrolier *m* 136, *adj.*~,ière, le port ~ 213, l'accident ~ 181, 182, le choc ~ 214
peuple *m* 257
peuplier *m* 165
peur, avoir ~ 14, 15 exp.

phare *m* 129, 136
pharmacie *f* 51
phase *f*, passer par une ~ de 34
philosophe *m/f* 245
philosophie *f* 245
philosophique 245
phosphate *m* 183
photo *f* 113, prendre/faire une ~, prendre en ~ 113, l'appareil ~, le matériel ~ 114, ~ en couleurs 169
photocopie *f* 104
photographe *m/f* 114
photographie *m* 113
photographier 114
photographique 114
phrase *f* 297
phréatique, la nappe ~ 181
physique *m* 18; *f* 186, 190; *adj.* l'éducation ~ 186
physiquement 18
pianiste *m/f* 233
piano *m* 233, jouer du ~ 111
pichet *m*, un ~ de vin 85
pie *f* 161
pièce *f* 65, 78, 215, ~ de théâtre 236, 237
pied *m* 4, le doigt de ~ 4, aller à ~ 123, au ~ de 172; 6 exp., 61 exp., 175 exp.
pierre *f* 74, 167, ~ précieuse 62, l'âge de la ~ 176; 169 exp.
piéton,ne *m/f* 123, le passage pour ~s 122; *adj.* la zone ~ 121
pigeon *m* 161
pile *f* 71, à six heures ~ 153
pilier *m* 232
pilote *m* 135
pilule *f* 48, 50 exp.
pin *m*, ~ parasol 165, la pomme de ~ 166
pince *f* 72, 74 exp.
pinceau *m* 72
ping-pong *m* 116, jouer au ~ 111
pioche *f* 112
pipe *f* 278

pipeline *m* 213
piqué,e, être ~ par un insecte 49
piquer 160, 52 exp., 164 exp.
piqûre *f* 52
piscine *f* 121, aller à la ~ 110
piste *f*, ~ de descente 116, ~ de décollage etc. 135
pistolet *m* 263
pitié *f* 13
placard *m* 66, 68
place *f*, ~ du marché 121
plafond *m* 64
plaie *f* 49
plaine *f* 171, ~ du Rhin 174
plainte *f* 272, porter ~ 268, déposer une ~ 272
plaisance *f*, le port de ~ 136
plaisanter 93
plaisanterie *f* 93
plaisantin *m* 93
plaisir *m* 18 exp.
plan *m* 187, 231, 300, ~ de la ville 121, ~ général etc. 240, au premier ~ 308, sur le ~ de 313
planche *f* 74, 112, ~ à repasser 70, faire de la ~ à voile 115; 75 exp.
plancher *m* 65
planétarium *m* 159
planète *f* 158, 171
planeur *m*, faire du ~ 115
planifié,e, une économie ~ 205
plante *f* 112, 165
planter 73, 112, 113 exp.
plaque *f*, ~ d'immatriculation 129
plastique *m*, le sac en ~ 77, en ~ 168, *adj.* la matière ~ 168, les arts ~s 186, 230
plat *m* 69, 79, ~ du jour etc., ~ principal 88; 70 exp.; *adj.* ~,e, l'assiette ~ 69
platane *m* 165
plateau *m* 69, 172, ~ de fromages 88
platine *f*, ~ laser 234
plâtre *m* 75

play-back *m* 234
plein,e, être ~ d'énergie etc. 21; faire le ~ 130
pleuvoir 147
plomb *m*, l'essence sans ~ 130
plombier *m* 196
plongée *f* 240, faire de la ~ 115
plonger 110
pluie *f* 147, sous la ~ 147, la goutte de ~ 148, être exposé,e à la ~ 174, les ~s acides 180; 149 exp.
plume *f* 163
plus, de ~ 307, ~ ... que 313
pluvieux,se 146
pneu *m* 127, 129, crever un ~ 128
poche *f*, la lampe de ~ 71
poêle *m* 66, ~ en faïence 66; *f* 68
poème *m* 236
poésie *f* 236
poète *m*, poétesse *f* 236
poétique 237
pognon *m* 218
poids *m* 143, le lancer du ~ 116, prendre/perdre du ~ 143; 143 exp.
poignard *m* 263
poignet *m* 4
poil *m* 163
point *m*, ~ d'intersection 141, ~ culminant 302, ~ de vue 304, bifteck à ~ 88
pointe *f*, les heures de ~ 122
pointure *f* 58
poire *f* 86, 87 exp.
poirier *m* 165
pois *m*, le petit ~ 86, un tissu à ~ 60
poisson *m* 86, 162, la soupe de ~ 88; P~s 253
poissonnerie *f* 76
poitrine *f* 3
poivre *m* 81
poivrer 81
pôle *m*, ~ nord,sud 174
poli,e 26

police *f* 271, l'agent de ~, le commissariat de ~ 271
policier,ière 271, le roman ~ 236, le film ~ 239
politesse *f* 27
politique *f* 225, 259, faire carrière dans la ~ 196, 260 exp.; *adj.* l'émission ~ 222, l'homme/la femme ~ 259
polluer 180
pollution *f* 180, ~ de l'air 121, lutter contre la ~ 183
pommade *f* 49
pomme *f* 86, ~ de pin 166, ~ de terre 86, 212; 87 exp.
pommier *m* 165
pompe *f* ~ à vélo 127; 128 exp.; l'entreprise de ~s funèbres 53
pompier *m*, la voiture de ~s 128
ponctuel,le 153
pont *m* 136
pop, la musique ~ 233
population *f* 41, ~ active 206
porc *m* 86, 212
porcelaine *f* 168, 164 exp.
port *m* 136, ~ fluvial etc. 136, ~ pétrolier 213
portail *m* 65, 244
porte *f* 65, ~ d'entrée 65
porte-avions *m* 264
porte-bagage *m* 127
portefeuille *m* 215
porte-monnaie *m* 215
porter 57, se ~ bien etc. 47
portière *f* 129
portrait *m*, faire le ~ 300
positivisme *m* 246
possessif,ve, l'adjectif ~ 297
possibilité *f* 250
possible 250
postal,e 105, la carte ~, l'envoi ~ 105
poste *f*, ~ restante 105
poste *m*, ~ de radio etc., ~ portatif 222; occuper un ~ 196
poster *m* 231, *v.* 105

pot *m*, ~ catalytique 183
potable, l'eau ~ 181
potage *m* 88
potager *m* 112
pou *m* 162
poubelle *f* 68
poule *f* 161, 164 exp.
poulet *m* 86, 212
poumon *m* 5
pour, le ~ et le contre 306
pourboire *m* 89
pourcentage *m* 145, ~ élevé d'analphabètes 293
pourquoi, c'est ~ 318
poursuivre 272
pourtant 322
pousser 165
poussière *f*, le chiffon à ~, enlever la ~ 68
poussin *m* 161
poutre *f* 75
pouvoir *m* 255, ~ d'achat 205, la séparation des ~s 258; *v.* 25 exp.
prairie *f* 211
pratique *f*, mettre en ~ 249
pratiquer, ~ l'équitation etc. 116
pré *m* 211
prêche *m* 243
précieux,se, l'objet ~, la pierre ~ 62
préciser 10
préfecture *f* 120
préférer 83, 313
préhistoire *f* 176
préjugé *m* 98, 277
prélever 217
préméditation *f*, agir avec ~ 270
premier,ière *m/f* 138, 184, 238; *adj.* être ~ 118
prendre 89, 77, ~ froid 48, ~ à droite/à gauche 123, ~ son temps 150, ~ pour 304
prénom *m* 16
préparatifs *m/pl*, ~ de voyage 97
préparer 79
préposition *f* 297

355

prescrire, ~ des comprimés etc. 48
présence f, la ~ d'esprit 24
présent m 150, dans le ~ 310
présentateur,trice m/f 222
présentation f 226
présenter 90, 223, 255, 300, ~ ses condoléances 53, ~ ses vœux 100, ~ un examen 190, se ~ à l'enregistrement 135
préserver, ~ l'équilibre biologique 183
président m, P~ de la République 281
présidentielle f 260
presqu'île f 171
presse f 223, la maison de la ~ 76, ~ d'opinion etc. 224, l'agence de ~ 225, 226, avoir bonne/mauvaise ~, la concentration de la ~, l'empire de ~, le groupe de ~ 227, la liberté de la ~ 227, 258
pressing m 70
pression f, contrôler la ~ des pneues 130
prestation f 200
prestige m 38
prêt,e 80
prétentieux,se 27
prêter 92, 216
prêtre,sse m/f 243
preuve f 272, 305, faire ~ d'initiative etc. 20
prévisions f/pl, ~ météorologiques 149
prévoir 146
prier 242, Je vous prie d'agréer .. 106
primaire, l'école ~ 184, le secteur ~ 206
primevère f 165
prince,sse m/f 256, 257 exp.
principal,e m/f 185; adj.la proposition ~ 297
principe m 30, 33 exp.
printemps m 157, 164 exp.
prioritaire, la route ~ 125

priorité f 125, la balise de ~ 125
prise f, ~ de courant 71, ~ de vue 240
prison f 272, ~ à vie 269
prisonnier m 272, ~ de guerre 265
prix m 78, ~ littéraire 236; 205 exp.
problème m 33
procès m 268
proche, les parents ~s 44
Proche-Orient m 174
procureur m 268
producteur,trice m/f 239; adj. les pays ~s de pétrole 213
production f 209, ~ d'électricité 213
produire 209, se ~ 126
produit m 209, ~ de beauté 56, ~ agricole 211, des ~s respectant l'environnement 183
prof m/f 185
professeur m 185, ~ de français etc. 185
profession f 195, les ~s libérales 195
professionnel,le 195, la formation/le recyclage ~ 194
profit m, au ~ de 319
profond,e 142
profondeur f 142, ~ de champ 240
programme m, ~ de radio etc. 222
progrès m 191
projecteur m 114
projet m, ~ de loi 255
projeter 114
prolongation f, ~ des congés 200
promener, aller se ~ 111, se ~ 120; 111 exp.
promotion f 228
promotionnel,le 228
prompt,e 106
pronom m 297
prononcer 296
pronostic m 145

proportionnel,le, le suffrage ~ 261
proposer 89
proposition f, ~ principale etc., les termes de la ~ 297
propre 55
propriétaire m/f 63
propriété f 258
prose f 236
prospectus m 96, 228
prospère 203
prospérer 203
prospérité f 203
protection f 182, la ~ maternelle 40, ~ de la nature et de l'environnement 182, ~ contre le licenciement, ~ sociale 200
protégé,e 174
protéger 163, ~ l'environnement 183
protestant,e m/f, adj. 243
protester 262
prouver 272, 305
province f 284, la ville de ~ 119, ~ frontalière 288, l'ouverture de la ~ 285, le quotidien de ~ 224
provincial, e m/f, adj. 284
proviseur m 185
provision f, le filet à ~s 77
provoquer 126, 317
prudemment, rouler ~ 129
prune f 86
prunier m 165
Prusse f, le roi de ~ 257 exp.
PS m 259
psychologie f 190
public,ique, le jardin ~ 121
publicitaire m/f, adj. 228, l'annonce etc. ~ 228
publicité f 227, l'agence de ~ 228, ~ à la télé etc. 222
publier 225
puce f 162, 78 exp.
puis 307
puisque 317
puits m 112
pull(-over) m 59
punaise f 162

punir 269
punition f 269
pyjama m 59
Pyrénées f/pl 174

Q

quadruple m 139
quadrupler 140
quai m 133
qualifé,e, l'ouvrier ~ 196
qualificatif,ve, l'adjectif ~ 297
qualité f 20, ~ de la vie 183
quant à 312
quart m 139
quartier m, ~ résidentiel 63, ~ commerçant etc. 121, ~ général 264
quatrième f 184
quelqu'un, c'est ~ de méfiant etc. 27
queue f 163, 164 exp.
quincaillerie f, le rayon ~ 77
quintal m 143
quinzaine f 139, une ~ de jours 156
quinze, ~ jours 156
quitter, ~ l'école 184, Ne quittez pas! 107
quotidien m, ~ national etc. 224, adj. ~,ne 157

R

raccommoder 60
raccrocher 107
race f, ~ humaine 1
racial,e 276, la discrimination ~ 276, la ségrégation ~ 278
racine f 140
racisme m 276
raciste m/f, adj. 276
raconter 299
radiateur m 66
radio f 221, le poste de ~ 222, se faire faire une ~ qc. 52
radioactif,ve 182
radioactivité f 181
radiodiffusion f 221
raffinerie f 213
rail m 132

raisin m 87, 212
raison f 10, 316, pour quelle ~ 316, la ~ pour laquelle 316, 12 exp.,303 exp.
raisonnable 10, 45
ralenti m 240
ralentir 131
rallonge f, ~ électrique 71
ramasser 68, 113
rame f, le canot à ~s 136
ramener 129
rançon f 274
randonnée f, faire de la ~ 111
rang m 81 exp.
ranger 68
rapide m 132
rappeler 107, ~ qn. au bon souvenir 106, se ~ 12
rapport m 237, 313
rapporter 203, se ~ 311
rapproché,e, le plan ~ 240
rapprochement m 290
raquette f, ~ de tennis 115
raser, se ~ 55
rasoir m, ~ électrique 56
rat m 160
râteau m 112
rater, ~ sa vie 35
rationalisation f 210
ratisser 113
rayé,e, un tissu ~ 60
rayon m 127, ~ vêtements etc. 77
rayonnement m 283, ~ de la langue française 286
rayons m/pl 51
rayures f/pl, un tissu à ~ 60
réaction f 26
réagir 26
réalisateur,trice m/f 239
réaliser 249, ~ un film 239
réalisme m 237
réaliste 29, le style ~ 303
réalité f 249, en ~ 249, le sens des ~s 29
recepteur m 234
récession f 206
recette f 79, ~ fiscale 220
recevoir 105

réchauffement m, ~ de l'atmosphère 181
recherche f 191, le centre de ~ 191, exemples de ~s controversées 193
rechercher, ~ un gangster etc. 271
récit m 236
récolte f 212
récolter 212, 212 exp.,213 exp.
recommandé,e, envoyer en ~, la lettre ~ 105
recommander 89
recommencer, ~ à zéro 35
réconcilier 41, se ~ 290
reconnaissance f 13
reconversion f 285
reconvertir, se ~ 285
recopier 187
record m, établir un ~ 118
récréation f 186
rectangulaire 141
reçu m 217
reçu,e, avoir été ~ 188
recul m, avec du ~ 25
reculer 131
recyclable, des matières ~s 183
recyclage m 183, ~ professionnel 194
recyclé,e, du papier ~ 183
recycler, se ~ 194
rédacteur,trice m/f 224
rédaction f 187
redevance f, ~ de télévision 222
rédiger 103, 224
redoubler, ~ une classe 185
redressement m 206
redresser 206
réduction f, ~ des heures de travail 200
réduire, ~ l'espérance de vie 280
réel,le 249
réévaluer 219
refaire 72, 36 exp.
référence f, faire ~ 311
référer, se ~ 311

réfléchir 11
refléter, se ~ 316
réflexion f 11
refouler 13
réfrigérateur m 69
réfugier, se ~ dans la drogue etc. 34
refuser 92, 307
regarder 237, ~ la télé 222
régime m 82, l'Ancien R~ 176, ~ libéral etc. 256, ~ de Vichy 289
régional,e, l'émission ~ 222, le quotidien ~ 224; les ~s f 260
régionalisation f 285
règle f 187, les ~s de la vie en société 38
régler 152, 217; 153 exp.
régner 255
regonfler 127
regret m 13, 14
regretter 15, 270
régulariser 173
rein m 5
reine f 256
réintégrer, se ~ 41
rejeté,e 38
rejeter 255
réjouir, se ~ à l'idée ... 14, 106
relancer 206
relation f 26, 287, 313, les ~s commerciales 207
relever 299
relief m 171, 231
relier 173, 240
religieux,se m/f 244, adj. 242
religion f 242, la liberté de ~ 258
rembourser 216
remédier 183
remercier 106
remettre, se ~ 50; 157 exp.
remonter 31, 152, ~ à 178
remords m 31, 270
remorquer, se faire ~ 130
remplir 103
remporter, ~ la victoire 117, 266

remuer 80
Renaissance f 177
renard m 161
Renault, travailler chez ~ 197
rencontre f, ~ du 3e type 252
rencontrer 91, 12 exp.
rendez-vous m 90, se donner ~ 91
rendre, ~ visite 91
renfermé,e 27
renseignement m, les ~s téléphoniques 108
renseigner, se ~ 24
rentable 203
rentrée f, ~ des classes 185
renverser 255
renvoyer 198
réparation f 72
réparer 72
repas m 82, 79, ~ du soir 83
repassage m, faire du ~ 70
repasser 70, le fer/la planche à ~ 70
repeindre 72
repentir m 270, v. se ~ 270
répétition f 238
répondeur m, ~ téléphonique 108
reporter m 224
repos m, l'aire de ~ 123
reposer 317
repousser 156
représentant,e m/f 196
représentation f 238, ~ graphique 145
représenter 315, se ~ 11
reproduction f 231
reptile m 162
républicain,e 254; les ~s m 260
République f, ~ Fédérale d'Allemagne 256, ~ française 176, 254, la constitution de la Ve ~ 281, le Président de la ~ 281
requin m 162
RER m 124
réseau m, ~ ferroviaire 132

réservation f, prendre/annuler une ~ 97
réservé,e 27
réserver 89, 96
réserves f/pl 322
résidence f, ~ secondaire 63
résidentiel,le, le quartier ~ 63, 121
résistance f 289, ~ à l'oppression 258
respect m 27
respecter 28, 125, 268, ~ la forêt 183
respirer 248 exp.
ressemblance f 319
ressemblant,e 320
ressembler, se ~ 320
ressentir 9, 13
ressortissant,e m/f 254
ressources f/pl, ~ énergétiques 213
restaurant m 87, aller au ~ 88
Restauration f 176
rester, ~ au lit 47
restructurer 209
résultat m 318
résulter, il en résulte 318
résumé m 299
résumer 299
rétabli,e 50
rétablir, ~ l'équilibre biologique 183
rétablissement m 49, 106
retard m, arriver en ~ 153
retarder 152
retour m, ~ en arrière 240
retraite f 198, 201, 266
retransmettre 223
rétroviseur m 129
réunion f, la liberté de ~ 258
réussir 188
rêve m 34, 250
réveil m 152
réveillon m, ~ de Noël/du jour de l'An 100
révéler 315, se ~ 315
revenant m 252
revendication f, les ~s des syndicats 200

revendiquer 200
revenu m 198, déclarer ses ~s 220
rêver 250
rêveur,se 30
révision f 130
revisser 72
revoir 106
révolter, se ~ 38
Révolution f, ~ française 176
revue f 224
rez-de-chaussée m 63
Rhin m, la plaine du ~ 174
Rhône m 174
rhume m 48
rideau m 66
ridicule 93, tourner en ~ 93
rigoler 93
rime f 300, 303 exp.
rimer 303 exp.
rire 92, 94 exp.
risque m, les ~s du tabac 278
rivage m 172
rivalité f 288
rive f 172, sur la ~ gauche etc. 172
rivière f 172
riz m 86
robe f 59
robinet m 65
robot m 210
robotisation f 210
robuste 19
rocher m 167, 172
roi m 256, les ~s Mages 100; 257 exp.
rôle m 237, le second ~ 239
romain,e m/f 176, adj. l'empire ~ 176
roman m, ~ policier etc. 236, filmer un ~ 239
romancier,ière m/f 236
romantique 30
romantisme m 237
Rome, le traité de ~ 291
rond,e 19, 141, 141 exp, 142 exp.
rose f 165, 166 exp.
roseau m 166
rossignol m 151

rôti m 86
rôtissoire f 69
roue f 127, 140 exp
rouge 169, 170 exp.
rouler 127, ~ lentement etc. 129; 132 exp.
route f 122, ~ prioritaire, le code de la ~ 125, l'accident de la ~ 126
royaliste 257 exp.
royaume m 256, 257 exp.
RPR m 259
rubis m 62
rubrique f 225, sous la ~ 225
rue f 122, ~ commerçante 121; 123 exp.
rugby m 116
ruine f, ~s 177
rupture f 179
rural,e 210, l'exode ~ 42
ruraux m/pl 210
rythme m 235, 300

S

sable m 74, 167
sabre m 263
sac m 77, 186
sacrifier 244
sage 45
Sagittaire m 253
saignant,e, bifteck ~ 88
saigner 49
sain,e, une économie ~ 205
saint,e m/f 244
saint-glinglin f 245 exp.
Saint-Sylvestre f 100
saisir 1272
saison f 157
saisonnier,ière 157
salade f 86, 87 exp.
saladier m 69
salaire m 40, 198, l'augmentation des ~s 200
salarié m 198, la participation des ~s ... 200
sale 55
saler 80
salle f, ~ de bain(s) 56, 65, ~ de séjour, ~ à manger 65,

~ de concert/des fêtes 121, ~ de classe 185
salon m 65, ~ de thé 88
salopette f 60
salutation f, ~s distinguées 106
samedi m 155
sanctionner 269
sandwich m 85
sang m 5, 49
sanglier m 162
santé f 47, être en bonne ~ 47, l'état de ~ 47, le parcours de ~ 117, être mauvais,e à la ~ 280; 50 exp.
santons m/pl 100
Saône f 174
saoûl,e 279
sapeurs-pompiers m/pl 121
saphir m 62
sapin m 165
sardine f 162
satisfaction f 13, 22
satisfait,e 26
saucisse f 86, ~ sèche 86
saucisson m 86
saule m, ~ pleureur 165
saumon m 86, 162
saut m, ~ à skis 116, ~ en longueur etc. 116
sauter 116
sauterelle f 162
sauvage 27, l'animal ~ 160
sauver 183
savant,e m/f 192, adj. 23
savoir 24, à ~ 315; 25 exp.
savoir-faire m 191
savon m 56, 56 exp.
saxophone m 233
saxophoniste m/f 233
scénario m 239
scène f 238, 300, le metteur en ~ 238, 239, la mise en ~, mettre en ~ 238, filmer/tourner une ~ 239
sceptique 30
scie f 72
science f 190, les ~s naturelles 186, les ~s exactes etc. 190, ~ fiction 236, faire des

359

études en ~s économiques 189, les conquêtes etc. de la ~ 191
scientifique m/f, adj. 191
scier 73
scolaire 184, l'année/la formation/l'échange/le bulletin ~ 184, la fin de l'anné ~ 185, le manuel ~ 186, 237, l'échange ~ 290
scolarité f 184
scoop m 225
score m 118
Scorpion m 253
scotch m 104
scrabble m, jouer au ~ 111
scrupule m 30
sculpter 231
sculpteur,trice m/f 231
sculpture f 231
sec,sèche 84, un climat ~ 173
sécher, se ~ les cheveux 55
séchoir m, ~ électrique 55, 70
second,e m/f 138, f 152, 184
secondaire, le secteur ~ 206
secours m, porter ~ 126
secret m 251, adj. ~,ète 251
secrétaire m/f 195, ~ d'Etat 255
secrétariat m, l'école de ~ 194
secteur m, ~ primaire/secondaire/tertiaire 206, ~ d'industrie 208
Sécu f 200
sécurité f, la ceinture de ~ 130, ~ de l'emploi 200, S~ Sociale 200
ségrégation f, ~ raciale 278
seigle m 212
sein m 3
Seine f 174
séjour m 95, la salle de ~ 65
sel m 81, 81 exp., 87 exp.
self-service m, aller dans un ~ 88
selle f 127

semaine f 155, d'ici une ~ 311; 158 exp.
semblable 320
semblables m, mes/tes/ses ... ~ 1
sembler 23
semer 112, 211, 212 exp., 213 exp.
Sénat m 281
sens m 6, 11, le bon ~ 24, le ~ des réalités 29, ~ unique 125, donner/trouver un ~ à sa vie 36
sensation f 9, la presse à ~ 224
sensibilité f 13
sensible 14, 23
sentiment m 13,304, un ~ de satisfaction etc., des ~s ambivalents 13, mes ~s les meilleurs 106
sentimental,e 13, 30
sentir 8, 9, se ~ à l'aise etc. 13, se ~ bien 47
séparation f, ~ des pouvoirs 258
séparer 173, se ~ 44
septembre m 155
séquence f 240
sergent m 264
sérieux,se 27
sermon m 243
serpent m 162
serre f 112, 163
serveuse f 88
serviable 27
service m, ~ compris 89, la station ~ 130, ~ divin 243, ~ militaire/civil 264
serviette f 186, ~ de toilette 56, 69, ~ de table 69; 70 exp.
servir, se ~ 84
set m, ~ de table 69
seul,e, la personne ~e 37, vivre ~ 38
shampooing m 56
short m 59
si 323
SIDA m 48

sidérurgie f 208
siècle m 178, au XIXe ~ 178, ~ des Lumières 246
siège m 130
signalisation f, le feu de ~ 122, le panneau de ~ 125
signe m, ~ du zodiaque 253
signer 103, ~ la paix 267
signification f 11, 302
signifier 11, 316
silence m 298 exp.
simple 21, le style ~ 303
simplicité f 22
sincère 21, 248
sincérité f 22, 248
singe m 161
sirocco m 148
sirop m 48
situation f 33, être maître de la ~ 35
situer, se ~ 172, 178, 301
sixième f 184
six-quatre-deux 140 exp.
ski m, ~ alpin/de fond 116, les chaussures de ~ 59, faire du ~ 115
slip m 59
slogan m 262, ~ publicitaire 228
SME m 291
SMIC, être payé,e au ~ 198
sobre 226, un langage ~ 303
sociable 27
social,e 37, l'inégalité ~ 40, la protection ~, les partenaires sociaux 200, les charges ~s, les travailleurs sociaux, l'asistante ~ 201
socialiste, le régime ~ 256
Sociaux-Démocrates m/pl 260
société f 202, les règles de la vie en ~ 38, vivre en marge de la ~ 38, la ~ d'abondance f etc. 37
sociologie f 190
sœur f 44, 244, les frères et ~s 44; 12 exp.
soie f 57, 168
soif f, avoir ~ 83

soigné,e 55
soigner 51, se faire ~ 51
soin m, le manque de ~s médicaux 293
soir m, le repas du ~ 83, des cours du ~ 194, le quotidien du ~ 224
soirée f 156, la tenue de ~ 58, ~ dansante 101
sol m 211
solaire, le système ~ 158, l'énergie ~ 214, le capteur ~ 214
soldat m 264
solde m, en ~ 78, ~s 78
soldé,e 78
sole f 86
soleil m 146, 147, 158, le lever/le coucher du ~ 147, l'éclipse de ~ 158, attraper un coup de ~ 49, être exposé,e au ~ 174
solide 167
soliste m/f 234
solitaire 27
solitude f 27, 122
solution f 32
sombre 7, 64
somme f 217, en ~ 308
sommet m 172
son m 7, 240
sondage m, ~ d'opinion 145
sonner 65, 107, 186
sonnette f 127
sorcellerie f 251
sorcier,ière m/f 251
sorte f, de ~ que 318
sortie f 95, 123, ~ des classes/des cours 185
souci m 22
soucoupe f 69
souder 73
souffler 148, 126 exp.
souffleur m 238
souffrir 47
souhaiter 106
souligner 314
soupçon m 271
soupçonner 271
soupe f, ~ de poisson etc. 88

soupière f 69
souple 21
souplesse f 21
source f, ~ d'énergie 213, prendre sa ~ 172
sourcil m 2
sourd,e 8, 9 exp.
sourd,e-muet,te 8
sourire 93, le ~ 93
souris f 103, 160, 175 exp.
sous-alimentation f 293
sous-développé,e, le pays ~ 293
sous-marin m 264
sous-officier m 264
sous-sol m 63
soustraction f 139
soustraire 140
sous-vêtements m/pl 59
soutenu,e, la langue ~ 295
soutien-gorge m 59
souvenir m 12, mon meilleur ~ 106, v. se ~ 12
spacieux,se 64
spaghettis m/pl 85
sparadrap m 49
spatial,e, la navette ~ 192
spationaute m/f 192
spécialisé,e, l'ouvrier ~ 196
spécialiser, se ~ 195
spécialité f 79
spectacle m 237
spéculation f 218
spéculer 218
sport m 115, ~s 225, faire du ~ 111, le club de ~ 115, le terrain de ~ 115, 121, l'émission de ~ 222, l'épreuve de ~ 117, la station de ~s d'hiver 98, la tenue de ~ 58, le maillot de ~ 59
sportif,ve m/f 115; adj. 19, la manifestation ~ 115, la discipline ~ 117
spot m, ~ publicitaire 228
spray m, ~s sans CFC 183
sprint m, la course de ~ 116
square m 121
squash m 116
stade m 115

stage m 194
star f 239
station f 124, 222, ~ de sports d'hiver etc. 98, ~ de métro 121, ~ service 130, ~ d'épuration 183
stationnement m, interdiction de ~ 125
stationner 125
statistique f 145, adj. les données ~s 145
statue f 231
stéréo, la chaîne ~ 234
stérile 23, 211
steward m 135
store m 65
stressé,e 27
strophe f 300
structure f 300
studio m 63, tourner en ~ 239
stupéfaction f 14
stupéfait,e 14
stupide 23
style m 232, ~ concis etc. 303
stylo m 186, ~ bille 187
subir, ~ une défaite 267
subjectif,ve 249
subordonné,e, la proposition ~ 297
substance f, ~ toxique 182
subtropical,e 172
succéder, se ~ 179
succès m 34
succursale f 209
sucre m 81
sucré,e 84
sucrer 80
sucreries f/pl 85
sud m 171
sud-ouest m 171
suffrage m, ~ universel, ~ majoritaire, ~ proportionnel 261
suite f, par la ~ 307
suivre, ~ des cours du soir etc. 194
sujet m 297, 300
super m 130

superficie f 141
supérieur,e 144, des études ~s 189, se considérer comme ~ 276
supermarché m, aller au/dans un ~ 76
supplément m 224
supplémentaire, les heures ~s 197
supposer 323
supprimer 197
sûr,e 247, être ~ de soi 30
surface f 141, ~ de la Terre 171
surgir 246
surmené,e 41
surmonter 35
surpeuplé,e 41
surpopulation f 41
surprendre 15
surprise f 14
surveiller, ~ un enfant 45; 46 exp.
survêtement m 59
suspect,e m/f 271
suspension f 129
sweat-shirt m 59
syllabe f 296
symbole m 302
symbolique 302
sympathie f 27, avoir/éprouver de la ~ 91
sympathique 18
symphonie f 235
syndical,e 199
syndicat m 199, ~ d'initiative 96, la confédération allemande des ~s 199
synthétique m 57, adj. le matériau ~ 168
système m, ~ solaire 158, ~ monétaire européen 291

T

tabac m 278, les riques du ~, le bureau de ~ 278
table f 66, ~ de nuit 66, mettre/débarrasser la ~, la serviette de ~, le set de ~ 69, ~ des élèves 186

tableau m 66, 186, 230, ~ de bord 130
tablette f, une ~ de chocolat 85
tablier m 59
taille f 85, 19
tailler, ~ les arbres etc. 113
tailleur m 59
talent m 24
talon m 4
tandis, ~ que 31
tante f 44
tape-à-l'œil 226
taper, ~ à la machine 103
tapis m 66
tapisserie f 66
tard 151 exp.
tarte f, ~ aux fruits etc. 85, ~ maison 88
tartine f 85
tasse f 69
tâter 9, se ~ 9 exp.
taureau m 161, T~ 253; 164 exp.
taux m 144, ~ d'intérêt 217, ~ de change 219, ~ de natalité 293
taxe f 219
technicien,ne m/f 196
technique f 191, adj. 191
technologie f 191
technologique 191, le parc ~ 191
tee-shirt m 59
teindre 170
teint m 19
teinte f 170, prendre des ~s variées 170
tel,le, ~ que 306
télé f 221, ~ en couleurs 169, regarder la ~ 222, voir qc. à la ~ 223
télécommande f 222
télécopie f 109
télécopieur m 109
téléphone m 107, le numéro de ~, par ~ 107, la carte de ~ 108
téléphoner 107

téléphonique, l'appel/le répondeur/le message/la cabine ~ 108, les renseignements ~s 108
téléscope m 159
télévisé,e, le journal ~ 222
téléviseur, ~ couleur 222
télévision f 221, ~ par cable, le poste de ~ 222, la redevance de ~ 222
témoigner 269, 316
témoin m 269, 271
tempérament m 20
température f 149, prendre sa ~ 47
tempête f 148
tempête f, il fait de la ~ 146
temple m 243
temps m 146, ~ de loisirs, ~ libre, passer son ~ 110, ~ de trajet 124, par un ~ pareil 147, la fuite du ~, le ~ qui passe, le ~ qui fuit, consacrer du ~, passer son ~, mettre du ~, avoir le ~, prendre son ~ 150, arriver à ~ 153, les ~ modernes 177, l'emploi du ~ 186, ~ de travail 196, travailler à plein ~ 197; 151 exp.
tendresse f 13
tendu,e 21
tenir, ~ pour 304
tennis m 116, les chaussures de ~ 59, le club de ~, le court de ~, la raquette de ~ 115, ~ de table 116
tentaculaire, la ville ~ 282
tenue f, ~ de travail etc. 58
terme m, les ~s de la proposition 297
terminale f 184
terminer, se ~ 302
terrain m, ~ de sport 115, 121, ~ de golf 115
terrasse f 65, 232
terre f 210, le tremblement de ~ 172, en ~ cuite 168; T~ 171, la surface de la T~ 171

territoire m 254, l'aménagement du ~ 285
tertiaire, le secteur ~ 206
tête f 2, avoir mal à la ~ 48
textile, l'industrie ~ 208
TGV m 132
thé m 84, le salon de ~ 88
théâtre m 121, 237, la pièce de ~ 236, 237
thème m 300
thermomètre m 149
thon m 162
ticket m 124, ~ aller etc. 133
tiers m 139
tiers-monde m 293
tige f 166
tigre m 161
tilleul m 165
timbre m 105, le distributeur de ~s 105
timide 21
tir m, fair du ~ 115
tirage m 114, 226
tire-bouchon m 69
tirer, se ~ d'affaire 204, se ~ une balle dans la tête 263
tiroir m 66
tisane f 84
tissu m 168, un ~ rayé etc. 60
titre m, le gros ~ 226; 227 exp.
toile f 57, 230, ~ de fond 176
toilette f 55, la serviette/le gant de ~ 56, les ~s 65
toit m, sous les ~s 63
tolérant,e 27
tomate f 87 exp.
tombe f 53
tombeau m 132 exp.
tombée f, ~ de la nuit 156
tomber 148, ~ malade 47
tondeuse f 112
tondre 113
tonne f 143
tonnerre m 148
torchon m, ~ à vaisselle 68, 70 exp.
tortue f 162
torturer 275

total m, faire le ~ 215
toucher m 8; v. 9, 263, ~ de l'argent 215, ~ une allocation de chômage etc. 201
tour m 94, 95; f 63, ~ de contrôle 135
tourisme m, l'office du ~ 96
touriste m 96
touristique 96, la ville ~ 119
tournant m 122, arriver à un ~ 34, ~ de l'action 302
tourner 114, 131, ~ à droite/à gauche 123, ~ un film etc. 239
tournesol m 165
tournevis m 72
Toussaint f 101
tousser 48
toutefois 322
toux f 48
toxique, la substance ~ 182
tract m 262
tracteur m 211
tradition f 179
traduire 315, se ~ 315
trafic m, ~ aérien 134, ~ de drogue 269, 279
trafiquant m, ~ de drogue 279
tragédie f 236
tragique 236, la fin ~ 301
trahir 316
train m 132, le chef de ~ 133, jouer au ~ électrique 111, changer de ~, manquer le ~ 132; 134 exp.
trait m, le ~ de caractère 20
traité m 237, ~ de Rome/de Maastricht 291, ~ franco-allemand 290
traitement m 51
traiter 51, 224, 300, ~ en inférieur,e 276
trajet m, le temps de ~, faire le ~ 124
tramontane f 148
tramway m 124
tranche f, ~ de pain 85
transistor m 221
transition f 240

transmettre 106
transmission f, ~ automatique 130
transparent,e 170
transpirer 147
transport m, les ~s en commun, les moyens de ~ 124
transporter 126, 301
transposer 301
trapèze m 141
travail m, la tenue de ~ 58, le temps de ~ 196, le lieu de ~ 196, aller au ~ 197
travailler 257 exp.
travailler 39, ~ à la ferme etc. 212, une femme qui travaille 39, ~ comme vendeur etc. 197, ~ à perte 203
travailleur,se m/f, les ~s sociaux 201, ~ immigré 196
travelling m 240
traverser 123, 173, ~ une période difficile etc. 34
traversin m 69
tremblement m, ~ de terre 172
trente-et-un 140 exp.
trente-six 157 exp.
trente-sixième 140 exp.
trésorerie f 219
triangle m 141
triangulaire 141
tribunal m 268
tribune f 115
tricot (de corps) m 59
tricoter 111
triple m 139
tripler 140
triste 14, 18
tristesse f 14
troisième, le ~ âge 18 exp.; la ~ 184
tromper, se ~ 248, se ~ de numéro 108
trompette f 233
tropical,e, la zone ~ 172
trottoir m 122
troupe f 237, 264
troupeau m 163

363

trousse *f* 187
trouver 305, ~ sa voie 35, ~ un sens à sa vie 36, se ~ à ... de/à une distance de 142; 151 exp.
trucage *m* 240
truite *f* 86, 162
tube *m* 233, ~/le bâton de rouge à lèvres 56, ~ de moutarde etc. 77
tuer 275, 151 exp.
tuile *f* 75, 75 exp.
tulipe *f* 165
tuyau *m* 75, ~ d'arrosage 112
TVA *f* 219
type *m*, la rencontre du 3e ~ 252
UDF *m* 259
une, à la ~ 225
uni,e, un tissu ~ 60
uniforme *f* 264
union *f*, U~ européenne 291, les institutions de l'U~ europénne 292
unique 21, le sens ~ 125
univers *m* 171
universel,le, le suffrage ~ 261
universitaire, la cité/la ville ~ 119, 189
université *f* 189
urbain,e, l'exode ~ 41, 120, l'aménagement ~ 120
USA *m/pl* 256
usé,e 73
usine *f* 209, ~ hydro-électrique 214, aller à l'~ 197
utopie *f* 250
utopique 250
utopiste *m/f* 250

V

vacances *f/pl* 94, aller en ~, passer ses ~ à la montagne etc. 95, la colonie de ~, un appartement de ~ 97
vaccin *m* 52
vacciner, se faire ~ 52
vache *f* 160
vaincre 266
vaincu *m* 266

vainqueur *m* 266
vaisselle *f* 69, faire la ~ 68, le torchon à ~ 68
valeur *f* 32, conscient,e de sa ~ 30
valise *f*, faire/vider ses ~s 97
vallée *f* 172
valve *f* 127
vandalisme *m* 275
vaniteux,se 21
vapeur *f*, le navire à ~ 136
varié,e, prendre des teintes ~s 170
vase *m* 66
va-vite *f*, manger à la ~ 83
veau *m* 86, 161
vedette *f* 239
végétal,e 167
végétation *f* 165
veille *f* 157, 157 exp.
veine *f* 5
vélo *m* 127, faire du ~ 111
vendanges *f/pl* 212
vendeur,se *m/f* 76, travailler comme ~ 197
vendre 207
vendredi *m* 155
venir, ~ au monde 45, ~ voir 91, en ~ à 308
vent *m* 146, 148, être exposé,e au ~ 174
vente *f* 207
venteux,se 146
ventre *m* 3, avoir mal au ~ 48
verbe *m* 297
verger *m* 112
verglas *m* 146
vérifier 247
véritable 247
vérité *f* 247, 248 exp.
verre *m* 69, 74, 168, un ~ de jus d'orange 85, la table en ~ 168
vers *m* 300
Verseau *m* 253
verser 80, ~ des arrhes 217
vert,e 19, 169; les V~s 259, 260
vertébral,e, la colonne ~ 5

vertu *f* 22
veste *f* 58
vestiaire *m* 65
vestibule *m* 65
vestiges *m/pl* 177
veston *m* 59
vêtement *m*, les ~s 57, un ~ en laine etc. 57, les ~s de sport 59, le rayon ~s 77
vêtu,e 58
veuf,ve 17
vexant,e 27
vexé,e 27
vexer 15
viande *f* 86
vice *m* 22, 23 exp.
vicieux,se 141 exp.
victime *f*, être ~ de discrimination 276
victoire *f*, remporter la ~ 117, 266
victorieux,se 267
vidange *f* 130
vidéo *m*, la cassette ~ 114, 222
vider, ~ ses valises 97
vie *f*, ~ privée 258, la conception de la ~ 29, le mode de ~ 34, le niveau de ~ 37, 293, les règles de la ~ en société 38, l'espérance de ~ 42, 280, le cadre de ~ 182, la qualité de la ~ 183, gâcher/rater sa ~ 35, donner/trouver un sens à sa ~ 36, gagner sa ~ 198, l'assurance ~ 201, l'eau de ~ 279; 33 exp., 36 exp.
vieillissement *m* 42
Vierge *f* 253
vierge, la forêt ~ 181, 182
vieux, vieil, vieille 19
vif,ve 21, 54 exp.
vigne *f* 212
vigneron,ne *m/f* 212
vignette *f*, ~ auto 220
vignoble *m* 212
villa *f* 63
village *m* 63, 210
ville *f*, en ~ 63, ~ d'eaux 98,

~ industrielle etc. 119, la vieille ~ 121, ~ universitaire 189, le plan de la ~ 121, ~ tentaculaire 282, l'hôtel de ~ 119, aller en ~ 120

vin *m* 84, 279, 213 exp.
vinaigre *m* 81, 82 exp.
violence *f* 275, 275 exp.
violent,e 21, 275, des actes ~ s 274
violer, ~ la loi 268
violet,te 169
violette *f* 166
violon *m* 233, 273 exp.
violoniste *m/f* 1233
virage *m* 122
virer 217
vis *f* 72, 74 exp.
visage *m* 2, 19
vis-à-vis 312
viser 263
vision *f*, la ~ du monde 29
visite *f* 91
visiter 98
visser 72
visuel,le 7
vite, rouler ~ 129
vitesse *f* 127, 130, la limitation de ~ 125, le levier de ~, changer de ~ 130
viticole, la coopérative ~ 212
viticulture *f* 212
vitrail *m* 244
vitre *f*, faire les ~ s 68
vivre 64, ~ seul,e, ~ en marge de la société 38, l'art de ~ 230; 67 exp., 157 exp.
voie *f* 133, trouver sa ~ 35, ~ lactée 159, en ~ de disparition 183
voilà, ~ ... que 310
voile *f*, faire de la ~ 115, le bateau à ~s 136
voilier *m* 136
voir 7, aller/passer/venir ~ 91, ~ qc. à la télé 223; 170 exp.
voisin,e *m/f* 63

voiture *f* 133, aller en ~ 128, prendre la ~ 129, ~ de course/de pompiers 128
voix *f* 233, 261, à ~ basse/ haute 295
vol *m* 134, 163, 269, commettre un ~ 274; 135 exp.
volailles *f/pl* 212
volant *m* 130
volcan *m* 172
voler 274, se faire ~ 274
volet *m* 65
voleur,se *m/f* 274
volleyball *m* 116
volume *m* 141, 236
Vosges *f/pl* 174
vote *m* 261, ~ par correspondance, le bureau de ~ , le bulletin de ~ 261, le droit de ~ 41, 261
voter 261, ~ une loi 256
vœu *m*, présenter ses ~ x 100
vouloir 77, en ~ 92, ~ dire 316
voûte *f* 232
voyage *m* 96, l'agence de ~s 96, le ~ de noces 43, les préparatifs de ~ 97; 98 exp., 99 exp.
voyager 95, 98 exp.
voyelle *f* 296
vrai,e 247
VTT *m* 127
vue *f* 7, la prise de ~ 240, le point de ~ 304, en ~ de 312
vulgaire, la langue ~ 295

W

wagon *m* 133, ~-lit/restaurant 133
W-C *m/pl* 65
week-end *m* 156
western *m* 239

Y

yacht *m* 136
yaourt *m* 85
yeux *m/pl* 2, 19

Z

zapper 223
zèbre *m* 161
zéro 35, 138, 32 exp.
zinc *m* 168
zodiaque *m*, le signe du ~ 253
zone *f*, ~ piétonne 121, 122, ~ désertique/(sub)tropicale 172, ~ d'occupation 290, ~ industrielle 121, 209
zoo *m* 160